Cómo detectar mentiras

Divulgación

Biografía

Paul Ekman (Washington, 1934), psicólogo estadounidense experto en el estudio de las emociones, fue profesor de Psicología de la Universidad de California, en San Francisco, puesto del cual se jubiló en 2004. Además, ha sido asesor del Departamento de Defensa de Estados Unidos y del fbi. Se le ha concedido en tres ocasiones el Premio a la Investigación Científica del Instituto Nacional de la Salud Mental.

En 2001, Ekman trabajó junto al actor John Cleese en la elaboración del documental *The Human Face* para la BBC.

A diferencia de los antropólogos culturales, Ekman sostiene que la expresión de las emociones tiene una raíz biológica universal.

Además de la decena de títulos publicados, Ekman ha escrito numerosos artículos para la revista *Greater Good* que edita la Universidad de Berkeley; es articulista habitual de *The Washington Post*, *USA Today*, *The New York Times*, *Scientific American* y la revista *Time*. Actualmente sus investigaciones se centran en torno a la mentira y está trabajando con un investigador griego para la elaboración de un detector visual de mentiras.

Las teorías de Paul Ekman sobre la mentira inspiraron la serie *Lie to Me* (*Miénteme*), protagonizada por Tim Roth, con exitosos resultados de audiencia. En ella el científico protagonista sigue los patrones de Ekman para detectar mentiras.

Paul Ekman
Cómo detectar mentiras

Obra editada en colaboración con Editorial Planeta - España

Título original: *Telling Lies*
Publicado en inglés, por Berkley Books, Nueva York

© 2001, Paul Ekman

Traducción: Leandro Wolfson

© 2005, Espasa Libros, S.L.U. – Barcelona, España

Derechos reservados

© 2021, Ediciones Culturales Paidós, S.A. de C.V.
Bajo el sello editorial PAIDÓS M.R.
Avenida Presidente Masarik núm. 111,
Piso 2, Polanco V Sección, Miguel Hidalgo
C.P. 11560, Ciudad de México
www.planetadelibros.com.mx
www.paidos.com.mx

Diseño de portada: Alejandra Ruiz Esparza
Imagen de portada: © Shutterstock

Primera edición impresa en España: 2005
ISBN: 978-84-493-1800-9

Primera edición impresa en México en Booket: marzo de 2021
Primera reimpresión en México en Booket: mayo de 2022
ISBN: 978-607-569-046-9

No se permite la reproducción total o parcial de este libro ni su incorporación a un sistema informático, ni su transmisión en cualquier forma o por cualquier medio, sea este electrónico, mecánico, por fotocopia, por grabación u otros métodos, sin el permiso previo y por escrito de los titulares del *copyright*.

La infracción de los derechos mencionados puede ser constitutiva de delito contra la propiedad intelectual (Arts. 229 y siguientes de la Ley Federal de Derechos de Autor y Arts. 424 y siguientes del Código Penal).

Si necesita fotocopiar o escanear algún fragmento de esta obra diríjase al CeMPro (Centro Mexicano de Protección y Fomento de los Derechos de Autor, http://www.cempro.org.mx).

Impreso en los talleres de Impregráfica Digital, S.A. de C.V.
Av. Coyoacán 100-D, Valle Norte, Benito Juárez
Ciudad De Mexico, C.P. 03103
Impreso en México –*Printed in Mexico*

*A la memoria de Erving Goffman,
extraordinario amigo y colega
y a mi esposa, Mary Ann Mason,
crítica y confidente*

SUMARIO

• • •

Reconocimientos	11
Prólogo a la nueva edición	13
1. Introducción	17
2. Mentiras, autodelaciones e indicios del engaño	27
3. Por qué fallan las mentiras	47
4. La detección del engaño a partir de las palabras, la voz y el cuerpo	85
5. Los indicios faciales del engaño	129
6. Peligros y precauciones	167
7. El polígrafo como cazador de mentiras	195
8. Verificación de la mentira	245
9. Detectar mentiras en la década de 1990	283
10. La mentira en la vida pública	303
11. Nuevos descubrimientos y nuevas ideas sobre la mentira y su detección	329
Epílogo	351
Apéndice	357
Notas bibliográficas	367
Índice analítico y de nombres	383

RECONOCIMIENTOS

...

ESTOY AGRADECIDO A LA CLINICAL-RESEARCH BRANCH of the National Institute of Mental Health (División de Investigaciones Clínicas del Instituto Nacional de la Salud Mental) por el apoyo que brindó a mi investigación sobre la comunicación no verbal entre 1963 y 1981 (MH 11976). El Research Scientist Award Program (Programa de Premios a la Investigación Científica) de dicha institución ha financiado tanto el desarrollo de mi proyecto de investigaciones durante la mayor parte de los últimos veinte años, como la redacción de este libro (MH 06092). Deseo asimismo agradecer a la Fundación Harry F. Guggenheim y a la Fundación John D. y Catherine T. MacArthur por el respaldo que ofrecieron a algunos de los estudios mencionados en los capítulos 4 y 5. Wallace V. Friesen, con quien trabajé durante más de dos décadas, merece en igual medida que yo que se le acrediten los hallazgos de los que doy cuenta en esos capítulos; muchas de las ideas expuestas en esta obra surgieron en primer lugar en esas dos décadas de diálogo entre nosotros.

A Silvan S. Tomkins, amigo, colega y maestro, quiero agradecerle que me haya alentado a escribir este libro, así como los comentarios y sugerencias que me hizo llegar sobre el manuscrito. Un cierto número de otros amigos lo leyeron y pude beneficiarme con sus críticas, formuladas desde distintos puntos de vista: Robert Blau, médico; Stanley Caspar, abogado; Jo Carson, novelista; Ross Mullaney, exagente del FBI; Robert Pickus, político; Robert

Ornstein, psicólogo; y Bill Williams, asesor en administración de empresas. Mi esposa Mary Ann Mason fue mi primera lectora y mi crítica paciente y constructiva.

Debatí muchas de las ideas presentadas en el libro con Erving Goffman, quien estaba interesado en el engaño desde un ángulo sumamente diferente, y pude disfrutar del contraste, aunque no la contradicción entre nuestras diversas perspectivas. Recibir sus comentarios acerca del manuscrito habría sido un honor para mí, pero Goffman murió de manera imprevista poco antes de que se lo enviase. El lector y yo nos hemos visto perjudicados por este hecho luctuoso, a raíz del cual el diálogo entre Goffman y yo sobre este libro solo pudo tener lugar en mi propia mente.

PRÓLOGO A LA NUEVA EDICIÓN

. . .

AL RELEER LOS PRIMEROS OCHO CAPÍTULOS QUE FORMABAN la primera edición publicada en 1985, así como los capítulos 9 y 10, que se añadieron a la segunda edición publicada en 1992, sentí un gran alivio al no descubrir nada que considerara incorrecto. El undécimo capítulo, añadido a esta tercera edición, contiene nuevas distinciones teóricas, un breve resumen de nuevos descubrimientos y un conjunto de explicaciones de por qué la mayoría de las personas, incluidos los profesionales, no saben detectar mentiras.

Con el paso del tiempo y con más resultados procedentes de la investigación me siento un poco menos cauto sobre la posibilidad de detectar mentiras a partir de la actitud. Nuestra confianza también ha crecido como resultado de las actividades de enseñanza que hemos realizado. Durante los últimos quince años, me he dedicado a enseñar, junto con mis colegas Mark Frank (Universidad Rutgers) y Maureen O'Sullivan (Universidad de San Francisco) el material contenido en *Cómo detectar mentiras* a personal de seguridad de Estados Unidos, Reino Unido, Israel, Hong Kong, Canadá y Amsterdam. Las personas a las que hemos enseñado no estaban interesadas en este tema desde un punto de vista académico; su intención era aplicarlo de inmediato y nos han aportado muchos ejemplos que confirman distintas ideas contenidas en *Cómo detectar mentiras*.

Basándonos en nuestras propias investigaciones y en las experiencias que nos han explicado distintos profesionales de los cuerpos de seguridad, tengo plena confianza en lo siguiente. Las probabilidades de distinguir con éxito si una persona miente o dice la verdad son máximas cuando:

- La mentira se cuenta por primera vez.
- La persona no ha contado antes mentiras de esta clase.
- Hay mucho en juego, sobre todo si existe amenaza de un castigo severo.
- El entrevistador carece de prejuicios y no se apresura a sacar conclusiones.
- El entrevistador sabe cómo alentar al entrevistado para que cuente su relato (cuanto más palabras se digan, mejor se podrá distinguir la mentira de la verdad).
- El entrevistador y el entrevistado proceden del mismo contexto cultural y hablan el mismo idioma.
- El investigador considera que los indicios descritos en *Cómo detectar mentiras* señalan la importancia de obtener más información en lugar de verlos como pruebas de que se miente.
- El entrevistador es consciente de las dificultades (que se describen en *Cómo detectar mentiras*) de identificar a quienes se encuentran bajo sospecha de haber cometido un delito pero son inocentes y dicen la verdad.

Cuando la situación semeja ser exactamente tal como se nos aparece, la alternativa más probable es que sea una farsa total; cuando la farsa es excesivamente evidente, la posibilidad más probable es que no haya nada de farsa.
— ERVING GOFFMAN, *Strategic Interaction*.

• • •

El marco de referencia que aquí importa no es el de la moral sino el de la supervivencia. La capacidad lingüística para ocultar información, informar erróneamente, provocar ambigüedad, formular hipótesis e inventar es indispensable, en todos los niveles –desde el camuflaje grosero hasta la visión poética–, para el equilibrio de la conciencia humana y el desarrollo del hombre en la sociedad...
— GEORGE STEINER, *After Babel*.

• • •

Si la falsedad, como la verdad, tuviese un solo rostro, estaríamos mejor, ya que podríamos considerar cierto lo opuesto de lo que dijo el mentiroso. Pero lo contrario a la verdad tiene mil formas y un campo ilimitado.
— MONTAIGNE, *Ensayos*.

INTRODUCCIÓN

...

ES EL 15 DE SEPTIEMBRE DE 1938 y va a iniciarse uno de los engaños más infames y mortíferos de la historia. Adolf Hitler, canciller de Alemania, y Neville Chamberlain, primer ministro de Gran Bretaña, se encuentran por vez primera. El mundo aguarda expectante, sabiendo que esta puede ser la última esperanza de evitar otra guerra mundial. (Hace apenas seis meses las tropas de Hitler invadieron Austria y la anexionaron a Alemania. Inglaterra y Francia protestaron, pero nada más). El 12 de septiembre, tres días antes de esta reunión con Chamberlain, Hitler exige que una parte de Checoslovaquia sea anexionada también a Alemania, e incita a la revuelta en ese país. Secretamente, Hitler ya ha movilizado al ejército alemán para atacar Checoslovaquia, pero sabe que no estará listo para ello hasta finales de septiembre.

Si Hitler logra evitar durante unas semanas más que los checoslovacos movilicen sus tropas, tendrá la ventaja de un ataque por sorpresa. Para ganar tiempo, le oculta a Chamberlain sus planes de invasión y le da su palabra de que si los checos satisfacen sus demandas se preservará la paz. Chamberlain es engañado; trata de persuadir a los checos de que no movilicen su ejército mientras exista aún una posibilidad de negociar con Hitler. Después de su encuentro con este, Chamberlain le escribe a su hermana: "...Pese a la dureza y crueldad que me pareció ver en su rostro, tuve la impresión de que podía confiarse en ese hombre si daba su palabra de honor".[1] Cinco días más tarde, defendiendo su política en el Parlamento frente a quienes dudaban de la buena fe de Hitler, Chamberlain explica en un discurso que su contacto personal con Hitler le permitía decir que este "Decía lo que realmente pensaba".[2]

Cuando comencé a estudiar la mentira, hace quince años, no tenía idea en absoluto de que mi trabajo pudiera tener alguna relación con esta clase de mentiras. Pensaba que solo podía ser útil para los que trabajaban con enfermos mentales. Dicho estudio se había iniciado cuando unos terapeutas a quienes les había comunicado mis hallazgos anteriores —que las expresiones faciales son universales, en tanto que los ademanes son específicos de cada cultura— me preguntaron si esos comportamientos no verbales podían revelar que el paciente estaba mintiendo.[3] Por lo general esto no origina dificultades, pero se convierte en un problema cuando un individuo que ha sido internado en un hospital a raíz de un intento de suicidio simula que se siente mucho mejor. A los médicos los aterroriza ser engañados por un sujeto que se suicida cuando queda libre de las restricciones que le ha impuesto el hospital. Esta inquietud práctica de los terapeutas planteó una cuestión fundamental acerca de la comunicación humana: ¿pueden las personas controlar todos los mensajes que transmiten, incluso cuando están muy perturbadas, o es que su conducta no verbal delatará lo que esconden las palabras?

Busqué entre mis filmaciones de entrevistas con pacientes psiquiátricos un caso de mentira. Había preparado esas películas con una finalidad distinta: identificar las expresiones del rostro y los ademanes que podían ayudar a diagnosticar un tipo de trastorno mental y su gravedad. Ahora que mi interés se centraba en el engaño, me parecía ver señales de mentiras en muchos de esos filmes. La cuestión era cómo estar seguro de que lo eran. Solo en un caso no tuve ninguna duda, por lo que sucedió después de la entrevista.

Mary era un ama de casa de 42 años. El último de sus tres intentos de suicidio había sido muy grave: solo por casualidad alguien la encontró antes de que la sobredosis de píldoras que había tomado acabase con ella. Su historia no era muy diferente de la de tantas otras mujeres deprimidas de mediana edad. Los chicos habían crecido y ya no la necesitaban, su marido parecía enfrascado totalmente en su trabajo... Mary se sentía inútil. Para la época en que fue internada en el hospital ya no era capaz de llevar adelante el hogar, no dormía bien y pasaba la mayor parte del tiempo llorando a solas.

En las tres primeras semanas que estuvo en el hospital fue medicada e hizo terapia de grupo. Pareció reaccionar bien: recobró la vivacidad y dejó de hablar de suicidarse. En una de las entrevistas que filmamos, Mary le contó al médico lo mejorada que se encontraba, y le pidió que la autorizara a salir el fin de semana. Pero antes de recibir el permiso... confesó que había mentido para conseguirlo: todavía quería, desesperadamente, matarse. Debió pasar otros tres meses en el hospital hasta recobrarse de veras, aunque un año más tarde tuvo una recaída. Luego dejó el hospital y, por lo que sé, aparentemente anduvo bien muchos años.

La entrevista filmada con Mary hizo caer en el error a la mayoría de los jóvenes psiquiatras y psicólogos a quienes se la mostré, y aun a muchos de los expertos.[4] La estudiamos centenares de horas, volviendo atrás repetidas veces, inspeccionando cada gesto y cada expresión con cámara lenta para tratar de descubrir cualquier indicio de engaño. En una brevísima pausa que hizo Mary antes de explicarle al médico cuáles eran sus planes para el futuro, vimos en cámara lenta una fugaz expresión facial de desesperación, tan efímera que la habíamos pasado por alto las primeras veces que examinamos el filme. Una vez que advertimos que los sentimientos ocultos podían evidenciarse en estas brevísimas *microexpresiones*, buscamos y encontramos muchas más, que habitualmente eran encubiertas al instante por una sonrisa. También encontramos un *microademán*: al contarle al médico lo bien que estaba superando sus dificultades, Mary mostraba a veces un fragmento de gesto de indiferencia... ni siquiera era un ademán completo, sino solo una parte: a veces, se trataba de una leve rotación de una de sus manos, otras veces las manos quedaban quietas pero encogía un hombro en forma casi imperceptible.

Creímos haber observado otros indicios no verbales del engaño, pero no estábamos seguros de haberlos descubierto o imaginado. Cualquier comportamiento inocente parece sospechoso cuando uno sabe que el sujeto ha mentido. Solo una medición objetiva, no influenciada por nuestro conocimiento de que la persona mentía o decía la verdad, podía servirnos como prueba que corroborase lo que habíamos observado. Además, para estar seguros de que los indicios de engaño descubiertos no eran idiosincrásicos, teníamos que estudiar a mucha gente. Lógicamente, para el encargado de detectar las mentiras —el cazador de mentiras— todo sería mucho más sencillo si las conductas que traicionan el engaño de un sujeto fuesen evidentes también en las mentiras de otros sujetos; pero ocurre que los signos del engaño pueden ser propios de cada individuo. Diseñamos un experimento, tomando como modelo la mentira de Mary, en el cual los sujetos estudiados tenían una intensa motivación para ocultar las fuertes emociones negativas experimentadas en el momento de mentir. Les hicimos observar a estos sujetos una película muy perturbadora, en la que aparecían escenas quirúrgicas sangrientas; debían ocultar sus sentimientos reales de repugnancia, disgusto o angustia y convencer a un entrevistador que no había visto el filme de que habían disfrutado una película documental en la que se presentaban bellos jardines floridos. (En los capítulos 4 y 5 damos cuenta de nuestros hallazgos).

No pasó más de un año —aún estábamos en las etapas iniciales de nuestros experimentos sobre mentiras— cuando me enteré de que me estaban buscando ciertas personas interesadas en un tipo de mentiras muy diferente. ¿Podían servir mis métodos o mis hallazgos para atrapar a ciertos norteamericanos sospechosos de trabajar como espías para otros países? A medida que fueron pasando los años y nuestros descubrimientos sobre los indicios conductuales de los engaños de pacientes a sus médicos se publicaron en revistas científicas, las solicitudes aumentaron. ¿Qué opinaba yo sobre la posibilidad de adiestrar a los guardaespaldas de los integrantes del gabinete para que pudiesen individualizar, a través de sus ademanes o de su modo de caminar, a un terrorista dispuesto a asesinar a uno de estos altos funcionarios? ¿Podíamos enseñarle al FBI a entrenar a sus policías para que fuesen capaces de averiguar cuándo mentía un sospechoso?

Ya no me sorprendió cuando me preguntaron si sería capaz de ayudar a los funcionarios que llevaban a cabo negociaciones internacionales del más alto nivel para que detectasen las mentiras del otro bando, o si a partir de unas fotografías tomadas a Patricia Hearst mientras participó en el asalto a un banco podría decir si ella había tenido o no el propósito de robar. En los cinco últimos años el interés por este tema se internacionalizó: tomaron contacto conmigo representantes de dos países con los que Estados Unidos mantenía relaciones amistosas, y en una ocasión en que yo estaba dando unas conferencias en la Unión Soviética, se me aproximaron algunos funcionarios que dijeron pertenecer a un "organismo eléctrico" responsable de los interrogatorios.

No me causaba mucho agrado este interés; temía que mis hallazgos fuesen aceptados acríticamente o aplicados en forma apresurada como producto de la ansiedad, o que se utilizasen con fines inconfesables. Pensaba que a menudo las claves no verbales del engaño no serían evidentes en la mayor parte de los falseamientos de tipo criminal, político o diplomático; solo se trataba de "corazonadas" o conjeturas. Cuando era interrogado al respecto no sabía explicar el porqué. Para lograrlo, tenía que averiguar el motivo de que las personas cometiesen errores al mentir, como de hecho lo hacen. No todas las mentiras fracasan en sus propósitos: algunas son ejecutadas impecablemente. No es forzoso que haya indicios conductuales —una expresión facial mantenida durante un tiempo excesivo, un ademán habitual que no aparece, un quiebro momentáneo de la voz—. Debía haber signos delatores. Sin embargo, yo estaba seguro de que tenían que existir ciertos indicios generales del engaño, de que aun a los mentirosos más impenetrables los tenía que traicionar su comportamiento. Ahora bien: saber cuándo una mentira lograba su objetivo y cuándo fracasaba, cuándo tenía sentido indagar en busca de indicios y cuándo no, significaba saber cómo diferían entre sí las mentiras, los mentirosos y los descubridores de mentiras.

La mentira que Hitler le dijo a Chamberlain y la que Mary le dijo a su médico implicaban, ambas, engaños sumamente graves, donde lo que estaba en juego eran vidas humanas. Ambos escondieron sus planes para el futuro y, como aspecto central de su mentira, simularon emociones que no tenían. Pero la diferencia entre la primera de estas mentiras y la segunda es enorme. Hitler es un ejemplo de lo que más tarde denominaré *ejecutante profesional*; además de su habilidad natural, tenía mucho más práctica en el engaño que Mary.

Por otra parte, Hitler contaba con una ventaja: estaba engañando a alguien que deseaba ser engañado. Chamberlain era una víctima bien dispuesta, ya que él quería creer en la mentira de Hitler, en que este no planeaba iniciar la guerra en caso de que se modificasen las fronteras de Checoslovaquia de tal modo que satisficiese a sus demandas. De lo contrario, Chamberlain iba a tener que reconocer que su política de apaciguamiento del enemigo había fallado, debilitando a su país. Refiriéndose a una cuestión vinculada con esta, la especialista en ciencia política Roberta Wohlstetter sostuvo lo mismo en su análisis de los engaños que se llevan a cabo en una carrera armamentista. Aludiendo a las violaciones del acuerdo naval anglo-germano de 1936 en que incurrió Alemania, dijo: "Tanto el transgresor como el transgredido [...] tenían interés en dejar que persistiera el error. Ambos necesitaban preservar la ilusión de que el acuerdo no había sido violado. El temor británico a una carrera armamentista, tan hábilmente manipulado por Hitler, llevó a ese acuerdo naval en el cual los ingleses (sin consultar ni con los franceses ni con los italianos) tácitamente modificaron el Tratado de Versalles; y fue ese mismo temor de Londres el que le impidió reconocer o admitir las violaciones del nuevo convenio".[5]

En muchos casos, la víctima del engaño pasa por alto los errores que comete el embustero, dando la mejor interpretación posible a su comportamiento ambiguo y entrando en connivencia con aquel para mantener el engaño y eludir así las terribles consecuencias que tendría para ella misma sacarlo a la luz. Un marido engañado por su mujer que hace caso omiso de los signos que delatan el adulterio puede así, al menos, posponer la humillación de quedar al descubierto como cornudo y exponerse a la posibilidad de un divorcio. Aun cuando reconozca para sí la infidelidad de su esposa, quizá coopere en ocultar su engaño para no tener que reconocerlo ante ella o ante los demás. En la medida en que no se hable del asunto, tal vez le quede alguna esperanza, por remota que sea, de haberla juzgado equivocadamente, de que ella no esté envuelta en ningún amorío.

Pero no todas las víctimas se muestran tan bien dispuestas a ser engañadas. A veces, ignorar una mentira o contribuir a su permanencia no trae aparejado ningún beneficio. Hay descubridores de mentiras que solo se benefician cuando estas son expuestas, y en tal caso nada pierden. El experto en interrogatorios policiales o el funcionario de un banco encargado de otorgar los prestamos solo pierden si los embaucan, y para ellos cumplir bien con su cometido significa descubrir al embaucador y averiguar la verdad. A menudo la víctima pierde y gana *a la vez* cuando es descaminada o cuando la mentira queda encubierta; pero suele ocurrir que no haya un equilibrio entre lo perdido y lo ganado. Al médico de Mary le afectaba muy poco creer en su mentira. Si realmente ella se había recuperado de su depresión, tal vez a él se le adjudicase algún mérito por ello; pero si no era así, tampoco era mucho lo que habría perdido. Su carrera no estaba en juego, como sucedía en el caso de Chamberlain. No se había comprometido públicamente y a pesar de las opiniones en contra de otros con un curso de acción que, en caso de descubrirse la mentira de Mary, pudiera resultar equivocado. Era mucho más lo que el médico podía perder si Mary lo embaucaba, que lo que podía ganar si ella decía la verdad. Para Chamberlain, en cambio, ya era demasiado tarde en 1938: si Hitler mentía, si no había otra manera de detener su agresión que mediante la guerra, la carrera de Chamberlain estaba finiquitada y la guerra que él había creído poder impedir iba a comenzar.

Con independencia de las motivaciones que Chamberlain tuviese para creer en Hitler, la mentira de este tenía probabilidades de lograr su propósito a raíz de que no le era necesario encubrir emociones profundas. Con frecuencia, una mentira falla porque se trasluce algún signo de una emoción oculta. Y cuanto más intensas y numerosas sean las emociones involucradas, más probable es que el embuste sea traicionado por alguna autodelación manifestada en la conducta. Por cierto que Hitler no se habría sentido culpable —sentimiento este que es doblemente problemático para el mentiroso, ya que no solo pueden traslucirse señales de él, sino que además el tormento que lo acompañaba tal vez lo lleve a cometer errores fatales—. Hitler no se iba a sentir culpable de mentirle al representante de un país que le había infligido una humillante derrota militar a Alemania cuando él era joven. A diferencia de Mary, Hitler no tenía en común con su víctima valores sociales importantes; no lo respetaba ni lo admiraba. Mary, por el contrario, debía ocultar intensas emociones si pretendía que su mentira triunfase; debía sofocar su desesperación y la angustia que la llevaban a querer suicidarse, y además tenía buenos motivos para sentirse culpable por mentirle a los médicos que ella quería y admiraba, y que, lo sabía muy bien, solo deseaban ayudarla.

Por todas estas razones y algunas más, habitualmente será mucho más sencillo detectar indicios conductuales de un engaño en un paciente suicida o en una esposa adúltera que en un diplomático o en un agente secreto. Pero no todo diplomático, criminal o agente de información es un mentiroso perfecto. A veces cometen errores. Los análisis que he realizado permiten estimar la probabilidad de descubrir los indicios de un engaño o de ser descaminado por este. Mi recomendación a quienes están interesados en atrapar criminales o enemigos políticos no es que prescindan de estos indicios conductuales sino que sean más cautelosos, que tengan más conciencia de las oportunidades que existen pero también de las limitaciones.

Ya hemos reunido algunas pruebas sobre estos indicios conductuales del engaño, pero todavía no son definitivas. Si bien mis análisis de cómo y por qué miente la gente, y de cuándo fallan las mentiras, se ajustan a los datos de los experimentos realizados sobre el mentir, así como a los episodios que nos cuentan la historia y la literatura, todavía no ha habido tiempo de someter estas teorías a otros experimentos y argumentaciones críticas. No obstante, he resuelto no esperar a tener todas estas respuestas para escribir el presente libro, porque los que están tratando de atrapar a los mentirosos no pueden esperar. Cuando es mucho lo que un error puede poner en peligro, de hecho se intenta discernir esos indicios no verbales. En la selección de miembros de un jurado o en las entrevistas para decidir a quién se dará un puesto importante, "expertos" no familiarizados con todas las pruebas y argumentos existentes ofrecen sus servicios como descubridores de mentiras. A ciertos funcionarios policiales y detectives profesionales que utilizan el *detector de mentiras* se les enseñan cuáles son esas claves conductuales del engaño. Más o menos la mitad de la información utilizada en los materiales de estos cursos de capacitación, por lo que he podido ver, es errónea. Altos empleados de la aduana siguen un curso especial para averiguar indicios no verbales que les permitan capturar a los contrabandistas; me dijeron que en estos cursos empleaban mis trabajos, pero mi reiterada insistencia en ver tales materiales no tuvo otro resultado que la no menos reiterada promesa: "Nos volveremos a poner en contacto con usted de inmediato". Conocer lo que están haciendo los organismos de información del Estado es imposible, pues su labor es secreta. Sé que están interesados en mis trabajos, porque hace seis años el Departamento de Defensa me invitó para que explicase cuáles eran, a mi juicio, las oportunidades y los riesgos que se corrían en esta clase de averiguación. Más tarde oí rumores de que la tarea de esa gente seguía su curso, y pude obtener los nombres de algunos de los participantes. Las cartas que les envié no recibieron respuesta, o bien esta fue que no podían decirme nada. Me preocupan estos "expertos" que no someten sus conocimientos al escrutinio público ni a las capciosas críticas de la comunidad científica. En este libro pondré en claro, ante ellos y ante las personas para quienes trabajan, qué pienso de esas oportunidades y de esos riesgos.

Mi finalidad al escribirlo no ha sido dirigirme solo a quienes se ven envueltos en mentiras mortales. He llegado al convencimiento de que el examen de las motivaciones y circunstancias que llevan a la gente a mentir o a decir la verdad puede contribuir a la comprensión de muchas relaciones humanas. Pocas de estas no entrañan algún engaño, o al menos la posibilidad de un engaño. Los padres les mienten a sus hijos con respecto a la vida sexual para evitarles saber cosas que, en opinión de aquellos, los chicos no están preparados para saber; y sus hijos, cuando llegan a la adolescencia, les ocultan sus aventuras sexuales porque sus padres no las comprenderían. Van y vienen mentiras entre amigos (ni siquiera su mejor amigo le contaría a usted ciertas cosas), entre profesores y alumnos, entre médicos y pacientes, entre marido y mujer, entre testigos y jueces, entre abogados y clientes, entre vendedores y compradores.

Mentir es una característica tan central de la vida que una mejor comprensión de ella resulta pertinente para casi todos los asuntos humanos. A algunos este aserto los hará estremecerse de indignación, porque entienden que la mentira es siempre algo censurable. No comparto esa opinión. Proclamar que nadie debe mentir nunca en una relación sería caer en un simplismo exagerado; tampoco recomiendo que se desenmascaren *todas* las mentiras. La periodista Ann Landers está en lo cierto cuando dice, en su columna de consejos para los lectores, que la verdad puede utilizarse como una cachiporra y causar con ella un dolor cruel. También las mentiras pueden ser crueles, pero no todas lo son. Algunas —muchas menos de lo que sostienen los mentirosos— son altruistas. Hay relaciones sociales que se siguen disfrutando gracias a que preservan determinados mitos. Sin embargo, ningún mentiroso debería dar por sentado que su víctima quiere ser engañada, y ningún descubridor de mentiras debería arrogarse el derecho a poner al descubierto toda mentira. Existen mentiras inocuas y hasta humanitarias. Desenmascarar ciertas mentiras puede provocar humillación a la víctima o a un tercero.

Pero todo esto merece ser considerado con más detalle y después de haber pasado revista a otras cuestiones. Para empezar, corresponde definir qué es mentir, describir las dos formas básicas de mentira y establecer las dos clases de indicios sobre el engaño.

2

MENTIRAS, AUTODELACIONES E INDICIOS DEL ENGAÑO

• • •

OCHO AÑOS DESPUÉS DE RENUNCIAR COMO PRESIDENTE de Estados Unidos, Richard Nixon negó que jamás hubiera mentido en el ejercicio de sus funciones pero reconoció que tanto él como otros políticos habían simulado. Y afirmó que esto era necesario para conquistar o retener un cargo público. "Uno no puede decir lo que piensa sobre tal o cual individuo porque tal vez más adelante tenga que recurrir a él [...] no puede indicar cuál es su opinión sobre los dirigentes mundiales porque quizás en el futuro deba negociar con ellos".[1] Y Nixon no es el único en emplear un término distinto de "mentir" para los casos en que puede estar justificado no decir la verdad.* Como señala Oxford English Dictionary, "en el uso moderno, la palabra *mentira* [lie] constituye habitualmente una expresión intensa de reprobación moral, que tiende a

---

* Sin embargo, las actitudes al respecto pueden estar cambiando. Jody Powell, exsecretario de prensa del presidente Carter, justifica ciertas mentiras; argumenta en este sentido lo siguiente: "Desde la primera vez que el primer cronista formuló la primera pregunta comprometida a un funcionario oficial, se ha discutido si un gobernante tiene derecho a mentir. En ciertas circunstancias, no solo tiene el derecho sino la obligación efectiva de hacerlo. Durante los cuatro años que estuve en la Casa Blanca, me enfrenté dos veces ante tales circunstancias". A continuación describe un incidente en el que mintió a fin de "ahorrarle grandes molestias y sufrimientos a varias personas totalmente inocentes". La otra oportunidad en que admite haber mentido fue al encubrir los planes de los militares norteamericanos para rescatar a los rehenes en Irán. (Jody Powell, *He Other Side of the Story*, Nueva York: William Morrow and Co., Inc., 1984).

evitarse en la conversación cortés, reemplazándola por sinónimos relativamente eufemísticos como *falsedad* [falsehood] o *falta a la verdad* [untruth]".[2] Si una persona que a uno le resulta molesta falta a la verdad, es fácil que la llamemos mentirosa, pero en cambio es muy difícil que empleemos ese término por grave que haya sido su falta a la verdad si simpatizamos con ella o la admiramos. Muchos años antes de lo del caso Watergate, Nixon era para sus opositores del Partido Demócrata el epítome mismo de un mentiroso —"¿Se atrevería usted a comprarle a este hombre su automóvil usado?", decían por entonces sus contrincantes— mientras que sus admiradores republicanos elogiaban la capacidad que tenía para el ocultamiento y el disimulo, como muestra de su astucia política.

Sin embargo, para mi definición de lo que es mentir o engañar (utilizo estos términos en forma indistinta), estas cuestiones carecen de significatividad. Muchas personas —por ejemplo, las que suministran información falsa contra su voluntad— faltan a la verdad sin por ello mentir. Una mujer que tiene la idea delirante de que es María Magdalena no es una mentirosa, aunque lo que sostiene es falso. Dar a un cliente un mal consejo en materia de inversiones financieras no es mentir, a menos que en el momento de hacerlo el consejero financiero supiera que estaba faltando a la verdad. Si la apariencia de alguien transmite una falsa impresión no está mintiendo necesariamente, como no miente la Mantis religiosa que apela al camuflaje para asemejarse a una hoja, como no miente el individuo cuya ancha frente sugiere un mayor nivel de inteligencia del que realmente está dotado.*

---

* Sería interesante averiguar en qué se fundan tales estereotipos. Es presumible que si un individuo tiene la frente ancha se infiera, incorrectamente, que tiene un gran cerebro. El otro estereotipo según el cual un individuo de labios muy finos es cruel se basa en el indicio, correcto, de que en los momentos de ira se afinan los labios; el error consiste en utilizar el signo de un *estado* emocional pasajero para colegir un *rasgo de personalidad*. Un juicio de esta naturaleza implica que las personas de labios finos los tienen así porque están permanentemente airadas; ocurre, sin embargo, que los labios afinados pueden constituir un rasgo facial hereditario. Análogamente, el estereotipo de que las personas de labios gruesos son sensuales se basa en otro indicador correcto: en los momentos de gran excitación sexual afluye

Un mentiroso puede decidir que no va a mentir. Desconcertar a la víctima es un hecho deliberado; el mentiroso tiene el propósito de tenerla mal informada. La mentira puede o no estar justificada en opinión del que la dice o de la comunidad a la que pertenece. El mentiroso puede ser una buena o una mala persona, puede contar con la simpatía de todos o resultar antipático y desagradable a todos. Pero lo importante es que la persona que miente está en condiciones de elegir entre mentir y decir la verdad, y conoce la diferencia.[4] Los mentirosos patológicos, que saben que están faltando a la verdad pero no pueden controlar su conducta, no cumplen con mis requisitos. Tampoco aquellos individuos que ni siquiera saben que están mintiendo, de los que a menudo se dice que son víctimas del autoengaño.* Un mentiroso puede llegar a creer en su propia mentira con el correr del tiempo; en tal caso, dejaría de ser un mentiroso, y sería mucho más difícil detectar sus faltas a la verdad, por razones que explicaré en el próximo capítulo. Un episodio de la vida de Benito Mussolini muestra que la creencia en la propia mentira no siempre es beneficiosa para su autor: "... en 1938, la composición de las divisiones del ejército [italiano] se había modificado de modo tal que cada una de ellas abarcaba dos regimientos en lugar de tres. Esto le resultaba interesante a Mussolini, porque le permitía decir que el fascismo contaba con sesenta divisiones, en lugar de algo más de la mitad; pero el cambio provocó una enorme desorganización justo cuando la guerra estaba por iniciarse; y a raíz de haberse olvidado de él, varios años después Mussolini cometió un trágico error al calcular el poderío de sus fuerzas. Parece que muy pocos, excepto él mismo, fueron engañados".[5]

Para definir una mentira no solo hay que tener en cuenta al mentiroso sino también a su destinatario. Hay mentira cuando

---

mucha sangre a los labios y estos se congestionan; de ahí se extrae la falsa conclusión de que constituye una característica fija de la personalidad; ahora bien, también los labios gruesos pueden ser un rasgo facial permanente.[3]

* No discuto la existencia de mentirosos patológicos ni de individuos que son víctimas de un autoengaño, pero lo cierto es que resulta difícil probar esto. Sin duda, no puede tomarse como prueba la palabra del mentiroso; una vez descubierto, cualquier mentiroso podría aducir que se autoengañó para aminorar el castigo.

el destinatario de ella no ha pedido ser engañado, y cuando el que la dice no le ha dado ninguna notificación previa de su intención de mentir. Sería extravagante llamar mentirosos a los actores teatrales; sus espectadores han aceptado ser engañados por un tiempo; por eso están ahí. Los actores no adoptan —como lo hace un estafador— una personalidad falsa sin alertar a los demás de que se trata de una pose asumida solo por un tiempo. Ningún cliente de un asesor financiero seguiría a sabiendas sus consejos si este le dijese que la información que va a proporcionarle es muy convincente... pero falsa. Mary no le habría mentido a su médico psiquiàtra en caso de haberle anticipado que iba a confesar falsos sentimientos, como tampoco Hitler podría haberle dicho a Chamberlain que no confiara en sus promesas.

En mi definición de una mentira o engaño, entonces, hay una persona que tiene el propósito deliberado de engañar a otra, sin notificarla previamente de dicho propósito ni haber sido requerida explícitamente a ponerlo en práctica por el destinatario.* Existen dos formas fundamentales de mentir: ocultar y falsear.[6] El mentiroso que oculta retiene cierta información sin decir en realidad nada que falte a la verdad. El que falsea da un paso adicional: no solo retiene información verdadera, sino que presenta información falsa como si fuera cierta. A menudo, para concretar el engaño es preciso combinar el ocultamiento con el falseamiento, pero a veces el mentiroso se las arregla con el ocultamiento simplemente.

No todo el mundo considera que un ocultamiento es una mentira; hay quienes reservan este nombre solo para el acto más notorio del falseamiento.[7] Si un médico no le dice a su paciente que la enfermedad que padece es terminal, si el marido no le

---

* Mi interés principal recae en lo que Goffman llama *mentiras descaradas*, o sea, aquellas "sobre las cuales existen pruebas irrefutables de que el mentiroso sabía que mentía y lo hizo adrede". Goffman no centra su estudio de estas falsificaciones sino en otras en las que la diferencia entre lo verdadero y lo falso no es tan demostrable: "... difícilmente habría una relación o profesión cotidiana legítima cuyos actores no participen en prácticas ocultas incompatibles con la impresión que desean fomentar". (Ambas citas pertenecen a *The Presentation of Self in Everyday Life*, Nueva York: Anchor Books, 1959, pp. 59, 64).

cuenta a la esposa que la hora del almuerzo la pasó en un motel con la amiga más íntima de ella, si el detective no le confiesa al sospechoso que un micrófono oculto está registrando la conversación que este mantiene con su abogado, en todos estos casos no se transmite información falsa, pese a lo cual cada uno de estos ejemplos se ajusta a mi definición de mentira. Los destinatarios no han pedido ser engañados y los ocultadores han obrado de forma deliberada, sin dar ninguna notificación previa de su intento de engañar. Han retenido la información a sabiendas e intencionadamente, no por casualidad. Hay excepciones: casos en que el ocultamiento no es mentira, porque hubo una notificación previa o se logró el consentimiento del destinatario para que lo engañasen. Si marido y mujer concuerdan en practicar un *matrimonio abierto* en que cada uno le ocultará sus amoríos al otro a menos que sea interrogado directamente, no sería una mentira que el primero callase su encuentro con la amiga de su esposa en el motel. Si el paciente le pide al médico que no le diga nada en caso de que las noticias sean malas, no será una mentira del médico que se guarde esa información. Distinto es el caso de la conversación entre un abogado y su cliente, ya que la ley dispone que, por sospechoso que este sea para la justicia, tiene derecho a esa conversación privada; por lo tanto, ocultar la transgresión de ese derecho siempre será mentir.

Cuando un mentiroso está en condiciones de escoger el modo de mentir, por lo general preferirá ocultar y no falsear. Esto tiene muchas ventajas. En primer lugar, suele ser más fácil: no hay nada que fraguar ni posibilidades de ser atrapado antes de haber terminado con el asunto. Se dice que Abraham Lincoln declaró en una oportunidad que no tenía suficiente memoria como para ser mentiroso. Si un médico le da a su enfermo una explicación falsa sobre la enfermedad que padece para ocultarle que lo llevará a la tumba, tendrá que acordarse de esa explicación para no ser incongruente cuando se le vuelva a preguntar algo unos días después.

También es posible que se prefiera el ocultamiento al falseamiento porque parece menos censurable. Es pasivo, no activo. Los mentirosos suelen sentirse menos culpables cuando ocultan que cuando falsean, aunque en ambos casos sus víctimas resulten igualmente perjudicadas.* El mentiroso puede tranquilizarse a sí mismo con la idea de que la víctima conoce la verdad, pero no quiere afrontarla. Una mentirosa podría decirse: "Mi esposo debe estar enterado de que yo ando con alguien, porque nunca me pregunta dónde he pasado la tarde. Mi discreción es un rasgo de bondad hacia él; por cierto que no le estoy mintiendo sobre lo que hago, solo he preferido no humillarlo, no obligarlo a reconocer mis amoríos".

Por otra parte, las mentiras por ocultamiento son mucho más fáciles de disimular una vez descubiertas. El mentiroso no se expone tanto y tiene muchas excusas a su alcance: su ignorancia del asunto, o su intención de revelarlo más adelante, o la memoria que le está fallando, etc., etc. El testigo que declara bajo juramento que lo que dice fue tal como lo dice "hasta donde puede recordarlo", deja abierta la puerta para escapar por si más tarde tiene que enfrentarse con algo que ha ocultado. El mentiroso que alega no recordar lo que de hecho recuerda pero retiene deliberadamente, está a mitad de camino entre el ocultamiento y el falseamiento. Esto suele suceder cuando ya no le basta no decir nada: alguien hace una pregunta, se lo reta a hablar. Su falseamiento consiste en no recordar, con lo cual evita tener que recordar una historia falsa; lo único que precisa recordar es su afirmación falsa de que la memoria le falla. Y si más tarde sale a luz la verdad, siempre podrá decir que él no mintió, que solo fue un problema de memoria.

Un episodio del escándalo de Watergate que llevó a la renuncia del presidente Nixon ilustra esta estrategia de fallo de la memoria. Al aumentar las pruebas sobre la implicación de los asistentes presidenciales H.R. Haldeman y John Ehrlichman en la intromisión ilegal y encubrimiento, estos se vieron obligados a dimitir. Mientras aumentaba la presión sobre Nixon, Alexander Haig ocupó el puesto de Haldeman. "Hacía menos de un mes que

---

* Eve Sweetser formula la interesante opinión de que el destinatario quizá se sienta más agraviado por un ocultamiento que por un falseamiento, pues en el primer caso "...no puede quejarse de que se le mintió, y entonces siente como si su contrario hubiese aprovechado una excusa legítima".[8]

Haig estaba de vuelta en la Casa Blanca —leemos en una crónica periodística— cuando, el 4 de junio de 1973, él y Nixon discutieron de qué manera hacer frente a las serias acusaciones de John W. Dean, exconsejero de la Casa Blanca. Según una cinta magnetofónica de esa conversación, que se dio a conocer a la opinión pública durante la investigación, Haig le recomendó a Nixon esquivar toda pregunta sobre esos alegatos diciendo 'que usted simplemente no puede recordarlo'".[9]

Un fallo de la memoria solo resulta creíble en limitadas circunstancias. Si al médico se le pregunta si los análisis dieron resultado negativo, no puede contestar que no lo recuerda, ni tampoco el detective puede decir que no recuerda si se colocaron los micrófonos en la habitación del sospechoso. Un olvido así solo puede aducirse para cuestiones sin importancia o para algo que sucedió tiempo atrás. Ni siquiera el paso del tiempo es excusa suficiente para no recordar hechos extraordinarios que supuestamente todo el mundo recordará siempre, sea cual fuere el tiempo que transcurrió desde que sucedieron.

Pero cuando la víctima lo pone en situación de responder, el mentiroso pierde esa posibilidad de elegir entre el ocultamiento y el falseamiento. Si la esposa le pregunta al marido por qué no estaba en la oficina durante el almuerzo, él tendrá que falsear los hechos si pretende mantener su amorío en secreto. Podría decirse que aun una pregunta tan común como la que se formula durante la cena, "¿Cómo te fue hoy, querido?", es un requerimiento de información, aunque es posible sortearlo: el marido aludirá a otros asuntos que ocultan el uso que dio de ese tiempo, a menos que una indagatoria directa lo fuerce a elegir entre inventar o decir la verdad.

Hay mentiras que de entrada obligan al falseamiento, y para las cuales el ocultamiento a secas no bastará. La paciente Mary no solo debía ocultar su angustia y sus planes de suicidarse, sino también simular sentirse mejor y querer pasar el fin de semana con su familia. Si alguien pretende obtener un empleo mintiendo sobre su experiencia previa, con el ocultamiento solo no le alcanzará: deberá ocultar su falta de experiencia, sí, pero además tendrá que fabricarse una historia laboral. Para escapar de una fiesta aburrida sin ofender al anfitrión no solo es preciso ocultar la preferencia propia por ver la televisión en casa, sino inventar una excusa aceptable —una entrevista de negocios a primera hora de la mañana, problemas con la chica que se queda a cuidar a los niños, o algo semejante.

También se apela al falseamiento, por más que la mentira no lo requiera en forma directa, cuando el mentiroso quiere encubrir las pruebas de lo que oculta. Este uso del falseamiento para enmascarar lo ocultado es particularmente necesario cuando lo que se deben ocultar son emociones. Es fácil ocultar una emoción que ya no se siente, mucho más difícil ocultar una emoción actual, en especial si es intensa. El terror es menos ocultable que la preocupación, la furia menos que el disgusto. Cuanto más fuerte sea una emoción, más probable es que se filtre alguna señal pese a los denodados esfuerzos del mentiroso por ocultarla.

Simular una emoción distinta, una que no se siente en realidad, puede ayudar a disimular la real. La invención de una emoción falsa puede encubrir la autodelación de otra que se ha ocultado.

Estos y otros aspectos a que he hecho referencia se ejemplifican en un episodio de la novela de John Updike, *Marry Me*. Jerry, marido de Ruth, escucha que esta mantiene una conversación telefónica con su amante. Hasta ese momento de la historia, Ruth había podido mantener en secreto su amorío sin tener que falsear, pero ahora, interrogada directamente por su esposo, debe hacerlo. Si bien el objetivo de su mentira es que su marido ignore la relación que ella mantiene con su amante, el incidente muestra también con qué facilidad se mezclan las emociones en una mentira y cómo, una vez que se han mezclado, aumentan la carga de lo que debe ocultarse.

"Jerry la asustó al oír de lejos el final de su conversación telefónica con Dick [el amante de Ruth]. Ella pensaba que él estaría barriendo el patio trasero, pero él salió de la cocina y la increpó:

'—¿Qué era eso?

"Ella sintió pánico.

'—Oh, nadie —le respondió—. Una mujer de la escuela dominical preguntando si íbamos a inscribir a Joanna y Charlie'".[10]

Aunque en sí mismo el sentimiento de pánico no es prueba de que se está mintiendo, lo hará sospechar a Jerry si lo advierte, ya que pensará que Ruth no se asustaría si no tuviese algo que esconder. Los encargados de realizar interrogatorios suelen pasar por alto que personas totalmente inocentes pueden aterrorizarse al ser interrogadas. Ruth se encuentra en una situación delicada. Como no previó que iba a tener necesidad de inventar nada, no se preparó para ello. Al ser descubierta, siente pánico, y como el pánico es difícil de ocultar, aumenta las posibilidades de que Jerry la descubra. Una treta que podría intentar sería la de decir la verdad en cuanto a lo que siente —ya que es improbable que pueda ocultar eso—, mintiendo en cambio sobre el motivo de ese sentimiento. Podría admitir que está asustada y decir que lo está porque teme que Jerry no le crea, pero no porque ella tenga nada que esconder. Ahora bien, esto no funcionará a menos que en el pasado Jerry muchas veces hubiera desconfiado de Ruth y los hechos posteriores hubieran demostrado que ella era inocente, de tal modo que la mención actual de sus irracionales acusaciones del pasado pudiera hacer que él dejase de hostigarla.

Probablemente Ruth no logre mantenerse serena, con cara de jugador de póquer, impasible. Cuando las manos empiezan a temblar, es mucho mejor hacer algo con ellas (cerrar el puño o esconderlas) y no simplemente dejarlas quietas. Si el temor hace que se contraigan y aprieten los labios o se alcen los párpados y cejas, no será fácil presentar un rostro incólume. Esas expresiones faciales podrán ocultarse mejor si se les añade otros movimientos musculares: entrecerrar los dientes, abrir la boca, bajar el entrecejo, mirar fijo.

Ponerse una máscara es la mejor manera de ocultar una fuerte emoción. Si uno se cubre el rostro o parte de él con la mano o lo aparta de la persona que habla dándose media vuelta, habitualmente eso dejará traslucir que está mintiendo. La mejor máscara es una emoción falsa, que desconcierta y actúa como camuflaje. Es terriblemente arduo mantenerse impávido o dejar las manos quietas cuando se siente una emoción intensa: no hay ninguna apariencia más difícil de lograr que la frialdad, neutralidad o falta de emotividad cuando por dentro ocurre lo contrario. Mucho más fácil es adoptar una pose, detener o contrarrestar con un conjunto de acciones contrarias a aquellas que expresan los verdaderos sentimientos.

En el relato de Updike, un momento después Jerry le dice a Ruth que no le cree. Es presumible que en estas circunstancias aumente el pánico de Ruth y se vuelva más inocultable. Podría recurrir a la furia, la sorpresa o la perplejidad para enmascararlo. Podría contestarle agriamente a Jerry, haciéndose la enojada porque él no le cree o por estar espiándola. Hasta podría mostrarse asombrada de que él no le crea o de que escuche sus conversaciones telefónicas.

Pero no todas las situaciones le permiten al mentiroso enmascarar su auténtico sentir: hay mentiras que exigen ocultar las emociones sin inventar otras en su lugar, que es algo mucho más arduo todavía. Ezer Weizman, exministro de Defensa de Israel, relató una de estas situaciones. Delegaciones militares israelíes y egipcias llevando a cabo conversaciones destinadas a iniciar las negociaciones posteriores a la inopinada visita de Anwar Al-Sadat a Jerusalén. En uno de esos encuentros, el jefe de la delegación egipcia, Mohammed el-Gamasy, le dice a Weizman que acaba de enterarse de que los israelíes estaban levantando una nueva fortificación en el desierto del Sinaí. Weizman sabe perfectamente que esto puede dar al traste con las negociaciones, ya que todavía se estaba debatiendo si Israel tenía o no derecho incluso a mantener sus fortificaciones previas.

"Sentí un arrebato de furia —confiesa Weizman—, pero no podía ventilar mi furor en público. Ahí estábamos tratando de conversar sobre los convenios en materia de seguridad y de dar un empujoncito al vagón de la paz... y he aquí que mis colegas de Jerusalén, en vez de haber aprendido la lección de las falsas fortificaciones, estaban erigiendo una nueva justo en el momento en que se desarrollaban las negociaciones".[11]

Weizman no podía permitir que se trasluciese la ira que sentía por sus colegas de Jerusalén; esconder su ira tenía para él otro beneficio, y es que de ese modo podía ocultar que no había sido consultado por ellos. Debía, pues, ocultar una emoción intensa sin poder enmascararla con otra. De nada le hubiera valido mostrarse contento por la noticia, o triste, o sorprendido, o temeroso, o disgustado. Tenía que manifestarse atento pero impasible, sin dar indicio alguno de que la información que le transmitía Gamasy pudiese tener consecuencias. (En su libro, nada dice acerca de si lo logró).

El juego de póquer es otra de las situaciones en las que no puede recurrirse al enmascaramiento para ocultar una emoción. Si un jugador se entusiasma con la perspectiva de llevarse un pozo enorme porque ha recibido unas cartas soberbias, deberá disimular su entusiasmo si no quiere que los demás se retiren del juego en esa vuelta. Ponerse una máscara con señales de otra clase de sentimiento sería peligroso: si pretende parecer decepcionado o irritado por las cartas que le vinieron, los demás pensarán que no tiene un buen juego y que se irá al mazo, en vez de continuar la partida. Por lo tanto, tendrá que lucir su rostro más neutral, el propio de un jugador de póquer. En caso de que le hayan venido cartas malas y quiera disimular su desengaño o fastidio con un *bluff*, o sea, una fuerte apuesta engañosa tendente a asustar a los otros, podría usar una máscara: fraguando entusiasmo o alegría quizá logre esconder su desilusión y dar la impresión de que tiene buenas cartas, pero es probable que los demás jugadores no caigan en la trampa y lo consideren un novato: se supone que un jugador experto ha dominado el arte de no revelar ninguna emoción sobre lo que tiene en la mano.* Dicho sea de paso, las falsedades que sobrevienen en una partida de póquer —los ocultamientos o los *bluffs*— no se ajustan a mi definición de lo que es una mentira: nadie espera que un jugador de póquer vaya a revelar las cartas que ha recibido y el juego en sí constituye una notificación previa de que los jugadores tratarán de despistarse unos a otros.

---

* En su estudio sobre los jugadores de póquer, David Hayano describe otra de las estratagemas utilizadas por los jugadores profesionales: "Charlan animadamente a lo largo de toda la partida para poner nerviosos y ansiosos a sus contrincantes. [...] Dicen verdades como si fueran mentiras, y mentiras como si fueran verdades. Junto con esta verborrea, usan gestos y ademanes vivaces y exagerados. De uno de estos jugadores se decía que 'se movía más que una bailarina de cabaret en la danza del vientre'". ("Poker Lies and Tells", *Human Behavior*, marzo, 1979, p. 20).

Para ocultar una emoción cualquiera, puede inventarse cualquier otra emoción falsa. La más habitualmente utilizada es la sonrisa. Actúa como lo contrario de todas las emociones negativas: temor, ira, desazón, disgusto, etc. Suele elegírsela porque para concretar muchos engaños el mensaje que se necesita es alguna variante de que uno está contento. El empleado desilusionado porque su jefe ha promocionado a otro en lugar de él le sonreirá al jefe, no sea que este piense que se siente herido o enojado. La amiga cruel adoptará la pose de bienintencionada descargando sus acerbas críticas con una sonrisa de sincera preocupación.

Otra razón por la cual se recurre tan a menudo a la sonrisa como máscara es que ella forma parte de los saludos convencionales y suelen requerirla la mayoría de los intercambios sociales corteses. Aunque una persona se sienta muy mal, por lo común no debe demostrarlo para nada ni admitirlo en un intercambio de saludos; más bien se supone que disimulará su malestar y lucirá la más amable sonrisa al contestar: "Estoy muy bien, gracias, ¿y usted?". Sus auténticos sentimientos probablemente pasarán inadvertidos, no porque la sonrisa sea una máscara tan excelente, sino porque en esa clase de intercambios corteses a la gente rara vez le importa lo que siente el otro. Todo lo que pretende es que finja ser amable y sentirse a gusto. Es rarísimo que alguien se ponga a escrutar minuciosamente lo que hay detrás de esas sonrisas: en el contexto de los saludos amables, todo el mundo está habituado a pasar por alto las mentiras. Podría aducirse que no corresponde llamar mentiras a estos actos, ya que entre las normas implícitas de tales intercambios sociales está la notificación previa de que nadie transmitirá sus verdaderos sentimientos.

Otro de los motivos por los cuales la sonrisa goza de tanta popularidad como máscara es que constituye la expresión facial de las emociones que con mayor facilidad puede producirse a voluntad. Mucho antes de cumplir un año, el niño ya sabe sonreír en forma deliberada; es una de sus más tempranas manifestaciones tendentes a complacer a los demás. A lo largo de toda la vida social, las sonrisas presentan falsamente sentimientos que no se sienten pero que es útil o necesario mostrar. Pueden cometerse errores en la forma de evidenciar estas sonrisas falsas, prodigándolas demasiado o demasiado poco. También puede haber notorios errores de oportunidad, dejándolas caer mucho antes de la palabra o frase a la que deben acompañar, o mucho después. Pero en sí mismos los movimientos que llevan a producir una sonrisa son sencillos, lo que no sucede con la expresión de todas las demás emociones.

A la mayoría de la gente, las emociones que más les cuesta fraguar son las negativas. Mi investigación, descrita en el capítulo 5, revela que la mayor parte de los sujetos no son capaces de mover de forma voluntaria los músculos específicos necesarios para simular con realismo una falsa congoja o un falso temor. El enojo y la repulsión no vivenciados pueden desplegarse con algo más de facilidad, aunque se cometen frecuentes equivocaciones. Si la mentira exige falsear una emoción negativa en lugar de una sonrisa, el mentiroso puede verse en aprietos. Hay excepciones: Hitler era, evidentemente, un actor superlativo, dotado de una gran capacidad para inventar convincentemente emociones falsas. En una entrevista con el embajador inglés se mostró terriblemente enfurecido, gritó que así no se podía seguir hablando y se fue dando un portazo; un oficial alemán presente en ese momento contó más adelante la escena de este modo: "Apenas había cerrado estrepitosamente la puerta que lo separaba del embajador, lanzó una carcajada, se dio una fuerte palmada en el muslo y exclamó: '¡Chamberlain no sobrevivirá a esta conversación! Su gabinete caerá esta misma noche'".[12]

Además del ocultamiento y el falseamiento, existen muchas otras maneras de mentir. Ya sugerí una al referirme a lo que podría hacer Ruth, el personaje de Updike, para mantener engañado a su marido a pesar del pánico. En vez de ocultar este último, cosa difícil, podría reconocerlo pero mentir en lo tocante al motivo que lo había provocado. Ruth podría argüir que es totalmente inocente y que si se asustó solo fue por el temor de que su marido no le creyera; así, establecería como causa de su emoción una que no es la verdadera. Análogamente, interrogada por el psiquiatra sobre el motivo de su nerviosismo aparente, la paciente Mary podría reconocer dicho nerviosismo pero atribuirlo a otro sentimiento; por ejemplo, "estoy nerviosa por las ganas que tengo de volver a ver a mi familia". Esta mentira despista sobre el origen de la emoción, pero reconoce verazmente que la emoción existe.

Otra técnica parecida consiste en decir la verdad de una manera retorcida, de tal modo que la víctima no la crea. O sea, decir la verdad... falsamente. Cuando Jerry le preguntó a Ruth con quién hablaba por teléfono, ella podría haber respondido: "Oh, ya te lo puedes imaginar, estaba hablando con mi amante; me llama a todas horas. Y como me acuesto con él tres veces al día, ¡tenemos que estar en contacto permanente para concertar las citas!". Esta exageración de la verdad pondría en ridículo a Jerry y le haría difícil proseguir con sus sospechas. También serviría para el mismo propósito un tono de voz o una expresión de burla.

En la película de Robert Daley, basada en el libro del mismo nombre, *Prince of the City: The True Story of a Cop Who Knew Too Much* [Príncipe de la ciudad: la verdadera historia de un policía que sabía demasiado], encontramos otro ejemplo de una verdad dicha falsamente. Como proclama el subtítulo, se trata presuntamente de hechos reales, no ficticios. Robert Leuci es el agente de policía convertido en informante clandestino de los fiscales del gobierno federal que querían obtener pruebas de corrupción delictiva entre los policías, abogados, inspectores con narcotraficantes y miembros de la mafia. Recogió la mayor parte de las pruebas gracias a una grabadora escondida entre sus ropas. En determinado momento se sospecha que podría ser un informante de las autoridades; si lo descubren con el aparato su vida correrá peligro. Leuci está hablando con De Stefano, uno de los criminales de los que quiere obtener pruebas;

"—No nos sentemos hoy junto al tocadiscos, si no no podré grabarte nada —le dice.

"—No veo la gracia —contesta De Stefano.

"Leuci comenzó a jactarse de que de veras trabajaba para el gobierno, lo mismo que la camarera que se veía al otro lado del salón, y que llevaba el transmisor escondido en la...

"Todos se rieron del chiste, pero De Stefano lo hizo con una sonrisita forzada".[13]

Leuci pone en ridículo a De Stefano con su verdad desfachatada: lo cierto es que no puede grabar bien cerca del tocadiscos, y que trabaja para el gobierno. Al admitirlo tan descaradamente y bromear sobre la camarera que también lleva un micrófono escondido en los sostenes o entre las piernas, Leuci hace que a De Stefano le sea difícil seguir sospechando de él sin parecer un necio.

Un ardid semejante al de decir falsamente una verdad es ocultarla a medias. Se dice la verdad, pero solo de manera parcial. Una exposición insuficiente, o una que deja fuera el elemento decisivo, permite al mentiroso preservar el engaño sin decir de hecho nada que falte a la verdad. Poco después del incidente de la llamada telefónica, Jerry está en la cama con su esposa y arrimándosele le pide que le diga a quién quiere:

"—Te quiero a ti —contesta ella—, y a todas las palomas que hay en ese árbol, y a todos los perritos del pueblo salvo los que se abalanzan sobre nuestro cubo de la basura, y a todos los gatos salvo al que me la dejó preñada a Lulú. Y quiero a todos los bañistas de la playa y a todos los policías del centro, con excepción de aquel que me pegó un grito por haber dado vuelta en la avenida. Y quiero a todos tus espantosos amigos, en especial cuando estoy un poco borracha...

"—¿Y qué te parece Dick Mathias? [el amante de Ruth].

"—No me interesa —dijo".[14]

Otra técnica que permite al mentiroso evitar decir algo que falte a la verdad es la evasiva por inferencia incorrecta. El columnista de un periódico describió humorísticamente cómo es posible apelar a ella para resolver el conocido intríngulis de tener que emitir una opinión ante la obra de un amigo cuando esa obra a uno no le gusta. Supongamos que es el día de la inauguración de su exposición de cuadros. Uno piensa que los cuadros de su amigo son un espanto, pero hete aquí que antes de poder deslizarse hacia la puerta de salida nuestro amigo viene a estrecharnos la mano y sin demora nos pregunta qué opinamos:

"'Oh, Jerry' —le contestaremos (suponiendo que nuestro artista se llame Jerry), y mirándolo fijo a los ojos como si estuviéramos embargados por la emoción, añadiremos: —'¡Jerry, Jerry, Jerry!'. No hay que soltarle la mano en todo este tiempo ni dejar de mirarlo fijo. Hay un 99 por ciento de probabilidades de que Jerry finalmente se libere de nuestro apretón de mano, farfulle una frase modesta y siga adelante... Claro que hay variantes. Por ejemplo, adoptar el tono altanero de un crítico de arte y la tercera persona gramatical invisible, y dividiendo en dos etapas la declaración, decir: 'Jerry, Jerry. ¿Qué podría uno decir?'. O bajando el tono de voz, más equívocamente: 'Jerry... No encuentro palabras'. O con un poquito más de ironía: 'Jerry: todo el mundo, todo el mundo, habla de ti'".[15]

La virtud de esta estratagema, como la de la verdad a medias o la de decir la verdad falsamente, consiste en que el mentiroso no se ve forzado a faltar en modo alguno a la verdad. Sin embargo, considero que estas son mentiras de todas maneras, porque hay un propósito deliberado de despistar al destinatario sin darle ninguna notificación previa.

Algún aspecto del comportamiento del mentiroso puede traicionar estas mentiras. Existen dos clases de indicios del engaño: un error puede revelar la verdad, o bien puede sugerir que lo dicho o lo hecho no es cierto sin por ello revelar qué es lo cierto. Cuando por error un mentiroso revela la verdad, yo lo llamo autodelación*; y llamo pista sobre el embuste a las características de su conducta que nos sugieren que está mintiendo pero no nos dicen cuál es la verdad. Si el médico de Mary nota que ella se retuerce las manos al mismo tiempo que le dice que se siente muy bien, tendrá una pista sobre su embuste, una razón para sospechar que ella le miente; pero no sabrá cómo se siente realmente —podría estar rabiosa por la mala atención que se le brinda en el hospital, o disgustada consigo misma, o temerosa por su futuro—, salvo que ella cometa una autodelación. Una expresión de su rostro, su tono de voz, un desliz verbal o ciertos ademanes podrían traslucir sus auténticos sentimientos.

---

* *Leakage*, término que literalmente significa "filtración", como la que produce una gotera en una cañería. [N. del T.].

Una pista sobre el embuste responde al interrogante de si el sujeto está o no mintiendo, pero no revela lo que él oculta: solo una autodelación puede hacerlo. Con frecuencia, eso no importa. La pista sobre el embuste es suficiente cuando la cuestión es saber si la persona miente, más que saber qué es lo que oculta. En tal caso no se precisa ninguna autodelación. La información sustraída puede imaginarse, o no viene al caso. Si un gerente percibe, gracias a una pista de este tipo, que el candidato que se presentó para el cargo le está mintiendo, con eso le basta, y no necesita ninguna autodelación del candidato para tomar la decisión de no emplear en su empresa a un mentiroso.

Pero no siempre basta. A veces es importante conocer con exactitud lo que se oculta. Descubrir que un empleado de confianza ha incurrido en una malversación de fondos puede ser insuficiente. Quizás una pista dejó entrever su embuste, y dio lugar a una confrontación y una confesión de su parte. Pero por más que el asunto haya quedado zanjado, se haya despedido a ese sujeto, haya terminado la causa judicial que se le inició, el patrón seguirá tratando de obtener una autodelación para averiguar cómo lo hizo, y qué destino le dio a ese dinero. Si Chamberlain hubiera detectado alguna pista sobre el embuste de Hitler quizás habría sabido que este le estaba mintiendo, pero en tales circunstancias le habría sido más útil aun conseguir que le delatase sus planes de conquista o hasta dónde pensaba llevarlos adelante.

Hay ocasiones en que la autodelación solo proporciona una parte de la información que la víctima necesita conocer: transmite más que la pista sobre el embuste, pero no todo lo que se ha ocultado. Recordemos el episodio ya mencionado de *Marry Me*, de Updike. Ruth se vio presa del pánico porque no sabía cuánto había escuchado su esposo de la conversación telefónica que ella había mantenido con su amante. Cuando Jerry se dirigió a ella, tal vez Ruth hiciera algo que dejase traslucir su pánico (un temblor en los labios, un fugaz enarcamiento de las cejas). En ese contexto, un indicio tal sería suficiente para saber que estaba mintiendo, pues... ¿por qué otro motivo podría preocuparle que su esposo le hiciera esa pregunta? Ahora bien, dicha pista nada le diría a Jerry en cuanto a la mentira en sí, ni con quién estaba hablando ella. Jerry obtuvo parte de esa información porque la voz de Ruth la autodelató. Al explicarle por qué motivo no creía en lo que ella le había dicho sobre su interlocutor telefónico, Jerry le dice:

"—Fue por tu tono de voz.

"—¿En serio? ¿Y cómo era?— ella quiso lanzar una risita nerviosa.

"Él miró al aire, como si se tratase de un problema estético. Se veía cansado, y con el cabello cortado al ras parecía más joven y más delgado.

"—Era un tono distinto al de costumbre —dijo—. Era la voz de una mujer.

"—Eso es lo que soy: una mujer.

"—Pero conmigo usas una voz de chiquilla —continuó él".[16] La voz que había usado Ruth no era la que usaría con una empleada de la escuela dominical, sino más bien con un amante. Ella trasunta que el engaño de Ruth probablemente esté referido a un asunto amoroso, aunque todavía no le dice a su marido cómo es toda la historia. Jerry no sabe aún si el idilio acaba de comenzar o está avanzado; tampoco sabe quién es el amante de su mujer. No obstante, sabe más de lo que habría podido averiguar con una pista sobre su embuste, que a lo sumo le habría informado que ella mentía.

Definí antes la mentira como una decisión deliberada de despistar a un destinatario sin darle una notificación previa de dicho propósito. Hay dos formas principales de mentira: el ocultamiento, o sea, el hecho de no transmitir toda la información, y el falseamiento o presentación de información falsa como si fuera verdadera. Otros modos de mentir son despistar al otro reconociendo la emoción propia pero atribuyéndola a una causa falsa, decir falsamente la verdad, o admitir la verdad pero de una manera tan exagerada o irónica que el destinatario se vea desorientado o no reciba información alguna; el ocultamiento a medias, o admisión de una parte únicamente de la verdad, a fin de desviar el interés del destinatario respecto de lo que todavía permanece oculto; y la evasiva por inferencia incorrecta, o decir la verdad pero de un modo que implique lo contrario de lo que se dice.

Hay dos clases de indicios del engaño: indicios revelatorios que, inadvertidamente, ponen la verdad al desnudo, y simples indicios de mentira, cuando el comportamiento mentiroso solo revela que lo que él dice no es cierto.

Tanto los indicios revelatorios (autodelación) como los simples indicios de mentira son errores que comete un mentiroso. Pero no siempre los comete. No todas las mentiras fallan en sus propósitos. En el próximo capítulo explicaremos por qué algunas sí.

3

POR QUÉ FALLAN LAS MENTIRAS

•••

LAS MENTIRAS FALLAN POR MUCHOS MOTIVOS. Quizá la víctima del engaño descubra accidentalmente la verdad al encontrar un documento escondido o una mancha de lápiz labial en un pañuelo. También puede ocurrir que otra persona delate al mentiroso: un colega envidioso, una esposa abandonada, un informante que ha sido pagado para ello, son algunas de las fuentes básicas de detección de los engaños. Sin embargo, lo que aquí nos importa son los errores cometidos durante el acto mismo de mentir contra la voluntad del que miente, conductas que llevan sus mentiras al fracaso. La pista sobre el embuste o la autodelación puede presentarse en un cambio de la expresión facial, un movimiento del cuerpo, una inflexión de la voz, el hecho de tragar saliva, un ritmo respiratorio excesivamente profundo o superficial, largas pausas entre las palabras, un desliz verbal, una microexpresión facial, un ademán que no corresponde. La cuestión es: ¿por qué no pueden evitar los mentirosos estas conductas que los traicionan? A veces lo consiguen. Hay mentiras ejecutadas hermosamente, sin que nada de lo que se dice o hace las trasluzca. ¿Pero por qué no sucede esto en todos los casos? Las razones son dos, una de ellas vinculada con los pensamientos y la otra con los sentimientos.

MALOS PLANES

No siempre los mentirosos prevén en qué momento necesitarán mentir; no siempre tienen tiempo de preparar el plan que han de seguir, ensayarlo y memorizarlo. En el episodio citado de la novela *Marry Me*, de Updike, Ruth no previó que su marido, Jerry, la oiría hablar por teléfono con su amante. La historia que inventa sobre la marcha —que habían llamado de la escuela dominical para saber si inscribiría a sus hijos— la traiciona, porque no concuerda con lo que su marido escuchó.

Aun cuando el mentiroso tenga la oportunidad de prepararse por adelantado y de montar cuidadosamente sus planes, tal vez no sea lo bastante sagaz como para anticipar todas las preguntas que pudieran hacérsele o para meditar sus respuestas. Y hasta puede suceder que su sagacidad no alcance, ya que cambios insólitos en las circunstancias quizá den por tierra con un plan que, de lo contrario, habría resultado eficaz. Durante la investigación judicial por el caso Watergate, el juez federal John J. Sirica describió un problema de esta índole al explicar sus reacciones ante el testimonio de Fred Buzhardt, asesor especial del presidente Nixon: "El primer problema que enfrentó Fred Buzhardt al tratar de justificar el hecho de que faltaran cintas grabadas fue conseguir que su historia fuese coherente. El primer día de la audiencia, Buzhardt manifestó que no había ninguna cinta de la reunión mantenida por el presidente con Dean el 15 de abril a raíz de que [...] había fallado un cronómetro. [...] Pero poco después modificó esta explicación primitiva. [Buzhardt se había enterado de que podrían llegar a conocerse otras pruebas que demostrasen que los cronómetros habían funcionado perfectamente]. Dijo entonces que la reunión del 15 de abril con Dean [...] no había sido grabada porque las dos cintas disponibles estaban llenas con lo registrado el día anterior, durante el cual se habían llevado a cabo muchas reuniones".[1] Aunque las circunstancias no obliguen al mentiroso a cambiar sus planes, algunos tienen dificultad para recordar el plan que habían resuelto seguir primitivamente, con el fin de poder responder presta y congruentemente a las nuevas preguntas que se le formulan.

Cualquiera de estos fallos —no anticipar en qué momento será preciso mentir, no saber inventar un plan adecuado a las circunstancias cambiantes, no recordar el plan que uno ha decidido seguir— genera indicios del engaño fácilmente detectables. Lo que el sujeto dice es en sí mismo incoherente o bien discrepa con otros hechos incontrovertibles que ya se conocen en ese momento, o que se revelan más tarde. Estos indicios obvios del engaño no son siempre tan confiables y directos como aparentan. Un plan demasiado perfecto y sin tropiezos puede delatar a un estafador que se las piensa todas. Para peor, algunos estafadores, sabiendo esto, cometen deslices deliberados a fin de no parecer perfectos. El cronista e investigador James Phelan describió un caso fascinante en su relato sobre la falsa biografía de Howard Hughes.

Hacía años que nadie había visto a Hughes, lo cual no hacía sino aumentar la fascinación del público ante este multimillonario que rodaba películas de cine, era dueño de una compañía aérea y de la mayor casa de juegos de azar en Las Vegas. Hacía tanto tiempo que nadie lo veía, que hasta se llegó a dudar de que estuviera vivo. Fue sorprendente que una persona tan recluida autorizase a alguien a escribir su biografía, y sin embargo eso es lo que sostuvo haber hecho Clifford Irvin. La editorial McGraw-Hill le pagó 750 000 dólares por publicarla, y la revista *Life* 250 000 dólares por reproducir solo tres fragmentos... ¡y todo resultó un fraude! Clifford Irving era: "... un gran estafador, uno de los mejores. He aquí un ejemplo. Cuando lo indagamos por separado varios de nosotros, tratando de que nos diera pormenores de su historia fraguada, jamás cometió el error de contarla dos veces de la misma manera. Incluía pequeñas discrepancias, y cuando se las mencionábamos, las admitía enseguida. Un estafador común y corriente habría inventado una historia perfecta en sus más mínimos detalles, para poder narrarla una y otra vez sin apartarse una coma. Un hombre honesto comete por lo común pequeños errores, particularmente si debe relatar una historia larga y complicada como la de Clifford. Pero este era lo bastante sagaz como para saberlo, y ofreció una soberbia personificación de un hombre honesto. Si lo sorprendíamos en algo que parecía estar en contra de él, espontáneamente nos decía: 'Ay, ay, eso no me favorece, ¿no es así? Sin embargo, las cosas sucedieron como les digo'. Transmitía la imagen de un hombre sincero, aunque le perjudicase... y por otro lado nos soltaba una mentira tras otra".[2]

Contra esta clase de sagacidad no hay protección posible: los estafadores más habilidosos *logran*, de hecho, sus propósitos. Pero no todos los que mienten son tan tortuosos en su engaño.

La falta de preparación o la imposibilidad de recordar el plan adoptado puede ofrecer indicios en cuanto a la forma de *formular* el plan, aunque no haya ninguna incongruencia en su *contenido*. La necesidad de pensar de antemano cada palabra antes de decirla —de sopesar todas las posibilidades, de buscar el término de idea exactos— se evidenciará en las pausas, o bien, más sutilmente, en una contracción de los párpados o de las cejas y en ciertos cambios en los gestos y ademanes (como explicamos con más detalle en los capítulos 4 y 5). No es que la consideración cuidadosa de cada palabra antes de pronunciarla sea siempre señal de engaño, pero en ciertas circunstancias lo es. Cuando Jerry le inquiere a Ruth con quién estaba hablando por teléfono, cualquier signo de que ella estaba seleccionando minuciosamente las palabras al responder indicaría su mentira.

MENTIRAS RELACIONADAS CON LOS SENTIMIENTOS PROPIOS

El hecho de no haber pensado de antemano, programado minuciosamente y ensayado el plan falso es solo uno de los motivos por los cuales se cometen deslices que ofrecen pistas sobre el engaño; los errores se deben asimismo a la dificultad de ocultar las emociones o de inventar emociones falsas. No toda mentira lleva consigo una emoción, pero las que sí la implican causan al mentiroso problemas particulares. Cierto es que el intento de ocultar una emoción en el instante mismo en que se la siente podría traslucirse en las palabras empleadas, pero salvo que se incurra en algún desliz verbal, por lo común eso no sucede. A menos que el mentiroso tenga el deseo de confesar lo que siente, no necesita poner en palabras sus sentimientos ocultos; en cambio, le quedan menos opciones cuando se trata de ocultar una expresión facial, una aceleración de los movimientos respiratorios o un endurecimiento de la voz.

Cuando se despiertan emociones, los cambios sobrevienen automáticamente, sin dar cabida a la opción o a la deliberación. Se producen en una fracción de segundo. En *Marry Me*, cuando Jerry acusa a Ruth de mentir, esta no tiene dificultad en callar su "¡Sí, es cierto, he mentido!"; pero el pánico que le da el ser sorprendida en su engaño se adueña de ella y produce señales visibles y audibles. Ese pánico no es algo que ella pueda elegir ni detener: está más allá de su control. Y esto, a mi juicio, es algo fundamental, propio de la naturaleza de la experiencia emocional.

Las personas no escogen deliberadamente el momento en que sentirán una emoción; por el contrario, lo común es que vivencien las emociones como algo que les sucede pasivamente, y en el caso de las emociones negativas (el temor, la ira), contra su voluntad. No solo hay pocas opciones en lo tocante al momento de experimentar una emoción, sino que además nos damos cuenta de que no tenemos demasiado para elegir en cuanto a manifestar o no ante los demás sus signos expresivos. Ruth no podía, simplemente, elegir no mostrar ningún signo de pánico; no había ninguna perilla que pudiese apretar para relajarse y detener sus reacciones emocionales. Y si la emoción es demasiado intensa, puede ser imposible incluso controlar las propias acciones. Una fuerte emoción explica, aunque no siempre justifica, comportamientos inapropiados —"No tuve la intención de gritarte (o de golpear la mesa, o de insultarte, o de darte un golpe), pero perdí la paciencia, no me pude controlar".

Cuando una emoción va surgiendo en forma paulatina y no repentina, y si comienza en un bajo nivel (molestia en vez de furia), los cambios en la conducta son pequeños y relativamente sencillos de ocultar si uno se da cuenta de lo que está sintiendo. Pero la mayoría de las personas no se dan cuenta. Cuando una emoción empieza gradualmente y se mantiene con poca intensidad, tal vez sea más notable para los demás que para uno; y no se la hará consciente hasta que se haya vuelto fuerte. Pero cuando se ha vuelto fuerte, es mucho más difícil controlarla; ocultar los cambios que entonces se producen en el rostro, el resto del cuerpo y la voz genera una lucha interior. Aunque el ocultamiento tenga éxito y la emoción no trascienda, a veces se advertirá la lucha misma y será una pista sobre el embuste.

Ocultar una emoción no es fácil, pero tampoco lo es inventar una no sentida, aunque no haya otra emoción que disimular con esta. No basta con decirse "Estoy enojado" o "Tengo miedo": el embustero debe mostrarse y sonar enojado o temeroso si quiere que le crean. Y no es sencillo convocar los movimientos adecuados, los cambios particulares de la voz, requeridos para simular la emoción. Hay ciertos movimientos faciales, por ejemplo, que poquísimas personas están en condiciones de ejecutar de modo voluntario (los describimos en el capítulo 5). Estos movimientos de difícil ejecución son vitales para que el falseamiento de la tristeza, el temor o la ira tenga éxito.

El falseamiento se vuelve tanto más arduo cuanto mayor es la necesidad que hay de él para contribuir a ocultar otra emoción. Tratar de parecer enojado no es sencillo, pero si encima el sujeto que quiere parecerlo tiene miedo en realidad, se sentirá desgarrado por dentro: una serie de impulsos, provenientes de su temor, lo empujarán en una dirección, en tanto que su intento deliberado de parecer enojado lo empujará en la dirección opuesta. Las cejas, por ejemplo, se arquean involuntariamente cuando se siente miedo, pero si en cambio lo que se desea es simular enojo, hay que fruncir el ceño. Con frecuencia, son los signos de esta lucha interna entre lo que se siente de veras y la emoción falsa los que traicionan al mentiroso.

¿Qué decir de las mentiras que no involucran emociones, las mentiras acerca de planes, ideas, acciones, intenciones, hechos o fantasías? ¿Se traslucen en la conducta del mentiroso?

SENTIMIENTOS PROPIOS RELACIONADOS CON LAS MENTIRAS

No todo engaño implica ocultar o falsear una emoción. La empleada de banco que cometió un desfalco lo único que oculta es que robó dinero. El que plagia oculta que ha tomado una obra ajena presentándola como propia. El galán vanidoso de mediana edad oculta su edad ante su amante, se tiñe las canas y afirma tener siete años menos. Pero aunque la mentira puede no estar referida a una emoción, igualmente las emociones suelen participar en ella. Al galán tal vez le moleste en el fondo su vanidad, y para triunfar en su engaño tendrá que ocultar, no solo su edad, sino esa molestia. El que plagia puede sentir desdén por los lectores a quienes ha desorientado; no tendrá entonces que ocultar únicamente el origen de su obra y fingir un don que no posee, sino que además tendrá que ocultar su menosprecio. La malversadora de fondos quizá se sorprenda al enterarse de que han acusado a otro de su delito, y deba ocultar su sorpresa, o al menos los motivos de su sorpresa.

Así pues, a menudo intervienen emociones en mentiras que no se dijeron con el fin de ocultar emociones. Y una vez que ellas intervienen, hay que ocultarlas para no traicionarse. Cualquier emoción puede ser responsable de esto, pero tres de ellas están tan asiduamente entrelazadas con el engaño, que merecen una explicación aparte: el temor a ser atrapado, el sentimiento de culpa por engañar y el deleite que provoca embaucar a alguien.

EL TEMOR A SER ATRAPADO

En sus formas más moderadas, este temor, en vez de desbaratar las cosas, puede ayudar al mentiroso a no incurrir en equivocaciones al mantenerlo alerta. Si el temor es mayor, puede producir signos conductuales que el descubridor de mentiras avezado notará enseguida, y si es mucho mayor, el temor del mentiroso a ser atrapado da origen exactamente a lo que él teme. Si un mentiroso fuera capaz de calibrar cuál será *su recelo a ser detectado* en caso de embarcarse en un embuste, estaría en mejores condiciones para resolver si vale la pena correr el riesgo. Y aunque ya haya decidido correrlo, saber estimar qué grado de recelo a ser detectado podría llegar a sentir lo ayudará a programar medidas contrarrestantes a fin de reducir u ocultar su temor. Esta información puede serle útil, asimismo, al descubridor de mentiras: si prevé que un sospechoso tiene mucho temor de ser atrapado, estará muy atento a cualquier evidencia de ese temor.

El grado de recelo a ser detectado está sujeto a la influencia de muchos factores. El primero y determinante es la creencia que tenga el mentiroso sobre la habilidad de su destinatario para descubrir mentiras. Si sabe que su destinatario es un incauto o un tonto, por lo general no tendrá demasiados recelos. En cambio, alguien con fama de "duro de pelar", alguien conocido por lo difícil que resulta engañarlo o por ser un experto descubridor de mentirosos, inculcará recelo a ser detectado. Los padres suelen convencer a sus hijos de que ellos son maestros en este arte de descubrir mentiras: "Me basta mirarte a los ojos para saber si me estás mintiendo". La chica embustera tiene tanto pavor de ser atrapada que este mismo pavor la delata, o bien confiesa la verdad porque imagina que no tiene probabilidad alguna de éxito.

En la obra dramática de Terence Rattigan, *The Winslow Boy*, y la película en ella basada, *Pleito de honor* (1948), el padre, Arthur, apela minuciosamente a esta estratagema. A su hijo adolescente, Ronnie, lo han echado de la Escuela Naval acusado de robar un giro postal:

"ARTHUR: En esta carta dicen que robaste un giro postal. (*Ronnie abre la boca para contestar, pero Arthur lo detiene*). No digas nada, no quiero que digas una sola palabra antes de escuchar lo que yo tengo que decirte a ti. Si lo hiciste, debes decírmelo. No me enfadaré contigo, Ronnie... siempre y cuando me cuentes la verdad. Pero si me mientes, lo sabré, porque entre tú y yo no puede esconderse ninguna mentira. Lo sabré, Ronnie... así que antes de hablar, acuérdate de esto. (*Hace una pausa*). ¿Robaste ese giro?

"Ronnie (vacilante): No, papá, no lo robé.

(Arthur da un paso hacia él y le clava los ojos).

"Arthur: ¿Robaste ese giro postal?

"Ronnie: No, papá, no lo hice.

(Arthur sigue con su mirada clavada en él durante un segundo, luego la aparta)."[3]

Arthur le cree a su hijo, y la obra relata los enormes sacrificios que hacen luego el padre y el resto de la familia para rehabilitarlo.

Pero no siempre un padre puede apelar a la estrategia usada por Arthur a fin de averiguar la verdad. Si un muchacho ha mentido muchas veces en el pasado y ha logrado hacer caer a su padre en el engaño, no tendrá motivos para pensar que no puede conseguirlo otra vez más. Tal vez un padre no esté dispuesto a amnistiar a su hijo cuando este le confiese alguna fechoría, o tal vez su buena disposición en tal sentido no sea creída por su hijo, como consecuencia de los episodios del pasado. También puede ocurrir que el chico le crea al padre y esté seguro de que este es capaz de confiar en él. Un padre que se ha mostrado suspicaz y desconfiado con su hijo y no le ha creído cuando le dijo la verdad, despertará temor en un chico inocente. Esto plantea un problema decisivo en la detección del engaño: es casi imposible diferenciar el *temor a que no le crean* del niño inocente, del recelo a ser detectado que siente el niño culpable: las señales de uno y otro serán las mismas.

Estos problemas no se presentan exclusivamente en el descubrimiento del engaño entre padre e hijo: siempre es difícil distinguir el temor del inocente a que no le crean, del recelo del culpable a ser detectado. Y la dificultad se agranda cuando el descubridor de la mentira tiene fama de suspicaz, de no haber aceptado sin más la verdad anteriormente. A este le será cada vez más problemático distinguir aquel temor de este recelo. La práctica del engaño, así como el éxito reiterado en instrumentarlo, reducirá siempre el recelo a ser detectado. El marido que engaña a su esposa con la decimocuarta amante no se preocupará mucho porque lo atrape: ya tiene práctica suficiente, sabe lo que puede prever que sucederá y lo que tiene que encubrir; y lo que es más importante, sabe que puede salir airoso. La confianza en uno mismo aminora el recelo de ser descubierto. Por otra parte, un mentiroso que se propasa en su autoconfianza puede cometer errores por descuido; es probable que cierto recelo de ser detectado sea útil para todos los mentirosos.

El detector eléctrico de mentiras, o polígrafo, opera basándose en los mismos principios que la persona que quiere detectar mentiras a través de señales conductuales que las traicionen, y está sujeto a los mismos problemas. El polígrafo no detecta mentiras sino solo señales emocionales. Sus cables le son aplicados al sospechoso a fin de medir los cambios en su respiración, sudor y presión arterial. Pero en sí mismos el sudor o la presión arterial no son signos de engaño: las palmas de las manos se humedecen y el corazón late con mayor rapidez cuando el individuo experimenta una emoción cualquiera. Por eso, antes de efectuar esta prueba, la mayoría de los expertos que utilizan el polígrafo tratan de convencer al sujeto de que el aparato nunca falla, y le administran lo que se conoce como una "prueba de estimulación". La técnica más frecuente consiste en demostrarle al sospechoso que la máquina podrá adivinar qué naipe ha extraído del mazo. Se le hace extraer un naipe y después volver a ponerlo en el mazo; luego se le pide que conteste negativamente cada vez que el examinador le inquiere por un naipe en particular. Algunos expertos que emplean este aparato no cometen errores gracias a que desconfían de él, y utilizan un mazo de naipes marcados. Justifican la trampa basándose en dos argumentos: si el sospechoso es inocente, importa que él crea que la máquina es perfecta, pues de lo contrario tendría temor de que no le creyesen; si es culpable, importa que tenga recelo de ser atrapado, pues de lo contrario el aparato no operaría en verdad. La mayoría de los que utilizan el polígrafo no incurren en esta trampa contra sus sujetos, y confían en que el polígrafo sabrá decirles con exactitud cuál fue el naipe extraído.[4]

Ocurre lo mismo que en *Pleito de honor*: el sospechoso tiene que estar persuadido de la habilidad del otro para descubrir su mentira. Los signos de que tiene temor serían ambiguos si no pudiesen disponerse las cosas de modo que únicamente el mentiroso tenga miedo, no el veraz. Los exámenes con polígrafos no solo fracasan porque algunos inocentes temen ser falsamente acusados o porque por algún otro motivo los perturba el hecho de ser sometidos a un examen, sino también porque algunos delincuentes no creen en la máquina mágica: saben que pueden burlarla, y por eso mismo se vuelve más probable que sean capaces de lograrlo.[*]

---

[*] Algunos expertos en el uso de este aparato sostienen que lo que piense el sospechoso acerca de su precisión no importa demasiado. Esta y otras cuestiones referidas a la prueba del polígrafo y su conexión con los indicios conductuales para detectar los engaños se analizaran en el capítulo 7.

Otra similitud con *Pleito de honor* radica en el intento del experto que usa el polígrafo para lograr la confesión. Así como el padre de Ronnie se arrogaba poderes especiales para detectar mentiras a fin de inducirlo a confesar su culpabilidad, así también algunos usuarios del polígrafo procuran extraer del sospechoso una confesión convenciéndolo de que jamás podrán ganarle a la máquina. Si no confiesa, lo amedrentarán diciéndole que esta ya ha descubierto que no dice la verdad; aumentan así el recelo del sujeto a ser detectado, y con él, la esperanza de lograr que confiese. El inocente debe sufrir estas acusaciones falsas, pero presuntamente luego quedará rehabilitado. Por desgracia, sometidos a tales presiones algunos inocentes confiesan falsamente para no tener que seguir soportándolas.

Los especialistas que usan el polígrafo no cuentan, por lo general, con la ventaja del padre de Ronnie, que podía ofrecerle a su hijo perdonarlo por el delito cometido si lo admitía, y así inducirlo a confesar. Los interrogadores de delincuentes se acercan a esto cuando les sugieren que el castigo será menor si confiesan. Aunque por lo común no están en condiciones de ofrecer una amnistía total, sí pueden brindar un perdón psicológico; pueden darle a entender al sujeto que no tiene por qué avergonzarse del crimen que cometió, ni siquiera sentirse responsable de él. Con tono benevolente, el interrogador le dirá que lo considera muy comprensible, que él habría hecho lo mismo de hallarse en idéntica situación. Otra variante consiste en proporcionarle una explicación decorosa del motivo por el cual cometió el delito. El siguiente ejemplo fue tomado de la grabación del interrogatorio a un sospechoso de asesinato —que, dicho sea de paso, era inocente—. El que habla es el interrogador:

"Hay veces en que por causa del ambiente, o de una enfermedad, o por muchas otras razones, la gente no va por el buen camino. [...] A veces no podemos dejar de hacer lo que hacemos. Hacemos las cosas en un momento en que nos arrastra la pasión, en un momento de ira, o quizá porque dentro de nuestra mente las cosas no se nos ordenan del todo. Cualquier ser humano normal que ha cometido un error quiere repararlo".[5]

Hasta ahora hemos visto de qué manera la fama del descubridor de mentiras puede influir en el recelo a ser detectado del mentiroso y en el temor a que no le crean del inocente. Otro factor que gravita en el recelo a ser detectado es la personalidad del mentiroso. Hay individuos a los que les cuesta mucho mentir, en tanto que otros lo hacen con pasmosa soltura. Se sabe mucho más de los que mienten con facilidad que de los que no pueden hacerlo. Algo pude descubrir sobre estos últimos en mi investigación sobre el ocultamiento de las emociones negativas.

En 1970 comencé una serie de experimentos destinados a corroborar los indicios del engaño que había descubierto analizando la película de la paciente psiquiátrica Mary, cuya mentira describí en el primer capítulo. Recordemos que Mary había ocultado a su médico su angustia y desesperación en la esperanza de que este le diese un permiso para salir el fin de semana, y así, libre de todo control, poder suicidarse. Yo debía someter a examen mentiras semejantes de otras personas para averiguar si mostraban o no los mismos indicios de engaño que encontré en esa película. Tenía pocas esperanzas de hallar suficientes ejemplos clínicos; si bien a menudo uno sospecha que un paciente le está mintiendo, es raro que pueda estar seguro, salvo que lo confiese, como Mary. Mi única opción era crear una situación experimental que modelaría, basándose en la mentira de Mary, para examinar los errores que otras personas cometían al mentir.

Para que hubiera correspondencia con la mentira de Mary, los sujetos experimentales tenían que sentir fuertes emociones negativas y estar muy motivados a ocultarlas. Produjese esas fuertes emociones negativas mostrándoles escenas horribles filmadas en el quirófano y pidiéndoles que ocultasen todo signo de lo que sentían al observarlas. Al principio mi experimento fracasó, porque nadie se empeñó demasiado en lograrlo. No había previsto lo difícil que es inducir a la gente a mentir en un laboratorio: a cualquiera le fastidia saber que unos científicos están viéndolo comportarse en forma inapropiada. A menudo es tan poco lo que hay en juego, que aun en los casos en que mienten, no lo hacen con el mismo rigor que en la vida real, cuando de veras les importa mentir. Seleccioné como sujetos experimentales a alumnas de la escuela de enfermería, ya que para una enfermera, poder decir esta clase de mentiras es muy importante. Las enfermeras deben saber ocultar cualquier emoción negativa que les surja al ver una operación u otra escena en que corra sangre. Mi experimento les brindaba la oportunidad de practicar una habilidad relevante en su carrera. Otro motivo era evitar el problema ético que plantea exponer a esas escenas sangrientas a cualquiera. Al decidirse por esa profesión, las enfermeras ya habían elegido enfrentarse con esa clase de material. La consigna que les di fue la siguiente:

"Si les toca trabajar en la sala de guardia y entra una madre llevando a su pequeño hijo con el cuerpo despedazado, ustedes no pueden evidenciar ninguna angustia, por más que sepan el dolor que puede estar sufriendo la criatura y las pocas probabilidades que tiene de sobrevivir. Tienen que acallar sus sentimientos y calmar a la madre hasta que llegue el médico. O bien imaginen que deben limpiar las heces de un paciente que ya no controla sus esfínteres; de por sí, el paciente se siente molesto y avergonzado por verse reducido a ese estado infantil. Probablemente a ustedes les causa disgusto lo que tienen que hacer, pero no deben mostrar ese sentimiento.

"En este experimento se les dará la oportunidad de probar y practicar la capacidad que tienen para controlar la expresión de sus sentimientos. Primero verán una hermosa película con agradables escenas de playa, y al mismo tiempo que la miran describirán sus sentimientos sinceramente a un entrevistador; este no sabrá qué película están viendo. A continuación verán algunas de las peores escenas que pueden presentárseles en muchos años de experiencia como enfermeras; deberán ocultar sus sentimientos de modo tal que el entrevistador suponga que están viendo otra película encantadora; por ejemplo, pueden decirle que en ella se aprecian los bellos jardines del parque Golden Gate [de San Francisco]. Pongan el mayor empeño en lograrlo".

Seleccionamos los peores filmes que pudimos encontrar. En estudios preliminares habíamos averiguado que a algunas personas les perturban extremadamente las películas que muestran quemaduras graves, ya que saben que el terrible dolor de la víctima de una de estas quemaduras no puede aliviarse demasiado con la medicación habitual. A otras las trastorna más una escena de amputación de un miembro, en parte por los chorros de sangre que saltan pero también porque imaginan cómo se sentirá ese individuo al despertar y darse cuenta de que le falta una pierna o un brazo. Hicimos un montaje de dos películas, cada una de las cuales mostraba una de estas escenas, de tal modo que parecía como si el miembro le fuera amputado a una persona que además había sufrido quemaduras graves. Con estas terroríficas películas llegamos a saber hasta qué punto puede ocultar la gente emociones intensísimas cuando quiere o debe.

Dado que la competencia para ingresar en la escuela de enfermería de la universidad en la que trabajo es muy intensa, todas estas jóvenes estudiantes habían alcanzado muy altos puntajes en diversas pruebas de rendimiento, tenían altas calificaciones y excelentes referencias personales en cuanto a su carácter. Pero a pesar de ser un grupo tan selecto, diferían marcadamente entre sí en su capacidad para ocultar sus sentimientos. Algunas lo hacían de una manera excelente, mientras que a otras les resultaba imposible. En entrevistas posteriores con ellas comprobé que su imposibilidad de mentir mientras veían mis espantosas películas no estaban referidas específicamente a mi experimento. Algunas de estas estudiantes siempre tenían dificultad para mentir acerca de sus sentimientos. Hay individuos que son especialmente recelosos de ser atrapados mintiendo; están convencidos de que todos los que los están mirando se darán cuenta de que miente, lo que se convierte en una profecía que termina por cumplirse. Administré a todas estas estudiantes numerosos tests objetivos de personalidad, y para mi asombro hallé que quienes tenían más dificultades para mentir no diferían del resto del grupo en estos tests. Aparte de dicha peculiaridad, no parecían diferenciarse de las demás. Sus parientes y amigos conocían esa característica de su personalidad y les perdonaban que fuesen tan veraces siempre.

Procuré interiorizarme mejor sobre sus oponentes, las que mentían fácilmente y con gran éxito. Los *mentirosos naturales* están al tanto de su aptitud, no menos que quienes los conocen bien. Desde la infancia engañaron impunemente a sus padres, maestros y amigos cuando se les antojó hacerlo. Estas personas no sienten ningún recelo de ser detectadas, todo lo contrario: confían en su capacidad para engañar. Esta confianza, esta falta de recelo al mentir, es una de las marcas características de la personalidad psicopática; pero es la única característica que los mentirosos naturales comparten con los psicópatas. A diferencia de estos, no revelan poseer escaso discernimiento, ni dejan de aprender con la experiencia. *Tampoco* presentan estos otros rasgos de los psicópatas: "... encanto superficial [...] falta de remordimiento o de vergüenza, comportamiento antisocial sin compunción aparente, egocentrismo patológico e incapacidad de amar".[6] (Me explayaré más sobre la forma en que el remordimiento y la vergüenza pueden dejar traslucir el engaño cuando me ocupe de la culpa que produce engañar).

Las mentirosas naturales de mi experimento no se diferenciaban de las demás en los puntajes obtenidos en una variedad de pruebas objetivas de personalidad. Sus tests no mostraban huella alguna de la personalidad psicopática. No había nada antisocial en su constitución. Al contrario de lo que sucede con los psicópatas, no utilizan su habilidad para mentir con el objeto de dañar a otras personas.* Los mentirosos naturales, sumamente diestros en el arte de engañar pero que no carecen de conciencia moral, deberían capitalizar su talento dedicándose a determina-

---

* Los criminales que son psicópatas engañan a los expertos. "Robert Resllser, supervisor del Departamento de Ciencias de la Conducta del FBI [...], quien entrevistó a 36 asesinos, [sostuvo que] la mayoría de ellos tienen un aspecto y una manera de hablar normales. [...] Ann Rule, una exagente de policía, estudiante de psicología y autora de cinco libros sobre los autores de homicidios en serie [...] vislumbró el modo en que funcionaba mentalmente uno de estos asesinos cuando, por una horrible coincidencia, le tocó tener que trabajar con Ted Bundy. [Bundy fue condenado más tarde por varios homicidios, algunos de los cuales los cometió en la época en que trabajó junto a Rule.] Se hicieron amigos, y [Rule] le contó que 'Ted manipulaba las cosas de tal manera que uno nunca sabía si se estaba burlando o no. [...] La personalidad antisocial siempre parece sincera, su fachada es absolutamente perfecta. Yo creía saber qué era lo que debía observar en una persona como él, pero cuando trabajé con Ted no hubo ni una sola señal que lo traicionase'". (Edward Iwata, "The Baffling Normalcy of Serial Murders", *San Francisco Chronicle*, 5 de mayo de 1984).

das profesiones: actores, vendedores, abogados, políticos, espías, diplomáticos.

Los estudiosos de los engaños militares se han interesado en las características de estos individuos que tienen una suprema habilidad para mentir: "Deben estar dotados de una mente flexible y combinatoria, una mente que opera dividiendo las ideas, conceptos o 'palabras' en sus componentes básicos para después recombinarlos de diversas maneras. (Un ejemplo de este tipo de pensamiento lo encontramos en los juegos de palabras cruzadas como el 'Scrabble'). [...] Los máximos exponentes del uso del engaño en el pasado [...] han sido personas sumamente individualistas y competitivas, que no se amoldarían a una gran organización [...] y más bien tienden a trabajar solas. Suelen estar convencidas de la superioridad de sus propias opiniones. En ciertos aspectos su carácter concuerda con el que, según se supone, tienen los artistas bohemios, excéntricos y solitarios; solo que el arte que ellos practican es distinto. Este es aparentemente el denominador común de los grandes artífices del engaño, como Churchill, Hitler, Dayán y T.E. Lawrence".[7]

Estos "grandes artífices" pueden necesitar dos clases de habilidad muy diferentes: la indispensable para planear una estrategia engañosa y la imprescindible para desorientar al contrincante en un encuentro cara a cara. Al parecer Hitler descollaba en ambas, pero cabe presumir que alguien sobresalga en una de estas habilidades y no en la otra. Lamentablemente, se han estudiado muy poco las características de los grandes engañadores; ninguna obra se ha propuesto preguntarse si sus rasgos de personalidad pueden diferir según el campo en que les toque poner en práctica su engaño. Sospecho que la respuesta es negativa, y que todos aquellos que son capaces de mentir con éxito en la esfera militar también se las arreglarían muy bien en otras grandes empresas.

Es tentador tildar de psicópata y antisocial a cualquier enemigo político que haya cometido palpables engaños. Si bien carezco de pruebas para discutir esto, desconfío de tales juicios. Así como Nixon es un héroe o un villano según las opiniones políticas de quien lo juzgue, así también los dirigentes políticos o militares extranjeros pueden parecer psicópatas o astutos según que sus mentiras promuevan o no los valores que uno defiende. Supongo que ningún psicópata podría sobrevivir dentro de una estructura burocrática el tiempo suficiente como para alcanzar una posición de liderazgo en el plano nacional.

Hasta ahora he descrito dos factores determinantes del recelo a ser detectado: la personalidad del mentiroso y, antes que esto, la fama y carácter del descubridor de la mentira. No menos importante es *lo que está en juego al mentir*. La regla es muy simple: cuanto más sea lo que está en juego, mayor será el recelo a ser detectado. Pero la aplicación de esta regla puede ser complicada, porque no siempre es sencillo averiguar qué es lo que está en juego.

A veces es fácil. Como nuestras estudiantes de enfermería estaban muy motivadas para tener éxito en su carrera, en especial al comienzo, había mucho en juego para ellas en nuestro experimento. Por lo tanto, es lógico pensar que iba a ser grande su recelo a ser detectadas, el cual autodelataría o dejaría traslucir de algún modo su engaño. Dicho recelo habría sido menor si la carrera de estas jóvenes aparentemente no hubiese estado envuelta en la experiencia; por ejemplo, a la mayoría le habría preocupado menos fracasar en el ocultamiento de sus emociones si se les hubiese pedido que escondiesen lo que pensaban sobre la moralidad de hurtar artículos en los negocios. En cambio, lo que estaría en juego sería mayor si se les hubiese hecho creer que las que fracasasen en el experimento no podrían ingresar en la escuela superior de enfermería.*

Un vendedor que engaña a su cliente deberá preocuparse más por una venta que le supone una comisión alta que por la que le dejará una comisión pequeña. Cuanto mayor sea la recompensa prevista, mayor será también el recelo a ser detectado: es más lo que está en juego. A veces la recompensa notoria no es lo que le importa al mentiroso. El vendedor, por ejemplo, quizás esté buscando ganarse la admiración de sus colegas, en cuyo caso doblegar a un cliente refractario puede significar una recompensa

---

* Nuestra investigación reveló que los que obtuvieron mayor éxito en el experimento —los más hábiles para dominar sus emociones— fueron también los mejores alumnos en los tres años siguientes de su formación.

enorme por más que la comisión cobrada sea mínima. En una partida de póquer, poco le importará a un jugador que la apuesta sea ínfima si lo que quiere es derrotar a su rival en el afecto de su novia. Para algunas personas, ganar lo es todo; no importa que se trate de centavos o de grandes sumas, para ellos es mucho lo que está en juego en cualquier competencia. Y lo que está en juego puede ser tan idiosincrásico que ningún observador externo se dé cuenta. El Juan Tenorio tal vez disfrute engañando a su esposa, no para satisfacer una lujuria ardiente, sino para repetir esa vieja compulsión a ocultarle las cosas a mamá.

El recelo a ser detectado será mayor si lo que está en juego es evitar un castigo, y no meramente ganar una recompensa. Cuando se toma por primera vez la decisión de engañar, habitualmente se piensa solo en las recompensas. El mentiroso únicamente sueña con lo que va a reportarle su mentira; el malversador de fondos, con el "vino, mujeres y canto" que tendrá al concretar su fraude. Pero una vez que el engaño ya lleva cierto tiempo, tal vez dejen de obtenerse recompensas. La compañía puede haberse percatado de sus pérdidas y sus sospechas aumentan hasta tal punto que el malversador de fondos ya no puede retirar más. Si continúa con sus engaños es para evitar ser atrapado: ahora lo que está en juego es el castigo únicamente. La evitación del castigo puede, empero, estar en juego desde el comienzo mismo si el destinatario del engaño es suspicaz o si el mentiroso tiene poca confianza en sí mismo.

Un engaño puede acarrear dos clases de castigo: el castigo que aguarda en caso de que la mentira falle y el que puede recibir el propio acto de mentir. Si están en juego ambos, será mayor el recelo a ser detectado. A veces el castigo en caso de que a uno lo descubran engañando es mucho peor que el castigo que deseaba evitar con su engaño. En *Pleito de honor*, el padre le comunicó a su hijo que esa era la situación. Si el descubridor de mentiras puede hacerle saber con claridad al sospechoso, antes de interrogarlo, que su castigo por mentir será peor que el que se le imponga por su delito, tiene más probabilidades de disuadirlo de que mienta.

Los padres y madres deberían saber que la severidad de los castigos que imponen a sus hijos es uno de los factores que influyen en el hecho de que estos confiesen sus transgresiones o mientan al respecto. Hay un relato clásico, el de la historia algo novelesca de Mason Locke Weems titulada *The Life and Memorable Actions of George Washington*. El padre le habla al pequeño George y le dice: "Muchos padres, por cierto, obligan a sus hijos a incurrir en esa vil costumbre [mentir] azotándolos bárbaramente por cada pequeña falta que cometen; así es como, la vez siguiente, la criatura, aterrada, suelta una mentira... solo para escapar a la paliza. Pero en cuanto a ti, George, como sabes muy bien, porque *siempre* te lo he dicho, y ahora te lo repito, si por casualidad haces algo malo —lo cual va a suceder con frecuencia, ya que todavía no eres más que un chico sin *experiencia* ni *conocimiento*— jamás debes decir una falsedad para ocultarlo. Más bien tienes que venir a contármelo *valientemente*, querido hijo, puesto que eres un *hombrecito*; y yo, en lugar de pegarte, te honraré y te querré más aún por eso."

Varios conocidos episodios indican que George confió en lo que le dijo su padre.

No solo los niños pueden perder más por el propio hecho de mentir que lo que habrían perdido en caso de decir la verdad. Un esposo quizá le diga a su mujer que si bien el amorío que le ha descubierto lo hirió mucho, la podría haber perdonado si ella no se lo hubiera escondido: la pérdida de la confianza en ella le inflige un daño mayor que la pérdida de la creencia en su fidelidad. Tal vez su esposa no supiera esto, o tal vez no fuera cierto. La confesión de un amorío extraconyugal puede juzgarse una verdadera crueldad, y el esposo agraviado puede sostener que si su cónyuge hubiese sido realmente considerada con él, habría sido más discreta y no habría permitido indiscreciones. Puede ocurrir que marido y mujer no coincidan al respecto. Los sentimientos varían, además, con el curso del matrimonio. Una vez que se ha producido una relación extraconyugal, las actitudes de uno u otro pueden cambiar radicalmente al respecto de lo que eran cuando ese amorío solo era una hipótesis.

Pero aunque el transgresor sepa que el daño que sufrirá si se descubre su mentira será mayor que el que recibirá si admite su falta, mentir puede resultarle muy tentador, ya que confesar la verdad le provocará perjuicios inmediatos y seguros, en tanto que la mentira contiene en sí la posibilidad de evitar todo perjuicio. La perspectiva de eludir un castigo inmediato puede ser tan atrayente que el impulso que lo lleva a eso hace que el mentiroso subestime la probabilidad de ser atrapado, y el precio que ha de pagar en caso de serlo. El reconocimiento de que la confesión habría sido una mejor estrategia llega demasiado tarde, cuando el engaño se ha mantenido ya por tanto tiempo y con tantas argucias, que ni siquiera la confesión logra reducir el castigo.

A veces no hay duda alguna en cuanto a los costos relativos de la confesión y de la continuación del ocultamiento. Hay acciones tan malas en sí mismas, que por más que uno las confiese nadie va a venir a felicitarlo por haberlo hecho, y por otro lado su ocultamiento poco agrega al posible castigo que tendrá el transgresor. Esto es lo que sucede cuando la mentira oculta el maltrato de un niño, o un incesto, un asesinato, un acto de traición o de terrorismo. Quienes confiesen estos crímenes no deben esperar ser perdonados (aunque la confesión acompañada de contrición puede reducir el castigo), a diferencia de lo que ocurre, por ejemplo, con la posible recompensa de un Don Juan arrepentido. Tampoco es muy probable que el ocultamiento de esos crímenes, una vez descubierto, provoque un arrebato de indignación moral. No solo personas aviesas o crueles pueden hallarse en esta situación: los judíos que ocultaban su identidad en la Alemania ocupada por los nazis, los espías durante la guerra, ganan muy poco confesando, y nada pierden si procuran seguir manteniendo su engaño. Pero aun cuando no tenga probabilidad alguna de reducir el castigo, un mentiroso puede confesar para aliviarse del peso que significa sostener el engaño por más tiempo, o para aplacar su alto grado de recelo a ser detectado, o su sentimiento de culpa.

Otro elemento que debe evaluarse al ver de qué modo lo que está en juego influye en el recelo a ser detectado es lo que gana o pierde el destinatario, y no solo el engañador. Por lo común, lo que este gane dependerá de aquél. El malversador de fondos gana lo que pierde su patrón. Pero no siempre las ganancias y pérdidas respectivas son las mismas. La comisión que percibe un vendedor por vender un producto que no tiene puede ser mucho más pequeña que la pérdida del incauto cliente. Y lo que está en juego para el engañador y su destinatario no solo puede diferir en cantidad sino en calidad. El Juan Tenorio ganará una aventura, pero el esposo cornudo por su culpa perderá el respeto que se tiene a sí mismo. Si lo que está en juego difiere de este modo, esto puede determinar el recelo del mentiroso a ser detectado. Todo dependerá de que sepa reconocer la diferencia.

Los mentirosos no son la fuente más fidedigna a que puede recurrirse a fin de estimar qué es lo que está en juego para sus destinatarios: les importa creer aquello que cumple con los fines que se propusieron. Les resulta cómodo pensar que sus destinatarios se benefician con su engaño tanto o más que ellos. Y bien puede ser cierto. No todas las mentiras dañan a sus destinatarios. Hay mentiras altruistas:

"El pálido y delgado chico de once años, alumno de quinto grado de la escuela primaria, fue sacado ayer, herido pero con vida, de los restos de la avioneta que se estrelló el domingo en uno de los picos del Parque Nacional Yosemite, en Estados Unidos. El niño había sobrevivido a unas furiosas tempestades y había pasado varias noches con temperaturas de menos de 5 grados bajo cero a casi cuatro mil metros de altura, en el lugar del siniestro, envuelto en su saco de dormir en el asiento trasero del destruido aeroplano, tapado por la nieve. Estaba solo. '¿Cómo están mamá y papá?', fue lo primero que preguntó azorado el chico cuando lo rescataron. '¿Están vivos?'. Los integrantes de la partida de rescate no pudieron comunicarle que su padrastro y su madre estaban muertos, atrapados aún en el asiento delantero de la cabina despedazada del aparato, apenas a unos centímetros de donde había permanecido él".[8]

Pocos negarán que esta fue una mentira altruista destinada a dar algún alivio a su destinatario, que no proporcionó provecho alguno a sus salvadores. Pero que el destinatario se beneficie con la mentira no significa que no exista un gran recelo de ser detectado. No importa quién sea el beneficiario, si lo que está en juego es mucho habrá gran recelo a ser detectado. Preocupados por la posibilidad de que la criatura no resistiese la fuerte conmoción de la noticia, sus salvadores pusieron buen cuidado en que su ocultamiento tuviese éxito.

Para sintetizar, el recelo a ser detectado es mayor cuando:

- el destinatario tiene fama de no ser fácilmente engañable
- el destinatario se muestra suspicaz desde el comienzo
- el mentiroso carece de mucha práctica en el arte de mentir, y no ha tenido demasiados éxitos en esta materia
- el mentiroso es particularmente vulnerable al temor a ser atrapado
- lo que está en juego es mucho
- hay en juego tanto una recompensa como un castigo; o bien, en el caso de que haya una sola de estas cosas en juego, es el castigo
- el castigo en caso de ser atrapado mintiendo es grande, o bien el castigo por lo que se intenta ocultar con la mentira es tan grande que no hay incentivo alguno para confesarla
- el destinatario de la mentira no se beneficia en absoluto con ella

EL SENTIMIENTO DE CULPA POR ENGAÑAR

El sentimiento de culpa por engañar se refiere a una manera de sentirse respecto de las mentiras que se han dicho, pero no a la cuestión legal de si el sujeto es culpable o inocente. El sentimiento de culpa por engañar debe distinguirse del que provoca el contenido mismo del engaño. Supongamos que en *Pleito de honor*, Ronnie hubiese robado efectivamente el giro postal. Quizá tendría sentimientos de culpa por el robo en sí, se consideraría a sí mismo una persona ruin por haber hecho eso. Pero si además le ocultó el robo a su padre, podría sentirse culpable a raíz de haberle mentido: este sería su sentimiento de culpa por engañar.

Para sentirse culpable por el contenido mismo de una mentira no es preciso sentirse a la vez culpable de mentir. Imaginemos que Ronnie le hubiese robado a un compañero de colegio que hizo trampas en un examen o en una competencia escolar a fin de ganarle: Ronnie no se sentiría culpable de robarle a un condiscípulo malévolo como ese, y hasta podría parecerle una venganza apropiada; pero seguiría teniendo sentimientos de culpa por engañar a su padre o al director del colegio en caso de ocultar el hecho. Tampoco la paciente Mary sentía culpa por sus planes de suicidarse, pero sí por mentirle a su médico.

Al igual que el recelo a ser detectado, el sentimiento de culpa por engañar es de fuerza variable. Puede ser leve, o tan intenso que luego la mentira falle porque dicho sentimiento de culpa hace que el mentiroso se autodelate o dé alguna pista sobre su embuste. Cuando se vuelve extremo, el sentimiento de culpa por engañar resulta atormentador, minando los sentimientos de autoestima básicos del que lo padece. Para aliviarse de él, es muy posible que busque confesar su engaño, a pesar de que haya grandes probabilidades de que lo castiguen. Más aún, el castigo puede ser justamente lo único capaz de aminorar sus sentimientos de culpa y el motivo de que confiese.

Tal vez el individuo tomó ya la decisión de mentir pero sin prever adecuadamente cuánto podría padecer más tarde a causa de su sentimiento de culpa. Algunos mentirosos no calibran como corresponde el efecto que puede tener en ellos que la víctima les agradezca el engaño en vez de reprochárselo, porque le parece que la está ayudando, o cómo se sentirán cuando vean que le echan a otro la culpa de su fechoría. Ahora bien: estos episodios pueden crear culpa a algunos, pero para otros son un estímulo, el aliciente que los lleva a considerar que la mentira vale la pena. Analizaré esto más adelante bajo el título del *deleite que provoca embaucar a alguien*. Otra razón de que los mentirosos subestimen el grado de culpa por engañar que pueden llegar a sentir es que solo después de transcurrido un tiempo advierten que una sola mentira tal vez no baste, que es menester repetirla una y otra vez, a menudo con intenciones más y más elaboradas, para proteger el engaño primitivo.

La vergüenza es otro sentimiento vinculado a la culpa, pero existe entre ambos una diferencia cualitativa. Para sentir culpa no es necesario que haya nadie más, no es preciso que nadie conozca el hecho, porque la persona que la siente es su propio juez. No ocurre lo mismo con la vergüenza. La humillación que la vergüenza impone requiere ser reprobado o ridiculizado por otros. Si nadie se entera de nuestra fechoría, nunca nos avergonzaremos de ella, aunque sí podemos sentirnos culpables. Por supuesto, es posible que coexistan ambos sentimientos. La diferencia entre la vergüenza y la culpa es muy importante, ya que estas dos emociones pueden impulsar a una persona a actuar en sentidos contrarios. El deseo de aliviarse de la culpa tal vez la mueva a confesar su engaño, en tanto que el deseo de evitar la humillación de la vergüenza tal vez la lleve a no confesarlo jamás.

Supongamos que en *Pleito de honor* Ronnie había robado el dinero y se sentía enormemente culpable por ello y también por haberle ocultado el hecho a su padre. Quizá desease confesarlo para aliviar sus torturantes remordimientos, pero la vergüenza que le da la presumible reacción de su padre lo detenga. Recordemos que para estimularlo a confesar, su padre le ofrece perdonarlo: no habrá castigo si confiesa. Reduciendo el temor de Ronnie al castigo, aminorará su recelo a ser detectado, pero para conseguir que confiese tendrá que reducir también su vergüenza. Intenta hacerlo diciéndole que lo perdonará, pero podría haber robustecido su argumentación, y aumentado la probabilidad de la confesión, añadiendo algo parecido a lo que le dijo al supuesto asesino el interrogador que cité páginas atrás. El padre de Ronnie podría haberle insinuado, por ejemplo: "Comprendo que hayas robado. Yo habría hecho lo mismo de encontrarme en una situación como esa, tan tentadora. Todo el mundo comete errores en la vida y hace cosas que luego comprueba que han sido equivocadas. A veces, uno simplemente no puede dejar de hacerlo". Desde luego, en el caso de un padre inglés, no es fácil que pudiera decirle eso sinceramente a su hijo, y por ende, a diferencia de un interrogador de criminales, es improbable que logre arrancarle una confesión.

Hay individuos particularmente vulnerables a sentir culpa y vergüenza por engañar; entre ellos están los que han sido criados con normas muy estrictas, y han llegado a creer que la mentira es el más terrible de los pecados. En cambio, en la crianza de otros quizá no se condenó tan fuertemente el mentir. Más común es que se hayan inculcado intensos y muy generalizados sentimientos de culpa. Hay personas que si se sienten culpables parecerían buscar experiencias que intensifiquen su culpa y los expongan a la vergüenza pública. Por desgracia, muy poco es lo que se ha estudiado sobre estos individuos motivados a sentirse culpables; algo más se sabe de sus opuestos.

Jack Anderson, el conocido columnista norteamericano, relató una vez el caso de un mentiroso que no sentía culpa ni vergüenza, en un artículo periodístico donde se atacaba la credibilidad de Mel Weinberg, el principal testigo del FBI en el juicio contra Abscam. Anderson narró la reacción que tuvo Weinberg cuando la esposa de este se enteró de que durante catorce años le había estado ocultando un amorío extraconyugal. "Cuando Mel volvió a su casa —escribía Anderson— y su esposa Marie le pidió una explicación, simplemente se encogió de hombros. 'Así que me atrapaste', se lamentó. 'Siempre te he dicho que soy el peor de los mentirosos'. A continuación de lo cual se repantigó en su sillón favorito, pidió el plato de comida china que más le gustaba y le encargó a Marie que llamase a la manicura".[9]

Se estima que la marca distintiva de un psicópata es que no siente nunca ni culpa ni vergüenza en ningún aspecto de su vida. (Obviamente, no puede hacerse un diagnóstico de esta índole a partir de una crónica periodística). Los especialistas no se han puesto de acuerdo en cuanto a si la falta de sentimientos de culpa y de vergüenza se debe a la forma en que el individuo fue criado o a ciertos factores biológicos. En cambio, coinciden en que ni la culpa por mentir ni el temor a ser atrapado llevarán nunca a un psicópata a cometer errores en sus embustes.

No habrá jamás mucha culpa por el engaño cuando el engañador no comparte los mismos valores sociales que su víctima. Un individuo se siente poco o nada culpable por mentirle a otros a quienes considera pecadores o malévolos. Un marido cuya esposa es frígida o no quiere tener relaciones sexuales con él no se sentirá culpable de buscarse una amante. Un revolucionario o un terrorista rara vez sentirán culpa por engañar a los funcionarios oficiales. Un exagente de la CIA lo dijo de manera sucinta: "Si se despoja al espionaje de todos sus agregados secundarios, la tarea de un espía consiste en traicionar la confianza depositada en él".[10] En cierta oportunidad me tocó asesorar a unos agentes de seguridad que estaban detrás de quienes habían planeado asesinar a un alto funcionario del gobierno. No pude basarme en el sentimiento de culpa por engañar a fin de obtener señales tangibles. Puede ser que un asesino, si no es un profesional, tenga temor de ser atrapado, pero no es nada probable que sienta culpa por lo que planea. Ningún delincuente profesional siente culpa por engañar a alguien que está fuera de su círculo. El mismo principio explica por qué un diplomático o un espía no sienten culpa al engañar al del otro bando: no comparten sus mismos valores. El engañador obra bien... en favor de los suyos.

En la mayoría de estos ejemplos la mentira ha sido *autorizada*: cada uno de estos sujetos apela a una norma social bien definida que confiere legitimidad al hecho de engañar al opositor. Muy poca es la culpa que se siente en tales engaños autorizados cuando los destinatarios pertenecen al bando opuesto y adhieren a valores diferentes; pero también puede existir una autorización a engañar a individuos que no son opositores, sino que comparten iguales valores que el engañador. Los médicos no se sienten culpables de engañar a sus pacientes si piensan que lo hacen por su bien. Un viejo y tradicional engaño médico consiste en darle al paciente un placebo, una píldora con glucosa, al mismo tiempo que le miente que ese es el medicamento que necesita. Muchos facultativos sostienen que esta mentira está justificada si con ella el paciente se siente mejor, o si deja de molestar al médico pidiéndole un medicamento innecesario que hasta lo puede dañar. El juramento hipocrático no exige ser sincero con el paciente: se supone que lo que debe hacer el médico es aquello que más puede ayudar a este.* El sacerdote que se reserva para sí la confesión que le ha hecho un criminal cuando la policía le pregunta si sabe algo al respecto no ha de experimentar sentimiento de culpa por engañar: sus propios votos religiosos autorizan dicho engaño, que no lo beneficia a él sino al delincuente, cuya identi-

---

* Si bien de un 30 a un 40% de los pacientes a quienes se administra placebos obtienen alivio a sus padecimientos, algunos profesionales de la medicina y filósofos sostienen que el uso de placebos daña la confianza en el médico y allana el camino para otros engaños posteriores más peligrosos. Véase Lindsey Gruson, "Use of Placebos Being Argued on Ethical Grounds", *New York Times*, 13 de febrero de 1983, p. 19, donde se analizan los dos aspectos de esta cuestión y se brindan referencias bibliográficas.

dad permanecerá desconocida. Las estudiantes de enfermería de mi experimento no tenían ningún sentimiento de culpa por ocultar lo que estaban vivenciando: el engaño había sido autorizado por mi consigna, cuando expliqué que a fin de aliviar a un paciente de sus padecimientos, ocultarle ciertas cosas a veces es un deber profesional en el trabajo hospitalario.

Los mentirosos que actúan presuntamente llevados por el altruismo quizá no adviertan, o no admitan, que con frecuencia ellos también se benefician con su engaño. Un veterano vicepresidente de una compañía de seguros norteamericana explicaba que decir la verdad puede ser innoble si está envuelto el yo de otra persona. "A veces es difícil decirle a alguien: 'No, mire, usted jamás llegará a ser presidente de la empresa'".[11] La mentira no solo evita herir los sentimientos del sujeto en cuestión, sino que además le ahorra problemas a quien la dice: sería duro tener que habérselas con la decepción del así desengañado, para no hablar de la posibilidad de que inicie una protesta contra el que lo ha desengañado considerándolo responsable de tener una mala opinión de él. La mentira, pues, los auxilia a ambos. Desde luego, alguien podría decir que ese sujeto se ve perjudicado por la mentira, se ve privado de información que, por más que sea desagradable, lo llevaría tal vez a mejorar su desempeño o a buscar empleo en otra parte. Análogamente, podría aducirse que el médico que da un placebo, si bien obra por motivos altruistas, también gana con su engaño: no debe afrontar la frustración o desilusión del paciente cuando este comprueba que no hay remedio para el mal que padece, o con su ira cuando se da cuenta de que su médico le da un placebo porque lo considera un hipocondríaco. Nuevamente, es debatible si en realidad la mentira beneficia o daña al paciente en este caso.

Sea como fuere, lo cierto es que existen mentiras altruistas de las que el mentiroso no saca provecho alguno —el sacerdote que oculta la confesión del criminal, la patrulla de rescate que no le dice al niño de once años que sus padres murieron en el accidente—. Si un mentiroso piensa que su mentira no lo beneficia en nada, probablemente no sentirá ningún sentimiento de culpa por engañar.

Pero incluso los engaños movidos por motivos puramente egoístas pueden no dar lugar a ese sentimiento de culpa si la mentira está autorizada. Los jugadores de póquer no sienten culpa por engañar en el juego, como tampoco lo sienten los mercaderes de una feria al aire libre del Medio Oriente, o los corredores de bolsa de Wall Street, o el agente de la empresa inmobiliaria de la zona. En un artículo publicado en una revista para industriales se dice acerca de las mentiras:

"Tal vez la más famosa de todas sea 'Esta es mi última oferta', pese a que esta frase falsa no solo es aceptada, sino esperada, en el mundo de los negocios. [...] Por ejemplo, en una negociación colectiva nadie supone que el otro va a poner sus cartas sobre la mesa desde el principio".[12] El dueño de una propiedad que pide por ella un precio superior al que realmente está dispuesto a aceptar para venderla no se sentirá culpable si alguien le paga ese precio más alto: su mentira ha sido autorizada. Dado que los participantes en negocios como los mencionados o en el póquer suponen que la información que se les dará no es la verdadera, ellos no se ajustan a mi definición de mentira: por su propia naturaleza, en estas situaciones se suministra una notificación previa de que nadie dirá la verdad de entrada. Solo un necio revelará, jugando al póquer, qué cartas le han tocado, o pedirá el precio más bajo posible por su casa cuando la ponga en venta.

El sentimiento de culpa por engañar es mucho más probable cuando la mentira *no* está autorizada; será grave si el destinatario confía, no supone que será engañado porque lo que está autorizado entre él y el mentiroso es la sinceridad. En estos *engaños oportunistas*, el sentimiento de culpa que provoca el mentir será tanto mayor si el destinatario sufre un perjuicio igual o superior al beneficio del mentiroso. Pero aun así, no habrá mucho sentimiento de culpa por engañar (si es que hay alguno) si ambos no comparten valores comunes. La jovencita que le oculta a sus padres que fuma marihuana no sentirá ninguna culpa si piensa que los padres son lo bastante tontos como para creer que la droga hace daño, cuando a ella su experiencia le dice que se equivocan. Si además piensa que sus padres son unos hipócritas, porque se emborrachan a menudo pero a ella no le permiten entretenerse con su droga predilecta, es menor aún la probabilidad de que se sienta culpable. Por más que discrepe con sus padres respecto del consumo de marihuana, así como de otras cuestiones, si sigue teniéndoles cariño y se preocupa por ellos puede sentirse avergonzada de que descubran sus mentiras. La vergüenza implica cierto grado de respeto por aquellos que reprueban la conducta vergonzante; de lo contrario, esa reprobación genera rabia o desdén, pero no vergüenza.

Los mentirosos se sienten menos culpables cuando sus destinatarios son impersonales o totalmente anónimos. La clienta de una tienda de comestibles que le oculta a la supervisora que la cajera le cobró de menos un artículo caro que lleva en su carrito sentirá menos culpa si no conoce a esa supervisora; pero si esta es la dueña del negocio, o si se trata de una pequeña tienda atendida por una familia y la supervisora es una integrante de la familia, la clienta mentirosa sentirá más culpa que en un gran supermercado. Cuando el destinatario es anónimo o desconocido es más fácil entregarse a la fantasía, reductora de culpa, de que en realidad él no se perjudica en nada, o de que no le importa, o ni siquiera se dará cuenta de la mentira, o incluso quiere o merece ser engañado.[13]

Con frecuencia hay una relación inversa entre el sentimiento de culpa por engañar y el recelo a ser detectado: lo que disminuye el primero aumenta el segundo. Cuando el engaño ha sido autorizado, lo lógico sería pensar que se reducirá la culpa por engañar; no obstante, dicha autorización suele incrementar lo que está en juego, aumentando así el recelo a ser detectado. Si las estudiantes de enfermería se cuidaron al punto de tener miedo de fallar en mi experimento fue porque el ocultamiento que se les requería era importante para su carrera futura, o sea, había sido autorizado: tenían, pues, un gran recelo a ser detectadas y muy poco sentimiento de culpa por engañar. También el patrón que sospecha de que uno de sus empleados le está robando, y oculta tales sospechas con el objeto de sorprenderlo con las manos en la masa, probablemente sienta gran recelo a ser detectado y escaso sentimiento de culpa.

Los mismos factores que intensifican el sentimiento de culpa pueden menguar el recelo a ser detectado. Un mentiroso puede sentirse muy culpable por engañar a un destinatario que confía en él, y tener poco miedo de ser atrapado por alguien que no supone que abusará de él. Por supuesto, es posible que un mentiroso se sienta a la vez culpable y con mucho temor a ser descubierto, o que se sienta muy poco culpable y muy poco temeroso. Todo depende de las circunstancias, del mentiroso y del cazador del mentiroso.

Algunas personas se solazan en el sentimiento de culpa. Parte de su motivación para mentir puede incluso radicar en contar con una oportunidad para sentirse culpable por lo que han hecho. La mayoría, sin embargo, considera tan nocivo el sentimiento de culpa que siempre procuran aminorarlo buscando diversas maneras de justificar su engaño. Por ejemplo, pueden considerarlo la reparación de una injusticia. Si el destinatario es una persona malévola o mezquina, dirán que no se merece que uno le diga la verdad. "Mi patrón era un tacaño, jamás me recompensó el trabajo que hice por él, así que decidí tomarme la recompensa yo mismo". La víctima de un mentiroso puede parecer tan incauta, que este llegue a pensar que es ella, y no él, la que tiene la culpa de que le mienta. Hay bobalicones que parecen estar pidiendo a gritos que los estafen.

Otros justificativos para mentir que reducen el sentimiento de culpa ya fueron mencionados. Uno de ellos es un propósito noble o los requisitos propios de un cargo o función —recuérdese que Nixon no quería llamar "faltas a la verdad" a sus mentiras porque, según decía, eran necesarias para conquistar la presidencia o mantenerse en ella—. Otro es el presunto deseo de proteger al destinatario. A veces el mentiroso llega incluso a sostener que el destinatario le estaba pidiendo que le mintiera. Si el destinatario cooperó en el engaño, o estuvo enterado todo el tiempo de la verdad pero simuló no conocerla, en cierto sentido no hubo mentira, y el mentiroso queda entonces absuelto de toda responsabilidad. Si el destinatario realmente quiere que le mientan, ayudará a su victimario a mantener el engaño pasando por alto cualquier indicio de este que se trasluzca en el comportamiento. Pero si no quiere y sospecha, sin duda que procurará descubrirlo.

Un interesante ejemplo de un destinatario deseoso de ser engañado aparece en las recientes revelaciones sobre Robert Leuci, el agente de policía convertido en informante secreto, a quien aludí al final del capítulo 2 (el personaje central del libro de Robert Daley, *Prince of the City*, y de la película homónima, *El príncipe de la ciudad*). Cuando Leuci pasó a trabajar para los fiscales federales, estos le preguntaron qué delitos había cometido él; Leuci declaró solo tres. Los individuos a los que él desenmascaró sostuvieron luego que Leuci había cometido muchos más crímenes, y adujeron que como había mentido sobre su propio pasado delictivo, no podía tomarse en cuenta su testimonio en contra de ellos. Estos alegatos nunca fueron probados, y muchas personas terminaron convictas tomando como base el testimonio de Leuci. Alan Dershowitz, el abogado que defendió a uno de estos convictos, un tal Rosner, relató una conversación que mantuvo con Leuci después del juicio en la que este admitió haber cometido, efectivamente, muchos más crímenes:

"Yo [Dershowitz] le dije que me costaba creer que Mike Shaw [el fiscal federal] no supiera nada acerca de los otros crímenes anteriores al juicio de Rosner. 'Estoy convencido de que en el fondo de su alma sabía que yo había cometido más crímenes', me contestó Leuci. 'Tenía que saberlo. Mike no es ningún tonto'.

"¿Y entonces cómo pudo quedarse ahí sin decir palabra, viendo cómo usted mentía en el banquillo de los testigos? —le inquirí.

"Conscientemente no sabía que yo estaba mintiendo', continuó diciéndome. 'Sin duda lo sospechaba y probablemente lo creía, pero yo le había dicho que no debía ponerme en apuros, y no lo hizo. Yo dije «tres crímenes» —Leuci mostró tres dedos en alto y una ancha sonrisa—, y él tenía que aceptarlo. Los fiscales sobornan a la gente para que mienta, a pesar del juramento, todos los días. Usted lo sabe, Alan', concluyó'".[14]

Más tarde Dershowitz se enteró de que también esta confesión de haber mentido en el tribunal era una mentira. Un funcionario de la justicia que había estado presente en el primer encuentro entre Leuci y los fiscales federales le dijo a Dershowitz que aquél admitió francamente, desde el primer momento, haber cometido muchos más que los tres crímenes que luego fueron públicamente reconocidos. Los fiscales colaboraron con Leuci para ocultar su verdadera historia delictiva a fin de preservar su credibilidad como testigo —los miembros de un jurado pueden creerle a un policía que solo ha cometido tres delitos, pero no a uno que ha cometido una multitud—. Después del juicio, cuando se supo que Leuci cargaba con muchos más delitos sobre sus espaldas, él lo negó a Dershowitz y sostuvo que los fiscales no habían sido sino víctimas complacientes; no quiso admitir que ellos habían colaborado expresamente con él para ocultar su expediente y así cumplir con su parte del trato, que era protegerlo en la misma medida en que él los protegía a ellos. Según llegó a saberse, no confiando en el honor de los ladrones, Leuci había efectuado y tenía en su poder una grabación de sus declaraciones ante los fiscales. De este modo, ellos nunca podrían alegar su inocencia, y como en cualquier momento Leuci los podía presentar como perjuros con relación a su propio testimonio, estaba seguro de que seguirían siéndole leales y protegiéndolo de cualquier causa penal.

Sea cual fuere la verdad en el caso Leuci, su conversación con Alan Dershowitz suministra un excelente ejemplo de que un destinatario deseoso de ser engañado porque la mentira lo beneficia se la facilita al mentiroso. La gente puede cooperar en el engaño por motivos menos malévolos. En los saludos corteses, el destinatario de la mentira suele mostrarse dispuesto a aceptarla. La anfitriona admite la excusa que le da para irse temprano una de sus invitadas porque no quiere hurgar demasiado. Lo importante es no incurrir en ninguna grosería, simular de tal modo que no queden heridos los sentimientos de la anfitriona. Como el destinatario no solo se muestra conforme con el engaño sino que en cierto sentido ha dado su consentimiento para él, las faltas a la verdad propias de las reglas de etiqueta no se ajustan a mi definición de mentira.

Los romances amorosos son otro caso de engaño benévolo, en que el destinatario coopera para ser engañado y ambos colaboran para mantener sus respectivas mentiras. Shakespeare escribió:

> Cuando mi amada jura que está hecha de verdades,
> le creo, aunque sé muy bien que miente,
> para que me suponga un jovencito inculto
> que desconoce las falsas sutilezas mundanas.
> Mi vanidad imagina que ella me cree joven,
> aun sabiendo que quedaron atrás mis días mejores,
> y doy crédito a las falsedades que su lengua dice.
> La verdad simple es suprimida de ambos lados.
> ¿Por qué razón ella no dice que es injusta?
> ¿Por qué razón yo no le digo que soy viejo?
> Oh, porque el amor suele confiar en lo aparente,
> y en el amor la edad no quiere ser medida en años.
> Y así, miento con ella y ella miente conmigo,
> y en nuestras faltas, somos adulados por mentiras.[15]

Por supuesto, no todos los engaños amorosos son tan inocentes, ni los destinatarios se muestran siempre tan propensos a que los engañen. Para averiguar si el destinatario de un engaño estaba o no dispuesto a ser engañado, no puede confiarse en la opinión sincera del que lo engañó: se inclinará a decir que sí, porque eso lo hace sentir menos culpable. Si logra que su víctima admita que tenía ciertas sospechas de él, al menos parcialmente habrá salido del apuro.

Un destinatario renuente puede volverse cómplice después de un tiempo para evitar los costos que implica descubrir el engaño. Imagínese la situación de un alto funcionario público que comienza a sospechar que su amante, a quien le ha confiado información de carácter secreto sobre su trabajo, es una espía al servicio de un gobierno extranjero. De modo similar, si el jefe de selección de personal de una empresa ha contratado a un candidato que lo engañó respecto de sus antecedentes laborales, puede más tarde convertirse en víctima cómplice para no tener que reconocer su error. Roberta Wohlstetter describe numerosos casos de dirigentes de países que llegaron a ser víctimas cómplices de sus adversarios —émulos de Chamberlain:

"En todos estos casos, en los que se persistió en un error por un largo período frente a pruebas en contrario cada vez mayores y a veces contundentes, cumplen un papel muy significativo las creencias y los supuestos reconfortantes sobre la buena fe de un adversario potencial, así como los intereses que presuntamente habría en común con ese contrincante. [...] Tal vez el adversario solo deba ayudar un poco a la víctima; esta tenderá a disculparse por lo que de otro modo se vería como un movimiento amenazador".[16]

Para sintetizar, el sentimiento de culpa por engañar es mayor cuando:

- el destinatario no está dispuesto a aceptar que lo engañen
- el engaño es totalmente egoísta, y el destinatario no solo no saca ningún provecho de él sino que pierde tanto o más que lo que gana quien lo engaña
- el engaño no ha sido autorizado, y en esa situación lo autorizado es la sinceridad
- el mentiroso no ha engañado durante mucho tiempo
- el mentiroso y su destinatario tienen ciertos valores sociales comunes
- el mentiroso conoce personalmente a su destinatario
- al destinatario no puede clasificárselo fácilmente como un ruin o un incauto
- el destinatario tiene motivos para suponer que será engañado; más aún, el mentiroso procuró ganarse su confianza

EL DELEITE DE EMBAUCAR A OTRO

Hasta ahora solo he examinado los sentimientos negativos que pueden surgir cuando alguien miente: el temor a ser atrapado y la culpa por desorientar al destinatario. Pero el mentir puede dar lugar asimismo a sentimientos positivos. La mentira puede considerarse un logro que hace sentirse bien a quien la fabrica o que genera entusiasmo ya sea antes de decirla, cuando se anticipa la provocación que ella implica, o en el momento mismo de mentir, cuando el éxito aún no está asegurado. Después, puede experimentarse un alivio placentero, o bien orgullo por lo que se ha hecho, o presuntuoso desdén hacia la víctima. El deleite por embaucar alude a todos estos sentimientos o a algunos de ellos; si no se los oculta, traicionarán el engaño. Un ejemplo inocente de deleite por embaucar es el que se siente cuando uno quiere hacerle una broma a un amigo ingenuo y la broma cobra la forma de un engaño. El bromista tendrá que ocultar el placer que extrae de eso, por más que lo haya hecho fundamentalmente para mostrarle a los demás con qué habilidad logró tomar desprevenido al incauto.

El deleite por engañar puede ser de intensidad variable. Puede estar completamente ausente o ser casi insignificante en comparación con el recelo a ser detectado; también puede ser tan grande que inevitablemente se filtre algún signo de él en la conducta. Tal vez una persona confiese que ha practicado un engaño a una persona a fin de compartir con los demás el deleite que le produce haberse burlado de ella. Se sabe de delincuentes que revelaron sus delitos a amigos, o a desconocidos, o aun a la policía, para que se reconociera y apreciara la sagacidad con que habían perpetrado un engaño particular.

Como sucede en el alpinismo o el ajedrez, también al decir mentiras solo es posible disfrutar si existe cierto riesgo o se corre peligro de perder algo. Cuando yo era estudiante en la Universidad de Chicago, a comienzos de la década de los cincuenta, se había puesto de moda robar libros de la librería de la universidad. Era casi un rito de iniciación para los estudiantes novatos; el hurto habitualmente se limitaba a unos pocos libros, y estaba ampliamente difundido y reconocido. El sentimiento de culpa por engañar era escaso: según los valores culturales que sostenían por entonces los estudiantes, la librería de la universidad tenía que organizarse como una cooperativa; y dado que era una entidad montada con fines de lucro, merecía que se abusase de ella. A las librerías privadas de las inmediaciones se las dejaba intactas. También el recelo a ser detectado era escaso, puesto que en dicha librería no habían tomado medidas especiales de seguridad. Durante el período que pasé allí solo un estudiante fue atrapado, y esto se debió a que su deleite por engañar lo traicionó.

Bernard no estaba satisfecho con los desafíos que planteaban los hurtos usuales: quería incrementar el riesgo para sentirse orgulloso de su hazaña, mostrar su desdén por la librería y ganarse la admiración de sus camaradas. Se dedicó a robar libros de arte de gran tamaño, muy difíciles de ocultar. Pero incluso el deleite que esto le provocaba palideció después de un tiempo, y aumentó la apuesta resolviendo llevarse tres o cuatro libros a la vez. Pasó otro período, y eso empezó a resultarle demasiado fácil; entonces empezó a gastarles bromas a los empleados del negocio. Se paseaba por delante de la caja registradora con sus presas bajo el brazo, sin preocuparse en absoluto por disimularlas; hasta se atrevió a dejarse interrogar por los empleados. Su deleite por engañar lo motivó a tentar cada vez más al destino, y en un momento los signos conductuales de dicho deleite suministraron en parte la pista y fue atrapado. En su dormitorio encontraron casi quinientos libros robados. Más tarde Bernard llegó a ser un millonario en una empresa sumamente respetable.

Hay otras maneras de realzar el deleite por embaucar. Por ejemplo, que el sujeto engañado tenga fama de "duro de pelar" puede agregar un aliciente e intensificar ese placer. También puede aumentar en presencia de otros que saben lo que está pasando. Ni siquiera es preciso que el público esté presente, en la medida en que se mantenga al tanto y valore la hazaña. Si está presente y goza con esta, el deleite por engañar del mentiroso puede llegar a ser máximo, pero también puede resultarle muy arduo eliminar sus señales. Cuando un chico se burla de otro mientras el resto de la pandilla los observa, puede disfrutar hasta tal punto viendo cómo divierte a sus amigos que su deleite le salga por todos los poros, y la broma acabe. Un jugador de póquer avezado se las ingenia para controlar cualquier signo de deleite por engañar a sus compañeros de partida. Si ha recibido cartas muy buenas, tendrá que hacerles creer a ellos que no lo son tanto, para que aumenten sus apuestas y continúen en el juego. Tal vez haya espectadores viendo la partida y sepan cuáles son sus intenciones, pero tendrá que inhibir toda muestra del placer que siente, para lo cual quizá deba evitar cualquier contacto visual con los espectadores.

Hay gente más propensa que otra a sentir deleite por engañar. Ningún científico ha estudiado hasta la fecha a esta gente, ni siquiera ha verificado su existencia; sin embargo, parece obvio que a determinadas personas les gusta jactarse más que a otras, y que los fanfarrones son más vulnerables que el resto a caer en las redes de su deleite por la mofa.

Una persona que miente puede sentir deleite por la mofa, sentimiento de culpa por engañar y recelo a ser detectado, todo al mismo tiempo. Tomemos una vez más el ejemplo del póquer. Si un jugador ha recibido malas cartas pero hace una fuerte apuesta a modo de *bluff*, para que los demás se retiren del juego, tal vez tenga un gran recelo a ser detectado, sobre todo si el pozo es cuantioso. A medida que observa cómo se van amedrantando y retirando los otros, sentirá un gran deleite por haberlos desorientado. Como en este caso se ha autorizado el hecho de suministrar información falsa, no tendrá ningún sentimiento de culpa por engañarlos, siempre y cuando no haga otra clase de trampas. O tomemos el caso de la empleada que ha malversado los fondos de la empresa donde trabaja. Sentirá las tres emociones a la vez: deleite al ver cómo engañó a su patrón y a los demás empleados de la empresa, recelo en todo momento al pensar que pueden sospechar de ella, y quizá culpa por haber quebrantado la ley y burlado la confianza depositada en ella por la empresa.

Para sintetizar, el deleite por el engaño es mayor cuando:

- el destinatario plantea un desafío por tener fama de ser difícil de engañar
- la mentira misma constituye un desafío, ya sea por la naturaleza de lo que debe ocultarse o de lo que debe inventarse
- otras personas observan o conocen el engaño y valoran la habilidad con que se lleva a cabo

Tanto la culpa como el temor y el deleite pueden evidenciarse en la expresión facial, la voz, los movimientos del cuerpo, por más que el mentiroso se afane por ocultarlo. Aun cuando no exista una autodelación de carácter no verbal, el empeño por impedir que se produzca puede dar lugar a una pista sobre el embuste. En los dos capítulos siguientes explicaremos cómo detectar el engaño a partir de las palabras, la voz, el rostro y los movimientos del cuerpo.

4

LA DETECCIÓN DEL ENGAÑO A PARTIR DE LAS PALABRAS, LA VOZ Y EL CUERPO
• • •

> *¿Y cómo puede usted saber que he dicho una mentira?*
> *Mi querido niño, las mentiras se descubren enseguida, porque*
> *son de dos clases: hay mentiras con patas cortas y mentiras con*
> *narices largas. La tuya es una de esas mentiras de nariz larga.*
> – *Pinocho*, 1892.

LA GENTE MENTIRÍA MENOS SI SUPUSIESE QUE existe un signo seguro del mentir, pero no existe. *No hay ningún signo del engaño en sí*, ningún ademán o gesto, expresión facial o torsión muscular que en y por sí mismo signifique que la persona está mintiendo. Solo hay indicios de que su preparación para mentir ha sido deficiente, así como indicios de que ciertas emociones no se corresponden con el curso general de lo que dice. Estos son las autodelaciones y las pistas sobre el embuste. El cazador de mentiras debe aprender a ver de qué modo queda registrada una emoción en el habla, el cuerpo y el rostro humanos, qué huellas pueden dejar a pesar de las tentativas del mentiroso por ocultar sus sentimientos, y qué es lo que hace que uno se forme falsas impresiones emocionales. Descubrir el engaño exige asimismo comprender de qué modo estas conductas pueden revelar que el mentiroso va armando su estrategia a medida que avanza.

Detectar mentiras no es simple. Uno de los problemas es el *cúmulo* de información; hay demasiadas cosas que tener en cuenta a la vez, demasiadas fuentes de información: palabras, pausas, sonido de la voz, expresiones, movimientos de la cabeza, ademanes, posturas, la respiración, el rubor o el empalidecimiento, el sudor, etc. Y todas estas fuentes pueden transmitir la información en forma simultánea o superpuesta, rivalizando así por la atención del cazador de mentiras. Por fortuna, este no necesita escrutar con igual cuidado todo lo que puede ver y oír. No toda fuente de información en el curso de un diálogo es confiable; algunas autodelatan mucho más que otras. Lo curioso es que la mayoría de la gente presta mayor atención a las fuentes menos fidedignas (las palabras y las expresiones faciales), y por ende se ve fácilmente desorientada.

Por lo general, los mentirosos no controlan ni pueden esconder todas sus conductas; probablemente no lograrían hacerlo aunque quisiesen. No es probable que alguien consiguiera controlar con éxito todo aquello que pudiese traicionarlo, desde la punta de la cabeza a la punta de los pies. En lugar de ello, los mentirosos ocultan y falsean lo que, según suponen, atraerá más la atención de los otros. Suelen poner máximo cuidado en la elección de las palabras.

Todos aprendemos, al crecer y llegar a la edad adulta, que la mayor parte de las personas escuchan atentamente lo que uno les dice. Si las palabras reciben tanta atención, obviamente es porque son la forma de comunicación más rica y diferenciada. Mediante ellas pueden transmitirse muchos más mensajes, y más rápidamente, que a través del rostro, la voz o el cuerpo. Los mentirosos someten todo cuanto dicen a la censura y ocultan con cuidado los mensajes que no desean transmitir, no solo porque saben que todo el mundo le presta mayor atención a esta fuente de información, sino además porque saben que serán considerados los productores de sus propias palabras en mayor medida que de su propia voz, de sus expresiones faciales o de la mayoría de sus movimientos corporales. Siempre es posible negar que uno haya tenido una cierta expresión de enojo o un tono airado en la voz. El acusado se pone a la defensiva y dice: "Usted creyó escucharlo así, pero no había ningún enojo en mi voz". Mucho más difícil es negar que uno ha dicho una palabra molesta: queda allí, es fácil recordarla y repetirla, difícil desmentirla por completo.

Otra razón de que se controlen tanto las palabras y sean tan a menudo las preferidas para el ocultamiento o el falseamiento es que resulta sencillo enunciar falsedades con palabras. Puede escribirse de antemano exactamente lo que se quiere decir, y aun corregirlo hasta que quede como uno quiere. Solo un actor muy diestro podría planear tan precisamente cada una de sus expresiones faciales, gestos e inflexiones de la voz. Las palabras pueden ensayarse una y otra vez antes de decirlas. Además, el hablante tiene con respecto a ellas una realimentación permanente, pues oye lo que él mismo dice y puede por ende ir afinando su mensaje. La realimentación recibida por los canales del rostro, la voz y el cuerpo es mucho menos precisa.

Después de las palabras, lo que más atrae la atención de los otros es el rostro. Suelen hacerse comentarios de este tipo sobre el aspecto que presenta el rostro de alguien: "¡Pon otra cara! ¡Con esa mirada asustas!". "¿Por qué no sonríes al decir eso?". "¡No me mires de esa manera, insolente!". Si el rostro humano recibe tanta atención, ello se debe en parte a que es la marca y el símbolo del ser personal, nuestra principal señal para distinguir a un individuo de otro. Los rostros son iconos a los que se rinde homenaje en retratos colgados de las paredes, apoyados sobre la mesilla de noche o el escritorio y portados en carteras y maletas.[1] Investigaciones recientes han probado que hay un sector del cerebro especializado en el reconocimiento de los rostros.[2]

La gente les presta atención también por otros motivos: la cara es la sede primordial del despliegue de las emociones. Junto con la voz, puede decirle al que escucha cuáles son los sentimientos del que habla acerca de lo que dice... pero no siempre se lo dice con exactitud, ya que el rostro puede mentir sobre los sentimientos. Si hay dificultad para escuchar al hablante, uno se ayuda observando sus labios para figurarse lo que está enunciando. Por otro lado, el rostro ofrece una importante señal para saber si la conversación puede seguir adelante: todo hablante espera que su oyente lo escuche realmente, y por eso lo mira permanentemente, aunque esta señal no es muy confiable: oyentes corteses pero aburridos seguirán mirando fijamente mientras su mente vaga por otro lado. Los oyentes suelen alentar al hablante con movimientos de cabeza e interjecciones del tipo "¡ajá!"... pero también esto puede fingirse.*

---

* La mayoría de la gente está atenta, cuando habla, a estas reacciones de su interlocutor y si no se producen preguntará de inmediato: "¿Me estás escuchando?". Sin embargo, una minoría son "sistemas cerrados" en sí mismos y siguen hablando sin preocuparse por saber si el interlocutor los estimula a ello.

En comparación con la pródiga atención prestada a las palabras y al rostro, es muy poca la que se brinda al cuerpo y a la voz. No se pierde mucho, de todas maneras, ya que en general el resto del cuerpo suministra mucho menos información que el rostro, y la voz menos que las palabras. Los ademanes realizados con las manos podrían servir para transmitir muchas cosas (como sucede en el lenguaje de los sordomudos), pero no son habituales en la conversación de los europeos septentrionales o de los americanos de ese origen, salvo cuando les está vedado hablar.* La voz, al igual que el rostro, puede mostrar si alguien es una persona emotiva o no, pero se ignora aún si es capaz de proporcionar tanta información como el rostro sobre las emociones precisas que siente.

Por lo común, los mentirosos vigilan y procuran controlar sus palabras y su semblante más que su voz y el resto del cuerpo, pues saben que los demás centrarán su interés en los primeros. Y en ese control, tendrán más éxito con las palabras que con el semblante: es más sencillo falsear las palabras que la expresión facial, precisamente porque, como dijimos antes, las palabras pueden ensayarse mejor. También es más fácil en este caso el ocultamiento, la censura de todo lo que pudiera delatar la mentira. Es fácil saber lo que uno mismo está diciendo, mucho más difícil saber lo que el propio rostro muestra. La precisa y neta realimentación que brinda oír las propias palabras solo podría tener un paralelo en pronunciarlas con un espejo permanentemente delante, que pusiera de manifiesto cada expresión facial. Si bien existen sensaciones del rostro que podrían proporcionar alguna información acerca de los músculos que se mueven o se tensionan, mis estudios revelaron que la mayoría de la gente no hace uso de dicha información. Muy pocos se dan cuenta de las expresiones que surgen en sus rostros, salvo cuando estas se vuelven extremas.**

---

*   Por ejemplo, los obreros de aserraderos, que no pueden comunicarse con palabras a causa del ruido de las sierras, emplean un sistema de ademanes muy elaborado. También los pilotos aéreos y el personal de los aeropuertos tienen un elaborado sistema de ademanes, por igual motivo.

** Los neurólogos no saben con certeza cuál es el circuito que nos suministra

Hay otra razón, más importante, de que el rostro brinde más indicios sobre el engaño que las palabras, y es que él está directamente conectado con zonas del cerebro vinculadas a las emociones, en tanto que no sucede lo propio con las palabras. Cuando se suscita una emoción, hay músculos del rostro que se activan involuntariamente; solo mediante el hábito o por propia decisión consciente aprende la gente a detener tales expresiones y a ocultarlas, con éxito variable. Las expresiones faciales que aparecen primitivamente junto con una emoción no se eligen en forma deliberada... salvo que sean falsas. Las expresiones faciales constituyen un sistema dual, voluntario e involuntario, que miente y dice la verdad, a menudo al mismo tiempo. De ahí que sean tan complejas y fascinantes, y provoquen tantas confusiones. En el próximo capítulo explicaré mejor la base neurológica de la distinción entre expresiones voluntarias e involuntarias.

Los suspicaces tendrían que prestar mayor atención de la que acostumbran a la voz y al cuerpo. Como el rostro, la voz también está vinculada con zonas del cerebro que están involucradas con las emociones. Es muy arduo ocultar algunos de los cambios que se producen en la voz cuando se despierta una emoción, y la realimentación sobre la forma en que suena la propia voz, que le sería indispensable al mentiroso, probablemente no pueda ser tan perfecta como en el caso de las palabras. La gente siempre se sorprende cuando escucha por primera vez su propia voz en un magnetófono, ya que la autoverificación de la voz sigue en parte vías de conducción óseas, que la hacen sonar diferente.

El cuerpo es otra buena fuente de autodelaciones y de pistas sobre el embuste. A diferencia de lo que ocurre con el rostro o la voz, la mayoría de los movimientos del cuerpo no están conectados en forma directa con las regiones del cerebro ligadas a las emociones. Por otra parte, su inspección no tiene por qué plan-

---

información acerca de los cambios en nuestras expresiones, ni tampoco si lo que se registran son alteraciones en los músculos o en la piel. Los psicólogos discrepan en cuanto al grado en que la gente puede percatarse de sus propias expresiones faciales cuando estas aparecen. Mis estudios sugieren que no sentimos aquellas expresiones que ejecutamos muy bien y que la mayor parte del tiempo no prestamos mucha atención a las sensaciones de nuestro rostro.

tear dificultades. Una persona puede sentir lo que hace su cuerpo, y a menudo verlo. Ocultar los movimientos del cuerpo podría ser mucho más sencillo que ocultar las expresiones faciales o las alteraciones en la voz debidas a una emoción. Pero lo cierto es que la mayoría de la gente no se cuida de ello; a lo largo de su educación aprendieron que no era necesario. Es raro que a una persona se le atribuya la autoría de lo que revelan sus acciones corporales. El cuerpo autodelata porque no se le da importancia: todo el mundo está muy preocupado en observar el rostro y en evaluar las palabras pronunciadas.

Aunque todos sabemos que las palabras pueden ser falsas, mi investigación ha comprobado que solemos creer en las palabras de los demás... y a menudo quedamos chasqueados. No estoy sugiriendo que no le prestemos ninguna atención a las palabras. Es cierto que se cometen errores verbales que pueden obrar como autodelaciones o pistas sobre el embuste; y si no existen tales errores, con frecuencia lo que traiciona una mentira es la discrepancia entre el discurso verbal y lo que se pone de manifiesto en la voz, el rostro y el resto del cuerpo. Pero la mayor parte de los indicios sobre el engaño que presentan la voz, el rostro y el resto del cuerpo son ignorados o mal interpretados, como pude comprobar en una serie de estudios en los que pedí a algunas personas que juzgaran a otras basándose en lo que veían de estas en una cinta de video.

Los sujetos filmados fueron las estudiantes de enfermería a que aludí en el último capítulo, quienes mentían o decían la verdad acerca de lo que habían sentido al mirar una película. Recordemos que en las entrevistas "sinceras" habían visto un grato documental con escenas de playa, y se les había indicado que manifestasen francamente sus sentimientos, en tanto que en las entrevistas "insinceras" habían visto una película con escenas médicas horrorosas, y la consigna fue que convencieran al entrevistador de que también en ese caso estaban asistiendo a la proyección de un hermoso filme sobre jardines floridos. El entrevistador no sabía cuál de las dos películas estaba viendo la estudiante en ese momento. Las estudiantes se empeñaron en descaminar al entrevistador porque era mucho lo que estaba en juego; suponían que nuestro experimento era una prueba para determinar hasta qué punto eran capaces de controlar sus reacciones emocionales en una sala de guardia o en el quirófano.

En nuestro estudio con las cintas de video, mostramos a algunos sujetos solo el rostro de estas estudiantes, a otros solo el cuerpo, a otros les hicimos escuchar sus palabras después de haberlas pasado por un filtro que las volvía ininteligibles pero dejando intacta su cualidad sonora; al resto les hicimos escuchar o leer las palabras que realmente habían dicho. Todos los sujetos vieron en la cinta de video a las mismas estudiantes.

No solo nos interesaba averiguar cuál era la fuente preferida de autodelación (el rostro, el cuerpo, la voz, las palabras), sino además si los sujetos suspicaces acertaban más que aquellos otros que no suponían que podía engañárselos. Para ello dividimos en dos grupos a quienes iban a ver u oír las cintas de video; a unos los volvimos suspicaces contándoles algo por adelantado sobre las personas a quienes iban a ver u oír, en tanto que a los otros los mantuvimos crédulos. A estos últimos no les dijimos absolutamente nada sobre el experimento que se estaba llevando a cabo, no les mencionamos para nada que pudiera haber un engaño o mentira: simplemente les comentamos que iban a ver u oír a ciertas personas relatar sus impresiones sobre una película que veían en ese momento. Para no despertar sus sospechas, incluimos la opinión que tenían que formular acerca de la sinceridad de esas personas dentro de una larga lista de otras opiniones que se les pedían, sobre si les parecían cordiales, extrovertidas, dominantes, torpes, tranquilas, etc.

Aunque unas pocas estudiantes de enfermería eran muy malas mentirosas y fueron fácilmente detectadas, la mayoría de ellas logró engañar a los sujetos crédulos, en particular a los que solo vieron su rostro o escucharon sus palabras, quienes los consideraron sinceros, cuando en realidad en la mayoría de los casos mentían. Los suspicaces no lo hicieron mucho mejor. A estos se les relataron todas las instrucciones que se les había dado a las estudiantes para el experimento, y se les dijo que debían evaluar únicamente si eran sinceros o no. Muy pocos tuvieron un éxito mayor que el que se tendría al azar para identificar a los mentirosos. El mayor éxito fue el de quienes vieron solo los movimientos corporales de las estudiantes, pero incluso en este caso, solo acertaron en un 65% de sus juicios, y al azar habrían acertado en un 50%.[3] Unos pocos sujetos tuvieron un excelente desempeño, identificando con precisión al 85% de los mentirosos. Algunos de estos agudos jueces eran psicoterapeutas de mucha experiencia y con fama de ser muy buenos clínicos. Algunos otros eran simplemente personas de extraordinaria sensibilidad que se dedicaban a otras profesiones.*

No es inevitable dejarse arrastrar al engaño. Personas que estaban al tanto de lo que se dice en este capítulo y en el siguiente acertaron muy bien en qué casos las estudiantes mentían, como los más expertos psicoterapeutas. Los indicios de determinados engaños pueden aprenderse. El cazador de mentiras tendrá más probabilidad de acertar si el engaño envuelve una emoción, y si el mentiroso no es ni un psicópata, ni un mentiroso natural o alguien con una enorme práctica. Los objetivos son tres: discernir con más frecuencia cuándo está uno ante un mentiroso, equivocarse menos al juzgar mentiroso a alguien que dice la verdad, y, sobre todo, saber en qué casos puede ser imposible lo primero o lo segundo.

LAS PALABRAS

Curiosamente, a muchos mentirosos los traicionan sus palabras porque se descuidan. No es que no pudieran disimular, o que lo intentaran pero fallaron: ocurre simplemente que se despreocuparon de inventar su historia con cuidado.

El director de una empresa de selección de personal directivo relataba el caso de un individuo que se había presentado a su agencia dos veces, con diferente nombre, en el curso de un mismo año. Cuando le preguntaron por cuál de los dos nombres

---

* Muchos psicólogos han procurado averiguar qué es lo que convierte a un individuo en un buen o mal juez de otro, sin lograr muchos progresos al respecto. Se hallará una reseña de estas investigaciones en Maureen O'Sullivan, "Measuring the Ability to Recognize Facial Expressions of Emotion", en Paul Ekman, comp., *Emotion in the Human Face,* Nueva York: Cambridge University Press, 1982.

quería ser llamado, "... el sujeto, que primero había dicho que se llamaba Leslie D'Ainter y luego cambió ese nombre por el de Lester Dainter, siguió adelante con su mentira sin que se le moviera un pelo. Explicó que había cambiado su nombre de pila porque Leslie sonaba muy femenino,* y su apellido, para volverlo más fácil de pronunciar. Pero lo que realmente lo delató fueron las referencias que dio. Presentó tres cartas de recomendación deslumbrantes; sin embargo, en todas ellas el 'empleador' había cometido un error ortográfico en la misma palabra".[4]

El más cuidadoso de los engañadores puede, empero, ser traicionado por lo que Sigmund Freud denomina un "desliz verbal". En su libro *Psicopatología de la vida cotidiana*, Freud mostró que los actos fallidos de la vida diaria —como los deslices verbales, el olvido de nombres propios conocidos, los errores en la lectura o en la escritura— no eran accidentales sino que eran sucesos plenos de significado, que revelaban conflictos psicológicos internos. Un acto fallido de este tipo expresa "aquello que no se quería decir; se vuelve un medio de traicionarse a sí mismo".[5] Aunque a Freud no le interesó estudiar en particular los casos de engaño, en uno de sus ejemplos muestra cómo un desliz delata una mentira. El ejemplo en cuestión describe una experiencia del doctor Brill, uno de los primeros y más conocidos seguidores de Freud en Estados Unidos:

> Cierto atardecer, el doctor Frink y yo salimos a dar un paseo y a tratar algunos asuntos de la Sociedad Psicoanalítica de Nueva York. En ese momento nos topamos con un colega, el doctor R., a quien yo había pasado años sin ver y de cuya vida privada nada sabía. Nos alegró mucho volver a encontrarnos, y a propuesta mía fuimos a un café, donde permanecimos dos horas en animada plática. Parecía saber bastante sobre mí, pues tras el acostumbrado saludo preguntó por mi pequeño hijo y me explicó que de tiempo en tiempo tenía noticias mías a través de un amigo común, y se interesó por mi actividad desde que se hubo enterado de ella por las revistas médicas. A mi pregunta sobre si se había casado, dio una respuesta negativa, y añadió: '¿Para qué se habría de casar un hombre como yo?'
>
> Al salir del café, se volvió de pronto hacia mí: 'Me gustaría saber

---

* En inglés, Leslie puede ser un nombre de varón o de mujer. [N. del T.].

—me dijo— qué haría usted en el siguiente caso; conozco una enfermera que está enredada como cómplice de adulterio en un proceso de divorcio. La esposa pidió el divorcio a su marido calificando a la enfermera como cómplice, y *él* obtuvo el divorcio'. Aquí lo interrumpí: 'Querrá decir que ella obtuvo el divorcio'. Rectificó en el acto: 'Desde luego, *ella* lo obtuvo', y siguió refiriendo que la enfermera quedó tan afectada por el proceso y el escándalo que se dio a la bebida, sufrió una grave alteración nerviosa, etc.; y él me pedía consejo sobre el modo en que había de tratarla.

Tan pronto le hube corregido el error le pedí que lo explicara, pero él empezó con las usuales respuestas de asombro: que todo ser humano tiene pleno derecho a cometer un desliz verbal, que se debe solo al azar y nada hay que buscar detrás, etc. Repliqué que toda equivocación en el habla debe tener su fundamento, y que estaría tentado de creer que él mismo era el héroe de la historia, si no fuera porque antes me había comunicado que permanecía soltero. En tal caso, en efecto, el desliz se explicaría por el deseo de que él, y no su mujer, hubiera obtenido el divorcio, a fin de no tener que pagarle alimentos (de acuerdo con nuestras leyes en materia de matrimonio) y poder casarse de nuevo en la ciudad de Nueva York. Él desautorizó obstinadamente mi conjetura, al par que la corroboraba, sin embargo, con una exagerada reacción afectiva, nítidos signos de excitación, y después, carcajadas. Ante mi solicitud de que dijera la verdad en aras de la claridad científica, recibí esta respuesta: 'Si usted quiere que yo le mienta, debe creer que soy soltero, y por tanto su explicación psicoanalítica es enteramente falsa'. Agregó además que un hombre que reparaba en cada insignificancia era a todas luces peligroso. De pronto se acordó de que tenía otra cita y se despidió.

Ambos, el doctor Frink y yo, quedamos no obstante convencidos de que mi resolución del desliz que había cometido era correcta, y yo decidí obtener su prueba o su refutación mediante las averiguaciones del caso. Algunos días después visité a un vecino, viejo amigo del doctor R., quien pudo ratificar mi explicación en todas sus partes. El fallo judicial se había pronunciado pocas semanas atrás, siendo la enfermera declarada culpable como cómplice de adulterio. El doctor R. está ahora firmemente convencido de la corrección de los mecanismos freudianos.[6]

En otro lugar dice Freud que *"la sofocación del propósito ya presente de decir algo es la condición indispensable para que se produzca un desliz en el habla*" (la cursiva es del original).[7] Dicha "sofocación" o supresión podría ser deliberada si el hablante estuviera mintiendo, pero a Freud le interesaban los casos en que el hablante no se percataba de ella. Una vez producido el desliz, el sujeto puede reconocer lo que ha sofocado, o quizá ni siquiera entonces tome conciencia de ello.

El cazador de mentiras debe ser cauteloso y no presuponer que cualquier desliz verbal es manifestación de una mentira. Por lo corriente, el contexto en que el desliz se produce puede ayudarlo a dilucidar si esconde o no un engaño. Asimismo, debe evitar el error de considerar veraz a alguien por el solo hecho de que no comete ningún desliz verbal. Hay muchas mentiras que no los incluyen. Freud no nos explicó por qué motivo ciertas mentiras se delatan mediante estos deslices pero la mayoría no. Es tentadora la suposición de que el desliz tiene lugar cuando el mentiroso quiere que lo atrapen, cuando se siente culpable por mentir. Sin duda, el Dr. R. al que alude Brill en el texto citado debió sentir culpa por engañar a su estimado colega. Pero hasta la fecha ningún estudio ha determinado por qué solo ciertas mentiras, y no otras, se traicionan con deslices; ni siquiera se ha especulado mucho al respecto.

Las peroratas enardecidas son otra manera de traicionarse a través de las palabras. Una perorata enardecida difiere de un desliz verbal cuantitativamente: la torpeza abarca más de una o dos palabras. La información no se desliza, se vuelca como un torrente. El mentiroso se ve arrastrado por sus emociones, sin advertir sino mucho más tarde las consecuencias de lo que está revelando. A menudo, si hubiera permanecido en una actitud más fría no habría revelado esa información que lo perjudica; lo que lo impulsa a sacarla a la luz es la presión de una emoción avasalladora —furia, horror, terror, angustia.

Tom Brokaw, el conductor del programa televisivo "El espectáculo de hoy", que se emitía por la NBC, describió una cuarta fuente de pistas sobre el embuste: "La mayoría de los indicios que obtengo de la gente son verbales, no físicos. Yo no miro a la cara a las personas para ver si encuentro alguna señal de que me están mintiendo. Lo que me interesa son las respuestas retorcidas o las evasivas sutiles".[8] Algunos estudios en esta materia apoyan este pálpito de Brokaw, en el sentido de que al mentir las personas estudiadas apelaban a respuestas indirectas, circunloquios, y daban más información que la solicitada. Pero otras investigaciones mostraron exactamente lo contrario: la mayoría de los mentirosos son demasiado sagaces como para dar respuestas evasivas o indirectas.* Tom Brokaw no habría reparado en ellos, y aun hubiera corrido un peligro más grave: juzgar mentiroso a un individuo veraz que tiene por costumbre recurrir a circunloquios o a expresiones verbales indirectas. Hay personas que hablan de este modo como cosa natural, y no mienten. *Cualquier conducta que sea un indicio útil del engaño puede ser también parte normal del comportamiento de algunas personas*. Llamaré el *riesgo de Brokaw* a la posibilidad de equivocarse al juzgar a estos individuos. Los cazadores de mentiras son propensos a incurrir en el riesgo de Brokaw si no conocen al sospechoso, y no están familiarizados con las peculiaridades de su comportamiento típico. En el capítulo 6 me referiré a algunos procedimientos para evitar este riesgo.

---

* Es difícil afrontar estas y otras contradicciones en la bibliografía de las investigaciones sobre el engaño, ya que los propios experimentos llevados a cabo no son demasiado fidedignos. Casi todos ellos tomaron como sujetos a estudiantes y les pidieron que mintieran acerca de temas que no los afectaban personalmente o eran triviales para ellos. En la mayoría de los experimentos sobre mentiras, no se reflexionó mucho acerca del tipo de mentira que se podría estar investigando. Por lo general, se seleccionaban mentiras fáciles de instrumentar en el laboratorio. Por ejemplo, se les pedía a los estudiantes que defendieran convincentemente una opinión contraria a la que realmente tenían sobre la pena de muerte o el aborto. O bien se les pedía que dijeran si les gustaba o disgustaba una persona que le mostraban en fotografías, y luego que simularan tener hacia ella la actitud opuesta. Lo característico de estos experimentos es que no toman en cuenta la relación entre el mentiroso y su destinatario, y el grado en que dicha relación puede influir en el empeño que pone aquel para lograr su engaño. Por lo general, el mentiroso y su destinatario no se conocían ni tenían motivos para suponer que se volverían a ver alguna vez. A veces el destinatario no existía como tal, sino que se le pedía al mentiroso que engañase a una máquina. Una reseña reciente de estos experimentos, que por lo demás no ha sido suficientemente crítica, es la de Miron Zuckerman, Bella M. DePaulo y Robert Rosenthal, "Verbal and Nonverbal Communication of Deception", en *Advances in Experimental Social Psychology*, vol. 14, Nueva York: Academic Press, 1981.

Las investigaciones realizadas hasta ahora no han puesto de relieve ninguna otra fuente de autodelación o de pistas sobre el embuste que se manifiesten en las palabras enunciadas. Sospecho que tampoco en el futuro se descubrirán muchas más en este campo. Ya dije que es muy fácil para un embustero ocultar y falsear palabras, por más que de tanto en tanto se le escape algún error —errores de descuido, deslices verbales, peroratas enardecidas o circunloquios y evasivas.

LA VOZ

Entendemos por "la voz" todo lo que incluye el habla aparte de las palabras mismas. Los indicios vocales más comunes de un engaño son las pausas demasiado largas o frecuentes. La vacilación al empezar a hablar, en particular cuando se debe responder a una pregunta, puede suscitar sospechas, así como otras pausas menores durante el discurso si son frecuentes. Otras pistas las dan ciertos errores que no llegan a formar palabras, como algunas interjecciones ("¡Ah!", "¡oooh!", "esteee..."), repeticiones ("Yo, yo, yo quiero decir en realidad que...") y palabras parciales ("En rea-realidad me gusta").

Estos errores y pausas que denotan engaño pueden deberse a dos razones vinculadas entre sí. Quizás el mentiroso no ha elaborado su plan de antemano; si no suponía que iba a tener que mentir, o si lo suponía pero una determinada pregunta le pilla por sorpresa, puede incurrir en tales vacilaciones o errores vocales. Sin embargo, estos pueden producirse incluso cuando hay un plan previo bien elaborado. Un gran recelo a ser detectado puede complicar los errores de por sí cometidos por el mentiroso que no se ha preparado bien. Una mujer que escuchándose advierte lo mal que suena lo que dice tendrá más temor de que la descubran, lo cual no hará sino intensificar sus errores vocales y exagerar sus pausas.

También el sonido de la voz puede dejar traslucir el engaño. En general creemos que el sonido de la voz nos revela la emoción que en ese momento siente quien la emite, pero los científicos que han investigado este tema no están tan seguros. Si bien han descubierto varias maneras de distinguir las voces "agradables" de las "desagradables", todavía no saben si el sonido difiere para cada una de las principales emociones desagradables: rabia, temor, congoja, disgusto profundo, desdén. Creo que con el tiempo se averiguarán dichas diferencias. Por ahora me limitaré a describir lo conocido, y lo que parece prometedor.

El signo vocal de la emoción que está más documentado es el tono de la voz. En un 70%, aproximadamente, de los sujetos estudiados, el tono se eleva cuando están bajo el influjo de una perturbación emocional. Probablemente esto sea más válido cuando dicha perturbación es un sentimiento de ira o de temor, ya que algunos datos, aunque no definitivos, muestran que el tono baja con la tristeza o el pesar. Y aún no han podido averiguar los científicos si el tono de la voz cambia o no en momentos de entusiasmo, angustia, repulsa o desdén. Otros signos de la emoción, no tan bien demostrados pero sí prometedores, son la mayor velocidad y volumen de la voz cuando se siente ira o temor, y la menor velocidad y volumen cuando se siente tristeza. Es previsible que haya avances respecto de la medicación de otras características de la voz, como el timbre, el espectro de la energía vocal en distintas bandas de frecuencia, y las alteraciones vinculadas al ritmo respiratorio.[9]

Los cambios en la voz producidos por una emoción no son fácilmente ocultables. Si lo que quiere disimularse es una emoción sentida en el momento mismo en que se miente, hay muchas probabilidades de que el mentiroso se autodelate. Si el objetivo era ocultar la ira o el temor, su voz sonará más aguda y fuerte, y el ritmo de su habla se incrementará; una pauta opuesta de cambios en la voz podría delatar sentimientos de tristeza que quieren esconderse.

El sonido de la voz puede traslucir asimismo mentiras que no se han dicho, para ocultar una emoción que estaba en juego. El recelo a ser descubierto producirá sonidos semejantes a los del temor; el sentimiento de culpa por engañar alterará la voz en el mismo sentido que la tristeza —aunque esto solo es una conjetura—; no se sabe con certeza si el deleite por embaucar puede identificarse y medirse en la voz. Mi creencia particular es que cualquier clase de excitación o pasión tiene su correspondiente marca vocal, pero esto aún no ha sido establecido.

Nuestro experimento con las estudiantes de enfermería fue uno de los primeros en documentar cómo cambia el tono de la voz con el engaño.[10] Notamos que el tono se volvía más agudo; creemos que esto se debía a que las enfermeras tenían algo de temor. Había dos motivos para ello. Nos habíamos empeñado en que sintieran que en ese experimento era mucho lo que estaba en juego para ellas, de modo que tuvieran gran recelo a ser descubiertas. Por otro lado, observar las horribles escenas de la película médica generaba temor, por empatía, en algunos. No habría tenido este resultado si una u otra de estas fuentes de temor hubiese sido menos intensa. Supóngase que hubiéramos estudiado a personas cuya carrera no estuviese comprometida por la prueba y fuese para ellas solo un experimento más; siendo tan poco lo que estaba en juego, quizá no habrían sentido bastante temor como para que ello se notase en el tono de su voz. O bien supóngase que les hubiéramos proyectado un filme sobre un niño moribundo: es probable que suscitase en ellas tristeza, pero no temor. Es verdad que su temor a ser atrapadas podría haber elevado igualmente el tono de su voz, pero quizás esta reacción se hubiese neutralizado con los sentimientos de tristeza, que les hacían bajar de tono.

Un tono más elevado no es signo de engaño; es signo de temor o rabia, quizá también de excitación. En nuestro experimento, un signo de esas emociones dejaba traslucir que la estudiante no estaba, como decía, tan contenta por las hermosas flores que veía en la película. Pero es peligroso interpretar cualquiera de los signos vocales de emoción como evidencia de estar ante un engaño. Una persona veraz a quien le preocupa que no le crean lo que dice puede, por ese temor, tener el mismo tono elevado de la voz que un mentiroso por su temor a ser atrapado. El problema, para el cazador de mentiras, es que no solo los mentirosos se emocionan, también los inocentes lo hacen de vez en cuando. Al examinar cómo puede confundirse un cazador de mentiras en su interpretación de otros indicios potenciales del engaño, me referiré a esto como el *error de Otelo*; explicaré en detalle este error, y las medidas que pueden tomarse para resguardarse de él, en el capítulo 6. Por desgracia, no es sencillo evitarlo. Las alteraciones de la voz que pueden traicionar un engaño son asimismo vulnerables al riesgo de Brokaw (no tener en cuenta las diferencias individuales en la conducta emocional), que hemos mencionado con respecto a las pausas y circunloquios en el habla.

Así como un signo vocal de una emoción (por ejemplo, el tono de voz) no siempre señala una mentira, así también la ausencia de todo signo vocal de emoción no es prueba de veracidad. Durante las audiencias públicas del caso Watergate en el Senado de Estados Unidos, que fueron televisadas a todo el país, la credibilidad despertada por el testimonio de John Dean se debió en parte a la forma en que fue interpretada la ausencia total de emoción en su voz, su notable regularidad en cuanto al tono de la voz. Ese testimonio tuvo lugar un año después de haber sido descubierto el allanamiento de las oficinas del Comité Nacional del Partido Demócrata, en Watergate. Dean era consejero del presidente Nixon, quien un mes antes de que aquel prestase declaración había admitido finalmente que sus asistentes trataron de encubrir el atropello contra Watergate, pero negó que él estuviese informado.

Concedamos la palabra al juez federal John Sirica: "Los personajes secundarios de este encubrimiento ya habían sido bien atrapados, en su mayoría como consecuencia de lo que cada uno de ellos testimonió acerca de los otros. Lo que faltaba determinar era la verdadera culpabilidad o inocencia de los que estaban por encima de ellos, y el testimonio de Dean era clave para esto. [...] Dean alegó [en su testimonio ante el Senado] que le había insistido a Nixon que silenciar a los defensores [de los que habían allanado Watergate] iba a exigir un millón de dólares, y Nixon le contestó que podía reunirse esa suma. Sin ninguna conmoción, sin demostraciones airadas, sin negativas. Este fue el cargo más sensacional hecho por Dean. Implicaba que el propio Nixon había aprobado la entrega de esa suma a los defensores".[11]

Al día siguiente, la Casa Blanca refutó las afirmaciones de Dean. En sus memorias, publicadas cinco años después, Nixon escribe: "En el testimonio de John Dean sobre Watergate vi una mezcla artera de verdad y falsedad, de equívocos posiblemente sinceros y distorsiones claramente deliberadas. A fin de restar importancia al papel que le tocó desempeñar, transplantó su perfecto conocimiento del hecho y su propia angustia a las palabras y acciones de otros".[12] Pero en ese momento el ataque lanzado contra Dean fue mucho más drástico. Se hicieron correr rumores, presuntamente desde la propia Casa Blanca, que llegaron a la prensa, según los cuales Dean mentía y atacaba al presidente porque tenía miedo de sufrir un ataque homosexual si era enviado a la cárcel.

Se trataba de la palabra de Dean contra la de Nixon, y pocos sabían con certeza quién de ellos decía la verdad. Confesando sus dudas al respecto, el juez Sirica sostenía: "Debo decir que los alegatos of Dean me produjeron escepticismo. Obviamente, él mismo era una figura clave en el encubrimiento del episodio. [...] Tenía muchísimo que perder. [...] A la sazón me pareció que Dean bien podría estar más interesado en protegerse involucrándolo al Presidente, que en decir la verdad".[13]

Sirica continúa describiendo cómo le impresionó la voz de Dean: "Durante varios días, después de haber prestado su declaración, los integrantes de la comisión le acribillaron con preguntas hostiles, pero él se mantuvo fiel a la historia que había contado, sin mostrarse perturbado en ningún momento. El tono monocorde de su voz, carente de emotividad, le hacía creíble".[14] Para otros, en cambio, una persona que habla en un tono sosegado y uniforme tal vez esté tratando de controlarse, lo cual sugiere que tiene algo que ocultar. Para no interpretar mal el tono uniforme de la voz de Dean se necesita saber si era o no una característica permanente en él.

Ya hemos dicho que el hecho de no trasuntar ninguna emoción en la voz no es evidencia forzosa de veracidad: hay personas que no muestran nunca sus emociones, o al menos no en la voz. Y aun las emotivas pueden no tener la intención de mentir. El juez Sirica era propenso a caer en el riesgo de Brokaw. Recordemos que el conductor de programas televisivos Tom Brokaw interpretaba los circunloquios como signo de mentira, y nuestra opinión de que podía equivocarse basándonos en que ciertas personas emplean permanentemente circunloquios. Ahora bien: el juez Sirica tal vez incurrió en el error opuesto, el de juzgar veraz a un sujeto porque no muestra indicio alguno de engaño... pasando por alto el hecho de que ciertas personas no los muestran nunca.

Ambos errores provienen de soslayar las diferencias existentes en la expresividad emocional de los individuos. El cazador de mentiras será propenso a caer en errores si no conoce la conducta emocional habitual del sospechoso. No habría riesgo de Brokaw si no existiera *ningún* indicio conductual del engaño en el que pudiera confiarse; en tal caso, los cazadores de mentiras no sabrían qué hacer. Pero tampoco habría riesgo de Brokaw si los indicios conductuales fueran perfectamente confiables para *todos* los seres humanos, en lugar de serlo para la *mayoría* de ellos. *No existe ningún indicio del engaño que sea válido para todos los seres humanos*, pero los diferentes indicios, ya sea en forma individual o combinados, pueden ayudar a evaluar a la mayor parte de los sujetos. Bastaría consultar a la esposa de John Dean, a sus amigos o a sus colaboradores inmediatos, para saber si se parece o no al resto de la gente en cuanto a la forma en que manifiesta sus emociones al hablar. El juez Sirica, que carecía de un conocimiento previo de Dean, era vulnerable al riesgo de Brokaw.

El tono monocorde con que Dean presentó su testimonio enseña otra lección. Un cazador de mentiras debe tener siempre en cuenta la posibilidad de que el sospechoso sea un ejecutante extraordinariamente dotado, tan hábil para simular su conducta que no sea posible saber si está mintiendo o no. John Dean era un ejecutante de esas características, de acuerdo con su propia declaración. Parece que conocía de antemano cómo interpretarían su comportamiento el juez Sirica y otros. En su testimonio contó que mientras planeaba lo que iba a hacer, pensó lo siguiente: "Sería fácil caer en una exageración dramática, o parecer muy seguro de mí mismo al testimoniar. [...] Yo resolví leer sin emotividad, en forma pareja, lo más fríamente posible, y responder a las preguntas en el mismo tono. [...] La gente suele creer que si una persona dice la verdad, la dirá tranquilamente".[15] Una vez concluido su testimonio, cuando comenzó a sometérselo al contrainterrogatorio, confesó que empezó a turbarse: "Me daba cuenta de que estaba ahogado, solo e impotente frente al poder del Presidente. Aspiré hondo, para que pareciese que estaba reflexionando; en realidad estaba luchando por recobrar el control de mí mismo. [...] *No puedes* mostrar las emociones, me decía a mí mismo. La prensa te saltará encima, viendo en eso la señal de una debilidad poco viril".[16]

Que hubiera artificio en la actuación de Dean, y que tuviera tanto talento para controlar sus actos, no significa necesariamente que fuese un engañador, pero sí que su conducta debía interpretarse con suma cautela. En rigor, las pruebas que surgieron posteriormente indican que el testimonio de Dean era en gran parte verdadero, y que Nixon (quien, a diferencia de Dean, no era un gran ejecutante) era el que mentía.

El último aspecto por considerar antes de dejar el tema de la voz es la afirmación de que ciertas máquinas pueden detectar en forma automática y precisa las mentiras a partir de aquella. Entre estos aparatos se incluyen el Evaluador de la Tensión Psicológica (la sigla inglesa es PSE), el Analizador de la Voz Mark II, el Analizador de la Tensión de la Voz, el Analizador de la Tensión Psicológica (la sigla inglesa es PSA), el Hagoth y el Monitor de la Tensión de la Voz. Los fabricantes de estos artefactos sostienen que pueden detectar una mentira incluso en la voz transmitida por teléfono. Por supuesto, como sus nombres sugieren, lo que hacen estos aparatos es detectar la tensión o el estrés, pero no la mentira. No hay nada que sirva por sí solo como signo de mentira en la voz; solo hay signos de las emociones negativas. Los fabricantes de estos adminículos, bastante caros por otra parte, no han prevenido con franqueza al usuario que ellos no les permitirán descubrir a los mentirosos que no sienten ninguna emoción negativa, y en cambio los harán equivocarse ante personas inocentes que están perturbadas. Los científicos especializados en el estudio de la voz y de las otras técnicas existentes para detectar mentiras han comprobado que estas máquinas no tienen un rendimiento superior al que se obtendría por azar para detectar mentiras, y ni siquiera lo tienen en la tarea, más simple, de averiguar si un individuo está o no emocionalmente perturbado.[17] No obstante, estas consideraciones no parecen haber disminuido las ventas de dichos instrumentos. La posibilidad de contar con un modo directo y seguro de detectar mentiras es sumamente tentadora.

EL CUERPO

Conocía una de las maneras en que los movimientos corporales reflejan sentimientos ocultos en un experimento llevado a cabo en mi época de estudiante, hace más de veinticinco años. No había entonces demasiadas pruebas científicas sobre el hecho de que los movimientos corporales reflejasen con precisión las emociones o la personalidad. Algunos psicoterapeutas así lo creían, pero sus ejemplos y afirmaciones en tal sentido eran rechazados por los conductistas (que a la sazón dominaban la vida académica) como anécdotas infundadas. Entre 1914 y 1954 se llevaron a cabo muchos estudios sin que pudiera fundamentarse el postulado según el cual la conducta no verbal ofrece información fidedigna acerca de las emociones y de la personalidad. La psicología académica enseñaba con cierto orgullo que, según habían demostrado los experimentos científicos, era un mito la suposición de algunos legos de ser capaces de conocer las emociones o la personalidad a través del rostro o del cuerpo de un individuo. Los pocos científicos sociales o terapeutas que continuaban escribiendo sobre el tema del movimiento corporal eran considerados, como los que se interesaban por los fenómenos de percepción extrasensorial y la grafología, ingenuos, crédulos o charlatanes.

Yo no podía aceptar que esto fuese así. Al observar los movimientos corporales durante las sesiones de terapia grupal, me convencía cada vez más de que podía indicar quién de los presentes se sentía perturbado en un momento dado, y sobre qué. Con todo el optimismo de un recién graduado me dispuse a modificar la opinión de la psicología académica sobre el comportamiento no verbal. Inventé un experimento para demostrar que los movimientos corporales cambian cuando el sujeto está sometido a estrés. La fuente del estrés fue mi profesor más veterano, quien aceptó plegarse a un plan tramado por mí para interrogar a mis compañeros del curso de posgrado sobre temas en los que todos nosotros, yo lo sabía, nos sentíamos vulnerables.

Mientras la cámara oculta registraba la conducta de cada uno de estos psicólogos incipientes, el profesor comenzaba preguntándole qué pensaba hacer cuando terminase los estudios. A los que contestaron que se dedicarían a la investigación, les reprochó su deseo de recluirse en el laboratorio y no asumir la responsabilidad de ayudar a los que padecían enfermedades mentales. A quienes planeaban prestar esa clase de ayuda dedicándose a la psicoterapia les criticó su afán de hacer dinero exclusivamente, eludiendo así la responsabilidad de realizar las investigaciones necesarias para curar mejor a los enfermos mentales. Además, les preguntó a todos si alguna vez habían sido atendidos en psicoterapia como pacientes. A los que contestaron que sí, les echó en cara cómo podían tener la esperanza de curar a otros cuando ellos mismos estaban enfermos; a los que contestaron que no, los denostó diciéndoles que no era posible ayudar a otros sin antes conocerse a sí mismo. Era una situación en que nadie podía salir victorioso. Para peor, yo le había pedido a mi profesor que interrumpiese al estudiante si iniciaba alguna queja o quería completar la respuesta que antes había dado a cada una de sus punzantes preguntas.

Mis compañeros de estudios se habían ofrecido voluntariamente para ayudarme en este experimento que ahora los sumía en la desdicha. Sabían que era una entrevista vinculada a una investigación mía, y también que iban a sentir cierta tensión; pero esto no les facilitó las cosas cuando ya estuvieron en medio del baile. Fuera del experimento, ese profesor que actuaba de manera tan poco razonable tenía un enorme poder sobre ellos. Sus calificaciones eran decisivas para el curso de posgrado y el entusiasmo con que hablase de ellos en sus recomendaciones podía ser determinante para su empleo futuro. A los pocos minutos, mis amigos empezaron a tambalearse. Imposibilitados de abandonar el experimento o de defenderse, rebosantes de rabia y frustración, se veían reducidos al silencio o a lo sumo podían emitir unos pocos lamentos desarticulados. Le encomendé al profesor que después de cinco minutos de entrevista interrumpiese esa tortura, le explicase al estudiante lo que había hecho y por qué, y lo elogiase por haber soportado tan bien ese momento de tensión.

Mientras tanto, yo los observaba detrás de un espejo unidireccional y con la cámara registraba permanentemente sus movimientos. ¡No podía creer lo que veían mis ojos, ya desde la primera entrevista! Después de que el profesor le lanzara su tercer ataque verbal, la estudiante sentada frente a él había replegado los dedos de la mano derecha menos el mayor, y permaneció con la mano en esa posición durante un minuto entero, en una clara señal de rabioso disgusto.* Sin embargo, no mostraba su furor de ninguna otra manera, y el profesor seguía conduciéndose como si no viese ese ademán. Cuando terminó la entrevista, irrumpí en la habitación y se lo dije; me replicaron que me lo había inventado. La chica admitió que se había sentido enojada, pero negó que lo hubiese expresado de algún modo. El profesor coincidió con ella en que debía tratarse de una pura imaginación mía, ya que a él no le habría pasado inadvertido un gesto de rechazo tan grosero como ese. Vimos la película... y ahí estaba la prueba. Esa acción fallida, ese dedo protuberante, no expresaba un sentimiento inconsciente. La chica se sabía enojada; lo que era inconsciente era su expresión de ese sentimiento: no tenía la menor idea de la posición de los dedos de su mano. Los sentimientos que deliberadamente se había propuesto esconder se habían filtrado.

Quince años más tarde asistí al mismo tipo de filtración no verbal, a otro ademán fallido, en el experimento en el cual las estudiantes de enfermería trataron de ocultar sus reacciones ante las escenas sangrientas. Esta vez lo que se les escapó no fue un gesto con la mano, sino un encogimiento de hombros. Una tras otra, esas estudiantes autodelataban su mentira con un leve encogimiento de hombros cada vez que el entrevistador les preguntaba, por ejemplo: "¿Le gustaría seguir viendo esa película?", o "¿Se la proyectaría a un niño?".

El encogimiento de hombros y el dedo mayor alzado son dos ejemplos de acciones que llamaremos *emblemas* para distinguirlos de todos los restantes ademanes a los que recurren las personas. Los emblemas tienen un significado preciso, conocido por

---

* En inglés hay un modismo que designa este ademán de grosero, disgusto o rechazo, más difundido quizás en la sociedad norteamericana que en otros países: *"to give someone the finger"*. [N. del T.].

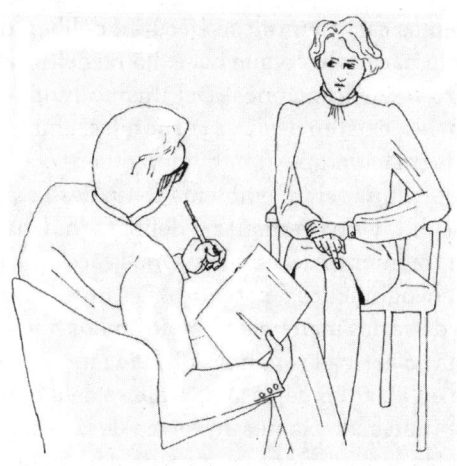

Figura 1.

todos dentro de un grupo cultural determinado. En Estados Unidos, todos saben que adelantar el dedo mayor con los demás dedos plegados equivale a una forma grosera de decirle a otro "¡Anda, que te zurran!" y que encogerse de hombros equivale a decir "No lo sé" o "Nada puedo hacer" o "¿Qué importa?". En su mayor parte, los demás ademanes y gestos no poseen una definición igualmente precisa y su significado es más indefinido. No dicen mucho si no están acompañados de palabras. Los emblemas, en cambio, pueden ser empleados *en lugar* de las palabras, o cuando no pueden utilizarse estas. Hay unos sesenta emblemas en uso actualmente en Estados Unidos (por supuesto, los vocabularios de emblemas difieren para cada país, y a menudo dentro de un país, para sus distintas regiones). Como ejemplo de otros emblemas bien conocidos citemos el vaivén vertical de la cabeza para decir que sí o su vaivén horizontal para decir que no; su inclinación, a veces acompañada por un giro de la mano, para decirle a alguien que se acerque hasta donde uno está o lo acompañe; la agitación de la mano en alto para decir adiós; la mano puesta detrás de la oreja para significar que no se escucha; el pulgar levantado con el que el caminante hace auto-stop en una carretera; el dedo mayor cruzado sobre el índice para rogar que se cumpla un deseo, etc.[18]

Los emblemas casi siempre se ejecutan deliberadamente. La persona que lo hace sabe lo que hace: ha resuelto transmitir un mensaje. Pero hay excepciones. Del mismo modo que existen deslices verbales, existen deslices corporales, emblemas que autodelatan información que el individuo quiere ocultar. Hay dos formas de determinar si un emblema es un desliz que revela información oculta, y no un mensaje deliberado. Una es que solo se ejecuta un fragmento del emblema, no la acción completa. Por ejemplo, el "encogimiento de hombros" es un emblema que puede realizarse de varias maneras: alzando ambos hombros a la vez, o volcando hacia arriba las palmas de las manos, o con un gesto que consiste en alzar las cejas al par que se deja caer el párpado superior y se tuercen los labios en forma de U, o con una combinación de todas estas acciones y, a veces, agregando una pequeña inclinación de la cabeza a un costado. Pero si el emblema no es deliberado sino una autodelación, solo aparecerá uno de estos elementos, y en ocasiones ni siquiera completo: se alzará un solo hombro, apenas unos milímetros; o se llevará hacia arriba el labio inferior solamente, cubriendo un poco al labio superior; o las palmas de las manos girarán sobre sí misma mínimamente. El emblema del dedo mayor a que antes aludimos no solo implica una disposición particular de los cinco dedos sino que además la mano avanza y se levanta, a veces repetidamente. En el caso de la estudiante furiosa que no ejecutó este emblema adrede, no había ningún movimiento de la mano pero sí la disposición típica de los dedos.

La segunda pista de que el emblema es un desliz y no una acción voluntaria es que se ejecuta fuera de la posición de presentación del individuo ante el otro. En su mayoría, los emblemas se ejecutan frente al sujeto, en la zona que se extiende entre la cintura y el cuello. En esa posición de presentación no puede dejar de notársele. En cambio, un emblema de autodelación nunca se realizaba en la posición de presentación. En las entrevistas con estudiantes a que hicimos referencia, cuando mis compañeros de estudio adelantaban el dedo mayor, no lo agitaban en el espacio sino que dejaban la mano apoyada sobre la rodilla, fuera de la posición de presentación. En el experimento con las enfermeras, los ademanes que delataron su impotencia ante las preguntas a su imposibilidad de ocultar lo que sentían fueron pequeñas rotaciones de las manos sobre el regazo. Si el emblema no fuese fragmentado y no quedase fuera de la posición de presentación, el mentiroso lo advertiría y lo autocensuraría. Por supuesto, las mismas características que distinguen un emblema de autodelación (su fragmentación y el hecho de quedar fuera de la posición de presentación) hacen difícil para otros advertirlo. Un mentiroso tal vez ejecute una y otra vez estos emblemas que lo autodelatan sin que ni él ni su víctima se den cuenta.

No hay garantía alguna de que todo mentiroso va a incurrir en un desliz emblemático: no existe ningún signo incontrastable del engaño como este. Es muy poco lo que se ha investigado para evaluar la frecuencia con que se producen estos deslices emblemáticos cuando la gente miente. De los cinco estudiantes que fueron interrogados por mi profesor "hostil", solo dos los evidenciaron; de las estudiantes de enfermería, más de la mitad. No sé por qué ciertas personas tienen esta clase de autodelaciones y otras no.*

Pero si bien no todo mentiroso incurre en un desliz emblemático, por otro lado cuando este se produce se puede tomar como signo genuino de que la persona no quiere revelar determinado mensaje. La interpretación de estos deslices está menos sujeta que la mayoría de los demás signos de engaño ya sea al riesgo de Brokaw o al error de Otelo. Hay algunas personas que siempre hablan con circunloquios, pero pocas que cometen deslices emblemáticos en forma regular. Los errores del habla pueden indicar una tensión de diversas clases, no necesariamente la que implica una mentira. Dado que un emblema, como suele suceder con las palabras, tiene un significado específico, los deslices emblemáticos no suelen ser ambiguos. Si el mensaje es "¡Vete al diablo!", o "Hoy estoy con los cables cruzados", o "No,

---

* Lamentablemente, ninguno de los restantes investigadores que han estudiado el engaño verificaron si era posible reproducir nuestros hallazgos sobre los deslices emblemáticos. Soy optimista y creo que lo lograrán, ya que dos veces, en un período de veinticinco años, pude obtener autodelaciones a través de dichos emblemas.

no es eso lo que he querido decir", o "Ahí lo tienes, sobre el escritorio" —todo lo cual puede transmitirse con un emblema—, no habrá problema en interpretarlo.

¿Qué emblemas se deslizan furtivamente cuando se miente, qué mensajes se autodelatan? Ello dependerá de lo que se quiera ocultar. En el experimento con mi profesor "hostil" los sujetos ocultaban enojo y furia, de modo que sus deslices emblemáticos fueron un dedo protuberante y un puño cerrado. En el experimento con las películas médicas las estudiantes de enfermería no estaban enojadas ni furiosas, pero muchas de ellas suponían que no eran capaces tal vez de ocultar adecuadamente sus sentimientos: el encogimiento de hombros, o su similar, fue el desliz emblemático de su impotencia. A ningún adulto hay que enseñarle el vocabulario de los emblemas: todos saben cuáles de ellos son puestos de manifiesto por los integrantes de su propia cultura. Lo que sí necesitan saber muchos adultos es que los emblemas pueden producirse como deslices. Si los cazadores de mentiras no están alerta ante esta posibilidad, dichos deslices emblemáticos les pasarán inadvertidos porque son fragmentarios o porque se ejecutan fuera de la posición de presentación.

Otro tipo de movimiento corporal que puede ofrecer pistas sobre el embuste son las *ilustraciones*. A menudo se confunden las ilustraciones con los emblemas, pero importa distinguirlos porque estas dos clases de movimientos corporales pueden alterarse en sentidos opuestos cuando se miente: los deslices emblemáticos aumentarán, mientras que las ilustraciones normalmente disminuirán.

Se las llama así porque ilustran o ejemplifican lo que se dice. Hay muchos modos de hacerlo: enfatizar una palabra o una frase, como si se la acentuara al enunciarla o si se la subrayara al escribirla; seguir el curso del pensamiento con la mano en el aire, como si se estuviera dibujando en el espacio o se quisiera repetir o amplificar con una acción lo que se está diciendo. Habitualmente las ilustraciones se realizan con las manos, aunque también participan, para dar énfasis, las cejas y los párpados superiores... y todo el tronco o hasta el cuerpo entero puede aportar algo.

Las actitudes sociales respecto de la conveniencia de usar estas ilustraciones corporales han variado a lo largo de los últimos siglos. En ciertas épocas, eran la marca de las clases altas, en tanto que en otras épocas eran un signo de incultura o de rusticidad. Los libros sobre oratoria normalmente describen las ilustraciones requeridas para tener éxito al hablar en público.

El estudio científico precursor en el campo de las ilustraciones corporales no se inició para averiguar los indicios del engaño, sino para cuestionar las opiniones de los científicos sociales nazis. En la década de 1930 aparecieron muchos artículos en los que se sostenía que las ilustraciones eran innatas y que las "razas inferiores", como los judíos o gitanos, apelaban a gran cantidad de pomposas y grandilocuentes ilustraciones, en comparación con los ademanes menos expansivos de los arios, los "superiores". (¡Claro que en esos artículos no se hacía mención a las grandiosas ilustraciones de Mussolini, el aliado itálico de Alemania!). David Efron,[19] un judío argentino que estudiaba en la Universidad de Columbia con el antropólogo Franz Boas, examinó las ilustraciones propias de los habitantes del Barrio Bajo en la zona Este de la ciudad de Nueva York. Comprobó que los inmigrantes sicilianos recurrían a ilustraciones que trazaban una figura o ejemplificaban una acción, en tanto que los judíos provenientes de Lituania apelaban a ellas para dar énfasis a lo que decían, o para seguir el hilo de su pensamiento. Pero los vástagos de unos y otros nacidos en Estados Unidos y que asistían a escuelas integradas (hijos de nativos y de inmigrantes) no diferían entre sí en este aspecto: las ilustraciones usadas por los descendientes de sicilianos eran similares a las usadas por los hijos de judíos lituanos.

Efron demostró que el estilo de las ilustraciones corporales es adquirido, no innato. Personas pertenecientes a distintas culturas no solo utilizan diferentes tipos de ilustraciones, sino que algunas ilustran mucho en tanto que otras ilustran muy poco. Y aun dentro de una misma cultura, los individuos difieren entre sí en lo tocante a la cantidad de ilustraciones que emplean típicamente.* Así pues, lo que puede delatar una mentira no es el

---

* En las familias de inmigrantes que llegaron a Estados Unidos procedentes de culturas en las que se hace uso abundante de las ilustraciones suele recomen-

mero número de ilustraciones ni su tipo; el indicio del engaño se obtiene al advertir una disminución del número de ilustraciones utilizadas, o sea, al advertir que la persona las está empleando menos que de costumbre. Para evitar interpretar en forma equivocada esta disminución, es necesario agregar algo más sobre los momentos en que las personas recurren efectivamente a estas ilustraciones.

Ante todo, veamos por qué se recurre a las ilustraciones. Las ilustraciones se utilizan para explicar mejor ciertas ideas que no pueden transmitirse fácilmente con palabras. Comprobamos que era más probable que un sujeto ilustrase lo que decía cuando le pedíamos que nos definiera una trayectoria en zigzag que cuando le pedíamos que nos definiera una silla; también era más probable que lo hiciera si le pedíamos que nos indicara cómo llegar hasta la oficina de correo más próxima, que si le pedíamos que nos explicara el motivo de su elección vocacional. Las ilustraciones se emplean, además, cuando alguien no encuentra una palabra. Chasquear los dedos o alzar la mano como para alcanzar algo en el aire parecen ser acciones que ayudan en estos casos, como si la palabra buscada flotase por encima del individuo y este pudiera capturarla con ese movimiento. Estas ilustraciones de búsqueda de palabras le comunican al menos al otro individuo que su interlocutor no ha cesado esa búsqueda ni le ha cedido el uso de la palabra. Quizá las ilustraciones cumplan un papel de autoalimentación, ayudando a reunir los términos en un discurso coherente y razonable. A medida que nos sentimos más comprometidos con lo que estamos diciendo, más lo ilustramos; y tendemos a ilustrar más de lo acostumbrado cuando estamos furiosos, horrorizados, muy agitados, angustiados o entusiasmados.

Veamos ahora por qué las personas pueden evidenciar un uso de ilustraciones menor que el habitual, ya que esto nos aclarará en qué casos esa disminución puede ser un indicio del engaño. La primera razón es una falta de apego emocional a lo que se está

---

darse a los niños que no "hablen con las manos"; se les advierte que si ilustran de este modo su discurso, se notará su origen, mientras que si no lo hacen se parecerán más a los viejos habitantes de Estados Unidos, procedentes de Europa septentrional.

diciendo: la gente ilustra menos que de costumbre sus palabras cuando se siente indiferente, aburrida, ajena a la cuestión o muy entristecida. El entusiasmo o el interés fingidos pueden traicionarse en la falta de un aumento de ilustraciones que acompañen las palabras.

Las ilustraciones también se reducen cuando el individuo tiene dificultad para decidir lo que va a decir. Si alguien sopesa con cuidado cada palabra antes de decirla, no la acompañará con muchas ilustraciones. Cuando se pronuncia una conferencia o se exponen las ventajas de un producto por primera o segunda vez, no aparecen tantas ilustraciones como más adelante, cuando ya no se dedica tanto esfuerzo a la búsqueda de la palabra exacta. *Las ilustraciones disminuyen cada vez que se habla con cautela.* Ahora bien, esto tal vez no tenga ninguna relación con un engaño. La cautela puede deberse a que es mucho lo que está en juego: la primera impresión que se le va a causar al jefe, la respuesta a una pregunta cuya recompensa es un alto premio, la primera declaración de amor a alguien que se amaba de lejos hasta entonces. También la ambivalencia exige cautela al hablar. Una persona timorata puede sentirse muy tentada por un puesto más lucrativo, pero no se atreve a correr los riesgos propios de una nueva situación laboral; desgarrada interiormente por lo que debe hacer, la abruma el grave problema de lo que ha de decir, y cómo.

Si un mentiroso no ha preparado su plan de antemano tendrá que obrar con cautela, considerando cuidadosamente cada palabra antes de decirla. Los engañadores que no han ensayado previamente y tienen poca práctica en una mentira en particular, o los que no prevén qué se les preguntará ni en qué momento, muestran una menor cantidad de ilustraciones. Pero aun cuando el mentiroso haya elaborado y ensayado bien su estrategia, sus ilustraciones pueden disminuir a causa de la interferencia de alguna emoción. Ciertas emociones, en especial el temor, obstaculizan la coherencia del discurso. La carga que significa controlar casi cualquier emoción fuerte distrae el proceso propio de enhebrar una a una las palabras. Si la emoción tiene que ocultarse y no solo controlarse, y si es intensa, es probable que aun el mejor preparado de los mentirosos tenga dificultades para hablar, y sus ilustraciones menguarán.

Las estudiantes de enfermería de nuestro experimento efectuaron menos ilustraciones cuando trataron de ocultar su reacción ante la película de la quemadura y amputación, que cuando tenían que describir con sinceridad sus sentimientos ante documentales inocuos. Esta disminución de las ilustraciones tuvo al menos dos causas: las estudiantes no tenían práctica en esa clase de mentiras y no se les había dado tiempo para prepararse y por otra parte se despertaron en la experiencia fuertes emociones —recelo a ser detectadas y sentimientos producidos por las escenas sangrientas del filme—. Muchos otros estudiosos han comprobado también que las ilustraciones son menos notorias cuando alguien miente que cuando dice la verdad. En mi estudio no había muchas emociones en juego, pero los mentirosos no estaban bien preparados.

Al presentar las ilustraciones dije que era importante distinguirlas de los emblemas porque cuando alguien miente pueden producirse cambios de dirección opuestas en la cantidad de aquellas y de estos: los deslices emblemáticos aumentan mientras que las ilustraciones se reducen. Pero la diferencia decisiva entre ambos radica en la precisión del movimiento y del mensaje transmitido. En el caso del emblema, ambos elementos están predeterminados estrictamente: no servirá cualquier movimiento, solo uno perfectamente definido transmitirá el mensaje necesario. Las ilustraciones, en cambio, pueden abarcar una amplia gama de movimientos y transmitir un mensaje indefinido en vez de un mensaje preciso. Considérese el caso del círculo formado juntamente por las yemas del pulgar y el índice, y levantado en señal emblemática para transmitir "¡Muy bien!", "¡Así se hace!". Esa es la única manera apropiada de practicar este emblema; si el pulgar se apoyase en el dedo mayor o en el meñique, la señal no sería clara; y el significado es muy preciso.*
Las ilustraciones no tienen gran significado con independencia

---

* Este emblema tiene un significado obsceno muy diferente en algunos países de Europa meridional. Los emblemas no son universales, sino que su significado cambia según la cultura.

de las palabras que las acompañan. Si se observa a alguien mientras las ejecuta pero no se escucha lo que dice, no se entenderá mucho de la conversación. No ocurre lo propio si el sujeto emplea un emblema. Otra diferencia es que si bien tanto las ilustraciones como los emblemas aparecen cuando la gente dialoga, las primeras, por definición, solo *acompañan* el habla pero no la reemplazan; los emblemas pueden ser utilizados en lugar de las palabras si la gente no puede hablar o por algún motivo no quiere hacerlo.

El cazador de mentiras debe ser más prudente en la interpretación de las ilustraciones que de los deslices emblemáticos. Ya dijimos que las primeras están afectadas por el error de Otelo y el riesgo de Brokaw; los segundos, no. Si un cazador de mentiras nota una disminución de las ilustraciones, lo lógico es que antes descarte cualquier otra razón (aparte de la mentira) por la cual un individuo puede querer escoger con cuidado sus palabras. Respecto de los deslices emblemáticos no hay tanta ambigüedad; el mensaje transmitido suele ser lo suficientemente diferenciado como para poder interpretarlo fácilmente. Tampoco es necesario conocer de antemano al sospechoso para interpretar un desliz emblemático, ya que en y por sí misma la acción tiene sentido; en cambio, como los individuos varían enormemente entre sí en cuanto a su índice normal de ilustraciones empleadas, no puede emitirse juicio si no existe un patrón de comparación. Para interpretar las ilustraciones, como la mayoría de los otros índices de engaño, es menester tener cierto trato previo con los "ilustradores". Es difícil descubrir un engaño en un primer encuentro: los deslices emblemáticos ofrecen una de las pocas posibilidades que existen para ello.

Debemos ahora abordar un tercer tipo de movimiento corporal, las *manipulaciones*, para alertar a los cazadores de mentiras que no caigan en el error de considerarlos signos de engaño. Hemos visto a menudo que ciertos descubridores de mentiras juzgan equivocadamente a una persona honesta porque pone de manifiesto manipulaciones. Si bien las manipulaciones pueden ser un signo de perturbación, no siempre lo son. Un aumento en la actividad manipuladora no es en absoluto una señal confiable de que hay engaño, aunque la gente suele creerlo.

Llamamos *manipulaciones* a todos aquellos movimientos en los que una parte del cuerpo masajea, frota, rasca, agarra, pincha, estruja, acomoda o manipula de algún otro modo a otra parte del cuerpo. Las manipulaciones pueden ser de muy corta duración o extenderse durante varios minutos. Las más breves parecen dotadas de algún propósito: ordenarse el cabello, sacarse una suciedad o un tapón de cera de dentro de la oreja, rascarse algún lugar del cuerpo. Otras, en especial las que duran mucho, no parecen tener finalidad alguna: enrollar y desenrollar infinitamente un haz de cabellos, frotarse un dedo contra el otro, dar golpes rítmicos con el pie contra el piso en forma indefinida. La mano es la manipuladora típica; pero puede ser receptora de la manipulación, como cualquier otra zona del cuerpo. Los receptores más comunes son el pelo, las orejas, la nariz, la entrepierna. Las acciones manipuladoras pueden también llevarlas a cabo una parte del rostro actuando contra otra (lengua contra mejilla, dientes que muerden levemente el labio) o una pierna contra otra pierna. Hay objetos que pueden formar parte del acto manipulador: fósforos, lápices, un sujetapapeles, un cigarrillo.

Aunque a la mayoría de las personas se les enseñó al educarlas que no tenían que realizar en público estas acciones propias del cuarto de baño, lo cierto es que no aprendieron a detenerlas; solo dejaron de darse cuenta de que las hacían. No es que sean del todo inconscientes de sus manipulaciones: cuando nos apercibimos de que alguien está observando una de nuestras acciones manipuladoras, de inmediato la interrumpimos, la moderamos o la disimulamos. A menudo encubrimos hábilmente con un ademán más amplio otro fugaz, aunque ni siquiera esta elaborada estrategia para ocultar una manipulación se hace muy a conciencia. Las manipulaciones están en el borde de lo consciente. La mayoría de las personas no pueden dejar de practicarlas durante mucho tiempo por más que lo intenten. Se han acostumbrado a manipularse.

La gente se comporta mucho mejor como observadora que como ejecutora. Si alguien inicia un movimiento de manipulación, se le concede la privacía necesaria para completarlo, aunque haya empezado en medio de una conversación. Otros apartan la vista cuando se ejecuta la manipulación, y solo vuelven el rostro cuando termina. Si la manipulación es una de esas acciones en apariencia inútiles, como la de enrollarse el cabello, que sigue y sigue y sigue, por supuesto los demás no van a apartar la mirada todo el tiempo; pero tampoco clavarán directamente en el acto de manipulación. Este descuido cortés de las manipulaciones es un hábito muy aprendido, que opera sin pensar. La ofensa a las buenas costumbres la produce el que observa la manipulación y no el que la ejecuta. Cuando dos automóviles frenan juntos delante de un semáforo, la persona grosera es la que mira al conductor del auto adyacente y no la que se limpia vigorosamente la oreja.

Yo y otras personas que hemos estudiado las manipulaciones nos hemos preguntado por qué hay personas que prefieren una manipulación a otra. ¿Significa algo que sea un frotarse y no un estrujarse, un pellizco en lugar de un masaje? ¿Transmite algún mensaje el hecho de que lo frotado o rascado sea la mano, la oreja o la nariz? En parte la respuesta es que estos movimientos son propios de cada individuo. Cada persona tiene su manipulación favorita, como una marca registrada. Para una puede ser hacer girar el anillo de bodas interminablemente, para otra sacarse la cutícula y para una tercera atusarse el bigote. Nadie ha intentado averiguar por qué se prefiere tal o cual acción, o por qué algunos no tienen ninguna manipulación propia especial. Ciertos datos muestran que algunas manipulaciones revelarían algo más que una mera incomodidad. Encontramos manipulaciones de pellizqueo en pacientes psiquiátricos que no expresaban enojo con ellas. Cubrirse los ojos con las manos era común entre los pacientes que se sentían avergonzados de algo. Pero estos datos son provisionales; el hallazgo más general es que las manipulaciones aumentan cuando el sujeto se siente molesto.[20]

La investigación ha confirmado sustancialmente la creencia del profano de que la gente realiza movimientos agitados e inquietos cuando se siente incómoda o nerviosa. Las manipulaciones con las que uno se rasca, se estruja, se pellizca, se acicala o se escarba ciertos orificios aumentan con todos los tipos de malestar. Tengo la convicción de que las personas también evidencian muchas manipulaciones cuando se sienten cómodas y relajadas, sin remilgos. Al estar entre compinches uno no se preocupa tanto por el decoro. Algunos individuos más que otros eructarán e incurrirán en diversas manipulaciones y otras conductas que en la mayoría de las demás situaciones son, siquiera parcialmente, controladas. Si esto es verdad, las manipulaciones solo constituirían signos de incomodidad o molestia solo en las situaciones más formales, cuando la gente que está con uno no le es muy conocida.

De ahí que las manipulaciones no son signos válidos del engaño: pueden indicar los dos estados opuestos, la incomodidad y la relajación. Por otra parte, los mentirosos saben que deben suprimir sus manipulaciones, y la mayoría lo consigue casi siempre. No es que tengan un conocimiento específico de esto, sino que forma parte del saber popular general que las manipulaciones son signos de molestia, de conducta nerviosa. Todo el mundo piensa que un embustero se mostrará inquieto, que la agitación del cuerpo es un índice de engaño. En cierta oportunidad interrogamos a varias personas sobre su manera de darse cuenta de que alguien mentía, y un gran número de respuestas indicaron como movimiento más distintivo en este sentido el de los ojos inquietos. *Indicios que todo el mundo conoce, y que se relacionan con una conducta fácil de inhibir, no serán muy confiables si es mucho lo que está en juego y si el mentiroso no quiere ser atrapado.*

Las estudiantes de enfermería no evidenciaron mayor cantidad de acciones manipulatorias al mentir que al decir la verdad. Otros estudios sí encontraron un aumento de las manipulaciones durante el engaño, pero creo que esta contradicción en los hallazgos se debe a la diferencia de lo que estaba en juego en los diversos casos. Cuando lo que está en juego es mucho, las manipulaciones pueden ser intermitentes, pues operan fuerzas contrarias entre sí. La significatividad de la situación para el mentiroso puede llevarlo a vigilar y controlar aquellas pistas del engaño que son conocidas y accesibles, como las manipulaciones; pero esa misma significatividad hará que tema ser atrapado, y su molestia incremente sus manipulaciones. Estas aumentarán, y luego serán vigiladas, suprimidas, desaparecerán por un tiempo, volverán a aparecer, y después de otro rato serán nuevamente advertidas y sofocadas. En el caso de las enfermeras había mucho en juego y se empeñaron en controlar sus manipulaciones;

en otros estudios, donde se encontró que las manipulaciones aumentaban al mentir, no era tanto lo que había en juego. La situación era algo extraña —pedir a alguien que mienta a título experimental no es usual—, y por ende bien podía sentirse malestar suficiente como para intensificar las manipulaciones; pero en estos engaños no había ganancias o pérdidas significativas, no estaba en juego el éxito o el fracaso, y el mentiroso tenía pocas razones para afanarse en vigilar y suprimir sus manipulaciones. Aun cuando mi explicación de estos resultados contradictorios fuese incorrecta (y estas interpretaciones posteriores a los hechos deben siempre considerarse provisionales, hasta ser confirmadas por nuevos estudios), los hallazgos contradictorios son en sí mismos motivo suficiente para que el cazador de mentiras sea cauteloso en su interpretación de las manipulaciones.

En nuestro estudio sobre la capacidad para detectar mentiras, comprobamos que los sujetos que mostraban muchas manipulaciones eran considerados mentirosos. No importaba que la persona dijese la verdad o mintiera: quienes la veían la tachaban de deshonesta si notaban muchas manipulaciones en ella. Importa reconocer la probabilidad de caer en este error. Permítaseme repasar las múltiples razones por las cuales las manipulaciones no son signos confiables de engaño.

Las personas presentan enormes variaciones en cuanto a la cantidad y tipo de manipulaciones en que incurren habitualmente. Este problema, derivado de las diferencias entre los individuos (riesgo de Brokaw) puede contrarrestarse si el cazador de mentiras tiene algún conocimiento previo del sujeto y puede establecer comparaciones sobre su conducta.

El error de Otelo también obstaculiza la interpretación de las manipulaciones como indicios del engaño, ya que ellas aumentan cuando el individuo se siente incómodo por algo. Este problema lo presentan también otros signos de engaño, pero es particularmente agudo en el caso de las manipulaciones, ya que ellas no son simples signos de incomodidad sino que a veces, cuando el sujeto está entre sus camaradas, son por el contrario signos de comodidad.

Todo el mundo piensa que si alguien muestra muchas manipulaciones está engañando, por lo cual un mentiroso motivado tratará de suprimirlas. Y a diferencia de las expresiones faciales —que también se intenta controlar—, las manipulaciones son fáciles de inhibir. Si es mucho lo que está en juego, el mentiroso logrará inhibir sus manipulaciones por lo menos durante una parte del tiempo.

Otro aspecto corporal, la postura, ha sido estudiado por diversos investigadores, pero no han podido encontrar datos fehacientes de autodelación o de pistas sobre el embuste. La gente sabe cómo se supone que tiene que sentarse o que estar de pie. La postura que se adopta en una entrevista formal no es la misma que se adopta cuando se charla con un amigo. Por lo tanto, la postura parecería estar bien controlada y manejada durante un engaño: yo y otros estudiosos del engaño no hallamos diferencia alguna en la postura entre las personas que mentían o las que decían la verdad.* Por supuesto, tal vez no medimos un aspecto de la postura que efectivamente cambia en uno y otro caso. Una posibilidad es que el individuo tienda a adelantar el cuerpo cuando está interesado o enojado, y a retraerlo cuando siente temor o repulsión. Sin embargo, un mentiroso motivado será capaz de inhibir casi todos los indicios posturales de esas emociones, salvo los más sutiles.

INDICIOS DEL SISTEMA NERVIOSO AUTÓNOMO

Hasta ahora hemos examinado las acciones corporales producidas por los músculos esqueléticos. También el sistema nervioso autónomo (SNA), o gran simpático, que regula las funciones vegetativas, da lugar a cambios notorios en el cuerpo cuando hay una activación emocional: en el ritmo respiratorio, en la frecuencia con que se traga saliva, en el sudor. (Los cambios producidos

---

* Un estudio del engaño mostró que una de las creencias comunes es que los que cambian su postura con mucha frecuencia lo hacen porque están mintiendo. Sin embargo, pudo comprobarse que la postura nada tiene que ver con la veracidad; véase Robert E. Kraut y Donald Poe, "Behavioral Roots of Person Perception: The Deception Judgments of Custom Inspectors and Laymen", *Journal of Personality and Social Psychology*, vol. 39, 1980, pp. 784-98.

por el SNA que se registran en el rostro —como el rubor, el empalidecimiento y la dilatación de las pupilas—, serán analizados en el próximo capítulo). Estas alteraciones se caracterizan por producirse involuntariamente cuando hay alguna emoción, son muy difíciles de inhibir y, por esto mismo, muy confiables como indicios del engaño.

El detector eléctrico de mentiras o polígrafo mide estas alteraciones derivadas del SNA, pero muchas de ellas son visibles y no exigen el uso de ningún aparato especial. Si un mentiroso tiene miedo, rabia, culpa o vergüenza, o si se siente particularmente excitado o angustiado, se incrementará su ritmo respiratorio, se alzará su caja torácica, tragará saliva con frecuencia y podrá verse u olerse su sudor. Durante décadas los psicólogos no han logrado ponerse de acuerdo sobre si a cada emoción le corresponde un conjunto bien definido de estos cambios corporales. La mayoría piensa que no: creen que *sea cual fuere* la emoción suscitada, el sujeto respirará más rápido, sudará y tragará saliva. Sostienen que los cambios en el funcionamiento del SNA marcan la intensidad de una emoción pero no nos dicen cuál es. Esta opinión contradice la experiencia de casi todos. Por ejemplo, las personas sienten sensaciones corporales distintas cuando están con miedo o cuando están con rabia. Según numerosos psicólogos, esto se debe a que interpretan en forma diferente el mismo conjunto de sensaciones corporales si tienen miedo o si tienen rabia, y no prueba que en sí misma varíe la actividad del SNA en uno u otro caso.[21]

Mi investigación más reciente —iniciada cuando estaba terminando de escribir este libro— pone en tela de juicio este punto de vista. Si estoy en lo cierto y las alteraciones del SNA no son las mismas para todas las emociones sino que son específicas de cada una de ellas, esto podría tener gran importancia para detectar mentiras. Significaría que el cazador de mentiras podría descubrir, ya sea por medio del polígrafo o incluso hasta cierto punto, con solo observar y escuchar al sospechoso, no solo si este siente alguna emoción en determinado momento, sino cuál siente: ¿está temeroso o enojado, siente tristeza o repulsión? Como explicaremos en el próximo capítulo, esta información también puede obtenerse a partir de su rostro, pero las personas son capaces de inhibir gran parte de sus signos faciales, en tanto que el funcionamiento del SNA está mucho menos sujeto a la propia censura.

Hasta ahora solo hemos dado a conocer una investigación sobre esto (véase página 123), y hay eminentes psicólogos que discrepan con nuestras afirmaciones. Se ha dicho que nuestros hallazgos son controvertibles, que no están bien fundamentados; pero entiendo que los datos que ofrecemos son sólidos y con el tiempo creo que serán aceptados por la comunidad científica.

A mi juicio, dos problemas han obstaculizado el descubrimiento de pruebas convincentes acerca de que cada emoción conlleva una actividad peculiar del SNA, y me parece que tengo la solución para ambos. Uno de esos problemas es cómo obtener muestras puras de una emoción. A fin de comparar las alteraciones del SNA cuando se siente miedo y cuando se siente rabia, el científico debe estar plenamente seguro de que sus sujetos experimentales vivencian miedo o rabia en cada caso. Como la medición de dichas alteraciones exige equipos muy avanzados, debe pedírseles a los sujetos que realicen la prueba en un laboratorio; la dificultad radica en provocar emociones en un medio aséptico y artificial. ¿Es posible suscitar en una persona miedo o enojo, por separado, y no ambos sentimientos a la vez? Esta última cuestión es decisiva: la de no hacerles sentir a los sujetos miedo y enojo al mismo tiempo, lo que se llama una *mezcla de diversas emociones*. Si no se logra aislar estas emociones —si las muestras no son puras—, no habrá manera de determinar cuándo difiere, para cada una, la actividad del SNA. Aunque difiera, si las muestras de "miedo" siempre incluyen algo de enojo y las muestras de "enojo" siempre incluyen algo de miedo, los cambios resultantes por obra del SNA parecerán ser iguales en ambos casos. No es fácil evitar las fusiones emocionales, ni en el laboratorio ni en la vida real: son más comunes que las emociones puras.

La técnica para obtener muestras de emociones que cuenta con mayor popularidad ha sido la de pedir al sujeto que recuerde o imagine algo que le provoque miedo, por ejemplo. Digamos que el sujeto imagina que lo asaltan en la calle. El científico debe cerciorarse de que además del miedo el individuo no siente algo de enojo contra el asaltante, o contra sí mismo por haber tenido miedo o por haber sido tan estúpido como para no tomar en cuenta que corría peligro de ser asaltado. El mismo riesgo de que haya mezcla de diversas emociones en vez de emociones puras se presenta con todas las otras técnicas que tienden a suscitar emociones. Imaginemos que el científico ha resuelto suscitar miedo en el sujeto proyectándole una escena de la película de horror *Psicosis,* dirigida por Alfred Hitchcock, en la cual Tony Perkins ataca por sorpresa a Janet Leigh con un cuchillo cuando ella se está duchando. El sujeto podría sentir rabia hacia el científico por el terror que le quiere infundir, o hacia sí mismo por sentirlo, o hacia Tony Perkins por atacar a Janet Leigh; o la sangre que corre podría provocar su repulsa, o la acción misma dejarlo estupefacto, o angustiarse ante el sufrimiento de la actriz, etc. Repito: no es fácil pensar en un procedimiento por el cual pudieran extraerse muestras de emociones puras. La mayoría de los que estudiaron las alteraciones producidas por el SNA han supuesto (incorrectamente, a mi entender), que los sujetos efectivamente hacían lo que ellos le pedían en el momento en que se lo pedían, y podían producir sin dificultad las muestras de emociones puras deseadas. No tomaban ninguna medida para verificar o garantizar que esas muestras fuesen realmente puras.

El segundo problema deriva de la necesidad ya mencionada de obtener estas reacciones en un laboratorio, y es una consecuencia de los efectos de la tecnología empleada en las investigaciones. La mayoría de los sujetos se cohíben al atravesar la puerta del cuarto experimental, cuando piensan en lo que harán con ellos, y esta cohibición aumenta más aún después. Para medir la actividad del SNA es preciso conectar cables a distintos lugares del cuerpo del sujeto; el solo hecho de controlar la respiración, el ritmo cardíaco, la temperatura de la piel y el sudor requiere muchas conexiones de ese tipo. A la mayor parte de los individuos les desagrada estar ahí preso de los cables, con los científicos que escrutan lo que ocurre en su cuerpo y a menudo con cámaras cinematográficas que registran toda alteración visible frente a ellos. Este desagrado o molestia es también una emoción, y en caso de generar alguna actividad en el SNA, los cambios producidos por esta teñirán toda la muestra de emociones que el científico procura obtener. Quizá suponga, en un momento dado, que el sujeto está recordando un hecho temible, y en otro momento un suceso capaz de enfurecerlo, cuando lo que ocurre en realidad es que en ambos recuerdos el sujeto se ha sentido molesto. Ningún investigador ha tomado las medidas para reducir ese sentimiento de desagrado, ninguno ha verificado que no arruinará sus muestras de emociones puras.

Mis colegas y yo suprimimos la molestia de los sujetos seleccionándolos entre actores profesionales.[22] Los actores están habituados a ser examinados y escrutados, y no les molesta que el público observe cada uno de sus movimientos. En vez de sentirse molestos por ello, más bien les gusta la idea de que se conecten cables a su cuerpo para inspeccionar cómo funcionan por dentro. El hecho de examinar a actores nos resolvió asimismo el primer problema: la obtención de muestras de emociones puras. Pudimos aprovechar la experiencia reunida por estos actores durante años en la técnica de Stanislavski, que los vuelve diestros en el recuerdo y reaviva las emociones, técnica que los actores practican a fin de utilizar sus recuerdos sensoriales cuando les toca representar un papel en particular. En nuestro experimento, les pedimos a los actores, mientras estaban los cables conectados y las cámaras enfocando a su rostro, que recordasen y reviviesen, lo más intensamente posible, un momento en que hubieran sentido el mayor enojo de toda su vida; después, el momento de mayor temor, el de mayor tristeza, sorpresa, felicidad y repulsión. Si bien esta técnica ya había sido empleada anteriormente por otros científicos, pensábamos que nosotros teníamos más posibilidades de lograr éxito justamente por utilizar actores profesionales que no se sentían molestos. Además, no dimos por sentado que iban a hacer lo que les pedíamos; verificamos haber obtenido muestras puras y no una mezcla de emociones. Después de cada una de sus remembranzas, les pedimos calificar la intensidad con que habían sentido la emoción requerida, y si habían sentido simultáneamente alguna otra. Los casos en que daban cuenta de haber vivenciado alguna otra emoción casi con igual intensidad que la requerida no fueron incluidos en la muestra.

Este estudio de los actores nos facilitó la puesta a prueba de una segunda técnica para la obtención de muestras de emoción puras, nunca empleada antes. La descubrimos por casualidad años antes, en el curso de otro estudio. A fin de aprender el mecanismo de las expresiones faciales (o sea, cuáles son los músculos que generan tal o cual expresión), mis colegas y yo reprodujimos y filmamos sistemáticamente miles de expresiones, analizando luego de qué manera cambiaba el semblante la combinación de ciertos movimientos musculares. Para nuestra sorpresa, cuando ejecutábamos las acciones musculares vinculadas a una cierta emoción sentíamos de pronto cambios en el cuerpo, debidos a la activación del SNA. No teníamos motivos para suponer que la actividad deliberada de los músculos faciales pudiera provocar cambios involuntarios por obra del SNA, pero lo cierto es que así fue, una y otra vez. Sin embargo, todavía no habíamos averiguado si la actividad del SNA difería para cada conjunto de movimientos de los músculos faciales. En el caso de nuestros actores, les dijimos qué músculos debían mover exactamente; les dimos seis tipos de consignas distintas, una para cada emoción por investigar. Al no sentirse molestos por efectuar esas expresiones a petición nuestra ni por ser observados mientras las realizaban, cumplieron fácilmente con la solicitud. Pero tampoco en este caso confiamos en que hubieran producido muestras puras; filmamos en video sus actuaciones faciales y solamente empleamos aquellas en las que las mediciones de la cinta de video mostraban que, en efecto, habían producido el conjunto de acciones faciales que se les había pedido.

Nuestro experimento proporcionó sólidas pruebas de que la actividad del SNA *no es la misma* para todas las emociones. Las alteraciones en el ritmo cardíaco, la temperatura de la piel y el sudor (que son las tres únicas variables que medimos) no son iguales. Por ejemplo, tanto cuando los actores reprodujeron los movimientos musculares del enojo como los del temor (y recuérdese que no se les había pedido mostrar esas emociones, sino solo efectuar las acciones musculares específicas) su ritmo cardíaco aumentó, pero el efecto sobre la temperatura de la piel no fue el mismo en ambos casos: su piel se calentó con el enojo y se enfrió con el temor. Repetimos la experiencia con distintos sujetos y obtuvimos iguales resultados.

En caso de que estos resultados se mantuviesen cuando otros científicos repitan el experimento en sus laboratorios, podrían introducir una variante en lo que el cazador de mentiras trata de averiguar con el polígrafo. En vez de tratar de saber si el sospechoso tiene *alguna* emoción, podría averiguar *cuál* midiendo varias acciones dependientes del SNA. Aunque no se contase con el polígrafo, con solo observar un cazador de mentiras sería capaz de notar cambios en el ritmo respiratorio o bien en el grado de sudor que le facilitasen discernir la acción de emociones bien precisas. También se reducirían los errores cometidos al no creer al veraz o al creerle al mentiroso si la actividad del SNA, que es muy difícil de inhibir, puede revelar cuál es la emoción que en ese momento siente el sospechoso. Aún no sabemos si es posible distinguir las emociones solo por los signos visibles y audibles de dicha actividad, pero hay mayores razones que antes para averiguarlo. El tema del capítulo 6 será de qué modo los signos de emociones específicas (ya provengan del rostro, el resto del cuerpo, la voz, las palabras o el SNA) pueden ayudarnos a determinar si alguien miente o dice la verdad, los riesgos de cometer errores y las precauciones que deben tomarse para evitarlos.

En el capítulo 2 explicamos que hay dos modos principales de mentir: el ocultamiento y el falseamiento. En este capítulo nos hemos ocupado hasta ahora de examinar cómo pueden traicionarse en las palabras, la voz o el cuerpo las tentativas de ocultar sentimientos. Pero un mentiroso falseará una emoción cuando no siente ninguna y necesita fingirla, o cuando necesita encubrir otra. Por ejemplo, tal vez alguien se muestre falsamente triste al enterarse de que el negocio de su cuñado se fue a la quiebra; si el asunto lo deja indiferente, la expresión falsa de tristeza no hace sino mostrar el semblante apropiado; pero si la desgracia del cuñado lo pone contento en el fondo, esa falsa tristeza estará enmascarando además sus sentimientos genuinos. ¿Pueden las palabras, la voz o el cuerpo traicionar esas expresiones falsas, revelando que la emoción demostrada no existe? Nadie lo sabe. Los fallos en la ejecución falsa de emociones han sido menos estudiados que la autodelación de emociones ocultadas. Aquí solo puedo exponer mis observaciones, teorías y sospechas.

Si bien las palabras están hechas para inventar, a nadie (sea mentiroso o veraz) le resulta fácil describir con ellas las emociones. Solo un poeta es capaz de transmitir todos los matices que revela una expresión. Manifestar en palabras un sentimiento propio que no existe puede no ser más difícil que manifestar uno real: por lo común, en ninguno de estos dos casos uno será lo bastante elocuente, sutil o convincente. Lo que confiere significado a la descripción verbal de una emoción es la voz, la expresión facial, el cuerpo. Sospecho que casi todo el mundo puede simular con la voz enojo, miedo, desazón, felicidad, repulsa o sorpresa lo bastante bien como para engañar a los demás. Ocultar los cambios que sobrevienen en el sonido de la voz cuando se sienten estas emociones es arduo, pero no lo es tanto inventarlos. Es probable que la voz sea la que engañe a la mayoría de la gente.

Algunas de las alteraciones provocadas por el SNA son fácilmente falseables. Cuesta ocultar los signos emocionales presentes en la respiración o en el acto de tragar saliva, mientras que falsear esos mismos signos no exige un adiestramiento especial: basta respirar más agitadamente o tragar saliva más a menudo. El sudor es otra cuestión: cuesta tanto ocultarlo como falsearlo. Un mentiroso podría recurrir a la respiración y al acto de tragar saliva como medio de transmitir la falsa impresión de estar sintiendo una emoción negativa; sin embargo, mi suposición es que pocos lo hacen.

También se pensaría que un mentiroso podría aumentar el número de sus manipulaciones para parecer incómodo o molesto, pero es probable que la mayoría de los mentirosos no se acuerden de esto. Precisamente la ausencia de estas manipulaciones, fácilmente ejecutables, puede traicionar la mentira que se esconde en la afirmación —convincente en todos los demás aspectos— de que uno siente miedo o congoja.

Podrían fingirse ilustraciones (aunque posiblemente sin mucho éxito) para crear la impresión de un interés y entusiasmo inexistentes por lo que dice otro. Artículos periodísticos comentaron que tanto el expresidente norteamericano Nixon como el expresidente Ford recibieron instrucción especial a fin de aumentar su uso de ilustraciones; pero viéndolos actuar en televisión, pensé que ese aprendizaje los había llevado a parecer a menudo falsos. No es sencillo soltar una ilustración en el momento preciso en que la exigen las palabras que se están diciendo; suele adelantarse o retrasarse demasiado, o durar un tiempo excesivo. Es como tratar de aprender a esquiar pensando en cada movimiento sucesivo a medida que se ejecuta: la coordinación resulta deficiente... y eso se nota.

He descrito indicios de conducta que pueden autodelatar información ocultada, indicar que el sujeto no ha preparado bien su estrategia o traicionar una emoción que no se ajusta a esta.

Los deslices verbales, los deslices emblemáticos y las peroratas enardecidas pueden dejar traslucir información ocultada de cualquier índole: emociones, acontecimientos del pasado, planes o intenciones, fantasías, ideas actuales, etc.

El lenguaje evasivo y los circunloquios, las pausas, las repeticiones de palabras o fragmentos de palabras y otros errores cometidos al hablar, así como la disminución en la cantidad de ilustraciones, pueden señalar que el hablante no pone mucho cuidado en lo que dice, por no haberse preparado de antemano. Son signos de la presencia de alguna emoción negativa. Las ilustraciones menguan también con el aburrimiento.

El tono más agudo de la voz, así como el mayor volumen y velocidad del habla, acompañan al temor, la rabia y quizás a la excitación o entusiasmo. Se producen las alteraciones opuestas con la tristeza y tal vez con el sentimiento de culpa.

Los cambios notorios en la respiración o el sudor, el hecho de tragar saliva con frecuencia o de tener la boca muy seca, son signos de emociones intensas, y es posible que en el futuro se pueda averiguar, a partir de la pauta correspondiente a estas aliteraciones, a qué emoción pertenecen.

LOS INDICIOS FACIALES DEL ENGAÑO

...

EL ROSTRO PUEDE CONSTITUIR UNA FUENTE DE información valiosa para el cazador de mentiras, porque es capaz de mentir y decir la verdad, y a menudo hace ambas cosas al mismo tiempo. El rostro suele contener un doble mensaje: por un lado, lo que el mentiroso quiere mostrar; por el otro, lo que quiere ocultar. Ciertas expresiones faciales están al servicio de la mentira, proporcionando información que no es veraz, pero otras la traicionan porque tienen aspecto de falsas y los sentimientos se filtran pese al deseo de ocultarlos. En un momento dado, habrá una expresión falsa pero convincente, que al momento siguiente será sucedida por expresiones ocultadas que se autodelatan. Hasta es posible que lo genuino y lo falso aparezcan, en distintas partes del rostro, dentro de una expresión combinada única. Creo que el motivo de que la mayoría de la gente sea incapaz de detectar mentiras en el rostro de los demás se debe a que no sabe cómo discriminar lo genuino de lo falso.

Las expresiones auténticamente sentidas de una emoción tienen lugar a raíz de que las acciones faciales pueden producirse de forma involuntaria, sin pensarlo ni proponérselo; las falsas, a raíz de que existe un control voluntario del semblante que le permite a la gente coartar lo auténtico y presumir lo falso. La cara es un sistema dual en el que aparecen expresiones elegidas deliberadamente y otras que surgen de forma espontánea, a veces sin que la persona se dé cuenta siquiera. Entre lo voluntario y lo involuntario hay un territorio intermedio ocupado por expresiones aprendidas en el pasado pero que han llegado a operar automáticamente, sin ser elegidas cada vez o incluso a pesar de cualquier elección, y en el caso típico sin que se tenga conciencia de ello. Ejemplos de esto son los manierismos faciales y los hábitos inveterados que indican cómo manejar ciertas facciones (por ejemplo, los hábitos que impiden mostrar enojo delante de las figuras de autoridad). Aquí me interesan, sin embargo, las expresiones falsas voluntarias y deliberadas, que se muestran como parte de un esfuerzo por desorientar al otro, y las expresiones emocionales espontáneas e involuntarias que de vez en cuando delatan los sentimientos del mentiroso pese a su afán de ocultarlas.

Estudios realizados con pacientes que padecían diversos tipos de lesión cerebral revelaron de modo espectacular que en las expresiones voluntarias y en las involuntarias participan diferentes partes del cerebro. Los pacientes con una lesión en cierta región del cerebro vinculada a los llamados sistemas piramidales no pueden sonreír cuando se les pide que lo hagan, pero en cambio sí lo hacen al escuchar un chiste o divertirse de algún otro modo. Ocurre lo contrario con los pacientes que tienen afectada la otra parte del cerebro, la que compromete a los sistemas no piramidales: estos son capaces de producir una sonrisa voluntaria pero no se quedan impávidos en una situación divertida o gozosa. Los primeros, los que tienen una lesión que afecta el sistema piramidal, no podrían mentir con el rostro, ya que no son capaces de inhibir o simular expresiones falsas; los segundos, los que tienen lesionado el sistema no piramidal y no expresan nada aun cuando sienten una emoción, podrían ser excelentes mentirosos faciales, ya que no se verían forzados a inhibir ninguna expresión emocional auténtica.[1]

Las expresiones faciales involuntarias de las emociones son un producto de la evolución. Los humanos comparten muchas de estas expresiones con los demás primates. Algunas —al menos las que indican felicidad, temor, enojo, repulsión, tristeza y desazón, y quizás otras emociones— son universales, vale decir, son las mismas para todas las personas con independencia de su edad, sexo, raza o cultura.[2] Ellas son la fuente más rica de información acerca de las emociones y revelan sutiles matices en los sentimientos fugaces. El rostro puede manifestar con todos sus pormenores experiencias emocionales que solo un poeta sería capaz de poner en palabras; puede mostrar:

- cuál es la emoción que se siente en ese momento: rabia, temor, tristeza, repulsa, desazón, felicidad, contento, excitación, sorpresa y desdén, todas estas emociones tienen expresiones distintivas
- si hay dos emociones mezcladas —a menudo se sienten al mismo tiempo dos emociones distintas y el rostro registra elementos de ambas—
- la fuerza o intensidad de una emoción real, que puede variar, por ejemplo, del mero fastidio a la furia, de la aprensión al terror, etcétera

Pero, como he dicho, el rostro no es puramente un sistema de señales emocionales involuntarias. Ya en los primeros años de vida los niños aprenden a controlar alguna de sus expresiones faciales, ocultando así sus verdaderos sentimientos y fingiendo otros falsos. Los padres se lo enseñan con el ejemplo y, más directamente, con frases del tipo de: "No pongas esa cara de enfadado"; "¿No sonríes a tu tía que te ha traído un regalo?"; "¿Qué te pasa que tienes esa cara de aburrimiento?". A medida que crecen, las personas aprenden tan bien las *reglas de exhibición* que estas se convierten en hábitos muy arraigados. Después de un tiempo, muchas de esas reglas destinadas al control de la expresión emocional llegan a operar de manera automática, modulando las expresiones sin necesidad de elegirlas o incluso sin percatarse de ellas. Aunque un individuo sea consciente de sus reglas de exhibición, no siempre le es posible —y por cierto nunca le es fácil— detener su funcionamiento. Una vez que se implanta un hábito, y opera automáticamente sin necesidad de tomar conciencia de él, es muy difícil anularlo. Creo que posiblemente los hábitos que más cuesta desarraigar son los vinculados al control de las emociones, o sea, las reglas de exhibición.

Son estas reglas, algunas de las cuales varían de una cultura a otra, las que provocan en los viajeros la impresión de que las expresiones faciales no son universales. He notado que los japoneses, al serles proyectadas películas cinematográficas que les despertaban diversas emociones, no las expresaban de manera distinta a los norteamericanos *si estaban a solas*; en cambio, si había otra persona presente mientras veían la película (y en particular si era una persona dotada de autoridad), se atenían, en medida mucho mayor que los norteamericanos, a reglas de exhibición que los llevaban a enmascarar toda expresión de emociones negativas con una sonrisa diplomática.[3]

Además de estos mecanismos de control habitual automático de las expresiones faciales, las personas pueden elegir de forma deliberada y a conciencia (y a menudo lo hacen) censurar la expresión de sus sentimientos auténticos o falsear la de una emoción que no sienten. La mayoría tiene éxito en algunos de sus engaños faciales. Todos podemos recordar, sin duda, alguna vez que nos desorientó completamente la expresión de alguien, aunque también casi todos hemos tenido la experiencia opuesta, a saber, la de darnos cuenta de que lo que estaba diciendo alguien era falso tan solo por la mirada que tenía en ese momento. ¿Qué pareja no recordará un caso en que uno de ellos vio en la cara del otro una emoción (por lo general, ira o temor) de la que el otro no tenía conciencia, y aun negaba sentir? La mayoría de la gente se cree capaz de detectar las expresiones falsas; nuestra investigación ha demostrado que la mayoría no lo es.

En el capítulo anterior he descrito el experimento nuestro en que comprobamos que las personas no eran capaces de decir cuándo una estudiante de enfermería mentía y cuándo decía la verdad. El acierto de los sujetos que solo vieron las expresiones faciales de las enfermeras fue inferior al que hubieran tenido por azar: calificaban de sinceras a las enfermeras que, en realidad, les estaban mintiendo. Cayeron en el engaño a raíz de sus expresiones faciales falsas, y por dejar pasar aquellas otras que traslucían sus verdaderos sentimientos. Cuando una persona miente, sus expresiones más evidentes y visibles, aquellas a las que los demás prestan mayor atención, suelen ser falsas; por lo común se pasan por alto los sutiles signos que indican que lo son, así como las insinuaciones fugaces de una emoción oculta.

En su mayor parte, los investigadores no han medido las expresiones faciales sino que se han centrado en otras conductas más fáciles de medir, como las ilustraciones o los errores en el habla. Los pocos que lo han hecho han examinado únicamente las sonrisas, y las han medido de una forma harto simplista. Según ellos, los individuos sonríen con igual frecuencia cuando mienten o cuando dicen la verdad. Tampoco han identificado diversas clases de sonrisa. Las sonrisas no son todas iguales: nuestra técnica para medir las expresiones faciales ha permitido diferenciar más de cincuenta sonrisas distintas. Hemos comprobado que cuando las estudiantes de enfermería mentían, sonreían de otro modo que cuando decían la verdad. Comentaré estos hallazgos al final de este capítulo.

Precisamente porque es necesario distinguir tantas expresiones distintas, los interesados en la comunicación no verbal y en las mentiras han eludido la medición del rostro. Hasta hace poco no existía un procedimiento amplio y objetivo para medir todas las expresiones faciales. Nos hemos propuesto crearlo porque sabíamos, después de observar las cintas de video de nuestras estudiantes y sus mentiras, que para desenmascarar los signos faciales del engaño se iban a requerir mediciones precisas. Nos ha llevado casi diez años desarrollar un método para medir con precisión las expresiones faciales.[4]

Hay miles de expresiones faciales diferentes. Muchas no tienen relación con ninguna emoción. Un gran número de ellas son como *señales de la conversación*; al igual que las ilustraciones mediante movimientos corporales, estas señales sirven para destacar ciertos aspectos del discurso o incluso como signos sintácticos (por ejemplo, como signos de interrogación o de exclamación faciales). También existen algunos emblemas faciales: el guiño, las cejas alzadas —párpado superior fláccido— labios cerrados en forma de U invertida como señal de ignorancia equivalente a encogerse de hombros, el escepticismo evidenciado en una sola ceja alzada... para nombrar solo unos pocos. También existen manipulaciones faciales: morderse el labio, o chupárselo, o secárselo con la punta de la lengua, inflar los carrillos. Están, en fin, las expresiones emocionales propiamente dichas, verdaderas y falsas.

No hay una expresión única para cada emoción sino decenas de expresiones, y en algunos casos centenares. Cada emoción cuenta con una familia de expresiones visiblemente distintas una de otra. Y esto no debe sorprender: a cada una no le corresponde un solo sentimiento o experiencia, sino toda una familia. Considérese el caso de la familia de las experiencias de ira; esta puede variar en los siguientes aspectos:

- intensidad, desde el fastidio hasta la furia
- grado de control, desde la ira explosiva hasta el enfado
- tiempo de arranque, desde la irascibilidad de quienes pierden la calma en un instante, hasta los que arden a fuego lento
- tiempo de descarga, desde la descarga inmediata hasta la descarga prolongada
- temperatura, de caliente a fría
- autenticidad, desde la cólera real hasta el enojo fingido que muestra un padre arrobado ante las encantadoras travesuras de su hijo

La familia de la ira crecería más aún si se incluyesen las fusiones entre ella y otras emociones —por ejemplo, la ira gozosa, la culpable, la puritana, la desdeñosa.

Nadie sabe aún si existen diferentes expresiones faciales para cada una de estas experiencias de enojo; yo creo que sí las hay, y más de una expresión por cada una. Ya tenemos pruebas de que hay más expresiones faciales diferentes que las palabras que existen en la lengua para nombrar una emoción cualquiera. El rostro ofrece un mapa de señales sutiles y de matices que el lenguaje no ha podido trazar en palabras únicas. Nuestro trabajo, en el que hicimos ese mapa del repertorio de las expresiones faciales, determinando con exactitud cuántas existen para cada emoción, cuáles de ellas son equivalentes o sinónimas y cuáles indican estados internos distintos pero vinculados entre sí, solo está en vigencia desde 1978. Algunas de las cosas que diré a continuación sobre los signos faciales del engaño se basan en estudios sistemáticos en los que hemos aplicado nuestra nueva técnica de medición facial, y algunas en miles de horas de inspección de expresiones faciales. Mi informe es *provisional*, puesto que hasta ahora ningún otro científico ha tratado de repetir nuestros estudios sobre las diferencias entre las expresiones voluntarias y las involuntarias.

Comencemos por la fuente menos ostensible de autodelación facial, las *microexpresiones*. Estas expresiones brindan un cuadro completo de la emoción que se procura ocultar, pero tan efímero que suele pasar inadvertido. Una microexpresión destella de vez en cuando en el rostro en menos de un cuarto de segundo. Descubrimos las microexpresiones en nuestro primer estudio de los indicios del engaño, hace casi veinte años. Estábamos investigando una entrevista filmada con la paciente psiquiátrica Mary, que ya mencionamos en el capítulo 1, la que quería ocultar su intención de suicidarse. En dicha película (filmada en el hospital cuando Mary llevaba ya algunas semanas internada), le dijo al médico que ya no se sentía deprimida y le pidió un permiso para ausentarse del hospital durante el fin de semana a fin de pasar un tiempo con su familia. Más tarde confesó que había mentido para poder suicidarse una vez libre de los controles del hospital, y admitió que seguía sintiéndose desesperadamente infeliz. En el filme pudimos apreciar en Mary una serie de encogimientos de hombros parciales (deslices emblemáticos) y una disminución de sus ilustraciones. También asistimos a una microexpresión: repitiendo varias veces la proyección de una misma escena a cámara lenta, vimos una expresión facial de completa tristeza, pero que solo se presentó durante un instante, y era rápidamente seguida por una aparente sonrisa.

Las microexpresiones son expresiones emocionales que abarcan todo el rostro y duran apenas una fracción de lo que duraría la misma expresión en condiciones normales, como si se la hubiese comprimido en el tiempo; son tan veloces que por lo general no se las ve. La figura 2 muestra la expresión de tristeza.* Así congelada sobre la página impresa, es fácil interpretarla, pero si

---

* Yo mismo he posado para todas las fotografías que aparecen en este capítulo (y de las que he podido disponer por cortesía de Michael Kausman), a fin de no poner en peligro la privacidad de nadie.

Figura 2.

solo se pudiera verla durante la vigésimoquinta parte de un segundo, y fuese de inmediato encubierta por otra expresión —como ocurriría en el caso de una microexpresión—, es muy probable que pasara desapercibida. Al poco tiempo de haber descubierto nosotros las microexpresiones, otros investigadores dieron cuenta del mismo descubrimiento, y sostuvieron que son el resultado de la represión y revelan emociones inconscientes.[5] Pero sin duda para Mary esos sentimientos nada tenían de inconscientes: ella sufría con dolorosa conciencia la tristeza presente en sus microexpresiones.

Mostramos algunos fragmentos de la entrevista realizada con Mary, que contenían microexpresiones, a diversas personas y les pedimos que nos dijeran cómo interpretaban ellos que se sentía Mary. Los individuos sin formación previa se equivocaron; al percibir el mensaje de las "micros", supusieron que Mary estaba bien; solo captaron ese mensaje cuando vieron la proyección en cámara lenta. Sin embargo, los clínicos avezados no necesitaron ver esta proyección, e individualizaron el mensaje de tristeza a partir de las microexpresiones al ver el filme por primera vez en su velocidad real.

Basta una hora de práctica para que la mayoría de las personas puedan aprender a discriminar esas brevísimas expresiones. Cubrimos la lente del proyector con un obturador para poder exponer una diapositiva durante un lapso muy breve. Al principio, cuando se expone el destello de las expresiones durante la quincuagésima parte de un segundo, los sujetos sostienen que no pueden verla ni podrán nunca; pero lo cierto es que aprenden pronto, y al poco rato les resulta tan sencillo que a veces suponen que lo hemos proyectado a velocidad inferior. Después de ver un centenar de rostros, todos reconocían las expresiones pese al breve período de exposición. Cualquiera puede aprender esta habilidad sin artificio del obturador observando *flashes* de la fotografía de una expresión facial mostrada ante ellos lo más rápidamente posible. Deben procurar adivinar cuál fue la emoción que aparecía en la imagen, luego examinar esta última cuidadosamente para verificarlo, y pasar enseguida a otra fotografía; la práctica debe proseguir hasta haber visto por lo menos un centenar de imágenes.[6]

Las microexpresiones son exasperantes y ello se debe a que, pese a la rica información que brindan con su autodelación de una emoción oculta, no se producen a menudo. En el experimento en que las estudiantes de enfermería debían mentir hallamos muy pocas microexpresiones; mucho más frecuentes fueron las *expresiones abortadas*. A veces, cuando emerge una expresión, parecería que la persona se da cuenta de lo que empieza a mostrar y la interrumpe, en ocasiones encubriéndola con otra. La sonrisa es la máscara encubridora más corriente. Puede ocurrir que la expresión abortada sea tan fugaz que resulte difícil captar el mensaje que se habría transmitido en caso de no interrumpirse. Pero aun cuando este mensaje no quede en ella reflejado, el hecho mismo de abortar una expresión es un indicio notorio de que la persona oculta algún sentimiento. La expresión abortada suele durar más que la microexpresión, pero no es tan completa. Aunque la "micro" está comprimida en el tiempo, se despliega plenamente, solo que en forma condensada; la expresión abortada, en cambio, no llega a desplegarse, pero por otro lado dura más y la propia interrupción puede ser llamativa.

Tanto las microexpresiones como las expresiones abortadas están sujetas a los dos inconvenientes que dificultan la interpretación de la mayoría de los indicios del engaño. Recordemos, del capítulo anterior, el riesgo de Brokaw, en el cual el cazador de mentiras no tiene en cuenta las diferencias individuales en la expresión emocional. Dado que no todos los que ocultan emociones van a presentar una microexpresión o una expresión abortada, su ausencia no es indicio de verdad. Hay diferencias individuales en el control de la expresión, y algunos individuos —los que he llamado *mentirosos naturales*— la dominan a la perfección. El segundo inconveniente es el que he llamado el error de Otelo: no advertir que ciertas personas veraces se ponen nerviosas o emotivas cuando alguien sospecha que mienten. Para evitarlo, el cazador de mentiras debe entender que aunque alguien manifieste una microexpresión o una expresión abortada, ello no basta para asegurar que miente. Casi cualquiera de las emociones delatadas por estas puede sentirlas también un inocente que no quiere que se sepa que tiene dichos sentimientos. Una persona inocente tal vez tenga miedo de que no le crean, o sienta culpa por alguna otra cosa, o enojo o fuerte disgusto por una acusación injusta, o le encante la posibilidad que se le ofrece de demostrar que su acusador está equivocado, o esté sorprendida por los cargos que se le hacen, etc. Si esta persona desea ocultar uno de estos sentimientos, podría producirse una microexpresión o una expresión abortada. En el próximo capítulo nos ocuparemos de estos problemas de interpretación de las "micros" y de las expresiones abortadas.

No todos los músculos que producen las expresiones faciales son igualmente fáciles de controlar: algunos son más fidedignos que otros. Los músculos *fidedignos* son aquellos de los que no puede hacerse uso para las expresiones falsas: el mentiroso no los tiene a su disposición, y como tampoco puede inhibirlos o abortarlos inmediatamente, le cuesta ocultar la acción de esos músculos al tratar de disimular una emoción real.

Hemos llegado a conocer cuáles son los músculos que no pueden controlarse con facilidad pidiéndoles a varios sujetos que movieran cada uno de sus músculos faciales, y también que simularan emociones con la cara.[7] Hay ciertos movimientos que muy poca gente puede hacer de forma deliberada. Por ejemplo, apenas un diez por ciento de las personas que se sometieron a esta prueba pudieron llevar los extremos de los labios hacia abajo sin mover el músculo del mentón. Sin embargo, comprobamos que esos músculos difíciles de gobernar se movían, de hecho, cuando la persona experimentaba una emoción que exigía dicho movimiento: los mismos que no podían bajar deliberadamente las comisuras de sus labios lo hacían para expresar dolor psíquico, tristeza o pesadumbre. Pudimos enseñarles a mover esos músculos de forma voluntaria, aunque por lo común nos exigió centenares de horas.

Estos músculos son fidedignos porque el sujeto no sabe cómo transmitirles un mensaje para que lo exhiban en una expresión facial. Mi razonamiento es que si no pueden indicarle al músculo cómo generar una expresión falsa, también les resultará arduo mandarles un mensaje para que se "detengan" o para abortar su acción, cuando sienten una emoción que requiere la participación de ese músculo. Si no es posible mover deliberadamente un músculo para falsear una expresión, tampoco lo será inhibirlo para que oculte en parte otra.*

Existen otras maneras de ocultar una expresión auténtica cuando no se puede inhibirla. Puede enmascarársela, típicamente con una sonrisa, aunque esto no suprimirá los signos de la expresión manifiestos en la frente y en los párpados superiores. Otro modo es contraer los músculos antagonistas para frenar la expresión que se desea eliminar. Una sonrisa de júbilo, por ejemplo, puede disimularse apretando los labios y subiendo el mentón. No obstante, a menudo el uso de músculos antagonistas puede constituir en sí mismo un indicio del engaño, ya que la combinación de la acción de dichos músculos con los que participan en la expresión de lo que se pretende ocultar quizá le quite naturalidad al rostro o lo vuelva rígido o excesivamente controlado. La mejor manera de ocultar una emoción es inhibir totalmente la acción de los diversos músculos que participan en su expresión, y esto puede ser difícil en el caso de los músculos faciales fidedignos.

La frente es la sede principal de los movimientos musculares fidedignos. En la figura 3A se representan los que tienen lugar

---

* He comentado esta idea con varios neurocientíficos que conocen bien todo lo relacionado con el rostro o con las emociones, y me dijeron que creen que es una idea razonable y probable. Pero como todavía no se la sometió a prueba, debe considerársela una hipótesis.

cuando hay tristeza, pesar, desazón, y quizá también culpa. (Es la misma expresión que aparecía en la figura 2, pero en la figura 3A es más fácil centrarse en lo que ocurre en la frente porque el resto del rostro se ha dejado intacto). Nótese que las cejas están alzadas en su ángulo interior. Por lo común este desplazamiento también formará un triángulo en los párpados superiores y unas arrugas en el centro de la frente. De las personas que nosotros sometimos a la prueba, menos del 15% eran capaces de producir este movimiento de modo deliberado. No se presentará en ningún despliegue falso de estas emociones, y sí cuando la persona siente tristeza o desazón (y quizá culpa) por más que trate de ocultarla. Esta y las restantes representaciones de una expresión facial muestran una versión extrema para mayor claridad, dado que no es posible mostrar cómo aparece y desaparece la acción en el rostro. Si un individuo tiene un sentimiento de tristeza no muy intenso, el aspecto de su frente será el de la figura 3A, solo que los desplazamientos serán menos marcados. Una vez conocida la pauta que sigue una expresión, aun sus versiones moderadas son detectables cuando lo que se ve es el movimiento (como en la vida real) y no una representación estática.

La figura 3B muestra los movimientos musculares fidedignos que sobrevienen cuando hay temor, inquietud, aprensión o terror. Las cejas están levantadas y se aproximan entre sí. Esta combinación de acciones es extremadamente difícil de realizar de manera deliberada: menos del 10% de nuestros examinados pudieron hacerlo. Se aprecia asimismo cómo sube el párpado superior y se pone tenso el inferior, marca típica del temor. Estos desplazamientos del párpado pueden no estar presentes si la persona intenta ocultar su temor, ya que no es difícil controlar estas acciones, pero es más probable que no pueda disimularse la posición de las cejas.

Las figuras 3C y 3D señalan las acciones de las cejas y párpados propias de la rabia y la sorpresa. Otras emociones no se caracterizan por movimientos de cejas y párpados idiosincrásicos. Los de las figuras 3A y 3B no son fidedignos: todo el mundo puede hacerlos, y por ende aparecerán en expresiones falsas y son a la vez fácilmente disimulables. Los hemos incluido para redondear la idea de cómo las cejas y párpados señalan las emociones, de

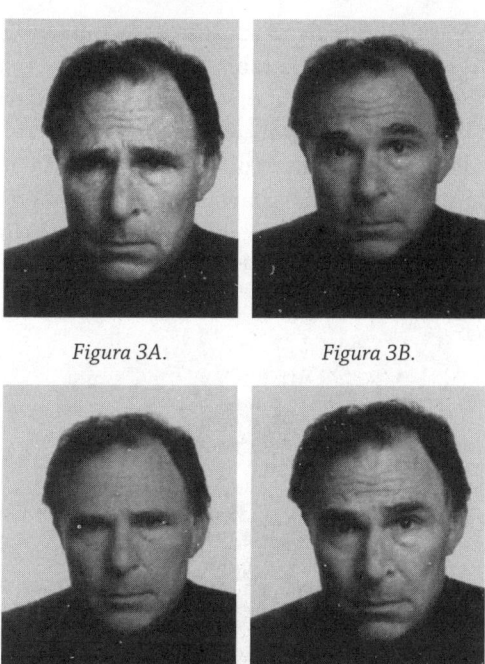

Figura 3A.   *Figura 3B.*

Figura 3C.   *Figura 3D.*

tal modo que sea más evidente el contraste del aspecto que presenta el rostro con las acciones fidedignas de la figura 3A y 3B.

Los movimientos de las cejas que aparecen en las figuras 3C y 3D (hacia abajo o hacia arriba) son las expresiones faciales más frecuentes. Se las suele utilizar como señales de conversación a fin de acentuar o enfatizar ciertas partes del discurso. La elevación de las cejas también sirve como signo de interrogación o de exclamación, y como emblema de desconfianza y de escepticismo. Al músculo que baja y junta las cejas Darwin lo llamó *el músculo de la dificultad*, y tenía razón: este movimiento se presenta cuando el individuo debe afrontar una dificultad de cualquier índole, desde levantar del suelo un objeto pesado hasta resolver un complejo problema matemático. También es corriente que se frunza el entrecejo en momentos de perplejidad o de concentración.

Otra acción facial fidedigna aparece en la zona de la boca. Una de las mejores claves sobre la rabia son los labios afinados, aunque ninguno de ellos chupe al otro ni estén forzosamente apretados, pero sí con una disminución de la zona roja visible. Para la mayoría de la gente es muy difícil ejecutar esta acción, y he comprobado que a menudo aparece cuando alguien empieza a enojarse, aun antes de que él mismo se dé cuenta. No obstante, es un movimiento muy sutil, y fácilmente ocultable con alguna sonrisa. La figura 4 muestra cómo cambia esta acción el aspecto de los labios.

Figura 4.

El error de Otelo —o sea, el hecho de pasar por alto que un sujeto veraz sospechoso de mentir puede mostrar los mismos signos de emoción que un mentiroso— puede complicar la interpretación de los músculos faciales fidedignos. Un sospechoso inocente mostrará los signos de temor de la figura 3B porque teme ser falsamente acusado. Inquieto porque si muestra temor la gente puede llegar a pensar que miente, quizás intente ocultar ese temor y solo queden huellas de este en las cejas, difíciles de inhibir. Pero la misma expresión mostrará probablemente el mentiroso que teme ser descubierto. En el capítulo 6 explicaremos cómo se puede afrontar este problema.

Al interpretar los músculos faciales fidedignos también es preciso evitar el riesgo de Brokaw —no tener en cuenta las diferencias individuales que pueden llevar a que un mentiroso *no* evidencie una cierta pista del embuste, en tanto que un veraz sí lo hace—. Algunas personas (tanto psicópatas como mentirosos naturales) poseen una extraordinaria capacidad para inhibir los signos faciales de sus auténticos sentimientos. En su caso, ni siquiera los músculos faciales fidedignos son fiables. Ha habido muchos líderes carismáticos dotados de esa extraordinaria habilidad; se cuenta que el papa Juan Pablo II la reveló durante su visita a Polonia en 1983.*

Pocos años antes, la huelga de los astilleros navales de Gdansk hizo alentar la esperanza de que el gobierno comunista de Polonia otorgaría ciertas libertades políticas. Muchos temían que si Lech Walesa, líder del sindicato Solidaridad, llevaba las cosas demasiado lejos o demasiado rápido, las tropas soviéticas podrían invadir el país como lo habían hecho ya en Hungría, Checoslovaquia y Alemania oriental. Durante varios meses los soviéticos realizaron "ejercicios militares" cerca de la frontera con Polonia. Por último, el régimen que había tolerado la existencia de Solidaridad renunció, y los militares polacos se hicieron cargo del poder con la anuencia de Moscú. El general Jaruzelski suspendió la actividad de los sindicatos, restringió el campo de acción de Walesa e impuso la ley marcial. La visita del Papa polaco, programada para dieciocho meses después de haberse implantado la ley marcial, podría tener impredecibles consecuencias. ¿Apoyaría quizás a Lech Walesa? ¿Su presencia reavivaría las huelgas y actuaría como un catalizador de la rebelión popular? ¿O por el contrario el Papa daría su bendición al general Jaruzelski? El periodista William Safire describió con estas palabras el encuentro filmado del Papa y el general: "[...] el pontífice y el dirigente títere del país se estrecharon la mano sonriendo. El Papa sabe muy bien el uso que puede darse a las presentaciones en público, y en tales acontecimientos sabe calibrar la expresión de su rostro. En este caso el signo era inconfundible: iglesia y gobierno habían llegado a algún acuerdo secreto, y la bendición que pretendía el

---

* Sentimos tanto rechazo hacia las mentiras que parecería un error de mi parte llamar "mentiroso" a una persona respetable; pero como ya expliqué en el capítulo 2, no utilizo este término con sentido peyorativo, y como explicaré en el capítulo siguiente, creo que algunos mentirosos tienen la razón moral de su parte.

gobernante polaco impuesto por Moscú [Jaruzelski] fue concedida, para que se la reprodujera una y otra vez en la televisión estatal".[8]

No todos los dirigentes políticos manejan con la misma destreza sus expresiones. El ex presidente de Egipto, Anwar El Sadat, hizo referencia en uno de sus escritos a que cuando era adolescente tuvo el propósito de aprender a controlar sus músculos faciales: "[...] mi afición preferida era la política. En esa época estaba Mussolini en Italia; yo vi sus fotos y leí acerca del modo en que cambiaba sus expresiones faciales al hablar en público, adoptando ora una actitud de gran fuerza, ora de agresividad, de tal modo que bastaba mirarlo para que uno adivinara el poder y la fuerza en sus rasgos mismos. Esto me fascinó. Me paré en casa delante del espejo y procuré imitar esa expresión imperativa, pero los resultados me parecieron decepcionantes. Todo lo que logré es que se me cansaran mucho los músculos de la cara. Llegó a dolerme".[9]

Aunque Al-Sadat no pudo falsear sus expresiones faciales, el éxito que obtuvo en lanzar por sorpresa contra Israel, en 1973, un ataque conjunto sirio-egipcio forjado en secreto, revela que era de todas maneras un hábil engañador. Las dos cosas no se contradicen. Llevar a cabo un engaño no exige habilidad para falsear u ocultar expresiones faciales, movimientos corporales o la voz; esto solo es indispensable en los engaños íntimos, cuando el autor del engaño y la víctima están cara a cara, en contacto directo, como sucedió en la reunión en que Hitler tan hábilmente logró desconcertar a Chamberlain. Se dice que Al-Sadat jamás procuraba ocultar sus verdaderos sentimientos cuando se encontraba frente a frente con sus adversarios. De acuerdo con Ezer Weizman, el ministro de defensa israelí que negoció con él directamente después de la Guerra de los Seis Días: "No era hombre de guardarse sus sentimientos: estos se ponían en evidencia de inmediato en su expresión, así como en su voz y en sus ademanes".[10]

Las diferencias individuales dificultan también de un modo más limitado la interpretación de los músculos faciales fidedignos. Esto se relaciona con las señales faciales de la conversación a que me referí antes. Algunas de estas señales son como las ilustraciones hechas con la mano: enfatizan determinadas palabras que se dicen. La mayoría de las personas o bajan o suben las cejas (como muestran las figuras 3C y 3D); son muy pocos los que apelan, para destacar lo que dicen, a señales de tristeza o de temor realizadas con las cejas (figuras 3A y 3B). Para quienes lo hacen, estos movimientos no son fidedignos. El actor y director cinematográfico Woody Allen es uno de los individuos en cuyas cejas no es posible confiar. Utiliza el movimiento de tristeza como una manera de subrayar lo que dice: mientras que la mayoría de las personas alzan o bajan las cejas como enfatizador, Woody Allen lleva los extremos interiores de las cejas hacia arriba. Esto es, en parte, lo que le da ese aspecto tristón con el que es tan fácil identificarse. Otros individuos que, como él, pueden usar la "ceja triste" a modo de refuerzo para enfatizar, no tienen ninguna dificultad en efectuar este movimiento deliberadamente; podrían emplearlos para una expresión falsa, y con igual facilidad disimular esos movimientos si así lo desean. Tienen pronto acceso a ciertos músculos que no están al alcance de la mayoría. El cazador de mentiras aprenderá a desconfiar de dichos músculos si el sospechoso recurre muy a menudo a tales movimientos para subrayar sus palabras.

Un tercer problema puede complicar la interpretación de los músculos faciales fidedignos y otros indicios del engaño: puede recurrirse a una técnica teatral (método de la actuación) para poner en acción dichos músculos a fin de representar una emoción falsa. La técnica de la actuación de Stanislavski le enseña al actor a mostrar una emoción precisa aprendiendo a recordarla y darle vida. Hacia el final del último capítulo mencioné cómo empleamos esta técnica de actuación para estudiar el sistema nervioso autónomo. Cuando un actor la emplea, sus expresiones faciales no son deliberadas, sino que son el producto de la emoción que ha logrado revivir; y según muestra nuestro estudio, en tal caso se activa la propia fisiología de la emoción. En ocasiones, con gente que no era capaz de representar los movimientos de las figuras 3A o 3B, yo les pedía que utilizasen la técnica de Stanislavski, reviviendo sentimientos tristes o de temor; a menudo aparecían entonces esas acciones faciales que no lograban realizar cuando se lo proponían. También un mentiroso puede conocer y emplear la técnica de Stanislavski, en cuyo caso no habría signos de una ejecución falsa... ya que en cierto sentido no lo sería. En la emoción falsa del mentiroso aparecerían movilizados los músculos faciales fidedignos porque, en efecto, él estaría experimentando de hecho tal emoción. Cuando los sentimientos se recrean merced a la técnica de Stanislavski, la línea demarcatoria entre lo falso y lo verdadero se desdibuja. Peor aún es el caso del mentiroso que logra engañarse a sí mismo llegando a pensar que su mentira es verdad. Estos mentirosos son indetectables. *Solo es posible atrapar a los mentirosos que, cuando mienten, saben que mienten.*

Hasta ahora he descrito tres modos en que pueden autodelatarse los sentimientos ocultos: las microexpresiones; lo que puede verse antes de un movimiento abortado; y lo que queda presente en el rostro después de haber fracasado en el esfuerzo por inhibir la acción de los músculos faciales fidedignos. Mucha gente cree en una cuarta fuente transmisora de sentimientos ocultos: los ojos. Se dice que son *el espejo del alma* y que pueden revelar los sentimientos genuinos más íntimos. La antropóloga Margaret Mead citó a un profesor soviético que discrepaba con esta opinión general: "Antes de la revolución solíamos decir que los ojos eran el espejo del alma. Pero ellos pueden mentir... ¡y cómo! Con los ojos usted puede expresar la más devota atención sin que, en realidad, esté prestando ninguna. Puede expresar serenidad o sorpresa".[11] Esta divergencia en cuanto a la fidelidad de los ojos puede resolverse discriminando cinco fuentes de información en ellos. Solo tres de las cuales, como veremos, suministran autodelaciones o indicios del engaño.

En primer lugar están las variaciones en el aspecto que presenta el ojo producidas por los músculos que rodean el globo ocular. Estos músculos modifican la forma de los párpados, la cantidad del blanco del ojo y del iris que se ve, y la impresión general que se obtiene al mirar la zona de los ojos. Algunas de estas variaciones aparecen en las figuras 3A, 3B, 3C y 3D, pero como ya dijimos, la acción de estos músculos no ofrece indicios fidedignos del engaño, ya que es relativamente sencillo moverlos de forma voluntaria e inhibir su acción. No es mucho lo que se delatará, salvo como parte de una microexpresión o de una expresión abortada.

La segunda fuente de información ocular es la dirección de la mirada. La mirada se aparta en una serie de emociones: baja con la tristeza, baja o mira a lo lejos con la vergüenza o la culpa, y mira a lo lejos con la repulsión. No obstante, es probable que un mentiroso, por culpable que se sienta, no aparte la vista demasiado, ya que los mentirosos saben perfectamente que todo el mundo confía en detectarlos de esta manera. El profesor soviético citado por Margaret Mead comentaba lo sencillo que es controlar la dirección de la propia mirada. Sorprendentemente, la gente sigue siendo engañada por mentirosos lo bastante hábiles como para no desviar la vista: "Una de las cosas que llevaron a Patricia Gardner a sentirse atraída por Giovanni Vigliotto, el hombre que llegó a casarse tal vez con un centenar de mujeres, fue ese 'rasgo de sinceridad' consistente en mirarla directamente a los ojos, según declaró ella ayer en su testimonio [en el proceso que le inició a Vigliotto por bigamia)".[12]

La tercera, cuarta y quinta fuentes de información de la zona de los ojos son más prometedoras como signos de autodelación o indicios del engaño. El parpadeo puede ser voluntario, pero también se produce como una reacción involuntaria, que aumenta cuando el sujeto siente una emoción. Asimismo, en un individuo emocionado se dilatan las pupilas, aunque no existe una vía que permita optar por esta variante voluntariamente. La dilatación de la pupila es producida por el sistema nervioso autónomo, el mismo que da lugar a las alteraciones en la salivación, la respiración y el sudor ya mencionadas en el capítulo 4, así como a otros cambios faciales que se mencionarán luego. Si bien un parpadeo más intenso y la dilatación de las pupilas indican que el individuo está movido emocionalmente, no revelan de qué emoción se trata. Pueden ser signos de excitación entusiasta, rabia o temor. Solo son autodelatores válidos cuando la manifestación de una emoción cualquiera transluciría que alguien miente, y el cazador de mentiras puede desechar la posibilidad de estar ante el temor de un inocente a ser juzgado erróneamente.

Las lágrimas, que son la quinta y última fuente de información de la zona ocular, también son producidas por el sistema nervioso autónomo; pero ellas solo son signos de algunas emociones, no de todas. Se presentan cuando hay tristeza, desazón, alivio, ciertas formas de goce y risa incontrolada. Pueden delatar tristeza o desazón si los demás signos permanecen ocultos, aunque mi presunción es que en tal caso también las cejas mostrarían la emoción y el individuo, una vez que le aflorasen las lágrimas, rápidamente reconocería cuál es el sentimiento que está ocultando. Las lágrimas de risa no se filtrarán si la risa misma ha sido sofocada.

El SNA provoca otros cambios visibles en el rostro: el rubor, el empalidecimiento y el sudor, todos los cuales son difíciles de ocultar, como sucede con los demás cambios corporales y faciales que provienen del SNA. No se sabe con certeza si el sudor, lo mismo que el aumento del parpadeo y la dilatación de las pupilas, es un signo de que se ha despertado una emoción cualquiera, o en lugar de ello es específico de una o dos emociones.

Sobre el rubor y el empalidecimiento poco y nada se sabe. Se supone que el rubor es un signo de turbación o de embarazo, que también se presenta cuando hay vergüenza y quizá culpa. Se dice que es más corriente en las mujeres que en los hombres, aunque se ignora por qué. El rubor podría delatar que el mentiroso se siente turbado o avergonzado por lo que oculta, o podría ocurrir que ocultase la turbación misma. El rostro también se pone rojo de rabia, y nadie sabría distinguir este enrojecimiento del rubor propiamente dicho; presumiblemente, ambos implican la dilatación de los vasos sanguíneos periféricos de la piel, pero el enrojecimiento de la ira y el rubor de la cohibición o la vergüenza podrían ser distintos ya sea en intensidad, zonas del rostro afectadas o duración. Mi presunción es que la cara enrojece de ira solo cuando esta ha quedado fuera de control, o cuando el sujeto trata de controlar una rabia que está a punto de explotar. En tal caso, habitualmente habrá en el rostro o la voz otras pruebas de la ira, y el cazador de mentiras no tendrá que confiar en la coloración de la cara para discernir esta emoción. Si la ira está más controlada, el rostro puede empalidecer o ponerse blanco, como también ocurre cuando se siente miedo. El empalidecimiento puede aparecer incluso cuando la mímica de esta emoción ha sido perfectamente disimulada. Curiosamente, muy poco se han estudiado las lágrimas, el rubor, el enrojecimiento o el empalidecimiento respecto de la expresión u ocultamiento de determinadas emociones.

Dejemos ahora los signos a través de los cuales el rostro puede traicionar una emoción oculta y pasemos a los signos faciales de que una expresión es falsa y de que la emoción no es auténtica. Una posibilidad, ya mencionada, es que los músculos fidedignos tal vez no participen de la expresión falsa, en tanto y en cuanto no exista un problema del tipo "Woody Allen" o del tipo "técnica de Stanislavski". Hay otros tres indicios de falsedad: la asimetría, la secuencia temporal y la sincronización o inserción dentro del flujo de la conversación.

En una expresión facial *asimétrica* se ven las mismas acciones en ambos lados de la cara, pero son más intensas o marcadas en un lado que en el otro. No debe confundírsela con una expresión facial *unilateral*, que solo aparece en un lado; las expresiones faciales unilaterales no son signos de emoción, salvo las expresiones de desdén en las que se alza el labio superior o se aprieta la comisura del labio en un solo extremo. Las expresiones unilaterales se emplean en emblemas tales como el guiño o la elevación de una sola ceja como muestra de escepticismo. Las expresiones asimétricas son más sutiles, mucho más frecuentes e interesantes que las unilaterales.

Los científicos que han examinado los hallazgos según los cuales el hemisferio derecho del cerebro parece especializarse en las emociones suponen que podría ser que uno de los dos lados de la cara fuese más "emotivo" que el otro. Dado que el hemisferio derecho gobierna muchos de los músculos del lado izquierdo de la cara, y el hemisferio izquierdo muchos de los del lado derecho, algunos estudiosos han sugerido que las emociones aparecerían con más intensidad en el lado izquierdo. Yo veía ciertas incongruencias en uno de sus experimentos, y en mi intento de esclarecerlas descubrí por casualidad en qué sentido la asimetría puede ser un indicio del engaño. Las expresiones retorcidas en que la acción es levemente más intensa en un lado del rostro que en el otro son la clave de que el sentimiento exhibido no es real.

El azar en cuestión se produjo a raíz de que el primer equipo científico que sostuvo que la emoción se refleja con mayor intensidad en el lado izquierdo del rostro (el de Harold Sackeim y sus colaboradores) no usó materiales propios sino que me pidió en prestamo mis fotografías faciales. Esto me llevó a revisar sus conclusiones con más minuciosidad de lo que lo hubiera hecho en otras circunstancias, y pude así ver cosas que ellos no vieron, por lo que yo sabía en mi carácter de fotógrafo. Sackeim y su gente cortaron por la mitad mis imágenes faciales a fin de crear dos clases de fotografías: una formada a partir de la unión de una foto del lado izquierdo con la imagen especular de esa misma foto; la otra, formada uniendo una foto del lado derecho con su imagen especular. Lo que quedaba, pues, era una foto con dos lados izquierdos del rostro y una con dos lados derechos, aunque la impresión era de un rostro completo perfecto. Los sujetos consideraron que las emociones eran más intensas cuando veían las imágenes en el "doble lado izquierdo" que en el "doble lado derecho".[13] Noté que había, empero, una excepción: los juicios no diferían cuando las imágenes correspondían a personas contentas o felices. Sackeim no le dio mayor importancia a esto, pero yo sí. Como fotógrafo, sabía que las imágenes felices eran las únicas expresiones emocionales *auténticas*; el resto las había tomado después de pedirles a mis modelos que movieran deliberadamente ciertos músculos faciales. Las imágenes "felices" las tomé de improviso, en momentos en que los modelos se estaban divirtiendo, despreocupados de mis fotos.

Cuando reuní estos datos con los derivados de los estudios sobre lesiones cerebrales y expresiones faciales que describí antes en este mismo capítulo, se me impuso una interpretación muy diferente de la asimetría facial. Tales estudios habían demostrado que las expresiones voluntarias e involuntarias siguen caminos neuronales distintos, ya que a veces es posible que uno de esos caminos esté obstaculizado pero no el otro, según cuál sea la zona del cerebro dañada. Si las expresiones voluntarias e involuntarias pueden ser independientes entre sí, en el caso de que una de ellas fuera asimétrica quizá la otra no lo fuera. El último tramo de mi argumentación lógica se basó en el hecho bien establecido de que los hemisferios cerebrales gobiernan los movimientos faciales *voluntarios* pero no los involuntarios, que se generan en zonas inferiores, más primitivas, del cerebro. Por ende, las diferencias entre el hemisferio izquierdo y el derecho deberían influir en las expresiones voluntarias, y no en las involuntarias.

Así pues, según este razonamiento, Sackeim había descubierto lo contrario de lo que él suponía. No es que los dos lados del rostro difieren en cuanto a las emociones que pueden expresar; más bien lo que ocurría es que había asimetría cuando la expresión era voluntaria, deliberada, una pose solicitada. Cuando era involuntaria, como en los rostros despreocupadamente felices, había poca asimetría. La asimetría era un indicio de que la expresión no era auténtica.[14] Llevamos a cabo diversos experimentos para poner a prueba estas ideas, comparando expresiones faciales deliberadas con otras espontáneas.

La polémica que se desató en el mundo científico en torno de este asunto ha sido fragorosa, y solo en los últimos tiempos se ha llegado a algunas coincidencias parciales, en lo referido a aquellas acciones vinculadas con las expresiones emocionales positivas. La mayor parte de los investigadores concuerdan ahora con nuestro hallazgo de que si la expresión no es auténtica, el músculo principal involucrado en la sonrisa actúa con más fuerza de un lado que del otro. Al solicitar a los sujetos que sonrieran deliberadamente o adoptaran una pose de felicidad, comprobamos la asimetría, del mismo modo que al examinar las sonrisas que a veces se le escapan a la gente cuando veía uno de nuestros filmes médicos sangrientos. Lo típico era que la acción fuera un poco más marcada en el lado izquierdo si la persona era diestra, o sea, si normalmente usaba la mano derecha para escribir. En las sonrisas auténticas hallamos una proporción mucho menor de expresiones asimétricas, y de ningún modo estas tendían a ser más marcadas en el lado izquierdo.[15]

También hallamos asimetría en algunas de las acciones vinculadas a las emociones negativas cuando dichas acciones eran producidas de forma deliberada, pero no cuando eran parte de una manifestación emocional espontánea. A veces la acción es más intensa del lado izquierdo, a veces es más intensa del lado derecho, y a veces no hay asimetría. Amén de la sonrisa, el movimiento de bajar las cejas que suele integrar la acción que refleja la ira suele ser más marcado en el lado izquierdo cuando dicha acción es deliberada. En cambio, el fruncimiento de la nariz con la repulsión o disgusto intenso y el estiramiento de los labios hacia las orejas con el temor suelen ser más intensos del lado derecho si las acciones son deliberadas. Acabamos de dar a publicidad estos hallazgos, y aún es prematuro opinar si lograrán convencer a quienes, como Sackeim, proponen que hay asimetría en todas las expresiones emocionales.[16]

De todos modos —pensé—, esto no va a importarle demasiado al cazador de mentiras. La asimetría es por lo común tan sutil, que yo creía que nadie podría distinguirla sin disponer de algún procedimiento preciso de medición. Estaba equivocado. Al solicitar a nuestros sujetos que evaluaran si las expresiones eran simétricas o asimétricas, se obtuvieron resultados mucho mejores que en el caso de hacerlo al azar, y ello sin necesidad de recurrir a la cámara lenta o a ver la misma escena en repetidas oportunidades.[17] Por cierto, los beneficiaba el hecho de no tener que hacer, al mismo tiempo, ninguna otra observación. No sabemos aún si un individuo puede detectar la asimetría con igual facilidad y además debe luchar contra las distracciones que implica la observación de los movimientos corporales, a la vez que escucha lo que dice el otro sujeto y le contesta manteniendo la conversación. Es muy difícil inventar un experimento para determinar esto.

Si muchas expresiones faciales son asimétricas, es probable que no sean auténticas; pero la asimetría no constituye una prueba cierta de que la expresión es falsa. Algunas expresiones auténticas son asimétricas; lo que ocurre es que la mayoría no lo es. Análogamente, la simetría no implica que la expresión sea auténtica; el cazador de mentiras puede haber pasado por alto alguna asimetría, pero aparte de ese problema, no *toda* expresión deliberada, falsa, es asimétrica: solo la mayoría lo es. *Un cazador de mentiras no debe confiar jamás en un solo indicio del engaño;*

puede haber muchos. Los indicios faciales deben ser corroborados por los que proceden de las palabras, la voz y el resto del cuerpo. Aun dentro del rostro mismo, no debería interpretarse ningún indicio si este no se repite y, mejor aun, si no es confirmado por otro indicio facial.

Antes vimos las tres fuentes de la autodelación o vías por las cuales el rostro traiciona los sentimientos ocultos: los músculos faciales fidedignos, los ojos, y las alteraciones en el semblante derivadas de la acción del SNA. La asimetría forma parte de otro grupo de tres indicios, que no delatan lo que se está ocultando pero sí ofrecen pistas acerca de que la expresión utilizada es falsa. De este grupo forman parte los datos relativos al tiempo de ejecución.

El *tiempo* incluye la duración total de una expresión facial, así como lo que tarda en aparecer (tiempo de arranque) y en desaparecer (tiempo de descarga). Los tres elementos mencionados pueden ofrecer pistas sobre el embuste. Las expresiones de larga duración (sin duda las que se extienden por más de diez segundos, y normalmente también si duran más de cinco segundos) son probablemente falsas. En su mayoría, las expresiones auténticas no duran tanto. Salvo que el individuo esté experimentando una experiencia culminante o límite —se halle en la cumbre del éxtasis, en el momento de furia más violenta, o en el fondo de una depresión—, las expresiones emocionales genuinas no permanecen en el rostro por más de unos segundos. Ni siquiera en esos casos extremos las expresiones duran tanto; por el contrario, hay muchas expresiones que son más breves. Las largas suelen ser emblemas o expresiones fingidas.

Respecto del tiempo de arranque y de descarga, no hay reglas seguras que conduzcan a algunas pistas sobre el embuste, salvo en lo tocante a la sorpresa. Para que una manifestación de sorpresa sea genuina, tanto su aparición como su duración y su desaparición tienen que ser breves (habitualmente, menos de un segundo). Si duran mucho, la sorpresa es fingida pero no apunta a engañar (la persona se hace la sorprendida), o bien se trata de un emblema de sorpresa (la persona quiere comunicar que está sorprendida), o de una sorpresa falsa (la persona trata de parecer sorprendida aunque no lo está, para engañar). La sorpresa es siempre una emoción muy breve, que solo dura hasta que el individuo se ha enterado del hecho imprevisto. La mayoría sabe cómo fingir sorpresa pero pocos lo hacen de forma convincente, con el rápido arranque y la rápida descarga que tiene un sentimiento natural de sorpresa. Una crónica periodística muestra lo útil que puede llegar a ser una auténtica expresión de sorpresa: "Un individuo, Wayne Milton, condenado por error, a quien se acusaba de ser el autor de un asalto a mano armada, fue liberado ayer después de que el abogado querellante, tras advertir la reacción del sujeto frente al veredicto de culpabilidad, recogiera nuevas pruebas de su inocencia. El fiscal auxiliar del Estado, Tom Smith, aseguró darse cuenta de que algún error se había producido cuando vio cómo se descomponía el rostro de Milton en el momento en que el jurado lo condenó por el robo de 200 dólares en la Compañía de Gas Lake Apopka, el mes pasado".[18]

Todas las demás expresiones emocionales pueden ser instantáneas o durar apenas unos segundos. El arranque y la descarga pueden ser abruptos o graduales, lo cual dependerá del contexto. Supongamos que un empleado finge que lo divierte un chiste estúpido que su jefe —un hombre a quien le gusta llamar la atención de sus subordinados, y que además no tiene ningún sentido del humor y una pésima memoria— le cuenta ya por cuarta vez. El tiempo que tarde en insinuarse la sonrisa de complacencia del empleado dependerá de que el chiste llegue de forma gradual a su culminación, con unos pocos elementos humorísticos desperdigados aquí y allá, o sea abrupto, y el tiempo que tarde en desaparecer dependerá del tipo de chiste, y del grado de reciclaje o asimilación de la historia que se estime apropiado. Todo el mundo es capaz de mostrar una sonrisa falsa de esa índole para simular diversión, pero es menos probable que un mentiroso sepa ajustar correctamente los tiempos de arranque y de descarga a los pormenores que el contexto exige.

La tercera fuente de pistas sobre la falsedad de una expresión es su *sincronización* con respecto al hilo del discurso, los cambios en la voz y los movimientos corporales. Supongamos que alguien quiere fingir que está furioso y grita: "¡Ya me tienes harto con esa manera de comportarte!". Si la expresión de ira aparece en el rostro con posterioridad a las palabras, es más probable que sea falsa que si aparece en el mismo momento en que se lanza la exclamación, o incluso segundos antes. No hay tanto margen de maniobras, quizá, para situar la expresión facial respecto de los movimientos corporales. Imaginemos que junto con su manifestación verbal de estar harto, el mentiroso descarga un puñetazo sobre la mesa: será más probable que la expresión sea falsa si viene después del puñetazo. Las expresiones faciales no sincronizadas con los movimientos corporales son con mucha probabilidad pistas fehacientes.

Ningún análisis de los signos faciales del engaño sería completo si no considerara una de las expresiones faciales más frecuentes: la sonrisa. Un rasgo que la caracteriza, frente a todas las demás expresiones faciales, es que para mostrar contento o bienestar basta con mover un solo músculo, mientras que todas las restantes emociones requieren la acción concertada de tres a cinco músculos. Esa sonrisa simple de bienestar o satisfacción es la expresión más reconocible de todas. Hemos comprobado que es la que puede verse a mayor distancia (casi cien metros) y con menor tiempo de exposición.[19] Además, es difícil no devolver una sonrisa: la gente lo hace incluso ante los rostros sonrientes de una foto. Ver una sonrisa resulta agradable... como lo saben muy bien los expertos en anuncios publicitarios.

La sonrisa es quizá la más desestimada de las expresiones faciales; es mucho más complicada de lo que supone la mayoría de la gente. Hay decenas de sonrisas diferentes en su aspecto y en el mensaje que transmiten. La sonrisa puede ser señal de una emoción positiva (bienestar, placer físico o sensorial, satisfacción, diversión, por nombrar solo unas pocas), pero a veces las personas sonríen cuando se sienten desdichadas. No se trata de esas sonrisas falsas usadas para convencer a otro de que uno tiene un sentimiento positivo cuando no lo tiene, y que a menudo encubren la expresión de una emoción negativa. Hace poco comprobamos que estas sonrisas falsas desorientan a quienes las ven. Hicimos que unos sujetos miraran únicamente las sonrisas que aparecían en el rostro de nuestras estudiantes de enfermería y evaluaran si eran genuinas (o sea, si aparecían cuando la estudiante estaba viendo una película agradable) o falsas (aparecían cuando la estudiante ocultaba las emociones negativas que les suscitaba nuestro filme sangriento). Los resultados no fueron mejores que respondiendo al azar. Creo que el problema no es la imposibilidad de reconocer las sonrisas engañosas, sino un desconocimiento más general acerca de la gran cantidad de tipos de sonrisas que hay. Las falsas no podrán diferenciarse de las auténticas a menos que se sepa cómo se asemeja o aparta cada una de las restantes integrantes de la familia de las sonrisas. A continuación describiremos *dieciocho* tipos distintos de sonrisas, ninguna de ellas engañosa en sí misma.

El denominador común de la mayoría de las sonrisas es el cambio que produce en el semblante el músculo cigomático mayor, que une los malares con las comisuras de los labios, cruzando cada lado del rostro. Al contraerse, el cigomático mayor tira de la comisura hacia arriba en dirección al malar, formando un ángulo. Si el movimiento es fuerte, también estira los labios, alza las mejillas, forma una hondonada bajo los párpados inferiores y produce, al costado de las comisuras de los ojos, las clásicas arrugas conocidas como *patas de gallo*. (En algunos individuos, este músculo empuja levemente hacia abajo también el extremo de la nariz, en tanto que en otros les tensa un poco la piel cerca de la oreja). La acción conjunta de algunos otros músculos y del cigomático mayor da lugar a los diferentes miembros de la familia de las sonrisas; y hay asimismo unas pocas apariencias sonrientes producidas por otros músculos sin la intervención del cigomático.

Pero basta la acción del cigomático para generar la sonrisa evidenciada toda vez que uno siente una emoción genuina positiva, no controlada. En esta sonrisa *auténtica* no participa ningún otro músculo de la parte inferior del rostro; la única acción concomitante que puede presentarse es la contracción de los músculos orbiculares de los párpados, que rodean cada ojo. Estos últimos son asimismo capaces de provocar la mayoría de las alteraciones en la parte superior del rostro a que da lugar la acción del cigomático mayor: elevación de la mejilla, depresión de la piel debajo del ojo, patas de gallo. En la figura 5A se representa la sonrisa auténtica. Esta dura más y es más intensa cuando los sentimientos positivos son más extremos.[20]

Figura 5A. *Figura 5B.* *Figura 5C.*
Sonrisa auténtica. Sonrisa de temor. Sonrisa de desdén.

Creo que la sonrisa auténtica expresa todas las experiencias emocionales positivas (goce junto a otra persona, contento o felicidad, alivio, placer táctil, auditivo o visual, diversión, satisfacción), solo con diferencias en la intensidad de la mímica y en el tiempo de duración.

La sonrisa de temor representada en la figura 5B nada tiene que ver con ninguna emoción positiva, por más que a veces se la malinterprete de este modo. La genera el músculo risorio al halar horizontalmente de los labios en dirección a las orejas, de tal modo que así estirados los labios adoptan una forma rectangular. La palabra *risorio*, derivada del latín, es equívoca, ya que esta acción se produce principalmente cuando se siente temor y no al reír; es probable que la confusión obedeciera a que a veces al actuar el risorio las comisuras se elevan, y el aspecto general es el de una sonrisa algo magnificada. En una emoción facial de miedo, la boca en forma de rectángulo (con o sin comisuras elevadas) estará acompañada por la apariencia de los ojos y cejas de la figura 3B.

Otro nombre inapropiado es el de la *sonrisa de desdén*, ya que tampoco aquí participa ninguna de las emociones positivas que podrían dar lugar a una sonrisa, aunque en ocasiones así se lo entiende. La versión de sonrisa desdeñosa que muestra la figura 5C implica una contracción del músculo orbicular de los labios, lo cual produce una pequeña protuberancia en torno de las comisuras, a menudo un hoyuelo, y una leve elevación en ángulo de las mismas.* Nuevamente, es esta elevación de las comisuras, característica compartida con la sonrisa auténtica, la que da lugar a confusión. Otro elemento compartido suele ser el hoyuelo que a veces se presenta también en la sonrisa auténtica. La diferencia fundamental entre la sonrisa de desdén y la sonrisa auténtica es la contracción de las comisuras de los labios.

Figura 5D.
Sonrisa amortiguada.

Figura 5E.
Sonrisa triste.

Con la *sonrisa amortiguada* la persona muestra que tiene efectivamente sentimientos positivos, aunque procura disimular su verdadera intensidad. El objetivo es amortiguar (aunque no suprimir) la expresión de las emociones positivas, y mantener la expresión dentro de ciertos límites, y quizá la experiencia emocional misma. Tal vez se aprieten los labios, se lleve hacia arriba el labio inferior, se estiren y lleven hacia abajo las comisuras; también puede suceder que cualquiera de estas tres acciones se combinen con las propias de una sonrisa común, como se aprecia en la figura 5D.

La *sonrisa triste* pone de manifiesto la experiencia de emociones negativas. No está destinada a ocultar algo sino que consti-

---

* También puede evidenciarse el desdén con una versión unilateral de esta expresión, en la que solo se contrae y eleva levemente una de las comisuras.

tuye una especie de comentario facial de que uno se siente desdichado. Habitualmente, la sonrisa triste implica asimismo que la persona no va a quejarse demasiado por su desdicha, al menos por el momento: hará la mueca y la seguirá soportando. Hemos asistido a esta clase de sonrisas presentes en el rostro de los sujetos que en nuestro laboratorio, a solas, presenciaban las escenas sangrientas de la película médica, ignorando que la cámara los filmaba. Con frecuencia, esta sonrisa surgía en un primer momento, cuando el sujeto se daba cuenta de lo espantosa que era la película. También hemos visto sonrisas tristes en el rostro de pacientes deprimidos, como un comentario sobre su infortunada situación. Las sonrisas tristes suelen ser asimétricas y superponerse a otra expresión emocional a todas luces negativa, no enmascarándola sino sumándose a ella; a veces surge inmediatamente después de una expresión de este tipo. Si la sonrisa triste es señal de un intento de controlar la manifestación del temor, la ira o la desazón, puede parecerse mucho a la sonrisa amortiguada. La presión de los labios, la elevación y prominencia del labio inferior movido por el músculo cuadrado de la barbilla, y la tirantez o caída de las comisuras pueden contribuir al control del estallido de esos sentimientos negativos. La diferencia clave entre esta versión de la sonrisa triste (como la muestra la figura 5E) y la sonrisa amortiguada es que en ella no hay rastros de contracción del músculo orbicular de los párpados. En la sonrisa amortiguada ese músculo actúa (contrayendo la piel en torno del ojo y generando las patas de gallo) porque se siente algún goce, en tanto que no actúa en la sonrisa triste porque en este caso no lo hay. La sonrisa triste puede estar acompañada de señales de las emociones negativas auténticas que se patentizan en la frente y las cejas.

En una fusión de emociones, como vimos, dos o más de estas se experimentan a la vez y son registradas en la misma expresión facial. Cualquier emoción puede fusionarse con cualquier otra. Aquí lo que nos interesa es el aspecto que presentan las fusiones con emociones positivas. Si un individuo disfruta de su rabia, su sonrisa de *gozosa rabia* (podría llamársela también *sonrisa cruel* o *sádica*) presentará un afinamiento de los labios y a veces una elevación del labio superior, sumados a los rasgos de la sonrisa auténtica, así como las características de la parte superior del rostro que muestra la figura 3C.

En la expresión de *gozoso desdén*, la sonrisa auténtica se fusiona con la contracción de una o ambas comisuras de los labios. Puede sentirse una mezcla de tristeza y temor, como seguramente la sienten los lectores de los libros y espectadores de las películas que arrancan lágrimas o producen terror. La *gozosa tristeza* se aparenta en una caída de las comisuras compatible con la elevación general que produce la sonrisa auténtica, o bien en que esta se presenta junto con los rasgos de la parte superior del rostro de la figura 3A. En el *gozoso temor*, los rasgos de la figura 3B acompañan una sonrisa auténtica mezclada con un estiramiento horizontal de los labios. Hay experiencias gozosas que son calmas y de tranquila satisfacción, pero en otras el goce se confunde con la excitación en un sentimiento de exaltado entusiasmo. En la *gozosa excitación*, amén de la sonrisa auténtica, hay una elevación del párpado superior. El actor cómico Harpo Marx solía mostrar en sus películas esta sonrisa de gran regocijo, y a veces, cuando hacía una picardía, la sonrisa de gozosa rabia. En la *gozosa sorpresa* se alzan las cejas, cae el mentón, se eleva el párpado superior y aparece la sonrisa auténtica.

Hay otros dos tipos de sonrisas que implican la fusión de la sonrisa auténtica con una forma particular de mirar. En la *sonrisa conquistadora*, el flirteador muestra una sonrisa auténtica al mirar a la persona que le interesa y de inmediato aparta la vista de ella, pero enseguida vuelve a echarle una mirada furtiva lo bastante prolongada como para que se note, y desvía la vista nuevamente. Uno de los elementos que vuelven tan extraordinario el cuadro de La Gioconda, pintado por Leonardo da Vinci, es que la atrapó en medio de una de esas sonrisas conquistadoras, con el rostro apuntando hacia adelante pero los ojos hacia un costado, mirando a hurtadillas al objeto de su interés. En la vida real esta es una secuencia en que la mirada se aparta apenas un instante. En la *sonrisa de turbación* se baja la vista o se aparta para no encontrarse con los ojos del otro. A veces habrá una elevación momentánea de la protuberancia del mentón (con un movimiento de la piel situada entre el labio inferior y el extremo de la barbilla) en medio de una sonrisa auténtica. En otra versión, el embarazo se muestra combinando la sonrisa amortiguada con el movimiento de los ojos hacia abajo o hacia el costado.

Una sonrisa poco corriente es la *sonrisa de Chaplin*, producida por obra de un músculo que la mayoría de la gente no puede mover de forma deliberada. Charlie Chaplin sí podía, ya que esta sonrisa, en la cual los labios se elevan en un ángulo mucho más pronunciado que el de la sonrisa auténtica, era su señal distintiva (véase la figura 5F). Es una sonrisa insolente y burlona a la vez, que se sonríe del propio sonreír.

Figura 5F.
Sonrisa de Chaplin.

Los cuatro tipos siguientes de sonrisas tienen una misma apariencia pero cumplen finalidades sociales muy distintas. En todos los casos, la sonrisa es voluntaria. A menudo, estas sonrisas son asimétricas.

La *sonrisa mitigadora* tiene como propósito limar las asperezas de un mensaje desagradable o crítico, a menudo forzando al receptor de la crítica a que devuelva la sonrisa a pesar de la molestia o desazón que esta pueda provocarle. La sonrisa mitigadora es deliberada y aparece de forma rápida y abrupta. Las comisuras de los labios pueden contraerse y en ocasiones el labio inferior se alza levemente durante un instante. Suele ir acompañada de un movimiento afirmativo, que se ladea y baja de tal modo que el que sonríe mira un poco de arriba abajo a la persona a quien critica.

La *sonrisa de acatamiento* significa el reconocimiento de que hay que tragarse una dolorosa píldora sin protestar. Nadie podrá suponer que es feliz el que sonríe, sino que acepta su infausto destino. Se parece a la sonrisa mitigadora, pero sin que la cabeza adopte la postura propia de esta. En cambio, pueden elevarse las cejas un momento, o encogerse los hombros, o dejarse oír un suspiro.

La *sonrisa de coordinador* regula el intercambio verbal de dos o más personas. Es una sonrisa cortés, de cooperación, que pretende mostrar serenamente coincidencia, comprensión, el propósito de realizar algo o el reconocimiento de que lo que ha hecho el otro es apropiado. Es una sonrisa leve, por lo común asimétrica, en la que no participan los músculos orbiculares de los párpados.

La *sonrisa de interlocutor* es una particular sonrisa de coordinador empleada al escuchar a otro, para hacerle saber que se ha comprendido todo lo que ha dicho y de que no precisa repetir nada. Equivale a un "¡ajá!", o a decir "está bien", o al movimiento afirmativo con la cabeza —que suele acompañarla—. El que habla no deducirá de ella que su interlocutor está contento, sino solo que lo alienta a seguir hablando.

Cualquiera de las cuatro sonrisas enunciadas en último término (la mitigadora, la de acatamiento, la de coordinador y la de interlocutor) pueden ser reemplazadas a veces por una sonrisa auténtica. Si a alguien le complace transmitir un mensaje mitigador, o mostrar acatamiento, o coordinar, o ser el interlocutor de otro, puede mostrar la sonrisa auténtica en vez de alguna de las sonrisas no auténticas que he mencionado.

Ahora consideremos la *sonrisa falsa*. Su finalidad es convencer al otro de que se siente una emoción positiva, cuando no es así. Tal vez no se sienta nada en absoluto, o tal vez se sientan emociones negativas, pero el mentiroso quiere ocultarlas enmascaradas detrás de una sonrisa falsa. A diferencia de la sonrisa de desdicha, que transmite el mensaje de que no se experimenta ningún placer, la falsa trata de hacerle creer al otro de que se sienten cosas positivas. Es la única sonrisa mentirosa.

Hay varios indicios para distinguir las sonrisas falsas de las sonrisas auténticas que simulan ser:

Las sonrisas falsas son más asimétricas que las auténticas.

Una sonrisa falsa no estará acompañada nunca de la acción de los músculos orbiculares de los párpados. Por ende, en una sonrisa falsa leve o moderada no se alzarán las mejillas, ni habrá hondonadas debajo de los ojos, ni patas de gallo, ni el leve descenso de las cejas que se presentan en la sonrisa auténtica leve a moderada. Se da un ejemplo en la figura 6; compáresela con la figura 5A. En cambio, si la sonrisa falsa es más pronunciada, la propia acción de sonreír (o sea, la acción del músculo cigomático mayor) alzará las mejillas, cavará la cuenca de los ojos y producirá arrugas en las comisuras de estos. Pero no bajará las cejas. Si alguien, mirándose en un espejo, sonríe en forma cada vez más marcada, notará que a medida que la sonrisa se amplía las mejillas se levantan y aparecen las patas de gallo; pero las cejas no descenderán a menos que también actúe el músculo palpebral. La falta de participación de las cejas es un indicio sutil pero decisivo para diferenciar las sonrisas auténticas de las sonrisas falsas cuando la mueca es pronunciada.

Figura 6.
Sonrisa falsa.

Figura 5A.
Sonrisa auténtica.

El tiempo de desaparición de la sonrisa falsa parecerá notablemente inapropiado, es decir, puede esfumarse demasiado abruptamente o tal vez de forma escalonada.

Usada como máscara, la sonrisa falsa no abarca más que movimientos en la parte inferior del rostro y en el párpado inferior. Seguirán siendo visibles los movimientos de los músculos faciales fidedignos de la frente, que señalan el temor o la angustia. Y aun en la parte inferior de la cara, la sonrisa falsa quizá no logre disimular por completo los signos de la emoción que pretendemos ocultar, y haya una mezcla de elementos de tal manera que se perciban huellas, como en una fusión de emociones.

Hemos puesto a prueba estas ideas por primera vez midiendo las expresiones sonrientes de las estudiantes de enfermería en nuestro experimento. Si eran acertadas, tenían que mostrar sonrisas auténticas en la entrevista "sincera", cuando al ver la película agradable describían francamente lo que sentían, en tanto que mostrarían sonrisas falsas en la entrevista "engañosa", cuando estaban viendo una película desagradable pero procuraban mostrar que era agradable. Solo medimos dos de los signos propios de una sonrisa falsa: la ausencia de todo movimiento en torno de los ojos y la presencia de signos de repulsión o disgusto profundo (fruncimiento de la nariz) o de desdén (contracción de las comisuras de los labios). Los resultados fueron exactamente los previstos, y de forma muy notoria: en la entrevista sincera hubo más sonrisas auténticas que sonrisas falsas, y ninguna sonrisa que delatara repulsa o desdén; en la entrevista engañosa aparecieron sonrisas autodelatoras y hubo más sonrisas falsas que auténticas.

Que estos dos indicios del engaño funcionaran tan bien me sorprendió, sobre todo porque yo sabía que las personas que juzgan la sinceridad de otros no parecen tomarlos en cuenta. En estudios anteriores mostramos las mismas cintas de video de expresiones faciales y pedimos a algunos que evaluaran cuándo las estudiantes de enfermería mentían: las respuestas no fueron mejores que al azar. ¿Estamos midiendo acaso algo demasiado sutil como para que pueda vérselo, o es que la gente no sabe qué debe mirar? En otro estudio, del que informaremos más adelante, indicamos a los jueces cómo podían reconocer la acción de los músculos orbitales de los párpados y de qué manera se producen las sonrisas autodelatoras, para apreciar si así podían descubrir con más precisión las mentiras.

Resumamos:

El rostro puede mostrar muchos y muy diferentes indicios del engaño: microexpresiones, expresiones abortadas, autodelación de los músculos faciales fidedignos, parpadeo, dilatación de las pupilas, lagrimeo, rubor, empalidecimiento, asimetría, errores en la secuencia temporal o la sincronización, y sonrisas falsas. Algunos de estos indicios delatan una información oculta; otros proporcionan pistas que indican que algo se está ocultando, aunque no nos dicen qué; y otros marcan que una expresión es falsa.

Estos signos faciales del engaño, al igual que los que suministran las palabras, la voz y el resto del cuerpo (y que hemos descrito en el capítulo anterior), varían en cuanto a la exactitud de la información transmitida. Algunos revelan con precisión cuál es la emoción que está experimentando el sujeto, por más que intente ocultarla; otros solo nos dicen que la emoción ocultada es positiva o negativa, pero no cuál es exactamente; hay otros, en fin, más vagos aun, ya que solo nos dicen que el mentiroso siente alguna emoción, sin que sepamos si es positiva o negativa. Pero quizá con esto baste. Saber que una persona siente una emoción, sea cual fuere, puede indicarnos que miente, si la situación es tal que, salvo que estuviera mintiendo, esa persona no tendría por qué sentir emoción alguna. En otras ocasiones, empero, no se traicionará la mentira si no disponemos de información más acabada sobre la emoción que efectivamente se está ocultando. Todo depende de cuál sea la mentira, de la estrategia adoptada por el sospechoso, de la situación, y de las demás explicaciones alternativas que —fuera de la mentira— pueden justificar que una cierta emoción no se manifieste abiertamente.

Para el cazador de mentiras es importante recordar cuáles son los indicios que revelan información específica y cuáles información de carácter más general. En los cuadros 1 y 2 del "Apéndice", al final del libro, hemos sintetizado la información correspondiente a todos los indicios del engaño descritos en este capítulo y los anteriores. El cuadro 3 se ocupa en particular de los indicios de falseamiento.

6

PELIGROS Y PRECAUCIONES

•••

LA MAYORÍA DE LOS MENTIROSOS PUEDEN ENGAÑAR a la mayoría de las personas la mayor parte de las veces.* Hasta los niños de más de ocho o nueve años (algunos padres dicen que mucho antes) pueden embaucar con todo éxito a sus progenitores. Los errores que se cometen en el descubrimiento de los engaños no solo incluyen creerle al mentiroso sino también, y a menudo esto es mucho peor, no creer al sincero. Un juicio equivocado de esta última índole puede infligir una herida profunda a un niño si no le creen cuando dice la verdad, por más que luego se intente de muchas maneras enmendar el error. También para un adulto puede tener funestas consecuencias que no le crean cuando es sincero; puede arruinar una amistad, o hacerle perder un empleo, o echar a perder

---

* La investigación que nosotros hemos realizado, así como la mayoría de las restantes investigaciones, ha permitido comprobar que son pocos los sujetos que, al juzgar si alguien miente o dice la verdad, tienen un éxito superior al que se obtendría al azar. También hemos hallado que la mayoría de la gente cree que formula juicios correctos en esta materia aun en los casos en que no es así. Hay unas pocas personas, excepcionales, que sí son capaces de detectar con precisión el engaño; aún no sé si están dotadas de un talento natural para ello o si lo adquirieron en circunstancias especiales. Aunque mis estudios no se han dedicado a averiguar quiénes son los que mejor pueden detectar el engaño, lo que he averiguado sugiere que esta capacidad no es desarrollada por la formación tradicional que brindan las profesiones de la salud mental.

su vida. Si a un inocente a quien se ha enviado a la cárcel por creer equivocadamente que mentía se lo deja en libertad varios años después, el hecho ocupa la primera plana de los periódicos; pero hay innumerables casos que no aparecen en los periódicos. Si bien es imposible evitar del todo los errores en la detección del engaño, pueden tomarse precauciones para reducirlos.

La primera de esas precauciones consiste en *volver más explícito el proceso de interpretación de los signos conductuales del engaño*. Aunque la información proporcionada en los dos últimos capítulos sobre la forma en que el rostro, la voz, el habla y el resto del cuerpo pueden traicionar un engaño no evitará por completo los errores, tal vez los vuelva más evidentes y corregibles. El cazador de mentiras ya no confiará tanto en sus intuiciones; mejor informado sobre la base de sus juicios, podrá aprender más de su experiencia y dará el peso que corresponde a los distintos indicios del engaño, descartando algunos y modificando su opinión sobre otros. También los individuos que son acusados falsamente se beneficiarán, ya que podrán impugnar el dictamen con que se los ha acusado cuando se expliciten sus fundamentos.

Otra medida de precaución consiste en *comprender mejor la naturaleza de los errores que se producen al detectar un engaño*. Hay dos clases de errores de este tipo, exactamente opuestos en sus causas y consecuencias: errores por *incredulidad ante la verdad* y errores por *credulidad ante la mentira*. En los primeros, se piensa equivocadamente que miente una persona que dice la verdad; en los segundos, se piensa equivocadamente que dice la verdad una persona que miente.* Poco importa que el cazador de mentiras

---

* Para referirse a los errores que pueden deslizarse en cualquier tipo de prueba o test, suele emplearse la expresión *error positivo falso* para designar lo que yo llamo *error de incredulidad* y *error negativo falso* para lo que llamo *error de credulidad*. He preferido no emplear esa terminología pues puede confundir cuando se alude a una mentira, ya que no parece apropiado calificar como *positivo* que se detecte a alguien como mentiroso; además, me cuesta trabajo recordar qué tipo de error designa la expresión *positivo falso* o *falso negativo*. También se ha propuesto la expresión *falsa alarma* para el error de incredulidad y *extravío* para el error de credulidad, las cuales tienen la ventaja de la brevedad pero no son tan específicas como las frases que he adoptado.

confíe en la prueba del polígrafo o solo en su propia interpretación de los signos de conducta: igual es vulnerable a estos dos errores. Recordemos el fragmento de la novela de Updike, *Marry Me*, citada en el capítulo 2. Cuando Jerry oye a su esposa Ruth hablar por teléfono con el amante de ella, percibe en su voz un tono más femenino del que es habitual en Ruth al dirigirse a él. Le pregunta entonces "¿Qué era eso?", y ella inventa algo que la encubra: "Oh, nadie. Una mujer de la escuela dominical preguntando si íbamos a inscribir a Joanna y a Charlie". Si entonces Jerry le creyera, cometería un error de credulidad. Pero imaginemos que la historia fuese otra: Ruth es una esposa fiel que en verdad está hablando con una empleada de la escuela dominical, y Jerry es un marido que sospecha de todo. Si Jerry pensase que Ruth le está mintiendo, el suyo sería un error de incredulidad.

En la Segunda Guerra Mundial, Hitler cometió un error de credulidad y Stalin incurrió en un error de incredulidad no menos catastrófico. A través de diversos medios (simulando que estaban concentrando sus tropas, echando a correr una serie de rumores, transmitiendo planes militares falsos a conocidos espías alemanes), los aliados lograron convencer a los alemanes de que su invasión a Europa, o sea, la llamada entonces *apertura del segundo frente de guerra* se produciría en Calais (cerca de la frontera con Bélgica) y no en las playas de Normandía. Seis semanas después de lanzada la invasión en Normandía, los alemanes seguían persistiendo en su error y mantenían gran cantidad de tropas preparadas para defenderse del ataque en Calais, en lugar de reforzar sus contingentes en Normandía; continuaban convencidos de que los desembarcos en este último lugar constituían una maniobra de distracción, previa a la verdadera invasión en Calais. Esto fue un error de credulidad: los alemanes consideraron veraces los informes según los cuales los aliados planeaban invadir Calais, cuando en verdad no eran otra cosa que un engaño hábilmente urdido. Tomaron el engaño (el plan de invadir Calais) como si fuera cierto.

Un error exactamente opuesto fue el de Stalin cuando se negó a dar crédito a las numerosas advertencias de sus espías infiltrados en el ejército alemán de que Hitler estaba a punto de lanzar un ataque sobre Rusia. Fue un error de incredulidad: Stalin juzgó que mentían esos informes precisos de los espías alemanes.

La distinción entre los errores de credulidad y los errores de incredulidad es importante por cuanto obliga al cazador de mentiras a prestar atención a dos peligros gemelos. No hay modo de evitarlos por completo a ambos; a lo sumo, la alternativa consiste en elegir el menos arriesgado. El cazador de mentiras tendrá que evaluar cuándo le conviene correr el riesgo de ser engañado y cuándo el de formular una acusación falsa. Lo que pierda o gane sospechando del inocente o creyéndole al mentiroso dependerá de la índole de la mentira, del carácter del mentiroso y de la propia personalidad del cazador de mentiras. A veces una de estas dos clases de errores tiene consecuencias mucho más graves que la otra; en ocasiones, ambos errores son igualmente catastróficos.

No hay ninguna regla general en cuanto a cuál de ellos puede evitarse más fácilmente. A veces existen en ambos casos las mismas probabilidades; también depende de cada mentira, de cada mentiroso y de cada cazador de mentiras. Al final del próximo capítulo, tras analizar los efectos del polígrafo y de compararlos con el uso de los signos conductuales del engaño, paso revista a las cuestiones que deberá considerar el cazador de mentiras cuando deba decidir por cuál de los dos riesgos se inclina; ahora describiré la vulnerabilidad de cada indicio del engaño a estos tipos de error y las medidas de precaución que pueden adoptarse para evitarlos.

Ambos tipos de errores obedecen a las *diferencias individuales*, a eso que antes denominé el riesgo de Brokaw, consistente en desatender a las diferencias de conducta expresiva de los individuos. Ningún indicio del engaño, ya sea que se presente en el rostro o en el resto del cuerpo, en la voz o en las palabras, es infalible —ni siquiera los datos que mide el polígrafo sobre la actividad del sistema nervioso autónomo—. Los errores de credulidad se producen a raíz de que ciertas personas, simplemente, no se equivocan nunca al mentir; y no me refiero solo a los psicópatas sino también a los mentirosos naturales, así como a quienes emplean la técnica teatral de Stanislavski o por algún otro medio logran creer en sus propias simulaciones o engaños.

El cazador de mentiras debe recordar que *la ausencia de un signo de engaño no es prueba de veracidad*.

Pero también la presencia de un signo de engaño puede ser falaz, llevando al error opuesto, a un error de incredulidad por el cual se juzga mentiroso a alguien que está diciendo la verdad. Un estafador podría emplear deliberadamente un indicio del engaño a fin de sacar provecho de la equivocada creencia de su víctima de que lo ha sorprendido mintiendo. Es conocido el hecho de que los jugadores de póquer apelan a esta triquiñuela, emitiendo lo que en la jerga se llama un *dato falso*. "Por ejemplo, durante varias horas, mientras transcurre la partida, un jugador puede toser a propósito cada vez que hace un *bluff*; su contrincante, creyéndose astuto, toma en cuenta esta simultaneidad de los engaños y las toses. Entonces, el primer jugador aprovechará una 'mano brava' en que las apuestas han sido muy altas y soltará unas toses... pero esta vez no van acompañadas de ningún engaño: tiene unas cartas extraordinarias y se lleva el abultado pozo ante el desconcierto de su rival".[1]

Lo que hizo el jugador de este ejemplo fue provocar y explotar un error de incredulidad; pero más a menudo, cuando un cazador de mentiras incurre en un error de esta índole, la persona identificada como engañador resulta perjudicada. Lo que hace que algunas personas parezcan estar mintiendo cuando en realidad dicen la verdad no es una tortuosidad sino algún rasgo peculiar de su comportamiento, una idiosincrasia expresiva. Lo que en cualquier otro sería un indicio del engaño, no lo es en su caso. Por ejemplo, hay personas que habitualmente:

- hablan con frases indirectas y circunloquios
- hacen muchas pausas, largas o breves, al hablar
- cometen muchos errores al hablar
- utilizan muy pocas ilustraciones
- realizan numerosas manipulaciones
- suelen mostrar en su semblante signos de temor, desazón o rabia, con independencia de sus reales sentimientos
- presentan expresiones faciales asimétricas

En todas estas clases de conductas hay enormes diferencias entre las personas, y son ellas las que dan origen no solo a los errores de incredulidad sino también a los de credulidad. Llamar mentiroso a alguien que se expresa siempre en forma sinuosa o indirecta es cometer un error de incredulidad; pensar que dice la verdad alguien que habitualmente habla de forma fluida y uniforme es cometer un error de credulidad. En este último caso, si el individuo miente, es probable que su discurso se vuelva más sinuoso y cometa más equivocaciones al hablar, pero aun así puede pasar inadvertido porque su manera de hablar es mucho más depurada que la de la mayoría de la gente.

La única manera de reducir los errores que obedecen al riesgo de Brokaw es *basar la propia opinión en los cambios que presenta la conducta del sospechoso*. El cazador de mentiras debe comparar el comportamiento habitual del sospechoso con el que muestra en el momento en que se sospecha de él. Es probable que se desanime en una primera entrevista ya que no tiene ningún criterio de comparación, no ha tenido oportunidad de observar un cambio en el comportamiento. No es difícil entonces que se cometan errores con los juicios absolutos, por ejemplo, "ella está realizando tantas manipulaciones con sus manos que debe sentirse molesta por algo que no quiere confesar". Los juicios relativos ("ella está realizando muchas más manipulaciones con sus manos que de costumbre, por lo tanto debe sentirse molesta") son el único modo de disminuir los errores de incredulidad provocados por las diferencias individuales de estilo expresivo. Los jugadores de póquer avezados lo saben muy bien, y memorizan los "datos" (indicios del engaño) peculiares de cada uno de sus oponentes regulares.[2] Si el cazador de mentiras no tiene más remedio que formular un juicio a partir de una única entrevista, esta tendrá que ser lo bastante prolongada como para permitirle observar la conducta habitual del sospechoso. Por ejemplo, el cazador de mentiras intentará hablar un rato de temas que no provoquen ninguna tensión ni ansiedad. A veces le será imposible. Para un sujeto que teme que se sospeche de él, toda la entrevista puede resultar estresante. En tal caso, el cazador de mentiras estará atento a la posibilidad de cometer errores por el riesgo de Brokaw, al desconocer las peculiaridades de la conducta del sospechoso.

Las primeras entrevistas son particularmente vulnerables al error, además, por las diferencias entre las personas en su modo de reaccionar ante un primer encuentro de esta índole. Algunas lo hacen con toda soltura, pues han aprendido muy bien las reglas de cómo se debe actuar en tales ocasiones, y por tanto la muestra de comportamiento que ofrecen no es representativa. A otras la primera entrevista les genera ansiedad, y tampoco en este caso (aunque por el motivo opuesto) su conducta ofrece un buen criterio de comparación. Lo ideal es que el cazador de mentiras funde sus juicios en una serie de entrevistas, en la esperanza de establecer un mejor criterio comparativo a medida que aumenta su familiaridad con el sujeto. Hay quienes piensan que detectar mentiras es más fácil si las personas no solo tienen cierta familiaridad, sino que se conocen íntimamente, pero no siempre es así: en los amigos o amantes, en los miembros de una familia, entre colegas, pueden surgir puntos ciegos o prejuicios que impiden formarse una opinión precisa sobre la base de los indicios del engaño presentes en la conducta.

Menos vulnerable al riesgo de Brokaw es la interpretación de cuatro fuentes de autodelación, a saber: los deslices verbales, las peroratas enardecidas, los deslices emblemáticos y las microexpresiones. Estos tienen un significado propio por sí solos, sin necesidad de establecer ninguna comparación. Recuérdese el ejemplo citado por Freud, en el que un Dr. R., refiriéndose presuntamente al divorcio de otra persona, dijo: "Conozco a una enfermera que está enredada como cómplice de adulterio en un proceso de divorcio. La esposa pidió el divorcio a su marido calificando a la enfermera como cómplice, y *él* obtuvo el divorcio", cuando en realidad era *ella* (o sea, la esposa) la que lo había obtenido. Para inferir de este desliz que el marido de la historia podía ser el propio Dr. R., y que su desliz había sido causado por su deseo de obtener *él* el divorcio y por ende no tener que pasarle a su esposa la cuota mensual por alimentos, etc., era menester conocer las leyes de la época: el adulterio era entonces una de las pocas causas válidas de un divorcio legal; solo el cónyuge traicionado podía ganar el juicio, y el que obtenía un dictamen favorable era acreedor a una suma permanente, y por lo común considerable, en concepto de alimentos. Pero aun sin saber todo esto, el desliz de decir "*él*" en vez de "*ella*" tenía un significado muy concreto, entendible por sí solo: el Dr. R. deseaba que hubiese sido el marido, y no la esposa, el que hubiera obtenido el divorcio. Los deslices no son como las pausas del habla, que solo resultan entendibles cuando su número o frecuencia cambia; los deslices pueden comprenderse sin referencia alguna al hecho de que la persona los cometa en un momento más que de costumbre.

Independientemente de su frecuencia, un desliz verbal, microexpresión o perorata enardecida revela información, quiebra el ocultamiento. Recordemos el ejemplo de uno de mis experimentos en el cual, al ser "atacada" en sus convicciones por el profesor, una estudiante replegó todos los dedos menos el mayor, en un desliz emblemático indecoroso, representativo de su profundo disgusto.* A diferencia de una disminución de las ilustraciones, que exige cotejar la frecuencia actual con la acostumbrada, el "dedo protuberante" es una acción inusual, de significado consabido; y por tratarse de un desliz emblemático (o sea, solo de un fragmento del movimiento emblemático total, que aparecía además fuera de la posición de presentación común), era dable interpretar que traslucía sentimientos de la estudiante que ella pretendía ocultar. Cuando Mary, la paciente que quiso disimular sus planes de suicidio, puso de manifiesto una microexpresión,** ese mensaje de tristeza no necesitaba nada más para ser entendido. El hecho de que la tristeza apareciese en una microexpresión y no en una expresión normal más prolongada era un índice de que Mary procuraba ocultarla. Conocer el contexto en que se lleva a cabo una conversación puede ayudar en la interpretación del exacto significado de una mentira, pero los mensajes que ofrecen los deslices verbales, peroratas enardecidas y microexpresiones traicionan información oculta y son significativos por sí solos.

Estas cuatro fuentes de autodelación (los deslices verbales, las peroratas enardecidas, los deslices emblemáticos y las microexpresiones) se diferencian en un mismo aspecto de todos los demás indicios del engaño: el cazador de mentiras no precisa

---

* Véase la pág. 141. [N. del T.].

** Véase la pág. 23. [N. del T.].

contar con una base de comparación para evitar cometer errores de incredulidad. Por ejemplo, no tendrá que preocuparse de la interpretación que le dé a algunas de esas acciones en una primera entrevista, y averiguar antes si no constituye una acción habitual en el sospechoso. Por el contrario: será afortunado para el cazador de mentiras que el sospechoso tenga tendencia a esas autodelaciones. Pero si bien están eximidas de la precaución de la familiaridad previa a fin de evitar los errores de incredulidad, no lo están respecto de los errores de credulidad: de la ausencia de este o cualquier otro indicio del engaño no puede inferirse que alguien dice la verdad. No todos los mentirosos incurren en deslices, microexpresiones o peroratas enardecidas.

Hasta ahora hemos visto una de las fuentes de error en la detección del engaño: el riesgo de Brokaw, el hecho de no tomar en cuenta las diferencias individuales. Otra fuente de perturbaciones igualmente importante, que da origen a errores de incredulidad, es el error de Otelo, en el que se incurre cuando se pasa por alto que una persona veraz puede presentar el aspecto de una persona mentirosa si está sometida a tensión. Cada uno de los sentimientos que inspira una mentira (explicados en el capítulo 3) y que son capaces de producir una autodelación o una pista sobre el embuste puede asimismo ser experimentado por una persona sincera, a raíz de otros motivos, si se sospecha de ella. Un individuo sincero tal vez tema que no le crean, y ese temor puede confundirse con el recelo a ser detectado que es propio de un mentiroso. Hay sujetos con grandes sentimientos de culpa sin resolver acerca de otras cuestiones, que salen a la superficie toda vez que alguien sospecha que cometieron una falta; y estos sentimientos de culpa pueden confundirse con los que siente el mentiroso por el engaño en que está incurriendo. Por otra parte, los individuos sinceros quizá sientan desprecio por quienes los acusan falsamente, o entusiasmo frente al desafío que implica probar el error de sus acusadores, o placer anticipado por la venganza que se tomarán: y los signos de todos estos sentimientos pueden llegar a asemejarse al "deleite por embaucar" tan propio de algunos mentirosos. No son estos los únicos sentimientos que pueden presentar tanto los sinceros de quienes se sospecha como los mentirosos; aunque sus razones no sean las mismas, unos y otros pueden sentirse sorprendidos o enojados, decepcionados, disgustados o angustiados ante las sospechas o las preguntas de quienes los interrogan.

He llamado a esto *el error de Otelo* porque la escena de la muerte de Desdémona, en la obra de Shakespeare, es un ejemplo excelente y célebre. Otelo acaba de acusarla de amar a Casio y le pide que confiese su amor, y le dice que de todas maneras va a matarla por serle infiel. Desdémona le pide que lo haga venir para dar testimonio de su inocencia, pero Otelo le miente que ya lo hizo matar por Iago, su honrado servidor. Desdémona comprende que no podrá probar su inocencia y que Otelo la matará sin parar mientes en nada:

Desdémona: ¡Ay, le han traicionado y estoy perdida!
Otelo: ¡Fuera de aquí, ramera! ¡Le lloras en mi cara!
Desdémona: ¡Oh, desterradme, mi señor, pero no me matéis!
Otelo: ¡Abajo, ramera![3]

Otelo interpreta el temor y la angustia de Desdémona como reacción ante la noticia de la presunta muerte de su amante, y cree corroborada así su infidelidad. No se da cuenta de que aunque Desdémona fuese inocente padecería esas mismas emociones: angustia y desesperación por el hecho de que su marido no le crea y por haber perdido la esperanza de probar su inocencia con la muerte de Casio, y a la vez temor de que Otelo la mate. Desdémona lloraba por su vida, su difícil situación, la desconfianza de su esposo, no por la muerte de su amante.

El error de Otelo es asimismo un ejemplo de cómo los prejuicios pueden inclinar tendenciosamente la opinión de un cazador de mentiras. Otelo está persuadido de que Desdémona le es infiel antes de esta escena; pasa por alto cualquier otra posible explicación de su comportamiento, no toma en cuenta el que las emociones de Desdémona no prueban nada ni en un sentido ni en el otro. Quiere confirmar su creencia, no ponerla a prueba. Aunque el de Otelo es un caso extremo, los prejuicios constituyen a menudo una distorsión del razonamiento y llevan al cazador de mentiras a desestimar ideas, posibilidades o hechos que no se ajustan a lo que ya piensa. Y esto ocurre aun cuando esos mismos prejuicios lo hagan perjudicarse en algún sentido. A Otelo le tortura su creencia de que Desdémona le miente, pero no por ello se inclina a pensar en dirección opuesta, no por ello procura reivindicarla. Interpreta la conducta de Desdémona de un modo que confirma lo que él menos desea, lo que le es más penoso.

Esos prejuicios que distorsionan el razonamiento del cazador de mentiras llevándolo a cometer errores de incredulidad pueden originarse en muchas fuentes. La falsa creencia de Otelo era obra de Iago, su malévolo asistente, quien estimulando y alimentando sus sospechas provocó el derrumbe de Otelo en su propio beneficio. Pero Iago no habría tenido éxito si Otelo no hubiese sido celoso. Las personas que por naturaleza ya son bastante celosas no precisan de ningún Iago para que sus celos se movilicen. Prefieren confirmar sus peores temores descubriendo lo que sospechan: que todo el mundo les miente. Los suspicaces hacen un pésimo papel como cazadores de mentiras, porque son propensos a caer en los errores de incredulidad. Existen, desde luego, individuos ingenuos que hacen lo contrario, no sospechan jamás de quienes los embaucan, y así cometen errores de credulidad.

Cuando es mucho lo que está en juego, cuando el precio que podría pagar el cazador de mentiras si el sospechoso miente es grande, aun las personas no celosas pueden apresurarse a formular un juicio erróneo. Si el cazador de mentiras se enfurece, teme ser traicionado o ya experimenta la humillación que sentiría si sus peores temores fueran infundados, tal vez pase por alto todo lo que podría tranquilizarlo y en cambio repare en aquello que lo angustia más aún. Aceptará tal vez la humillación previa al descubrimiento de que ha sido engañado, en vez de correr el riesgo de padecer una humillación todavía peor si el engaño se ratificase. Es preferible sufrir ahora —parece que se dijera— y no soportar el tormento de la incertidumbre por el engaño temido. Tiene más temor de creer en el engaño (por ejemplo, en comprobar que es cornudo) que en no creer la verdad (comprobando que en rigor las acusaciones contra su esposa eran irracionales).

Estas cosas no se resuelven de manera racional. El cazador de mentiras se convierte en la víctima de lo que yo denomino un *reguero de pólvora emocional*. Sus emociones quedan fuera de control, adquieren un impulso propio, y en lugar de decrecer con el transcurso del tiempo, como suele ocurrir, se intensifican. Se aferrará a todo aquello que alimente sus terribles sentimientos, magnificando su carácter destructivo. Cuando uno se halla en ese infierno emocional, nada puede tranquilizarlo, porque lo que quiere no es ser tranquilizado. Más bien obra con vistas a intensificar cualquier emoción propia, convirtiendo el temor en terror, la ira en furia, el disgusto en repulsa, la desazón en angustia. Un reguero de pólvora emocional consume todo cuanto se le pone por delante —objetos, personas desconocidas o personas amadas, y hasta el propio ser— hasta que se apaga. Nadie sabe qué es lo que hace que esos regueros se inicien o terminen. A todas luces, hay personas más susceptibles a ellos que otras. Y es obvio que si alguien está en medio de un proceso así no puede juzgar con propiedad a los demás, ya que solo creerá aquello que le haga sentir peor.

Para incurrir en los errores de incredulidad —para ver un engaño donde no lo hay— no se requiere un reguero de pólvora emocional, ni una personalidad celosa, ni un Iago. Puede sospecharse de un engaño porque ofrece una explicación poderosa y conveniente frente a lo que de otro modo sería una realidad enigmática. Un individuo que había trabajado para la Agencia Central de Inteligencia (CIA) durante veintiocho años escribió: "Como explicación causal, el engaño es intrínsecamente satisfactorio, precisamente por ser tan racional y ordenado. Brinda una explicación conveniente y sencilla cuando no se dispone de otras que sean convincentes, tal vez porque los fenómenos que se pretende explicar fueron en verdad causados por equivocaciones, o por no haber seguido las órdenes que se dieron, o por otros factores desconocidos. Es conveniente porque los agentes de servicios de información son en general sensibles ante la posibilidad del engaño, y detectarlo suele considerarse un signo de un análisis sutil y penetrante [...] y es sencilla porque es posible convertir casi cualquier dato mediante el razonamiento a fin de amoldarlo a la hipótesis del engaño; más aún, una vez formulada dicha hipótesis como posibilidad cierta, es casi inmune a la refutación".[4]

Estas observaciones se aplican en un ámbito mucho mayor que aquel en que operan las fuerzas policiales o los agentes de los servicios de información. Un cazador de mentiras puede cometer errores de incredulidad, sospechando sin motivo de un engaño porque así se explica lo inexplicable, aun cuando eso implique aceptar que el que ha traicionado su confianza es su hijo o su padre, su amigo o su amante. Una vez puesto en movimiento el prejuicio según el cual el ser querido nos está mintiendo, actúa como un filtro frente a la información que pudiera llegar a desmentirlo.

Por lo tanto, los cazadores de mentiras deberían empeñarse en *tomar conciencia de sus prejuicios respecto del sujeto de quien sospechan*. Ya sea que tales prejuicios deriven de la personalidad del cazador de mentiras, o de que está preso en un reguero de pólvora emocional, o de su experiencia, o de lo que le dicen los demás, o de las presiones propias del trabajo que realiza, o de la necesidad de reducir la incertidumbre, una vez que se los reconoce expresamente hay posibilidades de evitar el interpretar todo para que se amolde a tales prejuicios. Por lo menos, el cazador de mentiras podrá quizás advertir que es víctima de sus propios prejuicios en demasía, como para estar en condiciones de juzgar si el sospechoso miente o no.

El cazador de mentiras debe procurar *tener en cuenta la posibilidad de que un signo de una emoción no sea un indicio de engaño, sino un indicio de lo que siente una persona sincera cuando se sospecha que miente*. Ese signo, ¿está referido a la emoción que provoca mentir, o a la emoción que provoca ser falsamente acusado o juzgado? El cazador de mentiras debe estimar qué emociones tendrá probablemente un cierto individuo del que sospecha, no solo en el caso de que mienta, sino también —y esto no es menos importante— en el caso de que diga la verdad. Así como no todos los mentirosos sienten lo mismo respecto del acto de mentir, tampoco todos los veraces sienten lo mismo cuando se sospecha de ellos. En el capítulo 3 explicamos cómo averiguar si un mentiroso puede sentir temor de ser descubierto, culpa por engañar o deleite por embaucar. Veamos ahora cómo pueden averiguarse las emociones que tendría una persona veraz si se sospecha que miente.

Quizás el cazador de mentiras pueda saberlo por conocer la personalidad de dicha persona. Ya he dicho que es menester que se familiarice con el sospechoso para reducir los errores basados en la primera impresión, que no tienen en cuenta las diferencias individuales en lo que atañe a los indicios del engaño presentes en la conducta. Ahora, con una finalidad distinta, se precisa un tipo de conocimiento también diferente: hay que conocer ciertas características emocionales del sospechoso a fin de desestimar los signos de algunas emociones como indicios del engaño. No todos los individuos sienten temor, culpa, rabia, etc., cuando saben que se sospecha que han mentido o cometido una falta; dependerá en parte de su personalidad.

Una persona que aprecie en alto grado su honor tal vez se enfade al enterarse de que sospechan que ha mentido, pero no tenga ningún temor de que no le crean y carezca de sentimientos de culpa indefinidos. Un timorato sin confianza en sí mismo y que siempre supone que va a fracasar puede tener miedo de que no le crean pero no es probable que sienta rabia ni culpa. Ya hemos mencionado a los individuos tan cargados de sentimientos de culpa que también los sienten cuando se los acusa de una falta que no cometieron; pero quizá jamás se sientan muy temerosos, o enojados, o sorprendidos, o acongojados, o excitados. El cazador de mentiras deberá *desestimar un signo emocional como indicio de engaño si, debido a la personalidad del sospechoso, es probable que este tenga dicho sentimiento aun cuando diga la verdad.* ¿Qué emociones tendrá que dejar de lado? Bueno, eso depende de cada sospechoso, ya que no todas las emociones surgen en cada persona sincera que sabe que sospechan de ella.

La emoción que sentirá un inocente si sabe que sospechan que ha cometido una falta depende asimismo de su relación con el cazador de mentiras, de lo que pueda indicar la historia de ambos: En *Pleito de honor*, el padre de Ronnie sabía que este lo consideraba una persona justa. Nunca lo había acusado falsamente a Ronnie ni castigado cuando no tuvo la culpa. Esa relación entre ambos hacía que el padre pudiera despreocuparse de la ambigüedad de los signos de temor como indicadores de verdad/mentira. No había motivos para que el chico temiera no ser creído, sí los había para que temiera ser atrapado en caso de haber mentido. Las personas que suelen acusar falsamente a otras, las que en repetidas oportunidades no creen a los sinceros, establecen con ellos una relación que vuelve ambiguos los signos de temor, los vuelve tan probables representantes de la verdad como de la mentira. Una esposa a quien muchas veces se la ha acusado sin razón de mantener relaciones extraconyugales, y que pese a su inocencia ha sido sometida a maltratos verbales o físicos, tiene motivos para temer, ya sea que la próxima vez mienta o diga la verdad. Su marido perdió, entre otras cosas, el criterio que le servía para distinguir dichos signos como evidencia de mentira. El cazador de mentiras debe *desestimar un signo emocional como indicio del engaño si, por la relación que mantiene con el sospechoso, es probable que este tenga dicho sentimiento aun cuando diga la verdad.*

En un primer encuentro se puede sospechar que alguien miente por más que no haya habido ninguna relación con esa persona en el pasado. Si se trata de una cita amorosa, tal vez se sospeche que esa persona oculta el hecho de estar casada; si es una entrevista laboral, el candidato puede dudar cuando el empleador le dice que aún debe entrevistar a otros antes de tomar una decisión; si es un interrogatorio policial, el delincuente no le creerá al interrogador que le dice que su compinche ya confesó y presentó testimonios en su contra; en una operación inmobiliaria, el comprador sospechará del vendedor cuando este dice que una oferta tan baja como la que le ha hecho no será ni siquiera tenida en cuenta por el dueño de la propiedad. La falta de una relación previa con el sospechoso deja doblemente en desventaja al cazador de mentiras: al no conocer su personalidad ni haber tenido trato con él en el pasado, nada le indica qué emociones tiene que desestimar, por ser los sentimientos auténticos del individuo al ver que sospechan de él. Pero aun en ese caso, conocer las *expectativas* del sospechoso respecto del cazador de mentiras puede servir de base para evaluar si están presentes estas emociones.

No todo sospechoso tiene una clara expectativa sobre cualquier cazador de mentiras, y no todos los que las tienen comparten las mismas expectativas. Supongamos que se sospecha de una empleada que tiene libre acceso a documentación reservada y a la que se ha visto relacionarse confidencialmente con personas a las que el FBI considere sospechosas de ser agentes soviéticos. Supongamos que la mujer piensa que el FBI es de confianza, prácticamente infalible: en este caso, los síntomas de miedo por su parte se tomarán como indicios significativos, que se interpretarán como signos de aprensión ante la idea de ser desenmascarada. Pero supongamos que la mujer piensa que el FBI está compuesto por gente inepta o dada a catalogar arbitrariamente y a toda costa a las personas; en este caso las eventuales manifestaciones de miedo no podrán tomarse en consideración: podría ser el miedo a no poder demostrar la propia inocencia cuanto el de ser descubierta. El cazador de mentiras tendrá que *desestimar un signo emocional como indicio de engaño si, debido a las expectativas del sospechoso sobre él, es probable que tenga dicho sentimiento aun cuando diga la verdad.*

Hasta ahora nos hemos ocupado solamente de la confusión que provocan los sentimientos de un individuo sincero cuando sabe que se sospecha de él. Pero esas reacciones pueden aclarar en vez de confundir, ayudar a distinguir al sincero del mentiroso. La confusión se presenta cuando tanto el sincero cuanto el mentiroso podrían tener igual reacción ante la sospecha; la claridad, cuando es probable que sus reacciones en tales circunstancias sean distintas. Una persona tendrá sentimientos totalmente distintos respecto de las sospechas que hay sobre ella si dice la verdad o si miente.

Tenemos un ejemplo en *Pleito de honor*. El padre de Ronnie contaba con información muy concreta (la personalidad de su hijo y la relación de ambos en el pasado), la cual le permitía hacer una valoración muy justa de cómo se sentiría Ronnie en los dos casos: mintiendo o diciendo la verdad. Sabía que Ronnie no era ni un psicópata ni un actor nato; también sabía que no lo abrumaban sentimientos de culpa y que los valores del niño eran los que él le había inculcado. Pudo concluir que si Ronnie le mentía, la culpa que iba a sentir por su engaño sería muy grande. Recordemos que la mentira habría consistido en que Ronnie negase haber robado, en caso de haberlo hecho realmente. El padre conocía el carácter de Ronnie y sabía perfectamente que se sentiría culpable de un delito de esa índole, independientemente de que después lo asumiese o lo negase. Por consiguiente, si Ronnie en efecto había robado y quería ocultarlo, podrían traicionarlo dos fuentes de sentimientos de culpa muy intensos: la culpa por el delito que ocultaba y la culpa por mentir. En cambio, si Ronnie decía la verdad al negar su robo, no tendría que sentirse culpable.

Por otro lado, el padre sabía que su hijo confiaba en él. La relación de ambos en el pasado hacía que Ronnie aceptase de buen grado la afirmación del padre en el sentido de que le iba a creer si Ronnie le decía la verdad. Ronnie no tenía por qué temer, entonces, que no le creyesen. A fin de aumentar su recelo a ser detectado, el padre (como se lo haría con un polígrafo artificial) declaró rotundamente que a él no lo podía engañar: "... si me mientes, lo sabré, porque entre tú y yo no puede esconderse ninguna mentira. Lo sabré, Ronnie... así que antes de hablar, acuérdate de esto". Y Ronnie le creyó, presumiblemente basándose en su relación de toda la vida con el padre. Ronnie tenía motivos para temer ser atrapado si mentía. Por último, el padre le ofreció perdonarlo en caso de confesar su falta: "Si lo hiciste, debes decírmelo. No me enfadaré contigo, Ronnie... siempre y cuando me cuentes la verdad". Con esto, lo que hace el padre es aumentar la importancia de lo que está en juego: en caso de mentir, Ronnie sufriría la ira paterna. Probablemente también se habría sentido avergonzado, y esto podría haberlo llevado a ocultar su acto. El padre debería haberle dicho algo así como que es muy comprensible que un chico como él ceda a la tentación, pero que lo importante es no ocultar las propias faltas sino admitirlas.

Una vez evaluadas las emociones que Ronnie sentirá si miente (temor y culpa), y contando con una base para saber que no es igualmente probable que las tenga si dice la verdad, aún debe el padre dar otro paso para reducir sus posibles errores en la interpretación de los indicios del engaño. Debe asegurarse de que si Ronnie dice la verdad no sentirá ninguna emoción semejante, en sus manifestaciones, al temor o a la culpa, que podría confundir sus juicios sobre la veracidad de su hijo. Ronnie podría estar enfadado con su maestro de la escuela por haberlo acusado falsamente de ladrón: deberán desestimarse, pues, los signos de enfado o rabia, en particular si la charla gira en torno de las autoridades escolares. Probablemente Ronnie esté acongojado por lo que le está pasando en esas circunstancias, y esa perturbación se refiere a su situación general y no a la mención de un aspecto específico. Así pues, el padre de Ronnie podrá interpretar su temor y sentimientos de culpa como signo de que miente, pero la rabia o la congoja tal vez estén presentes aunque diga la verdad.

Pero la interpretación de los signos conductuales del engaño puede seguir siendo azarosa aun cuando las cosas estén bien claras, como en este caso —cuando se sabe qué emociones podría tener el sospechoso en caso de mentir o de decir la verdad, y cuando esas emociones no son idénticas—. Y ello se debe a que *muchas conductas son signo de más de una emoción, y en tal caso debe desestimárselas si algunas de dichas emociones pueden aparecer cuando el sujeto dice la verdad y otras cuando miente.* Los cuadros 1 y 2 que figuran en el "Apéndice", al final de este volumen, permiten verificar rápidamente qué emociones producen cada indicio conductual.

Supongamos que el padre de Ronnie advirtió que este estaba sudando y tragaba saliva con frecuencia. Esos signos no le servirían de nada, pues corresponden a toda emoción, ya sea positiva o negativa: si Ronnie mentía, aparecerían por su temor o culpa, y si decía la verdad, por su desazón o su enojo. También debería descartarse su aumento de las manipulaciones, pues cualquier emoción negativa lo provoca. Incluso tendrían que dejarse de lado los signos que solo corresponden a algunas de las emociones negativas, como una disminución del tono de voz: si este fuera provocado por la culpa, sería indicio de que se está mintiendo, pero también podría obedecer a la desazón o a la tristeza —y Ronnie bien puede sentirse acongojado ya sea que mienta o diga la verdad—. Únicamente podrían interpretarse como indicios del engaño las conductas que señalan temor o culpa pero no rabia, tristeza ni desazón; por otra parte, las conductas que señalan rabia o desazón pero no temor o culpa podrían interpretarse como indicios de sinceridad.

Si examinamos los cuadros 1 y 2 del "Apéndice" advertiremos que las conductas que podrían mostrar que Ronnie miente son las siguientes: deslices verbales, deslices emblemáticos, microexpresiones y movimientos de los músculos faciales fidedignos. Estas son las únicas conductas capaces de indicar en este caso cómo distinguir con precisión el temor o culpa, de la rabia o desazón. Dicho sea de paso, tampoco serviría de nada aplicarle a Ronnie la prueba del polígrafo, ya que este solo mide la activación emocional en general, pero no nos dice qué emoción particular ha sido despertada. Culpable o inocente, Ronnie se habría emocionado. Si bien las investigaciones sobre la exactitud de dicha prueba han mostrado que los resultados del polígrafo son mejores que los obtenidos al azar, en algunos de tales estudios aparecieron muchos errores de incredulidad. Analizaré sus resultados en el próximo capítulo.

Como ha mostrado mi análisis de *Pleito de honor*, estimar las emociones que sentiría un sospechoso si dijera la verdad, y saber si ellas serían diferentes en caso de mentir, es complicado. Exige saber muchas cosas sobre el sospechoso; a menudo, no se contará con un conocimiento tan preciso para efectuar esa evaluación, y cuando lo haya, tal vez no permita identificar quién miente. Ese conocimiento podría indicar que probablemente el sospechoso sienta la misma emoción si miente o si dice la verdad (como en el ejemplo de Desdémona); y aunque ese examen sugiera que las emociones sentidas en uno y otro caso serían distintas, los indicios conductuales pueden ser ambiguos, ninguno de ellos lo bastante específico para discriminar precisamente aquellas emociones que sí permitirían diferenciar al mentiroso del sincero. En un caso así (o sea, cuando no se sabe lo suficiente como para evaluar las emociones del sospechoso, o cuando la presunción es que sentiría las mismas emociones ya sea que esté mintiendo o diga la verdad, o cuando el mentiroso y el sincero tendrían emociones diferentes pero sus signos conductuales son ambiguos), el cazador de mentiras no podrá recurrir a los indicios del engaño vinculados con las emociones.*

---

* No se debe olvidar que hay otros indicios que no se vinculan con una emoción en particular, como los deslices verbales, los deslices emblemáticos y las peroratas enardecidas.

Solo advirtiendo en qué casos se encuentra en esa situación, podrá el cazador de mentiras evitar cometer errores de incredulidad y a la vez ser lo bastante precavido como para saberse vulnerable al engaño, y no cometer errores de credulidad. Por supuesto, a veces el análisis de las emociones que podría sentir el mentiroso y de las que podría sentir una persona veraz por sospecharse de ella, ayudará a atrapar al que miente. Como muestra el ejemplo de *Pleito de honor*, dicho análisis identificará los indicios que son signos inequívocos de sinceridad o de engaño, y aliviarán la tarea del cazador de mentiras alertándolo sobre las conductas que debe investigar.

Mi explicación de los peligros y precauciones que deben tomarse en la detección del engaño ha abordado solamente, hasta ahora, aquellas situaciones en que el sospechoso sabe que se sospecha de él. Pero hay personas sinceras que jamás advierten que, en algún momento, alguien que sospecha de ellas está vigilando cada una de las palabras que pronuncian, cada ademán y cada gesto facial; y también hay personas sinceras que creen estar sometidas a ese escrutinio cuando no es así. Los mentirosos no siempre saben si sus víctimas sospechan o no de ellos. Una meditada excusa cuya finalidad es alejar toda sospecha puede hacer surgir dudas en la mente de una víctima antes confiada. Las propias víctimas, al sospechar que las engañan, pueden a su vez mentir respecto de sus sospechas, ocultándolas para inducir al victimario a que haga un movimiento en falso. Y hay otras razones por las cuales la víctima puede tranquilizar al mentiroso haciéndole creer que confía en él. En el contraespionaje, cuando se descubre a un espía, tal vez no se le diga durante un tiempo que ha sido descubierto, para poder hacer llegar información falsa al enemigo a través de él. También hay víctimas que ocultan el hecho de haber sido engañadas para disfrutar por un tiempo de esa inversión de los papeles: ahora es la víctima la que observa cómo el mentiroso sigue urdiendo sus invenciones, sin percatarse de que aquella sabe que todo lo que dice es falso.

Si el sospechoso no sabe que se sospecha de él, esto puede acarrear beneficios o perjuicios al cazador de mentiras. Si ignora que cada uno de sus movimientos es escrutado por una víctima suspicaz, tal vez no se preocupe de borrar sus huellas, ni de prever las preguntas que se le van a formular, ni de preparar excusas, ni de planear su estrategia por anticipado, ni de mostrarse cauteloso de algún otro modo. A medida que transcurre el tiempo y la víctima parece haberse tragado el anzuelo, quizás el mentiroso se descuide tanto que su exagerada confianza lo lleva a cometer errores. Este es un beneficio para el cazador de mentiras, pero lo contrarresta la probabilidad de que un mentiroso tan seguro de sí mismo como para volverse torpe no va a obrar con mucho recelo a ser detectado, vale decir, se ganan errores por descuido, pero al precio de perder los errores cometidos por el recelo a ser detectado. No solo se sacrifican los indicios del engaño generados por dicho recelo, sino que además se pierden los efectos turbadores de ese temor que, al igual que la confianza exagerada, puede llevar al mentiroso a planear mal su proceder. Y quizá la pérdida más importante sea la del temor atormentador a ser capturado, que difícilmente será lo bastante intenso como para motivar una confesión del mentiroso si este ignora que alguien le está siguiendo el rastro.

Ross Mullaney, un especialista en adiestrar a los interrogadores policiales, aboga por lo que él llama *la estrategia del caballo de Troya*: el oficial de policía simula creerle al sospechoso todo lo que dice a fin de lograr que hable lo más posible y quede enredado en sus propias maquinaciones. Aunque así disminuirá tal vez su recelo a ser detectado, es más probable que cometa algún error revelador: según Mullaney, "el policía debe alentarlo a que siga con su engaño, pidiendo más y más detalles de lo que el sospechoso inventa. Realmente, también él lo engaña al simular creerle [...], pero esto no causará ningún perjuicio al individuo si dice la verdad. Si el policía estaba errado en sus sospechas primitivas [esta técnica de interrogatorio] no causará ninguna injusticia. El único que tiene que temerle es el que engaña".[5] Esta técnica recuerda el consejo de Schopenhauer: "Si hay motivos para creer que alguien nos está mintiendo, debemos proceder como si creyéramos cada una de sus palabras. Esto lo alentará a seguir adelante, haciendo afirmaciones cada vez más vehementes, hasta que al fin termine traicionándose".[6]

Creer que el destinatario confía sin duda hará mermar el recelo a ser detectado de mentiroso, pero es difícil saber hasta qué punto eso puede afectar otros sentimientos suyos. Algunos mentirosos pueden sentir un mayor sentimiento de culpa por engañar a un destinatario confiado que a uno suspicaz; otros, en cambio, se sentirán menos culpables si el destinatario confía en ellos, y lo racionalizarán diciéndose que como no lo torturan las sospechas, no le hace ningún daño; y hasta puede autoconvencerse de que el móvil principal de sus mentiras es la bondad, el deseo de no herir la susceptibilidad del otro. También el deleite por embaucar puede o bien aumentar o bien disminuir si el mentiroso sabe que su destinatario confía en él: embaucar a una víctima totalmente ingenua puede resultar una delicia por el menosprecio que provoca hacia ella, pero no menos excitante puede ser engañar a alguien que sospecha, por el desafío que ello implica.

No hay modo de predecir, entonces, si un mentiroso incurrirá en más o menos errores en caso de que su víctima le haga saber que sospecha de él. Por supuesto, es posible que sus sospechas sean infundadas, que el sospechado sea inocente. ¿Será más fácil afirmar que un sospechoso dice la verdad cuando no sabe que sospechan de él? En su ignorancia, no tendrá miedo de que no le crean; tampoco experimentará temor o desazón; y por más que lo invada la culpa, carecerá de oportunidades para actuar como si estuviese en falta. Todo esto es positivo, ya que en tal caso los signos de cualquiera de esas emociones pueden ser interpretados simplemente como indicios del engaño, despreocupándose de que sean en cambio producto de los sentimientos de alguien sincero frente a las sospechas ajenas. Pero como ya dijimos, por este beneficio se paga el precio de que ciertos sentimientos generados por la mentira (en particular, el recelo a ser detectado) sean más débiles, en caso de que el sospechoso realmente mienta. Cuando el sospechoso ignora que se sospecha de él, el cazador de mentiras tiene menos probabilidades de incurrir en errores de incredulidad, ya que sus signos emocionales, cuando los haya, serán casi siempre indicios del engaño; pero es más probable que cometa errores de credulidad, ya que los sentimientos que provoca el mentir no serán tan intensos como para traicionar al mentiroso. Es probable que ocurra lo contrario si la sospecha se explicita: habrá más errores de incredulidad y menos errores de credulidad.

Otros dos problemas complican la situación e impiden determinar si el cazador de mentiras estará o no en mejor situación si el sospechoso no sabe que hay sospechas. En primer lugar, tal vez el cazador de mentiras no tenga otra opción: no en todos los casos el destinatario puede ocultar sus sospechas, y aun cuando pueda, no todos los que creen ser objeto de un engaño querrán ocultar esa sospecha, mintiendo para atrapar al mentiroso. Finalmente, no todo cazador de mentiras tiene el talento para mentir que exige engañar sin ser descubierto.

El segundo problema es más grave. Al tratar de ocultar sus sospechas, el cazador de mentiras corre el riesgo de fallar en su ocultamiento sin darse cuenta. ¡Por cierto no puede confiar en que el mentiroso será sincero en este caso! Algunos mentirosos se enfrentarán con osada arrogancia a sus destinatarios al advertir que estos sospechan de ellos, sobre todo si están en condiciones de dejar al desnudo su ocultamiento de tales sospechas. Tal vez el mentiroso adopte una actitud virtuosa y se sienta indignado y herido porque no se le comunicaron esas sospechas con franqueza, privándolos así injustamente de una oportunidad para reivindicarse. Esta treta tal vez no sea convincente, pero puede al menos intimidar durante un tiempo. Pero no todo mentiroso será tan desfachatado. Algunos ocultarán su descubrimiento de que el destinatario sospecha para ganar tiempo y así borrar sus huellas, preparar una escapatoria, etc. Por desgracia, el mentiroso no es el único que quizás oculte ese descubrimiento: también una persona veraz puede ocultar que ha descubierto que sospechan de ella para evitar una escena, o para ganar tiempo en la esperanza de reunir pruebas en su favor, o para tomar medidas que consideren positivas quienes sospechan de ellos, en caso de pensar que actuaron ignorando tales sospechas.

Una de las ventajas de revelar las sospechas es que se evita esta maraña de incertidumbres: al menos el destinatario sabe que el sospechoso sabe que se sospecha de él. Incluso un sujeto sincero puede, igual que un mentiroso, tratar de ocultar todo sentimiento que le provoque la suspicacia ajena. Una vez admitida expresamente la sospecha, el mentiroso procurará ocultar su recelo a ser detectado, pero por otra parte el que no es mentiroso puede tratar de ocultar su temor a que no le crean, o su rabia y desazón por las sospechas ajenas, a fin de que no se tomen estos sentimientos como evidencia de que miente. Si solo los mentirosos ocultasen sentimientos, sería más fácil detectarlos; pero en tal caso, muchos de ellos tendrían la astucia suficiente como para mostrar algunos de sus sentimientos.

Si la víctima revela francamente sus sospechas, hay otra ventaja: puede recurrir a la llamada *técnica de lo que conoce el culpable*. David Lykken, un especialista en psicología fisiológica que ha criticado el uso del polígrafo como detector de mentiras, piensa que dicha técnica puede mejorar la eficiencia del aparato. En esa técnica, el interrogador no le pregunta al sospechoso si cometió o no el crimen, sino que lo indaga acerca de ciertos datos que solo el culpable puede conocer. Supóngase que se sospecha que alguien cometió un asesinato: el sospechoso fue visto cerca del lugar del crimen, tenía un motivo válido para cometerlo, etc. Empleando la técnica de lo que conoce el culpable, se le harían una serie de preguntas en un cuestionario de elección múltiple. En cada pregunta, una de las opciones describe siempre lo que en efecto sucedió, en tanto que las otras, igualmente admisibles, describen sucesos que no acontecieron. Solo el culpable está en condiciones de saber diferenciar esto. Por ejemplo, quizá se le pregunte: "¿La persona asesinada yacía en el suelo con el rostro vuelto hacia arriba o hacia abajo, o estaba de costado o sentada?". Después de leer las opciones, el sujeto debe contestar "No" o "No sé". Solo el culpable sabe que la víctima fue encontrada de espaldas. En sus experimentos de laboratorio sobre las mentiras, Lykken comprobó que los individuos culpables que poseen este conocimiento presentan una alteración en la actividad de su sistema nervioso autónomo, alteración que el polígrafo puede captar cuando se les menciona la alternativa verdadera, mientras que los inocentes responden más o menos igual ante todas las alternativas. Pese a los intentos de ocultamiento de lo que saben, los culpables son detectados con el polígrafo mediante esta técnica.[7]

La virtud que posee la prueba de lo que conoce el culpable es que en ella las reacciones inusuales no pueden atribuirse a los sentimientos de un inocente derivados de las sospechas que pesan sobre él. Aun cuando el inocente tema que no le crean, o esté furioso porque sospechan de él, o acongojado por la situación en que se encuentra, solo por azar podría tener una reacción emocional más intensa ante "la persona asesinada yacía cara arriba" que ante las otras alternativas. Si se emplean muchas de estas preguntas de elección múltiple, todas las reacciones inusuales que pudiera tener un inocente terminarán dividiéndose entre las alternativas verdaderas y las falsas. Así pues, la técnica de lo que conoce el culpable elimina el mayor riesgo: los errores de incredulidad procedentes de confundir los sentimientos de un inocente ante las sospechas con los sentimientos de un mentiroso.

Por desgracia, esta técnica prometedora no ha sido sometida a suficientes investigaciones para evaluar su precisión, y los estudios realizados no permiten afirmar que sea siempre tan exacta como lo sugiere el trabajo original de Lykken. En un reciente informe de la Oficina de Evaluación Técnica en el que se examinan los resultados obtenidos con el polígrafo, se señala que la técnica de lo que conoce el culpable "... detectó un porcentaje promedio de sujetos culpables algo menor que el examen habitual [practicado con el polígrafo]". Se comprobó que la proporción de errores de credulidad era comparativamente mayor, y menor en cambio la de errores de incredulidad.[8]

De todas maneras, la técnica de lo que conoce el culpable tiene un uso muy limitado fuera de los interrogatorios que se les realizan a los delincuentes. Muy a menudo, la persona que se cree víctima de un engaño no cuenta con la información que tiene el engañador, y sin ella la técnica es inaplicable. En la novela de Updike, *Marry Me*, Ruth sabía que mantenía relaciones amorosas extraconyugales, y con quién; su marido, Jerry, solo tenía sospechas, y como carecía de una información que solo la persona culpable podría poseer, en este caso no podría haber apelado a la técnica que comentamos. Para emplearla, el cazador de mentiras debe saber lo que sucedió, aunque no conozca con certeza quién lo hizo.

Aunque el cazador de mentiras conociese las diferentes alternativas, la técnica no le serviría para averiguar cuál de ellas sucedió efectivamente. Ella exige poseer certidumbre absoluta sobre el hecho o suceso tal como aconteció, siendo el interrogante únicamente si lo perpetró o no el sospechoso. Si la pregunta es: ¿qué hizo esa persona?, ¿qué siente esa persona?, vale decir, si el cazador de mentiras no sabe qué es lo que hizo el sospechoso, no puede aplicarla.

PRECAUCIONES QUE DEBEN TOMARSE AL INTERPRETAR LOS INDICIOS CONDUCTUALES DEL ENGAÑO

Evaluar los indicios del engaño es problemático. En la lista que ofrecemos a continuación se resumen todas las precauciones que deben adoptarse para reducir los riesgos mencionados en este capítulo. El cazador de mentiras ha de evaluar siempre la *probabilidad* de que un gesto o expresión indique veracidad o mentira; rara vez podrá estar totalmente seguro. En los casos en que lo esté —cuando una emoción contradiga la mentira que se delata en una macroexpresión facial, o cuando en una perorata enardecida una parte de la información oculta desborde en las palabras—, también el sospechoso se dará cuenta, y confesará.

1. Tratar de explicitar los fundamentos de toda intuición o sospecha sobre la posible mentira de alguien. Al tomar mayor conciencia de la forma en que interpreta los indicios conductuales del engaño, el cazador de mentiras aprenderá a discernir sus errores y a admitir que en algunos casos no tiene muchas posibilidades de formular un juicio correcto.

2. Recordar que en la detección del engaño se corren dos peligros: cometer errores de incredulidad (juzgar mentirosa a una persona veraz) y cometer errores de credulidad (juzgar veraz al mentiroso). No hay modo de evitar por completo estos dos tipos

de errores; lo que debe hacerse es analizar las consecuencias y riesgos de unos y otros.

3. La ausencia de todo signo de engaño no es prueba de veracidad: algunas personas no se autodelatan nunca. La presencia de un signo de engaño no es siempre prueba de que lo hay: algunas personas se muestran molestas o culpables por más que sean inocentes. Es posible reducir el riesgo de Brokaw, debido a las diferencias individuales en la conducta expresiva, si los juicios que se formulan están basados en el *cambio* producido en la conducta del sospechoso.

4. Autoexaminarse acerca de los prejuicios que uno pueda tener sobre el sospechoso, y preguntarse si acaso ellos no podrán torcer las posibilidades de formular una opinión correcta. No hay que juzgar que alguien miente o no si uno está asediado por los celos o en medio de un reguero de pólvora emocional. Debe evitarse la tentación de sospechar la existencia de una mentira que explicaría acontecimientos de otro modo inexplicables.

5. Debe contemplarse siempre la posibilidad de que un signo emocional no sea indicio de ningún engaño, sino de cómo se siente una persona veraz de quien se sospecha que ha mentido. Debe desestimarse un signo emocional como indicio del engaño si un sospechoso inocente puede sentir esa misma emoción debido a su personalidad, o a la relación que ha mantenido en el pasado con el cazador de mentiras, o a sus expectativas respecto de la conducta de este.

6. Tener en cuenta que muchos indicios del engaño son signos de más de una emoción, y los que lo son deben desestimarse en caso de que una de esas emociones podría ser experimentada por un sujeto inocente y la otra por un mentiroso.

7. Hay que averiguar si el sospechoso sabe o no que se sospecha de él, y conocer cuáles son las ventajas y desventajas que ambas situaciones presentan para la detección del engaño.

8. Si se tiene conocimiento de datos que el sospechoso solo podría conocer en caso de estar mintiendo, y puede interrogársela, aplicar la técnica de lo que conoce el culpable.

9. No llegar nunca a una conclusión definitiva basada exclusivamente en la interpretación propia de los indicios conductua-

les del engaño. Estos solo deben alertar al cazador de mentiras a que prosiga su investigación y su búsqueda de información. Los indicios del engaño, como el polígrafo, jamás suministran pruebas absolutas.

10. Usar la lista que aparece en el cuadro 4 del "Apéndice" para evaluar la mentira, al mentiroso y al cazador de mentiras, a fin de estimar la probabilidad de cometer errores o de juzgar correctamente la inocencia o veracidad de un sujeto.

También es problemático tratar de discernir las mentiras mediante el polígrafo. Si bien aquí mi enfoque se centra en los indicios conductuales del engaño (y no en el polígrafo), y en una amplia variedad de situaciones en las que la gente miente o puede sospecharse que miente (y no en los estrechos límites de un examen practicado con el polígrafo), en el próximo capítulo me ocuparé de analizar los resultados obtenidos con este instrumento, que se utiliza en diversas circunstancias importantes (contraespionaje, crímenes, y, en medida cada vez mayor, en el mundo de los negocios). Creo que mi análisis de las mentiras en este capítulo y los anteriores puede ayudar a comprender mejor las ventajas y desventajas de la detección de mentiras mediante el polígrafo. Por otra parte, la consideración de los problemas que se presentan para establecer la exactitud de este aparato ayudará al cazador de mentiras a comprender mejor los riesgos inherentes a la detección mediante los indicios conductuales del engaño. Además, se plantea una interesante cuestión de tipo práctico: ¿es el polígrafo más preciso que esos indicios conductuales para la detección de las mentiras?

7

EL POLÍGRAFO COMO CAZADOR DE MENTIRAS

...

UN OFICIAL DE POLICÍA DE OTRA CIUDAD de California presentó una solicitud para incorporarse a nuestro departamento. Por su aspecto parecía una muestra ejemplar de lo que debe ser un policía; conocía los códigos y, como ya tenía experiencia policial previa, era aparentemente el candidato ideal. Durante la entrevista previa a la prueba del polígrafo no declaró nada; solo cuando el polígrafo indicó que estaba mintiendo admitió haber cometido 12 robos mientras se hallaba en cumplimiento de sus funciones, utilizando el automóvil policial para trasladar los artículos robados; también confesó que introdujo narcóticos robados entre las pertenencias de ciertos sospechosos a fin de hacerlos arrestar, y en varias oportunidades había mantenido relaciones sexuales dentro del coche policial con chicas que, en algunos casos, apenas tenían 16 años de edad.

—Respuesta *del sargento detective W.C. Meek, poligrafista del departamento central de policía de Salinas, estado de California, a una encuesta sobre la forma de emplear el polígrafo en la institución policial.*[1]

Buzz Fay fue arrestado en Toledo en 1978, acusado de haber robado y asesinado a un conocido suyo que, antes de morir, declaró que su enmascarado asesino "se parecía a Buzz". Se lo detuvo sin concederle libertad bajo fianza durante dos meses mientras la policía buscaba en vano pruebas que lo vincularan con el homicidio. Por último, el fiscal propuso retirar los cargos contra él si pasaba con éxito la prueba del polígrafo, pero le exigió a Fay que estipulase por escrito que, en caso de que dicha prueba revelase la presencia de un engaño, admitiría la validez de los resultados ante el tribunal. Fay aceptó, no pasó la prueba, tampoco pasó una segunda prueba llevada a cabo por un examinador diferente, fue enjuiciado y acusado de asesinato con agravantes, y la sentencia fue prisión perpetua. Pasaron más de dos años hasta que se detuvo a los verdaderos culpables; estos confesaron y exoneraron de culpa y cargo a Fay, quien fue puesto en libertad de inmediato.

—*Caso descrito por el psicólogo David Lykken en un artículo en el que sostiene que el polígrafo es "una técnica seudocientífica".*[2]

Ejemplos como estos, en favor y en contra del polígrafo, siguen alimentando la polémica en torno de él, aunque existen muy pocas pruebas científicas de su precisión. De más de cuatro mil artículos o libros publicados que se ocupan del tema, menos de cuatrocientos mencionan de hecho investigaciones científicas, y de esos cuatrocientos apenas treinta o cuarenta satisfacen los criterios mínimos de un trabajo científico.[3] La polémica sobre el polígrafo no ha sido zanjada, pues, por los estudios científicos, es aguda y acalorada. La mayoría de sus defensores pertenecen al campo de la aplicación de la ley, los organismos de espionaje y el mundo de los negocios (hurtos y desfalcos en empresas); también los hay entre algunos de los científicos que han llevado a cabo investigaciones. Entre sus críticos están los defensores de los derechos civiles, algunos juristas y abogados, así como otros científicos que también estudiaron el asunto.*

Mi objetivo en este capítulo no es resolver la cuestión sino volver más clara y comprensible la argumentación de las partes. No haré recomendación alguna en cuanto a si el polígrafo debe o no ser utilizado; más bien pretendo elucidar la índole de la controversia, aclarar las opciones y fijar los límites de las pruebas científicas de que se dispone. Pero no me dirijo únicamente a los funcionarios oficiales, policías, abogados y jueces. Hoy día, todo

---

* Solo unos pocos científicos han realizado investigaciones acerca de la detección de mentiras mediante el polígrafo.

el mundo debe comprender en qué consiste esta discusión en torno del polígrafo, ya que la oportunidad en que debe aplicárselo y lo que se haga con los resultados de la prueba constituyen importantes cuestiones públicas, que no podrán resolverse sensatamente si la gente no está mejor informada. También puede haber motivos personales que lleven a algunos a querer informarse mejor sobre esto. En muchos tipos de trabajo, en empleos que nada tienen que ver con la administración pública y que requieren niveles superiores e inferiores de educación y de formación, se les aplica la prueba del polígrafo a individuos de quienes jamás se ha sospechado que pudiesen haber cometido un delito, simplemente como parte del procedimiento para seleccionar aspirantes, o para mantener o promover a los empleados existentes.

Muchas de las ideas que he expuesto en los seis primeros capítulos sobre los indicios conductuales del engaño son igualmente aplicables a la detección del engaño mediante el polígrafo. Un mentiroso puede traicionarse en la prueba del polígrafo debido a su recelo a ser detectado, su sentimiento de culpa por engañar o su deleite por embaucar. Un cazador de mentiras que use el polígrafo tendrá que estar atento al error de Otelo o al riesgo de Brokaw, causados por las diferencias individuales en la conducta emocional. Tendrá que saber si le conviene más arriesgarse a cometer errores de incredulidad o errores de credulidad. La mayoría de los riesgos y precauciones vigentes en la detección de mentiras son idénticos ya sea que dicha detección se funde en los indicios del engaño o en el polígrafo. No obstante, se suman aquí algunos conceptos complejos que será preciso aprender:

- la diferencia entre *exactitud* y *utilidad*, vale decir, la posible utilidad del polígrafo aun en los casos en que no es exacto
- la búsqueda de una *verdad básica*, o, dicho de otra manera, la dificultad de determinar la exactitud del polígrafo si no se sabe con certeza quiénes son los que mienten
- *el índice normal de mentirosos en un grupo determinado*, que hace que incluso un test muy preciso dé lugar a numerosos errores si el grupo de sospechosos incluye muy pocos mentirosos

- el *efecto disuasivo sobre el mentiroso*, quien ante la amenaza de ser sometido a un examen puede inhibirse de mentir, por más que el procedimiento utilizado en el examen sea defectuoso

QUIÉNES EMPLEAN LA PRUEBA DEL POLÍGRAFO

El uso del polígrafo para detectar algún tipo de mentira está muy difundido y es cada vez mayor. Es difícil saber con seguridad cuántos exámenes se llevan a cabo con él en Estados Unidos, pero la cifra más probable supera el millón de pruebas por año.[4] En su mayor parte (alrededor de trescientas mil) las realizan empleadores privados como uno de los procedimientos para la selección de personal, para controlar los delitos que se cometen dentro de sus empresas, y como parte del mecanismo utilizado para recomendar qué empleados deben ser promocionados. Como un medio de selección de personal, el polígrafo es ampliamente utilizado por varias asociaciones, especialmente de comerciantes (la National Association of Drug Stores, la National Association of Convenience, la Associated Grocers), así como por bancos y sociedades de custodia y de transporte de valores como la Brinks Inc., etc.[5] Si bien en 18 estados de Estados Unidos esta prueba ha sido declarada ilegal, los empleadores siempre encuentran el modo de eludir las disposiciones vigentes para que sus empleados se sometan a ella: "Les dirán a sus empleados que son sospechosos de robo, pero no los despedirán si estos hallan el modo de demostrar su inocencia".[6] En los 31 estados restantes se ha autorizado la administración de la prueba. Los empleadores privados que más la utilizan son los bancos y los comercios de minoristas; alrededor de la mitad de los 4 700 negocios de comidas rápidas pertenecientes a la cadena McDonald's, por ejemplo, utilizan esta prueba para la selección de su personal.[7]

Después de las empresas, la aplicación más frecuente del polígrafo se da en las investigaciones criminales. No solo se emplea con sospechosos de haber cometido delitos, sino a veces también, con los testigos o víctimas de cuyas declaraciones se duda. El Departamento de Justicia, el FBI y la mayoría de las dependencias policiales tienen como política emplearlo solo después que las investigaciones han reducido el número de sospechosos. En la mayoría de los estados norteamericanos no se admite que se aduzcan como prueba en un proceso judicial los resultados obtenidos con el polígrafo. En 22 de ellos eso está permitido si se ha estipulado antes de tomar la prueba y hay acuerdo al respecto entre la parte demandante y la defensa. Los abogados defensores suelen aceptarlo a cambio del compromiso, por parte del fiscal, de retirar los cargos contra el sospechoso en caso de que el aparato muestre que es veraz. Eso es lo que sucedió con Buzz Fay, mencionado al comienzo del capítulo. Normalmente los fiscales no aceptan esta oferta previa si tienen buenas pruebas como para convencer al jurado de la culpabilidad del reo —como sucedió en el caso de Fay.

En los estados de Nuevo México y Massachusetts es posible presentar los resultados del test del polígrafo aun contra la objeción de una de las partes. En la mayoría de los tribunales de apelaciones pertenecientes a la jurisdicción de la justicia federal (pero no en todos), dichos resultados no son admitidos salvo que se haya estipulado de antemano. Ninguno de estos tribunales ha revocado la decisión de una corte de distrito que rechazó los datos aportados por la prueba. Según Richard K. Willard, viceprocurador general adjunto de Estados Unidos, "La Corte Suprema nunca se pronunció sobre la admisibilidad de las pruebas del polígrafo presentadas en los tribunales federales".[8]

El gobierno nacional de Estados Unidos es el tercer usuario del polígrafo para detectar mentiras, en orden de importancia. Según informes de diversos organismos públicos nacionales, en el año 1982 se llevaron a cabo 22 597 exámenes.* En su mayoría,

---

* El polígrafo es empleado en la actualidad en los Estados Unidos por los siguientes organismos: Comando de Investigaciones Criminales del Ejército; Comando de Espionaje y Seguridad del Ejército; Servicio de Investigaciones Navales; Oficina de Investigaciones Especiales de la Fuerza Aérea; División de Investigaciones Criminales de la Infantería de Marina; Agencia Nacional de Seguridad; Servicio Secreto; FBI; Servicio de Inspección Postal; Administración Nacional del Alcohol, el Tabaco y las Armas de Fuego; Administración Nacional para la Aplicación de las Leyes sobre Drogas; CIA; Alguaciles de Estados Unidos; Servicio Nacional de Aduanas; y Departamento de Trabajo.

si se exceptúan los realizados por la National Security Agency, NSA (Agencia Nacional de Seguridad), y la Agencia Central de Inteligencia (CIA) —que los utilizaron con fines de espionaje y contraespionaje—, esos exámenes se aplicaron en la investigación de crímenes. La cifra incluye los aplicados a personas con acreditaciones oficiales de las que se sospechaba que pudieran participar en actividades que pusieran en peligro dicha acreditación, así como en quienes la solicitaban y en otros individuos sospechosos de espionaje. Según los informes de la NSA, en 1982 este organismo realizó 9 672 exámenes con el polígrafo, en su mayor parte destinados a la selección de personal; la CIA no da una cifra de la cantidad de exámenes que realizó, pero admite emplear el polígrafo muchas veces en situaciones similares a las de la NSA.

Ese mismo año el Departamento de Defensa propuso introducir varias modificaciones a sus normas sobre las pruebas del polígrafo, modificaciones que podrían haber implicado un mayor uso del test para la preselección de las personas acreditadas oficialmente, así como para efectuar en forma no periódica una inspección de aquellas que ya tienen acreditación oficial. Otro de los cambios importantes sugeridos por el Departamento de Defensa hubiera traído como corolario que los empleados o candidatos que se negasen a someterse al test podrían sufrir "consecuencias adversas". En 1983, el presidente Reagan propuso ampliar aún más la aplicación del test: se autorizó a *todos* los organismos oficiales para que "requiriesen de sus empleados someterse a un examen con el polígrafo en el curso de las investigaciones sobre la revelación no autorizada de información confidencial". Del mismo modo que en el caso de la propuesta del Departamento de Defensa, se aclaraba aquí también que la negativa a someterse a la prueba "podría dar por resultado sanciones administrativas [...] y la denegación de la acreditación oficial". Otra medida del nuevo gobierno "permitirá el uso del polígrafo en toda la administración pública para la selección del personal ya contratado con acceso a información altamente confidencial (así como del personal que esté por contratarse). La nueva medida confiere a los funcionarios superiores de cada organismo la autoridad para llevar a cabo exámenes con el polígrafo, en forma periódica o no periódica, a miembros de su plantilla que tengan acceso a información delicada, escogiéndolos al azar, y para negar dicho acceso a quienes se nieguen a pasar el examen".[9] La propuesta elevada por el Departamento de Defensa fue analizada en el Congreso Nacional y este resolvió posponer la instrumentación de estas medidas hasta abril de 1984, a la vez que requería a la Oficina de Evaluación de Tecnología (Office of Technology Assessment, OTA) que preparase un informe sobre las pruebas científicas existentes acerca de la exactitud del polígrafo.[10] Dicho informe fue publicado en noviembre de 1983, y en el momento de escribir esto la Casa Blanca ha revisado ya su propuesta inicial sobre el uso del polígrafo y el Congreso tratará el asunto dentro de una semana.

El informe de la OTA es un documento extraordinario, que ofrece una reseña completa e imparcial y un análisis crítico de los datos sobre la validez científica de este tipo de examen.* No fue fácil producirlo, ya que la cuestión es complicada y aun dentro de la propia comunidad científica la legitimidad del procedimiento promueve encendidas pasiones. Un dato importante es que el comité asesor que supervisó el informe incluía a las figuras protagonistas de la comunidad científica en esta materia. Si bien algunas de las personas que conocían a esos científicos pensaban que no serían capaces de llegar a un acuerdo en cuanto a la validez de un informe tal, así lo hicieron. Las objeciones y divergencias han sido triviales, aunque desde luego algunos han manifestado su insatisfacción por el informe.

Fuera de la comunidad científica, algunos poligrafistas profesionales piensan que el informe de la OTA es demasiado nega-

---

* En la preparación de este artículo me he basado ampliamente en el informe de la OTA. Quiero expresar mi agradecimiento a cuatro personas, que leyeron una primera versión del capítulo y me hicieron llegar muchas y muy útiles sugerencias críticas: en primer lugar, a los coautores del informe, Leonard Saxe (profesor auxiliar de psicología en la Boston University) y Denise Dougherty (analista de la OTA); asimismo, a David T. Lykken (Universidad de Minnesota) y David C. Raskin (Universidad de Utah). Denise Dougherty respondió además, con generosa paciencia, a las múltiples preguntas que yo le formulaba a medida que iba abriéndome paso entre las argumentaciones en pugna y cuestiones conflictivas.

tivo en lo tocante a la exactitud del test. También los expertos del Departamento de Defensa sostienen lo mismo. En 1983, los jefes de las Divisiones de Poligrafía del ejército, la marina, la fuerza aérea y la NSA presentaron un informe auspiciado por este último organismo, con el título de "Exactitud y utilidad de las pruebas del polígrafo".[11] Los autores admiten haber preparado dicho informe en treinta días y no haber consultado a ningún miembro de la comunidad científica, salvo uno que estaba a favor del procedimiento. Tanto el informe de la NSA como el de la OTA (aunque este último es más cauteloso al respecto) concuerdan en indicar que los exámenes con el polígrafo brindan resultados mejores que al azar para detectar mentiras particularmente cuando se aplican a la investigación de episodios criminales. Más adelante explicaré sus discrepancias sobre la solidez de las pruebas correspondientes, así como las que tienen en lo que atañe al uso del polígrafo para tareas de contraespionaje y para otorgar acreditaciones oficiales.

El informe de la OTA no ofrece ninguna conclusión simple que pueda ser fácilmente traducida en instrumentos legales. Como es de prever, señala que el uso de este aparato (o de cualquier otra técnica para detectar mentiras) dependen de la naturaleza de la mentira, del mentiroso y del cazador de mentiras (por más que en el informe no se utilicen estos términos). En el caso del polígrafo, depende además del tipo de cuestionario aplicado, de la habilidad del examinador para preparar las preguntas y de la forma en que se evalúan los gráficos obtenidos con el polígrafo.

CÓMO OPERA EL POLÍGRAFO

El *Webster's Dictionary* define el término *polígrafo* [*polygraph*] como "un instrumento para registrar las marcas que producen varias pulsaciones diferentes que actúan en forma simultánea; en términos generales, DETECTOR DE MENTIRAS". Las pulsaciones se registran mediante los movimientos de unas agujas que marcan sobre una tira móvil de papel graduado. Habitualmente se designa con este término al aparato destinado a medir cambios en la actividad del sistema nervioso autónomo (SNA), aunque las agujas del polígrafo pueden medir en rigor cualquier tipo de actividad.

En el capítulo 4 expliqué que la actividad del SNA (alteraciones en el ritmo cardíaco, la presión arterial, la conductividad y temperatura de la piel, etc.) son signos de activación emocional. Mencioné que algunas de estas alteraciones, como el aumento del ritmo respiratorio, el sudor, el rubor y el enrojecimiento facial, pueden observarse sin el polígrafo. El polígrafo registra estos cambios con más exactitud, detecta algunos que son tan mínimos que no pueden verse, y ciertas actividades del SNA (por ejemplo el ritmo cardíaco) que directamente no son visibles. Lo hace amplificando señales procedentes de unos sensores que se adhieren a distintas partes del cuerpo. En la forma típica de usarlo, se le aplican al sujeto cuatro sensores: en torno del pecho y el vientre se le colocan fajas o tubos neumáticos capaces de medir los cambios en el ritmo y profundidad de la respiración; alrededor del bícep, un dispositivo para medir la presión arterial; el cuarto sensor mide cambios minúsculos en la transpiración de la piel, captados por electrodos de metal pegados a los dedos.

Si bien el *Webster's Dictionary* está en lo cierto al decir que a veces al polígrafo se le llama *detector de mentiras*, esta afirmación es equívoca: el polígrafo no detecta las mentiras *per se*. Todo sería mucho más simple si hubiera algún signo específico del mentir que no pudiera corresponder a ninguna otra cosa; pero no lo hay. En lo tocante al polígrafo se discute casi todo, pero hay algo en lo que coinciden todos los que lo utilizan, y es que *no* mide directamente las mentiras. Mide únicamente los signos de activación del SNA, o sea, las alteraciones fisiológicas generadas principalmente por la activación emocional del individuo.* Y lo mismo hacen los indicios conductuales del engaño. Recuérdese

---

* Ciertos tipos de actividad que acompañan el procesamiento de la información —la concentración, la búsqueda de datos, quizá también la perplejidad— pueden producir, asimismo, alteraciones en el SNA. La mayoría de los estudios sobre los motivos por los cuales el polígrafo detecta las mentiras han hecho hincapié en el papel de la activación emocional, pero tanto Raskin como Lykken creen que el procesamiento de la información durante el examen con el polígrafo no es menos importante en lo que atañe a la actividad del SNA.

que antes expliqué que ninguna expresión facial, gesto o cambio en la voz es un signo de mentira *per se*. Solo marcan la presencia de una emoción o de una dificultad para pensar. A partir de esto puede inferirse que el sujeto ha mentido si la emoción no se ajusta a su estrategia o si parece estar componiendo una estrategia. El polígrafo brinda una información menos precisa que los indicios conductuales respecto de la emoción específica suscitada. Una microexpresión facial puede revelar que alguien está enojado, temeroso, que se siente culpable, etc.; el polígrafo solo nos dirá que siente *alguna* emoción, sin precisarnos cuál.

Para detectar las mentiras, el examinador compara la actividad que registra el diagrama del polígrafo cuando se le formula al sujeto la pregunta decisiva ("¿Robó usted los 750 dólares?") con la respuesta del sospechoso a otra pregunta que no se vincula con la cuestión ("¿Hoy es martes?", "¿En algún momento de su vida robó algo?"). Se identifica a un individuo como culpable si el polígrafo le detecta una mayor actividad ante la pregunta relevante que ante las otras.

El examen del polígrafo, al igual que los indicios conductuales del engaño, es vulnerable a lo que he llamado *el error de Otelo*. Recordemos que Otelo pasó por alto que la reacción de Desdémona podía obedecer al lógico temor de una esposa cuyo marido no cree en sus palabras, y no a la angustia de una adúltera al verse atrapada. No solo los mentirosos pueden emocionarse, también los inocentes cuando saben que la sospecha recae sobre ellos. Una persona puede tener alguna reacción emocional si se ve sometida a investigación porque se ha cometido un delito, o si es interrogada sobre una actividad suya que podría poner en peligro la acreditación que necesita para mantener su empleo, o si se sospecha que le ha revelado a la prensa la información contenida en un documento confidencial. El solo hecho de someter a alguien a la prueba del polígrafo puede bastar para provocarle temor, y este será particularmente intenso si el sujeto tiene motivos para pensar que el examinador, y la policía en general, tienen algún prejuicio contra él. Por lo demás, el temor no es la única emoción que puede entrar en juego, como he señalado en el capítulo 3, tanto para el inocente como para el culpable.

LA TÉCNICA DE LA PREGUNTA DE CONTROL

Todos los que utilizan el polígrafo o lo critican, reconocen la necesidad de reducir los errores de Otelo que con el se cometen, si bien discrepan en lo tocante a la eficacia con que los cuestionarios empleados con el polígrafo pueden disminuirlos o eliminarlos. Hay cuatro tipos de procedimientos de indagación empleados con el polígrafo (y muchos más si se tienen en cuenta algunas de las variantes de estos cuatro métodos principales). Aquí solo nos ocuparemos de dos de ellos. El primero, la ya mencionada "técnica de lo que conoce el culpable", se usa con frecuencia en el interrogatorio de sospechosos de haber cometido un crimen. En este caso, al sospechoso no se le formulan únicamente preguntas *relevantes* con respecto al delito cometido ("¿Robó usted 750 dólares?") sino además *preguntas de control*. Gran parte de las controversias sobre esta técnica derivan de la falta de acuerdo sobre qué es lo que estas preguntas *controlan* exactamente, y cuál es su eficacia.

Citaré la explicación que da el psicólogo David Raskin, el principal científico que aboga por el empleo de la técnica de la pregunta de control en la investigación de crímenes:

"El examinador le dirá al sujeto: 'Como se trata de un robo, necesito formularle algunas preguntas generales sobre su persona en relación con el hábito de robar y sobre su honestidad. Tenemos que hacer esto para establecer qué clase de persona es usted y si puede ser el tipo de persona que robó ese dinero y después mintió al respecto. Así pues, si le pregunto: «En sus primeros 18 años de vida, ¿alguna vez tomó algo que no le perteneciera?», ¿cómo responderá usted a esa pregunta?'.

"La forma en que se le plantea la pregunta al sujeto, así como la conducta del examinador, están destinadas a ponerlo a la defensiva y a cohibirlo, de manera tal de que se sienta impulsado a responder 'No'. [...] Este procedimiento apunta a crear la posibilidad de que un sujeto inocente experimente mayor preocupación sobre su veracidad al responder a las preguntas de control que al responder a las preguntas relevantes. Un sujeto culpable, en cambio, sentirá mayor preocupación sobre sus respuestas engañosas a las preguntas relevantes, ya que son estas las que representan una amenaza más seria e inmediata para él. Sin embargo, el inocente sabe que está respondiendo en forma veraz a las preguntas relevantes, y le inquieta más mostrarse equívoco o dubitativo en su veracidad al responder a las preguntas de control".[12]

El crítico principal de esta prueba de la pregunta de control es David Lykken, precisamente el psicólogo que propugna el test de lo que conoce el culpable, expuesto al final del capítulo anterior. (A su vez, Raskin ha criticado la técnica de lo que conoce el culpable). En un reciente libro sobre el uso del polígrafo, Lykken escribe: "Para que la técnica de la pregunta de control opere como dicen sus propugnadores, es preciso convencer a cada sujeto de que el test es casi infalible (lo cual no es cierto) y de que si sus respuestas ante las preguntas de control son muy llamativas correrá peligro (lo cierto es lo contrario). No es admisible suponer que todos los poligrafistas serán capaces de convencer a todos los sujetos de estas dos proposiciones falsas".[13]

Lykken acierta al afirmar que estas dos proposiciones, sobre las cuales los sujetos deben estar convencidos, son ambas falsas: nadie entre los que utilizan el polígrafo, ni siquiera sus más tenaces defensores, piensa que este es infalible; por cierto que el polígrafo se equivoca, pero probablemente Lykken tenga razón al decir que el sospechoso no debe saberlo.* Si un inocente sospecha que el aparato es falible, tal vez cuando le tomen el examen tenga temor de ser juzgado por una técnica defectuosa. Un individuo desconfiado y temeroso no presentará quizá ninguna diferencia en sus respuestas a las preguntas de control y de las relevantes, y si cualquiera sea la pregunta muestra una reacción emocional, el operador del polígrafo no podrá inferir si es culpable o inocente. Peor aún, un inocente que considera falible al

---

* Si bien la lógica empleada por Lykken en este punto parece admisible y congruente con mi propio razonamiento, Raskin señala que las pruebas al respecto no son sólidas. En dos estudios en los que se cometieron deliberadamente errores en un pretest para que el sospechoso supiera de antemano que el examen del polígrafo es falible no hubo una disminución notoria en la detección posterior de las mentiras. Sin embargo, se ha puesto en tela de juicio la eficacia de los estudios citados por Raskin. Esta es una de las múltiples cuestiones que exigen mayor investigación.

polígrafo quizá muestre mayor temor cuando se le formulan las preguntas relevantes, y en tal caso la prueba daría como resultado que es culpable.*

La segunda proposición —que respuestas muy llamativas ante las preguntas de control pondrán al sujeto en peligro— es también falsa, como lo saben muy bien todos los operadores del polígrafo. Más bien lo opuesto es lo verdadero: si el sujeto reacciona en mayor medida ante una pregunta de control ("En sus primeros 18 años de vida, ¿alguna vez tomó algo que no le perteneciera?") que ante una pregunta relevante ("¿Robó usted los 750 dólares?") queda *fuera de peligro* y se juzgará que no miente, que no es responsable del delito. Se supone que el ladrón, y no el inocente, será más sensible ante la pregunta concreta sobre los 750 dólares.

Para que el examen del polígrafo cumpla su cometido, la pregunta de control debe producir en el individuo inocente una reacción emocional por lo menos igual, si no mayor, que la pregunta relevante sobre el delito en cuestión. Se confía en lograr que el inocente se inquiete por la pregunta de control en mayor medida que por la pregunta relevante, haciéndole creer que su respuesta a la primera importa e influirá en la forma en que se le juzgue. Por ejemplo, el poligrafista parte de la base de que casi todas las personas han tomado en alguna oportunidad, antes de los dieciocho años, algo que no les pertenecía. De ordinario, algunos individuos admitirán haber cometido una pequeña falta de ese cariz, pero no durante el examen del polígrafo, ya que en esas circunstancias el examinador habrá llevado al inocente a suponer que sí admitiera una falta como esa podría demostrar que es el tipo de sujeto capaz de robar 750 dólares. El poligrafista *quiere* que el inocente mienta en la pregunta de control, o sea, que niegue haber tomado jamás algo que no era suyo. El examinador supone que al inocente lo perturbará la posibilidad de

---

* Raskin sostiene que un poligrafista idóneo es capaz de ocultarle al sospechoso cuál de las dos preguntas, la de control o la relevante, es más trascendental para su destino futuro. Ni a mí ni a otros que han criticado la técnica de la pregunta de control nos parece admisible que siempre pueda lograrlo —en particular ante sujetos brillantes.

mentir, y eso quedará registrado en el diagrama del polígrafo. Cuando se le formule la pregunta relevante ("¿Robó usted los 750 dólares?"), responderá verazmente que no. Como no estará mintiendo, no habrá en él ninguna reacción emotiva, al menos ninguna tan intensa como al mentir en la pregunta de control, y por ende el gráfico no registrará mucha actividad del SNA. También el ladrón dirá que no cuando se le formule esa pregunta, pero esta mentira lo hará reaccionar emocionalmente mucho más que la dicha ante la pregunta de control. Así pues, la lógica inherente a todo esto es que el diagrama poligráfico del inocente mostrará más reacción emocional ante la pregunta "¿Alguna vez tomó algo que no le perteneciera?" que ante la pregunta "¿Robó usted los 750 dólares?"; solo el culpable tendrá una reacción emocional más intensa ante la segunda de estas preguntas.

La técnica de la pregunta de control únicamente elimina el error de Otelo si el inocente muestra una mayor reacción emocional ante la pregunta de control que ante la relevante; de otro modo, lo que se produce es un error de incredulidad. Veamos qué factores podrían dar origen a un tal error. ¿Qué podría llevar a un inocente a mostrar más emoción ante la pregunta relevante ("¿Robó usted los 750 dólares?") que ante la pregunta de control ("En sus primeros 18 años de vida, ¿alguna vez tomó algo que no le perteneciera?").*

Deben cumplirse dos requisitos, uno intelectual y el otro emocional. Desde el punto de vista intelectual, el sospechoso debe reconocer que las dos preguntas difieren entre sí, por más que el poligrafista se empeñe en disimular esa diferencia. El inocente quizá solo repare en que la pregunta sobre los 750 dólares está referida a un suceso más reciente *concreto*; o tal vez presienta que la pregunta relevante es más *amenazadora*, versa sobre algo que podría acarrear un castigo, en tanto que la o las preguntas de control se ocupan de asuntos del pasado, que ya no están sujetos a castigo.**

---

* En la práctica, se formulan numerosas preguntas relevantes y de control, pero esto no modifica lo esencial de mi análisis.
** Un defensor de la técnica de la pregunta de control diría que un poligrafista experto puede hacer que el sospechoso se sienta tan mal respecto de su pasado,

El polígrafo podría funcionar bien si el inocente no mostrase una mayor reacción emocional cuando se le formula la pregunta relevante relativa al delito; veamos ahora algunas de las razones por las cuales con *ciertas* personas inocentes sucede lo contrario, reaccionan más ante la pregunta relevante que ante la pregunta de control, y se las juzga culpables:

1. *La policía es falible.* No a todos los que han cometido un delito concreto se los somete a un examen con el polígrafo. El inocente a quien se le pide que lo haga sabe que la policía ha cometido un error en su caso —un error grave, que tal vez ya haya dañado su reputación— al sospechar de él. Aunque dio una buena explicación de los motivos por los cuales no pudo haber cometido el crimen o las razones que llevarían a suponer que jamás podría cometerlo, no le creyeron. Tal vez este individuo considere la prueba como una bienvenida oportunidad para probar su inocencia, pero también podría temer que aquellos que se equivocaron al sospechar de él, pueden volver a equivocarse. Si los métodos policiales son tan falibles como para que sospecharan de él, no hay que descartar que el test del polígrafo sea igualmente falible.

2. *La policía es injusta.* Aun antes de que se sospeche de ella, una persona puede sentir desconfianza y antipatía ante los funcionarios policiales. Si el sospechoso pertenece a un grupo étnico minoritario que no es bien tratado por la policía, o forma parte de una subcultura en la que es común desconfiar de la policía o menospreciarla, es probable que presuma con temor que el funcionario que lo someterá al examen del polígrafo puede equivocarse en sus juicios sobre él.

3. *Los aparatos son falibles.* Por supuesto, a algunos les parecerá perfectamente lógico que la policía los investigue por un delito

---

que se convenza hasta tal punto de que su error del pasado afectará la forma en que se evaluará su comportamiento, y que se preocupe tanto con la posibilidad de ser atrapado en su mentira al no admitirlo, que su reacción ante la pregunta de control será más pronunciada que ante la pregunta relevante.

que no cometieron, pero aun en este caso tal vez desconfíen del polígrafo como aparato técnico. Tal vez esa persona desconfíe de la tecnología en general, o quizás haya leído muchos artículos en revistas o haya visto programas de televisión en los que se criticaba el polígrafo y su empleo.

4. *El sospechoso es una persona temerosa, resentida y llena de sentimientos de culpa.* Un individuo de carácter temeroso o que se siente culpable ante todo podrá reaccionar más frente a las preguntas más concretas, recientes y amenazadoras, y lo mismo un resentido, sobre todo si lo que más le irritan son las figuras de autoridad. Cualquiera de estas emociones dejará huellas en el polígrafo.

5. *Aunque el sospechoso sea inocente, de todos modos manifiesta una reacción emocional ante los sucesos vinculados al crimen.* No solo los culpables evidenciarán una mayor reacción emocional ante la pregunta relevante que ante la pregunta de control. Supongamos que un individuo, sospechoso de haber dado muerte a un compañero suyo de trabajo, le tenía gran envidia a este por los progresos que había hecho en el empleo. Ahora que su rival está muerto, quizá sienta remordimiento por su envidia, o cierto deleite por haberle "ganado la competencia" al otro, o sentimientos de culpa por ese mismo deleite, etc. O bien supongamos que lo perturbó muchísimo toparse con el cuerpo ensangrentado y mutilado de la víctima. Cuando se le interroga sobre el asesinato, el recuerdo de la escena reaviva sus penosos sentimientos, pero es demasiado "macho" como para revelar su extremada sensibilidad. Tal vez ni siquiera advierta sus propios sentimientos. El examen del polígrafo mostraría que miente, y de hecho lo estaría haciendo, aunque en realidad lo que oculta no es el asesinato de su compañero sino sus poco corteses sentimientos hacia este o su temor de no parecer bien "macho". En el próximo capítulo analizaré un caso de esta índole, en el que un inocente no pasó la prueba del polígrafo y fue acusado de asesinato.

Quienes propugnan el uso de la técnica de la pregunta de control en las investigaciones de hechos criminales reconocen la existencia de estas fuentes de error, pero afirman que rara vez se presentan. Por su parte, los críticos de dicho procedimiento aducen que un gran porcentaje de inocentes (las críticas más drásticas sostienen que ese porcentaje llega al 50%) evidencia una mayor reacción emocional ante la pregunta relevante que ante la pregunta de control. En tal caso, el polígrafo falla, sobreviene un error de Otelo y no se le cree a la persona veraz.

LA TÉCNICA DE LO QUE CONOCE EL CULPABLE

La técnica de lo que conoce el culpable, que hemos descrito en el último capítulo, presuntamente reduce las posibilidades de cometer tales errores de incredulidad. Para aplicarla, el cazador de mentiras debe contar con información sobre el crimen que únicamente el culpable tiene. Imaginemos que se ha cometido un robo en una empresa y solo el dueño de esta, el ladrón y el poligrafista saben con exactitud cuál es la suma robada, y que los billetes robados eran todos de 50 dólares. Con la técnica de lo que conoce el culpable, se le preguntaría a un sospechoso: "Si usted robó el dinero de la caja registradora, sabrá cuánto es lo sustraído. ¿La suma robada es de 150 dólares, 350, 550, 750, 950?". [Y luego] "El dinero robado era un conjunto de billetes todos de igual valor; si fue usted el que lo sustrajo, sabrá de cuánto eran los billetes. ¿Eran de 5 dólares, de 10, de 20, de 50, de 100?".

En una comunicación personal, Lykken me manifestó lo siguiente: "Un inocente solo tendría una probabilidad entre cinco de reaccionar más intensamente ante el valor correcto en una de estas preguntas, una entre veinticinco de reaccionar más intensamente en las dos preguntas, y solo una entre diez millones de reaccionar más intensamente ante la pregunta correcta si se formulasen diez preguntas sobre el crimen en vez de dos".[14] [Y en otro lugar sostuvo que] "... la importante diferencia psicológica entre el sospechoso culpable y el inocente es que aquel estuvo presente en la escena del crimen, sabe lo que entonces ocurrió y en su mente hay imágenes que no existen en la del inocente. [...] A raíz de este saber, el culpable reconocerá a personas, objetos y sucesos vinculados con el crimen [...] y este reconocimiento obrará en él como un estímulo que lo hará reaccionar emocionalmente...".[15]

Una de las limitaciones de la técnica de lo que conoce el culpable es que no siempre se puede emplear, ni aun en investigaciones criminales. La información sobre el crimen puede haber tenido tal difusión que no solo el culpable sino también el inocente conocen todos los hechos. Aunque a veces no los revelan los periódicos, sí lo hacen los propios policías a menudo en sus interrogatorios. Por otra parte, ciertos delitos no se presentan tanto como otros al uso de esta técnica. Sería difícil, por ejemplo, si una persona que admitió haber cometido un asesinato está mintiendo cuando sostiene que fue en defensa propia. Y a veces un inocente presenció el crimen y conoce tanto como la policía sobre sus pormenores.

Raskin, el propugnador de la técnica de la pregunta de control, afirma que la técnica de lo que conoce el culpable da lugar a un mayor número de errores de credulidad: "Debe presumirse que quien perpetró el crimen conoce los detalles que se mencionan en las preguntas formuladas. Si el criminal no prestó suficiente atención a tales detalles, no tuvo oportunidad de observarlos o estaba ebrio en el momento del delito, no sería apropiado someterlo a una prueba sobre la información que oculta".[16]

Tampoco es útil la técnica de lo que conoce el culpable si el sospechoso es uno de esos individuos que no presentan en forma notoria las reacciones del sistema nervioso autónomo medidas por el polígrafo. Como vimos en el último capítulo respecto de los indicios conductuales del engaño, hay grandes diferencias individuales en materia de conducta emocional. *Ningún* signo de activación emocional es del todo confiable, ni hay indicios presentes en *todos* los sujetos. Ya sea que se examine la expresión facial, la voz, los gestos, el ritmo cardíaco o respiratorio, en algunas personas estos signos no indican nada. Antes subrayé que la ausencia de un desliz verbal o emblemático no prueba que un sospechoso esté diciendo la verdad. Análogamente, la ausencia de los signos de actividad del SNA que habitualmente mide el polígrafo no prueba, en todos los casos, que la persona en cuestión no se haya emocionado. Si se aplica la técnica de lo que conoce el culpable, los resultados no serán concluyentes para aquellas personas que no presentan mucha actividad del SNA cuando se emocionan. Lykken sostiene que esto rara vez sucede; pero se han efectuado muy pocos estudios para saber con qué frecuencia ocurre entre los sospechosos de haber cometido un crimen, de ser espías, etc. Las personas con escasa actividad del SNA tampoco permitirán obtener resultados concluyentes en la técnica de la pregunta de control, ya que sus respuestas ante la pregunta relevante y ante la pregunta de control no mostrarán diferencias.

Las drogas pueden suprimir la actividad del SNA y por lo tanto surtir efectos que resten eficacia al polígrafo, ya sea que se emplee el test de lo que conoce el culpable o de la pregunta de control. Más adelante, al sintetizar las pruebas existentes hasta la fecha, examinaré esta cuestión, así como la posibilidad de que un psicópata sea capaz de eludir la eficacia de cualquiera de estas dos pruebas.

El informe ya citado de la OTA, que sometió a un examen crítico todas las pruebas disponibles, llegó a la conclusión de que ambas técnicas de interrogatorio son vulnerables a los errores que les objetan sus críticos. La técnica de lo que conoce el culpable suele dar lugar a más errores de credulidad, en tanto que la técnica de la pregunta de control produce más errores de incredulidad. No obstante, incluso estas conclusiones fueron impugnadas por algunos poligrafistas e investigadores. Persisten las ambigüedades, en parte porque se han realizado pocos estudios,* en parte por la dificultad de plantear estudios capaces de evaluar bien la exactitud del polígrafo. A casi todos los estudios efectuados hasta hoy se le pueden encontrar defectos. Un problema decisivo es el de establecer la llamada *verdad básica*, o sea, alguna

---

* Aunque se escribieron miles de artículos sobre el polígrafo, muy pocos de ellos se fundaron en investigaciones científicas. La OTA seleccionó 3 200 artículos o libros, en solo 320 de los cuales se las había practicado, aunque en su mayoría las investigaciones no cumplían con los requisitos científicos mínimos. Según la OTA, solo hay unos treinta estudios científicos fiables sobre la precisión del polígrafo para detectar mentiras.

manera de saber, independientemente del polígrafo, si alguien miente o dice la verdad. A menos que el investigador conozca dicha verdad básica (quién ha mentido y quién ha dicho la verdad), no tendrá cómo evaluar la precisión del aparato.

ESTUDIOS SOBRE LA PRECISIÓN DEL POLÍGRAFO

Los enfoques con que se ha abordado el estudio de la precisión del polígrafo difieren entre sí por el grado de certeza que ofrecen respecto de la verdad básica. En los estudios *de campo* se examinan episodios de la vida real, mientras que en los *analógicos* se examina una situación, por lo común experimental, que el propio investigador ha diseñado. Estos dos tipos de estudios presentan ventajas y defectos que se corresponden entre sí. En los estudios de campo, a los sospechosos efectivamente les preocupa el resultado de la prueba con el polígrafo y por ende es probable que surjan en ellos emociones intensas. Otra virtud de estos estudios es que son examinados individuos de los que realmente se sospecha, y no estudiantes universitarios que se ofrecen para un experimento. El fallo reside en la ambigüedad que existe respecto de la verdad básica. Por el contrario, en el caso de los estudios analógicos la principal ventaja es justamente la certeza que puede lograrse sobre la verdad básica: es fácil conocerla, ya que el propio investigador determina quién ha de mentir y quién dirá la verdad. El defecto de los estudios analógicos es la poca probabilidad de que susciten las mismas emociones que los otros, ya que por lo común lo que está en juego para los "sospechosos" es poco o nada. Además, los sujetos seleccionados para la prueba pueden no guardar semejanza con el tipo de personas que más a menudo son sometidas al test del polígrafo.

ESTUDIOS DE CAMPO

Veamos ante todo por qué cuesta tanto establecer un criterio de verdad básica en los estudios de campo. En ellos, los sospechosos de un crimen son sometidos a la prueba del polígrafo no con fines de investigación científica sino como parte de los procedimientos policiales tendentes a encontrar al culpable. Más tarde se dispondrá de información sobre si confesaron su culpabilidad o demostraron su inocencia, o se sabrá si fueron retirados los cargos que se les hicieron. Parecería que contando con toda esa información sería sencillo establecer la verdad básica, pero no es así. Citemos el informe de la OTA:

> En un caso judicial puede denegarse la demanda por falta de pruebas más que por la inocencia del acusado. Cuando un jurado absuelve a un reo, no es posible determinar en qué medida lo considera realmente inocente y en qué medida estima que no se habían reunido pruebas suficientes que satisficieran la norma de declarar a alguien "culpable más allá de toda duda razonable". Muchos alegatos de culpabilidad son en el fondo confesiones de culpabilidad en otros delitos (de menor trascendencia); como señala Raskin, es difícil interpretar el significado de tales alegatos respecto de la culpa del sujeto en aquellas cuestiones de las que se le acusó originalmente. El resultado es que a partir de los datos proporcionados por el sistema de la justicia penal, los exámenes practicados con el polígrafo parecerían incurrir en gran número de [errores de incredulidad] en el caso de las absoluciones, o de [errores de credulidad] en el caso de las denegaciones de la demanda.[17]

Se dirá tal vez que todos estos problemas podrían resolverse si un grupo de expertos repasara las pruebas y llegase a una decisión sobre la culpa o inocencia del reo; pero este procedimiento presenta dos grandes dificultades: los expertos no siempre concuerdan entre sí, y cuando lo hacen no hay modo de saber con certeza si se equivocan o no. Ni siquiera las confesiones están libres de problemas: hay algunos inocentes que confiesan falsamente su culpa, y aun cuando la confesión sea válida, ella solo ofrece una verdad básica sobre una pequeña proporción (poco representativa quizá) de los individuos a los que suele administrarse la prueba del polígrafo. El fallo de casi todos los estudios de campo es que el universo del cual se seleccionaron los casos no queda identificado.

ESTUDIOS ANALÓGICOS

No son menores, sino solo diferentes, las dificultades que presentan los estudios analógicos. Aquí hay certeza sobre la verdad básica: el investigador encomienda a algunos sujetos "cometer el crimen" y a otros no; lo incierto es si un crimen simulado puede en alguna circunstancia ser tomado seriamente por los sujetos como si fuera real. Los investigadores trataron de motivarlos ofreciéndoles una recompensa en caso de no ser detectados al administrárseles el test del polígrafo, y, ocasionalmente, amenazándolos con algún castigo en caso de ser detectados; sin embargo, por motivos éticos, estos castigos solo pueden ser de poca monta (v. gr., no se les adjudica ninguna calificación positiva adicional por su participación en el experimento). Casi todos los que emplearon la técnica de la pregunta de control utilizaron una versión de crimen simulado diseñada por Raskin:

> La mitad de los sujetos recibieron una grabación magnetofónica en la que simplemente se les comentaba que había sido robado un anillo de una oficina del edificio, y que se les aplicaría un aparato detector de mentiras para establecer si, al negar su participación en ese robo, decían o no la verdad. Se les aclaraba que en caso de que el test revelase su veracidad, recibirían una recompensa monetaria sustancial en forma de bonificación. A la otra mitad de los sujetos se les dieron instrucciones de cómo debían cometer el delito. [...] Tenían que ir a una oficina de otro piso, lograr con alguna excusa que la secretaria saliese de la habitación, entrar en ella cuando la secretaria no estuviera y buscar en su escritorio una caja en la que se había puesto el anillo; debían tomarlo, ocultarlo entre sus ropas y volver al laboratorio para someterse al test del polígrafo. Se les advirtió que no tenían que revelar a nadie que estaban participando en un experimento, y que debían tener preparada una coartada por si alguien los sorprendía en la oficina de la secretaria. También se les encomendó no divulgar ningún detalle del "delito" al poligrafista, ya que entonces este sabría que eran los culpables de dicho "delito" y no se les entregaría el dinero que normalmente les correspondía ganar ni tendrían acceso a la bonificación (10 dólares).[18]

Si bien este diseño constituye una decidida tentativa de dotar a la experiencia de un parecido con la situación de delito real, la cuestión es si suscita emociones vinculadas al mentir. Dado que el polígrafo mide la actividad emocional, un delito simulado solo nos permitirá inferir la exactitud del aparato si suscita las mismas emociones que un crimen real, y con igual intensidad. En el capítulo 3 mencioné tres clases de emociones que pueden surgir en alguien que miente, y expliqué qué es lo que determina la intensidad de cada una de ellas. Veamos si existe la posibilidad de que en un crimen simulado se sientan estas emociones.

Recelo a ser detectado. Lo que está en juego es el elemento determinante del grado de temor de un sospechoso a ser atrapado. En el capítulo 3 sugerí que el recelo a ser detectado será tanto mayor cuanto mayor sea la recompensa por el éxito del engaño y mayor el castigo por su fracaso; y de estos dos factores, la severidad del castigo es probablemente más importante. La severidad del castigo influirá tanto en el temor del veraz a que lo juzguen equivocadamente, como en el temor del mentiroso a que lo identifiquen: ambos sufrirían igual consecuencia. En los delitos simulados, la recompensa es pequeña y no hay castigos; por lo tanto, ni los veraces ni los mentirosos sentirán recelo a ser detectados. Tal vez les preocupe a algunos sujetos hacer bien lo que se les paga por hacer, pero sin duda este sentimiento es mucho más débil que el temor de un inocente o de un culpable en la investigación de un crimen auténtico.

Sentimiento de culpa por engañar. El sentimiento de culpa por engañar es mayor cuando el mentiroso y el destinatario tienen valores en común (como deberían ser el caso de los delitos simulados), pero se reduce si mentir está autorizado, o es solicitado o goza de aprobación para el desempeño de la propia tarea. En los delitos simulados se le pide al sujeto que mienta, y aun se le dice que de ese modo estará haciendo una contribución a la ciencia. En ellos, los mentirosos no han de sentir mucha culpa por su engaño.

Deleite por embaucar. La excitación del desafío, el placer de impresionar a los demás, se sienten con más intensidad si el destinatario de la mentira tiene fama de ser "duro de pelar". Engañar al polígrafo también puede representar un desafío de esa índole, y este sentimiento debe ser particularmente intenso si no está acompañado de otras emociones que lo diluyan (temor o culpa).* Solo el mentiroso, no el veraz, sentirá este deleite.

El análisis anterior nos indica que los crímenes simulados solamente pueden generar una de las tres emociones que puede sentir el sospechoso de un delito real: el deleite por embaucar. Por otra parte, dicha emoción solo será experimentada por los mentirosos, no por los sinceros. Como lo probable es que solo los mentirosos se emocionen en estas circunstancias, la detección será sencilla —más sencilla, creo, que en el crimen real típico, cuando el individuo veraz puede experimentar algunos de los mismos sentimientos que el mentiroso—. De acuerdo con este razonamiento, en las investigaciones con delitos simulados se sobrestimará la exactitud del polígrafo.

ESTUDIOS HÍBRIDOS

Hay un tercer enfoque de investigación que procura evitar los fallos de los estudios de campo y analógicos combinando las ventajas que unos y otros ofrecen. En estos *estudios híbridos*, el investigador dispone las cosas de tal modo que pueda suceder un delito real. No hay dudas sobre la verdad básica, como ocurre en los estudios analógicos, y hay mucho en juego tanto para el mentiroso como para el veraz, al igual que en los estudios de campo.

En una tesis doctoral publicada por Netzer Daie, miembro de la unidad especializada para los interrogatorios científicos de la policía israelí en Jerusalén, se refiere un caso en que el engaño

---

* Antes de conocer mi análisis de la prueba del polígrafo, Raskin me confió que a su juicio lo que traicionaba al mentiroso era su reacción frente al desafío, más que su recelo a ser detectado o su deleite por embaucar. Si bien esto no prueba lo que digo, robustece mi argumentación en el sentido de que los delitos simulados pueden no ofrecer una buena analogía de toda la gama de emociones que se experimentan al cometer un crimen real, cuando lo que está en juego, tanto para el inocente como para el culpable, es mucho.

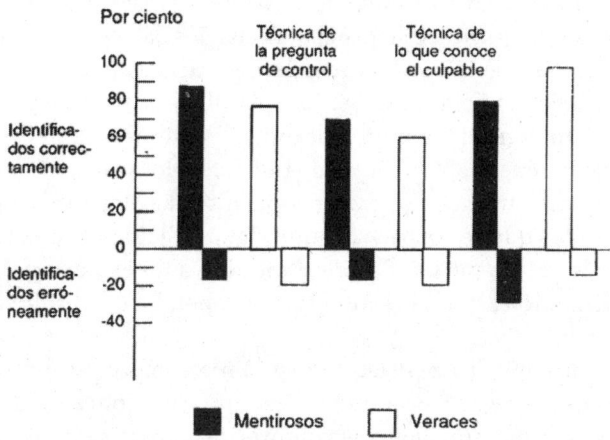

fue "... auténtico, y emprendido a sabiendas más que simulado; los sujetos pensaban que el interrogador desconocía quién había cometido el delito, y [...] estaban genuinamente preocupados por el resultado de la prueba del polígrafo; [...] el poligrafista ignoraba la proporción de culpables y de inocentes en la muestra".[19]

* El gráfico indica los promedios, que no siempre dan una idea clara de la dispersión de los resultados obtenidos por los investigadores. Los porcentajes mínimos y máximos son los siguientes. Mentirosos correctamente identificados: en estudios de campo, 7 199%; en estudios analógicos con técnica de la pregunta de control, 35 100%; en estudios analógicos con técnica de lo que conoce el culpable, 6 195%. Personas veraces correctamente identificadas: en estudios de campo, 1 394%; en estudios analógicos con técnica de la pregunta de control, 3 291%; en estudios analógicos con técnica de lo que conoce el culpable, 80 100%. Personas veraces incorrectamente identificadas: en estudios de campo, 075%; en estudios analógicos con técnica de la pregunta de control, 251%; en estudios analógicos con técnica de lo que conoce el culpable, 012%. Mentirosos incorrectamente identificados: en estudios de campo, 029%; en estudios analógicos con técnica de la pregunta de control, 029%; en estudios analógicos con técnica de lo que conoce el culpable, 539%.

Los sujetos de la investigación fueron veintiún policías israelíes a quienes se sometió a una prueba escrita colectiva "que les fue presentada como un examen de aptitudes necesario; se les pidió que cada uno calificase su prueba, lo cual les daba una oportunidad para que revisaran sus respuestas iniciales e introdujeran modificaciones fraudulentas. Las planillas con las respuestas luego eran sometidas a un tratamiento químico que permitía detectar quiénes habían cometido fraude. De los veintiún sujetos, siete modificaron sus respuestas primitivas. Más tarde, se les dijo a todos que se sospechaba que algunos habían hecho trampa y se les dio la posibilidad de someterse a un examen poligráfico, diciéndoles que su carrera futura dependía del resultado de esa prueba".[20]

Permitir que los policías se negasen a someterse al test del polígrafo fue realista, ya que en las investigaciones de delitos estos exámenes son siempre voluntarios, nunca se imponen al sujeto. De los siete tramposos, tres confesaron; otro tramposo y dos inocentes se negaron a hacer el test del polígrafo, y un tercer tramposo no se presentó.* Así pues, en total solo catorce de los veintiún policías originales se sometieron al test del polígrafo: dos tramposos y doce inocentes. Se empleó la técnica de la pregunta de control, y pudo detectarse con precisión a los dos engañadores; pero también a dos de los doce inocentes se los juzgó, equivocadamente, culpables.

Dada la escasa cantidad de participantes en este experimento, no es posible extraer de él ninguna conclusión; pero estos estudios híbridos pueden ser muy útiles, aunque plantean los problemas éticos propios de incitar al engaño y el fraude. Los investigadores israelíes consideran que esto está justificado, por la importancia que tiene contar con una adecuada evaluación del polígrafo. "Miles de personas son interrogadas anualmente con el polígrafo —sostienen— y basándose en esas pruebas se toman importantes decisiones; sin embargo, se desconoce aún la validez de esta herramienta...".[21] Tal vez esté más justificado aprovechar

---

* Estas cifras parecen corroborar lo que sostienen los poligrafistas: la sola amenaza de ser sometido a un test con el polígrafo produce la confesión de algunos culpables. Por otro lado, la resistencia a hacerlo no es garantía de culpabilidad.

para estos estudios a los policías, ya que ellos corren riesgos particulares como parte del desempeño diario de sus tareas y están específicamente involucrados en el uso o mal uso que se haga del polígrafo. La virtud de este enfoque híbrido es que es real: es un hecho comprobado que algunos policías cometen fraudes en las pruebas escritas. "Una investigación ultrasecreta llevada a cabo por altos funcionarios del FBI determinó que varios centenares de sus empleados habían cometido numerosos fraudes en exámenes destinados a cubrir vacantes en ciertos cargos especiales muy codiciados."[22] El experimento híbrido llevado a cabo en Israel no fue un juego; no se trató del mero desafío a engañar al experimentador. El temor de ser atrapado era grande, pues estaba en juego la reputación (y la carrera profesional), y al menos unos cuantos tienen que haber sentido además culpa por mentir.

HALLAZGOS DE LAS INVESTIGACIONES

Se han llevado a cabo diez estudios de campo y catorce estudios analógicos con la técnica de la pregunta de control, y otros seis estudios analógicos con la técnica de lo que conoce el culpable, todos los cuales cumplen con las normas mínimas de los trabajos científicos.* El diagrama que presentamos a continuación, basa-

---

* Para decidir qué estudios de campo y qué estudios analógicos con la técnica de la pregunta de control satisfacen los criterios científicos, me he apoyado en el juicio de la OTA. Lykken me ha manifestado que según él la OTA otorgó crédito a los estudios de campo que sometieron a un muestreo selectivo los registros examinados, con lo cual las estimaciones de los estudios de campo están magnificadas. La OTA no incluye en su resumen final ninguno de los resultados obtenidos con la técnica de lo que conoce el culpable; yo lo he hecho a fin de que el lector pueda compararlos con los obtenidos mediante la técnica de la pregunta de control. He dado cuenta de todos los estudios incluidos en el cuadro 7 de la OTA, salvo el experimento de Timm, en el cual no había ningún sujeto inocente. Utilicé los primeros datos del test del estudio de Balloun y Holmes, y los datos EDR del estudio de Bradley y Janisse. (H.W. Timm, "Analyzing Deception from Respiration Patterns", *Journal of Political Science and Administration*, vol. 10, 1982, pp. 47-51; K.D. Balloun y D.S. Holmes, "Effects of Repeated Examinations on the Ability to Detect Guilt with a Polygraphic Examination: A Laboratory Experiment with a Real Crime", *Journal of Applied Psychology*, vol. 64, 1979, pp. 316-322; y M.T. Bradley y M.P. Janisse, "Accuracy Demonstrations, Threat, and the Detection of Deception: Cardo en tales estudios, muestra por cierto que el polígrafo es eficaz, que atrapa a los mentirosos la mayoría de las veces, pero también muestra que comete errores. La cantidad y el tipo de esos errores depende de que el estudio sea de campo o analógico, de que se haya usado la técnica de la pregunta de control o la de lo que conoce el culpable, así como de los pormenores de cada estudio. Hay algunos hallazgos generales:

1. Los estudios de campo son más precisos que los analógicos. Varios factores pueden intervenir en esto. En los estudios de campo se suscita un mayor grado de emocionalidad, los sospechosos tienen un menor nivel de instrucción, hay menos certidumbre sobre la verdad básica y a menudo sobre la representatividad de los casos escogidos para el estudio.

2. Hay una gran cantidad de errores de incredulidad, excepto cuando se emplea la técnica de lo que conoce el culpable en un estudio analógico. Es indispensable llevar a cabo más investigaciones (en especial estudios de campo o híbridos) con la técnica de lo que conoce el culpable.

3. También es grande la cantidad de errores de credulidad, sobre todo cuando se usa la técnica de lo que conoce el culpable.

Si bien Raskin tiene el convencimiento de que las cifras que aparecen en esta figura subestiman la precisión del polígrafo y Lykken piensa que la sobrestiman, ninguno de ellos ha manifestado su discrepancia respecto de los tres puntos anteriores, aunque sigue en pie su falta de acuerdo sobre varias cuestiones decisivas en cuanto al grado de confianza que puede depositarse en los resultados del test del polígrafo. ¿Son los psicópatas más hábiles que el resto para eludir la detección mediante el polígrafo? Las pruebas existentes sobre la técnica de la pregunta de control son contradictorias. Lykken piensa que se podrían detectar con la técnica de lo que conoce el culpable, razonando que aunque no manifestasen ningún temor a ser atrapados o (lo que yo llamo) deleite por embaucar, el simple hecho de reconocer la respuesta correcta entre los ítems del test producirá alteraciones en el sis-

---

diovascular, Electrodermal, and Pupillary Measures", *Psychophysiology*, vol. 18, 1981, pp. 307-314).

tema nervioso autónomo. Pero hasta ahora no se ha realizado ninguna investigación para determinar si el examen poligráfico con la técnica de lo que conoce el culpable funciona en el caso de un psicópata. Se precisan más estudios con psicópatas y también estudios que procuren identificar otras clases de individuos cuya reacción en los exámenes con el polígrafo es mínima.

¿Pueden tener éxito las medidas contrarrestantes o intentos deliberados de los mentirosos para evitar ser detectados? Nuevamente, solo nuevas investigaciones podrán resolver los hallazgos hasta ahora contradictorios. Pienso que sería sensato admitir que un número desconocido de mentirosos lograrán eludir que los atrapen al amparo de dichas medidas contrarrestantes. Esto sería factible si pudieran dedicarse varios meses a entrenar al mentiroso en la aplicación de tales medidas, empleando una tecnología sofisticada. Nadie sabe si actualmente se les da este entrenamiento a los espías, aunque a mi juicio sería ilógico suponer que esto no se hace. Corren rumores de que en un país del bloque del Este existe una escuela donde se imparte este particular adiestramiento, y se enseña a los agentes secretos a derrotar al polígrafo. Aparentemente esto fue lo que reveló la confesión de un agente de la KGB que no había aprendido del todo la lección.

El párrafo de las conclusiones del informe de la OTA declara que las investigaciones sobre el polígrafo dan "... cierta evidencia de la validez de estas pruebas como agregados a las investigaciones criminales típicas de incidentes concretos".[23] Creo posible avanzar un poco más allá de esta cautelosa conclusión sin por ello perder el consenso de los principales protagonistas.

Debe otorgarse mayor peso a los resultados de una prueba que sugiere que el sospechoso es veraz, y menor peso a los que sugieren que el sospechoso miente. Si no hay pruebas contundentes en contrario, las investigaciones deberían desestimar los cargos contra un sospechoso al que la prueba señala como veraz. Raskin y otros indican esto, en particular, cuando se emplea la técnica de la pregunta de control, ya que con ella son pocos los errores de credulidad que se cometen. Lykken, en cambio, piensa que esa técnica no tiene *ninguna* utilidad y que solo la técnica de lo que conoce el culpable es prometedora para la investigación de delitos.

Si la prueba del polígrafo sugiere que un sospechoso miente, no debe considerársela "como base suficiente para declararlo culpable, ni siquiera para proseguir la causa judicial contra él [...] un examen poligráfico que sugiera engaño solo debe servir para proseguir la investigación del delito...".[24] Lykken manifiesta su acuerdo con esta cita de Raskin, pero solo si se la aplica a la técnica de lo que conoce el culpable.

En el capítulo 8 explicaré qué entiendo yo por *verificación de la mentira*, y en el "Apéndice" (cuadro 4) enumero 38 preguntas que pueden formularse sobre cualquier clase de mentira a fin de evaluar la probabilidad de detectarlo ya sea mediante el polígrafo o mediante los indicios conductuales. Uno de los ejemplos que doy de verificación de la mentira consiste en una minuciosa elucidación de un test poligráfico de un sospechoso de asesinato. Este ejemplo brinda una nueva oportunidad de reconsiderar hasta qué punto es dable utilizar dicho test en una investigación criminal. Pasemos ahora a considerar otros usos del polígrafo, en torno de los cuales gira gran parte de la polémica actual.

UTILIZACIÓN DEL POLÍGRAFO EN LA SELECCIÓN DE PERSONAL EN GENERAL

Tanto el informe de la OTA como Raskin y Lykken concuerdan en rechazar la aplicación del polígrafo en la selección de personal, pero por otro lado muchos empresarios y poligrafistas profesionales, así como algunos funcionarios del gobierno (en particular los pertenecientes a organismos de seguridad) se inclinan por su uso. Si bien el examen de candidatos a un puesto constituye la aplicación más habitual del polígrafo, no se han efectuado estudios científicos que permitan determinar con qué exactitud detecta el aparato quiénes son los que mienten en cuestiones tales que impedirían su contratación si el hecho se supiera. No es difícil ver por qué. En los estudios de campo no sería sencillo establecer la verdad básica. Podría medírsela a partir de un estudio en que todos los candidatos fuesen contratados, con independencia de los resultados que obtuvieran en el polígrafo, para luego vigilarlos en el desempeño de su labor y determinar si alguno de ellos comete un hurto o alguna otra transgresión. Otra manera de establecer la verdad básica sería investigar cuidadosamente la historia laboral de los sujetos para ver quién ha mentido respecto de sus antecedentes. Pero hacer esto de forma cabal, de modo que sean muy pocos los errores, sería muy oneroso. Solo se llevaron a cabo dos estudios analógicos, según uno de los cuales el polígrafo era muy preciso y según el otro no; pero existen demasiadas discrepancias entre ambos, y, en cada uno de ellos, hay dificultades para llegar a alguna conclusión.*

La exactitud del polígrafo para la selección del personal no puede estimarse presumiendo que sería la misma que en los estudios sobre episodios criminales (véase la figura anterior). Los sujetos examinados pueden ser muy distintos, como también los examinadores y las técnicas de examen que estos emplean. En el caso de la selección de personal, el candidato tiene que someterse al test para obtener el empleo, en tanto que los sospechosos de haber cometido un delito tienen la opción de no hacer el test sin que esa negativa se utilice en su contra. Raskin afirma que aplicado a la selección de personal el examen del polígrafo "... es coactivo y probablemente origine un resentimiento que podría interferir en alto grado en la precisión del examen".[26] Por otra parte, también lo que está en juego en uno y otro caso es muy diferente: el castigo si uno es atrapado por el polígrafo será mucho menor en la selección de personal que en los procedimientos policiales. Y al ser menor lo que está en juego, los mentirosos tendrán menos recelo a ser detectados y será más arduo descubrirlos. En cambio los inocentes que tienen máximo interés en ser contratados pueden sentir temor de que los juzgue erróneamente, y ese mismo temor llevará a que de hecho el juicio sobre ellos sea erróneo.

---

* Para estos dos estudios he recurrido a las opiniones de la OTA.[25] Los que están en favor del uso del test del polígrafo para la selección de personal los consideran convincentes e importantes. Pero aun cuando se acepten como tales, creo razonable afirmar que todavía no hay ningún fundamento científico para extraer conclusiones sobre la exactitud del polígrafo en la selección de personal, y que en una cuestión tan trascendental y controvertida se precisa mucho más que dos estudios.

Frente a estos argumentos en contra del uso del polígrafo, quienes lo defienden sostienen que lo cierto es que resulta eficaz, ya que muchos candidatos, después de someterse al test, admiten ciertas cosas que los perjudican y que no habían reconocido antes de la prueba. Esta es una argumentación basada en la *utilidad* del aparato: nada importa si el polígrafo sirve o no para detectar con precisión a los mentirosos, puesto que permite evitar la contratación de los candidatos indeseables. Lykken sostiene que estos argumentos en favor de la utilidad de la prueba tal vez no sean válidos:[27] los informes sobre las admisiones perjudiciales pueden sobrestimar su número real, y quizás algunas de ellas sean falsas confesiones efectuadas bajo presión. Por otro lado, los que han hecho realmente cosas que llevarían a desestimar su contratación pueden no resultar suficientemente intimidados por la prueba del polígrafo como para confesarlas. Sin estudios que analicen la precisión del polígrafo, no hay modo de saber cuántos de los que fallan en la prueba podrían ser de hecho empleados leales, ni cuántos de los que la pasan van a robar en la empresa que los contrata.

Gordon Barland, un psicólogo formado con Raskin que se dedicó al empleo del polígrafo en la selección de personal, aboga por su uso con un argumento muy diferente. Estudió a 400 candidatos a empleos de camioneros, cajeros, encargados de expedición en almacenes, etc., enviados por sus futuros empleadores para someterse a un test poligráfico en una empresa privada. La mitad [77 sujetos]* de los 155 candidatos que el aparato señaló como mentirosos admitieron su engaño cuando se les comentaron los resultados del test. Barland agrega que pese a ello los empleadores contrataron al 58% de esos individuos [45 sujetos], ya que "muchos empleadores no usan el examen del polígrafo para decidir si han de contratar o no a un candidato, sino más bien para decidir qué puesto le van a asignar. Por ejemplo, a un alcohólico no se le confiará el manejo de un camión pero sí puede contratárselo como peón para trabajar en el puerto".[28] Puntualiza que lo que debe interesarnos particularmente es el

---

* A fin de aclarar mejor el ejemplo que da el autor, se agrega entre corchetes la cantidad de sujetos a que corresponde cada porcentaje. Sobre el total de 155 aspirantes habrían sido contratados 96 y rechazados 59. [N. del T.].

destino de los otros 78 mentirosos que negaron serlo, ya que estos pueden ser víctimas de errores de incredulidad. Barland dice que podría reconfortarnos saber que el 66% de ellos [51 sujetos] fueron contratados de todas maneras; pero no hay cómo saber si lo fueron para tareas tan apropiadas como las que se les habría encomendado si no se contase con los resultados del polígrafo. A la mayoría [20 sujetos] de los que no fueron contratados y negaron haber mentido [27 sujetos], se les rechazó a causa de la información recogida de ellos en la entrevista previa al examen. "Solo una muy pequeña proporción (menos del 10%) [7 sujetos] del total de candidatos a los que se consideró mentirosos pero negaron serlo [78 sujetos], fueron rechazados debido a ese motivo por el empleador."[29]

La evaluación que se haga de esa cifra *inferior al 10%*, así como el perjuicio que pueda causarse con un procedimiento que dé esta cifra, dependen del *índice normal de mentirosos* en un determinado grupo de sujetos. La expresión "índice normal" se refiere a la proporción de personas que habitualmente miente en esa clase de grupos. Por ejemplo, entre los sospechosos de cometer delitos que se someten al test, el índice normal de culpables es probablemente muy alto, quizá de un 50%. Lo típico es que no se administre el polígrafo a todos los sospechosos sino solo a un pequeño grupo, sobre el cual ya se hicieron investigaciones previas. El estudio de Barland sugiere que el índice normal de mentirosos entre los candidatos que se presentan a un empleo es de alrededor del 20%: uno de cada cinco mentirá acerca de alguna cuestión porque, de saberse la verdad sobre ella, no serían contratados.

Aun cuando se supusiera que el test del polígrafo es más preciso de lo que probablemente sea, con un índice normal del 20% los resultados pueden ser lastimosos. Al rechazar la conveniencia de aplicar esta prueba en la selección de personal, Raskin parte de la suposición de que la exactitud del test es de un 90%, mayor que la real:

> Con esas premisas, el test del polígrafo aplicado a 1 000 candidatos a un empleo daría los siguientes resultados: de los 200 sujetos mentirosos, 180 serían identificados correcta-

mente como tales y 20 serían identificados erróneamente como veraces; de los 800 sujetos veraces, 720 serían identificados correctamente como veraces y 80 serían identificados incorrectamente como mentirosos. De un total de 260 sujetos identificados como mentirosos, 80 (o sea, el 31%) serían en realidad veraces. Esta es una proporción altísima de [errores de incredulidad] que llevarían a desestimar la contratación de estos individuos si se tomase al test del polígrafo como base para la decisión. No se obtendrían resultados similares en una investigación criminal, ya que en esa situación el índice normal de engaños es probablemente de un 50% o más, y el grado de exactitud de la técnica no daría origen a una proporción tan alta de errores falsos positivos.[30]

Frente a esto, podría contraargumentarse lo siguiente:

La cifra del 20% estimada como índice normal de mentirosos entre los candidatos a empleos podría ser demasiado baja. Solo se funda en un estudio, llevado a cabo con esta clase de personas en el estado de Utah, donde existe gran cantidad de mormones; tal vez en otros lugares, donde la proporción de mormones sea inferior, habría un mayor número de mentirosos. Pero aunque la cifra fuese de un 50%, el test no debería aplicarse sin datos ciertos sobre la precisión del polígrafo en estos casos, que probablemente sea muy inferior a un 90%.

La exactitud de la prueba del polígrafo no interesa en realidad. El solo hecho de someterse al test, o la amenaza de que eso sea necesario, hace que los sujetos admitan poseer información perjudicial para ellos, que de otro modo no reconocerían. También en este caso, la réplica sería que sin estudios sobre la exactitud no hay modo de averiguar cuántos de los que no admitieron saber nada de eso causaron luego, de hecho, perjuicios a sus empleadores.

Un uso del polígrafo vinculado con este consiste en aplicar el test en forma periódica al personal ya existente de una empresa; este uso está sujeto a todas las críticas mencionadas para la selección de personal nuevo.

UTILIZACIÓN DEL POLÍGRAFO EN LA SELECCIÓN DE PERSONAL POLICIAL

Este es otro uso muy difundido del polígrafo, al que se aplican todas las argumentaciones hasta ahora examinadas para la selección de personal en general. Sin embargo, trato por separado a los candidatos a ingresar a la policía puesto que se dispone en este caso de algunos datos sobre la utilidad del test, y la índole de la tarea policial da cabida a nuevos argumentos en favor del empleo del polígrafo.

Lo esencial de estos argumentos está contenido en el título de un artículo de Richard Arther, un poligrafista profesional: "¿Cuántos ladrones, asaltantes o criminales sexuales va a contratar su departamento de policía este año? (¡esperemos que sea apenas el 10% de los que ya ha contratado!)".[31] Los hallazgos de Arther se fundan en las respuestas a un cuestionario de 32 organismos encargados de la aplicación de la ley (aunque no dice qué porcentaje representan del total de organismos a los que solicitó la información). Arther da cuenta de que en 1970 los organismos que respondieron a su encuesta llevaron a cabo 6 524 exámenes con el polígrafo a los candidatos a ocupar un puesto en ellos, y que "se obtuvo con ellos, por primera vez, información descalificadora significativa sobre 2 119 aspirantes, ¡lo cual representa un índice de descalificación del 32%! Y lo más importante es que la gran mayoría de esas 6 524 pruebas se realizaron cuando los aspirantes ya habían pasado sus exámenes principales". Arther subraya su argumentación citando numerosos ejemplos sobre la importancia que tuvo el uso del polígrafo; he aquí uno enviado por Norman Luckay, poligrafista del departamento de policía de Cleveland, Ohio: "El individuo en cuestión figuraba entre los diez primeros en nuestra lista certificada de designaciones cuando fue sometido al examen [con el polígrafo]. Luego confesó haber estado envuelto en varios asaltos a mano armada que quedaron sin resolver".[32]

Pese a estas historias espectaculares y a las cifras sorprendentes de aspirantes a puestos policiales que son mentirosos, no debemos olvidar que todavía no se dispone de pruebas científicas aceptables sobre la precisión del polígrafo en la selección de estos aspirantes. Si esto parece increíble, es porque resulta muy sencillo confundir utilidad con exactitud. Los datos de Arther son sobre la utilidad del polígrafo; entre otras cosas, no nos dice lo siguiente:

¿Cuántos de los aspirantes que, según la prueba, mintieron, no admitieron haberlo hecho ni confesaron haber cometido ninguna falta? ¿Y qué ocurrió con ellos? Estos también son datos sobre la utilidad, pero quienes abogan por el uso del polígrafo en la selección de personal nada informan sobre estas cifras.

De los que según la prueba mintieron, y negaron haber mentido, ¿cuántos estaban diciendo la verdad y debieron haber sido contratados? Para responder a esta interrogante (que equivale a averiguar cuántos errores de incredulidad se cometieron) se requiere un estudio de la exactitud del procedimiento.

¿Cuántos de los que, según la prueba, no mintieron, en realidad sí lo hicieron? Vale decir, ¿cuántos asaltantes, ladrones, violadores, etc., lograron engañar al polígrafo? Para responder a esta pregunta (que equivale a averiguar cuántos errores de credulidad se cometieron) se requiere asimismo un estudio de exactitud.

Me asombra que no haya pruebas concluyentes sobre esto. No son fáciles de obtener ni baratas, pero no bastan los datos sobre la utilidad: es demasiado lo que está en juego como para ignorar cuántos errores de credulidad se cometen —para no hablar de los errores de incredulidad.

Pero aunque todavía no se disponga de esos datos, el uso del polígrafo para aspirantes a policías es justificable, no importan los errores que con él se cometan, porque sin duda excluye a una buena cantidad de sujetos indeseables. Por más que no los identifique a todos, y por más que no sean contratados algunos que podrían ser muy buenos policías (las víctimas de los errores de incredulidad), tal vez el precio pagado no sea tan alto.

Hay una opinión social, política. Hay que formularla sabiendo que no existen pruebas científicas sobre la precisión del polígrafo para seleccionar aspirantes a policías. Creo que los que defienden el uso del polígrafo porque, al menos, excluye a algunos indeseables deben procurar que, al mismo tiempo que se sigue aplicando, se emprendan estudios sobre la exactitud del test, aunque solo sea para descubrir cuántos individuos son rechazados sin fundamento.

UTILIZACIÓN DEL POLÍGRAFO PARA CAPTURAR ESPÍAS

Un sargento del ejército que tenía acceso a información reservada se presentó para un cargo civil [en un organismo de espionaje]. Durante el examen con el polígrafo, reaccionó ante varias preguntas relevantes. En la entrevista posterior, admitió haber cometido varios delitos secundarios y diversas faltas. El examinador notó permanentes reacciones específicas ante ciertas preguntas relevantes, y cuando volvió a examinarlo unas semanas más tarde, la situación siguió igual. Se le denegó al sargento el acceso a la información confidencial y se inició una investigación. Cuando esta se estaba llevando a cabo, fue hallado muerto en el interior de su automóvil. Más adelante se pudo establecer que realizaba actividades de espionaje para la Unión Soviética.[33]

En el informe de la Agencia Nacional de Seguridad de Estados Unidos (NSA) sobre su uso del polígrafo aparece este entre otros muchos ejemplos de espías atrapados gracias al examen previo de rutina con el polígrafo. Cabe presumir que también fallaron en esta prueba algunos que no eran espías sino personas sinceras, perfectamente idóneas para el cargo a que aspiraban. La NSA no nos dice cuántos espías logró atrapar o cuántos dejó escapar, según pudo comprobar luego; pero sí nos da cifras sobre las numerosas personas rechazadas por haber admitido una variedad de cargos (uso de drogas, actividad subversiva, antecedentes delictivos, etc.). Una serie de datos se refieren a 2 902 candidatos a puestos que requerían una acreditación oficial, sometidos a la prueba. Un 43% de estos individuos resultaron veraces, pero averiguaciones posteriores revelaron que 17 de los 2 902 habían ocultado información descalificadora. Así pues, el porcentaje *conocido* de errores de credulidad fue inferior al 1%. Un 21% de los que fallaron en la prueba admitieron luego importantes cargos que llevaron a rechazarlos, en tanto que otro 21% que también fallaron en la prueba reconocieron faltas menores, que no les impidieron ser contratados. Un 8% fallaron en la prueba pero *no* reconocieron tener faltas en su haber.

Este 8% de sujetos podría corresponder a errores de incredulidad. La NSA no los menciona en su informe; yo deduje la cifra de los datos que figuran en él. La NSA recalca que el polígrafo es solo uno de los instrumentos empleados para determinar quién debe ser contratado, no el que decide finalmente. A la gente que no pasa la prueba se la entrevista con posterioridad tratando de descubrir las razones de su reacción emocional con el polígrafo ante una pregunta en particular. Gordon Barland me comunicó que la NSA no contrata personas cuyo fallo ante el polígrafo no tenga explicación.

Nuevamente debemos recordar que estas cifras se refieren a la utilidad y no a la exactitud del procedimiento. Sin datos sobre la exactitud es imposible contestar las siguientes preguntas: ¿Cuántos mentirosos que tuvieron éxito en la prueba siguen trabajando en la NSA? El organismo cree en su cifra: son menos del 1%; pero no cuenta con un estudio de exactitud que la avale. Piensa que el polígrafo no deja pasar a ningún mentiroso, pero no tiene modo de estar seguro sobre eso. En el informe de la OTA se advierte que "precisamente aquellos individuos a los que el Gobierno Nacional más querría detectar (por ejemplo, por sus transgresiones a las normas de seguridad) bien pueden ser los más motivados, y tal vez los mejor entrenados, para evitarlo".[34] Sin un estudio de exactitud no hay manera de saber con certeza cuántos errores de credulidad se cometen. Sin duda sería difícil instrumentar un estudio de esa índole, pero no imposible. Un enfoque eficaz podría ser el de los estudios híbridos, como el realizado por los policías israelíes al que ya he hecho referencia.

¿Puede engañarse al polígrafo con medidas que contrarresten su eficacia? Entre ellas habría que incluir actividades físicas como el "morderse la lengua" o el uso de drogas, la hipnosis y la "realimentación fisiológica" o *biofeedback*. Hay estudios que sugieren que estas medidas contrarrestantes pueden funcionar hasta cierto punto, pero dado el costo que implica, en materia de aspirantes a puestos vinculados con la seguridad nacional de un país, pasar por alto a alguien que es un espía (cometer un error de credulidad), deberían hacerse muchas investigaciones más, centrándolas en aquellos casos en que el "agente" que utiliza esas medidas para engañar al polígrafo tiene el apoyo de expertos, de equipo técnico, y muchos meses de adiestramiento —como cabe suponer que lo tenga un agente real—. El doctor John Beary III, exsecretario adjunto interino de Defensa para cuestiones de salubridad "... advirtió al Pentágono que la confianza que había depositado en el polígrafo ponía en peligro la seguridad nacional en vez de protegerla. Se me ha informado que la Unión Soviética tiene una escuela de adiestramiento para engañar al polígrafo, en un país del bloque del Este. Como muchos de los directivos de nuestro Departamento de Defensa piensan que el polígrafo funciona bien, eso les deja un falso sentimiento de seguridad que puede facilitar la penetración en el Pentágono de algún 'topo' soviético que pase la prueba".[35] Teniendo en cuenta esta posibilidad, es sorprendente que, según la OTA, la NSA solo esté llevando a cabo un pequeño proyecto piloto sobre esas medidas contrarrestantes.

¿Cuántos de los sujetos de ese 8% que resultaron mentirosos pero negaron serlo (245, de acuerdo con mi cómputo) eran en verdad mentirosos, y cuántos sujetos veraces fueron mal juzgados por el polígrafo? Repitámoslo: solo un estudio de exactitud puede dar la respuesta.

Por lo que informaron tanto la NSA como la CIA a la indagación realizada por la OTA, solo se llevó a cabo *un* estudio de exactitud, un estudio analógico con estudiantes, sobre cuyos criterios para establecer la verdad básica existen dudas... ¡y en el cual las preguntas nada tenían que ver con la seguridad nacional! Es asombroso, reiteramos, que en cuestiones de tamaña importancia tan pocas investigaciones significativas se hayan puesto en práctica. Aunque no preocupen los errores de incredulidad, cuando es tanto lo que está en juego debería existir una enorme preocupación por los errores de credulidad.

Sin lugar a dudas, aun sin disponer de datos sobre la exactitud del polígrafo, es encomiable su uso para seleccionar aspirantes a cargos en los que tendrán acceso a información secreta, que si se transmitiera a un enemigo pondría en peligro la seguridad del país. Así lo expresa sucintamente el viceprocurador general adjunto de Estados Unidos, Richard K. Willard: "Aunque el empleo del polígrafo excluya injustificadamente a algunos candidatos idóneos, consideramos más importante que se evite la contratación de candidatos capaces de ocasionar riesgos a la seguridad nacional".[36] En su comentario sobre la reciente decisión de Gran Bretaña de utilizar el polígrafo en los organismos que se ocupan de asuntos secretos, Lykken le responde: "Aparte del daño infligido a la carrera profesional y la reputación de personas inocentes, esta decisión probablemente le ocasione al gobierno la pérdida de algunos de sus funcionarios más escrupulosos [...] [y] a raíz de la tendencia a subestimar otros procedimientos de seguridad más onerosos pero más eficaces una vez que el test del polígrafo ha sido instaurado, esa decisión bien puede abrir las puertas a la fácil penetración en los servicios de seguridad de agentes foráneos adiestrados para engañar al polígrafo".[37]

UTILIZACIÓN DEL POLÍGRAFO PARA REALIZAR CONTROLES PERIÓDICOS A LOS LUGARES DE TRABAJO

Si vale la pena apartar a los aspirantes indeseables que pretenden ocupar puestos en los organismos de espionaje, o en las joyerías donde se venden diamantes, o en los grandes supermercados, parecería obvia la conveniencia de someter a pruebas periódicas con el polígrafo a los empleados una vez que se les contrata, con el objeto de comprobar si se filtró alguno de esos indeseables. Esto se hace, en efecto, en muchas empresas, aunque no existen tampoco en este caso datos sobre la exactitud del polígrafo en dicha aplicación. Es probable que aquí los índices normales de mentirosos sean menores: muchas de las "manzanas podridas" ya fueron descartadas en la prueba de selección y, además, entre los empleados siempre será menor que entre los aspirantes el número de los que tengan algo que ocultar. Pero cuanto menor sea el índice normal de mentirosos, más juicios erróneos se formularán. Si tomamos el ejemplo anterior de 1 000 empleados, en el que supusimos que la exactitud del polígrafo era del 90%, y en vez de considerar un índice normal de mentirosos del 20% partimos de un índice del 5%, esto es lo que sucedería: se identificaría correctamente a 45 mentirosos pero incorrectamente a 95 veraces; se identificaría correctamente a 855 veraces pero se filtrarían 5 mentirosos.

Las figuras 7 y 8 ilustran gráficamente los efectos de un índice normal tan bajo. Para poner de relieve de qué modo afecta el cambio en el índice normal a la cantidad de personas incorrectamente identificadas como mentirosas, he mantenido constante la tasa de exactitud del 90%.* Si el índice normal es del 20%, por cada persona veraz incorrectamente juzgada habrá dos mentirosos, en promedio; si es del 5%, ocurrirá lo contrario: por cada mentiroso atrapado habrá dos personas veraces juzgadas incorrectamente.

También aquí tiene validez el argumento según el cual el resentimiento que provoca tener que someterse al test dificulta la obtención de resultados precisos. Los empleados ya contratados pueden sentirse más molestos aún por tener que pasar la prueba que cuando buscaban trabajo.

Los mismos motivos que volvían justificable el uso del test del polígrafo antes de la contratación son válidos para utilizarlo con los empleados de un organismo policial o de una repartición como la NSA. La policía rara vez lo hace, aunque con las tentaciones que ofrece a sus agentes la tarea y el índice de corrupción que existe entre ellos, hay razones suficientes que los justificarían. En la NSA sí se llevan a cabo algunos exámenes con los empleados; si un agente del reparto falla en el test y no se descubre el motivo en una entrevista ulterior, se inicia una investigación por razones de seguridad. Cuando inquirí qué pasaría si el asunto no pudiera averiguarse (si alguien falla repetidas veces en el polígrafo pero no se descubre nada que pueda imputársele), se me respondió: nunca ha sucedido, y la única política que existe es resolver esas situaciones caso por caso; hasta ahora nunca tuvimos que tomar ninguna decisión. Sería una cuestión delicada. Despedir a alguien que ha estado empleado en un organismo

---

* No hay modo de saber cuál es el grado de exactitud en uno u otro caso, porque no se ha efectuado ningún estudio adecuado para averiguarlo; no obstante, es poco probable que llegase al 90%.

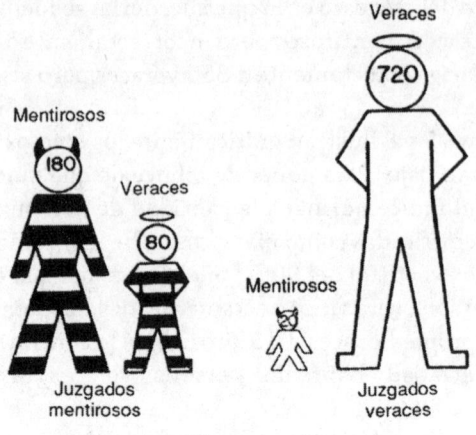

Figura 7.
Resultados de la utilización del polígrafo
De 1 000 individuos examinados, el 20% (200) son mentirosos

así durante muchos años resultaría muy controvertible si no hubiera evidencia alguna de que ha cometido alguna otra falta aparte de haber fallado en el examen del polígrafo. Si ese individuo fuese inocente, su furia por la injusticia cometida contra él al despedirlo lo llevaría quizás a divulgar la información secreta a la que tuvo acceso en el desempeño de sus funciones. Pero si cada vez que se le pregunta: "¿Ha divulgado usted, en el curso del último año, alguna información secreta a agentes de un país extranjero?", el polígrafo muestra una reacción emocional paralela a su respuesta negativa, sería difícil quedarse de brazos cruzados.

CAPTURA DE LOS DELATORES Y TEORÍA DE LA DISUASIÓN

Uno de los nuevos usos propuestos para el polígrafo en Estados Unidos es el de identificar, sin la participación del Departamento de Justicia, a los funcionarios que puedan haber revelado información confidencial sin estar autorizados a ello. Hasta la fecha, todas esas investigaciones fueron consideradas como casos correspondientes a la justicia criminal. Si se implantaran

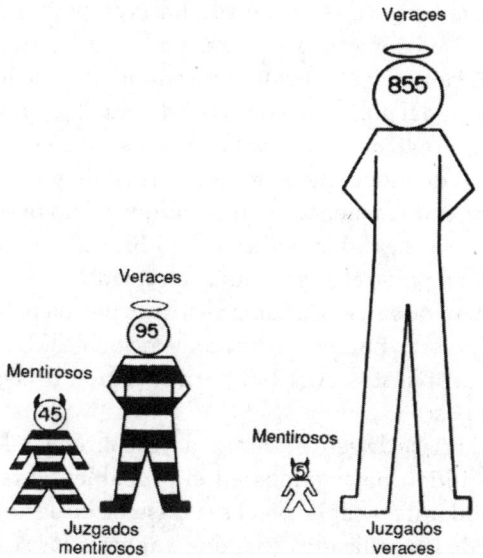

Figura 8.
Resultados de la utilización del polígrafo
De 1 000 individuos examinados, el 5% (50) son mentirosos

los cambios sugeridos por el gobierno de Reagan en 1983, se las trataría como "cuestiones administrativas". Cualquier director de un organismo oficial que sospeche de que uno de sus subordinados ha transmitido información, podría solicitarle que se someta al test del polígrafo. No queda claro si se exigiría esto a todos los que han tenido acceso al documento cuyo contenido se ha transmitido (en cuyo caso el índice normal de mentirosos sería bajo, y por ende sería alta la tasa de errores en el uso del polígrafo) o solo a aquellas personas que resultan sospechosas tras una investigación previa.

El informe de la OTA nos dice que no se ha realizado ningún estudio para determinar la exactitud del polígrafo en la detección de mentiras referidas a estas revelaciones no autorizadas. Sin embargo, el FBI ha proporcionado datos que indican que lo usó con éxito en 26 casos a lo largo de cuatro años —al decir "con éxito", queremos significar que la mayoría de las personas que no pasaron la prueba confesaron más tarde su falta—.[38] Ahora bien: el uso que le da el FBI al polígrafo no es el que resultaría de las nuevas normas legales. El FBI no sometió a la prueba a todos los que hicieron alguna revelación no autorizada (procedimiento que ha sido denominado "uso del polígrafo como red de pesca"), sino solo a un grupo más limitado de sospechosos de acuerdo con una investigación previa; de modo que el índice normal de mentirosos fue más alto y los errores menos cuantiosos que en un procedimiento tipo "red de pesca". Las normas del FBI prohíben el empleo del examen del polígrafo "para una selección tipo red de pesca de gran número de sujetos, o como sustituto de una investigación lógica llevada a cabo por los medios convencionales".[39] En cambio, las normas propuestas en 1983 permitirían el procedimiento tipo "red de pesca".

También la clase de gente examinada, el contenido del examen y los procedimientos seguidos en él probablemente difieran, cuando el polígrafo se aplica en esta clase de situaciones administrativas, de los utilizados cuando se aplica a los sospechosos de haber cometido delitos. Por ejemplo, es dable suponer que el resentimiento de los examinandos será grande, ya que si no aceptan someterse al test puede vedárseles el acceso a la información confidencial. Una encuesta realizada por la NSA entre sus propios funcionarios reveló que, según ellos, el test del polígrafo estaba justificado. Quizá sea cierto, pero si la encuesta no aseguraba el anonimato de las respuestas, los que se sentían afectados por la medida pueden haber callado su molestia. Creo mucho menos probable que en otros organismos oficiales los funcionarios piensen también que el polígrafo está justificado para capturar a los delatores —en particular si piensan que la finalidad perseguida es suprimir información más perjudicial para el gobierno mismo que para la seguridad del país.

El viceprocurador general adjunto Willard, en un testimonio presentado ante el Congreso de Estados Unidos, dio otros fundamentos en favor del uso del polígrafo: "Un beneficio adicional del uso del polígrafo —dijo en esa oportunidad— es su efecto disuasivo sobre ciertas clases de conductas que puede ser difícil detectar por otros medios. Es más probable que los empleados se abstengan de incurrir en esas conductas cuando saben que se los someterá a la prueba del polígrafo".[40] Tal vez esto no funcione tan bien como parece creerse. El polígrafo cometerá probablemente muchos más errores al tratar de capturar a quienes hicieron revelaciones no autorizadas cuando los sospechosos no forman parte de un organismo de espionaje. Pero aunque no sea así (y nadie sabe si lo es), basta con que los implicados que se someten a la prueba lo crean (o sepan que nadie está seguro al respecto) para que la disuasión falle. El polígrafo funciona cuando la mayoría de los que se someten a la prueba están convencidos de que funciona. Al aplicarlo en el caso de las revelaciones no autorizadas, puede dar lugar a que el inocente sienta (con motivos o no) tanto temor, y por cierto tanta ira de ser sometido al examen como el culpable.

Se dirá que no importa que la prueba funcione o no funcione, que de todos modos ella ejerce un efecto disuasivo sobre algunos, y que no es preciso aplicar ningún castigo a los que fallan en el test, eludiendo así el dilema ético de castigar a los inocentes mal juzgados. Pero si las consecuencias de que se descubra a un mentiroso con el polígrafo son insignificantes, la prueba no puede funcionar en absoluto, y sin duda no tendrá mucho valor disuasivo si se sabe que no se castiga a quienes fallan en ella.

COMPARACIÓN ENTRE EL POLÍGRAFO Y LOS INDICIOS CONDUCTUALES DEL ENGAÑO

Los poligrafistas no afirman que un sospechoso miente únicamente sobre la base de lo que ven en el diagrama. Saben lo que ha revelado la investigación previa acerca del sujeto, pero además, en una entrevista previa al test, al explicar el procedimiento que se seguirá en el examen y exponer las preguntas que se formularán, obtiene más información. Por otra parte, las expresiones faciales del sujeto, su voz, gestos y manera de hablar durante esa entrevista previa, durante el examen, y en la entrevista posterior, le dejan nuevas impresiones. Respecto de si tiene que tomar en cuenta los indicios conductuales además del diagrama del polígrafo para evaluar si el sospechoso miente, hay dos corrientes de pensamiento. Los materiales de capacitación de poligrafistas que he podido ver, utilizados por los que toman en cuenta tales indicios, están tristemente desactualizados y no recogen los hallazgos de las investigaciones más modernas. Incluyen varias ideas erróneas sobre la forma de interpretar tales indicios, junto a algunas ideas acertadas.

Solo en cuatro estudios se han comparado los juicios emitidos basándose en las pruebas del polígrafo y, *además,* en los indicios conductuales, con los emitidos por poligrafistas que no vieron a los sujetos sino solo los diagramas del test. En dos de ellos se indica que el grado de exactitud obtenido basándose en los indicios únicamente es igual al obtenido basándose en los diagramas, y en un tercero se encontró que los indicios conductuales permitían formular juicios precisos pero no tanto como los diagramas. Estos tres estudios presentaban serios fallos: incertidumbre respecto de la verdad básica, escaso número de sujetos examinados o excesivo número de examinadores.[41] Todos estos problemas fueron remediados en el cuarto estudio, de Raskin y Kircher, que aún no ha sido publicado.[42] Estos autores comprobaron que los juicios fundados en los indicios conductuales no eran mucho mejores que los formulados al azar, mientras que sí lo eran los basados en los diagramas del polígrafo sin tomar contacto con los sujetos.

Los indicios conductuales del engaño suelen pasarse por alto, o se interpretan equivocadamente y desorientan. Recuérdese el informe (mencionado a comienzos del capítulo 4) de un estudio nuestro en el que pudimos apreciar que, a partir de las cintas de video, no era posible saber si las estudiantes de enfermería mentían o decían la verdad al describir sus emociones. No obstante, sabíamos que existían indicios conductuales del engaño, por más que no fuesen reconocidos. Cuando las estudiantes mentían, ocultando las emociones negativas que les producían las películas con escenas quirúrgicas, su tono de voz se volvía más agudo, recurrían menos a movimientos de las manos para ilustrar su discurso y a más deslices emblemáticos equivalentes a un encogimiento de hombros. Acabamos de concluir nuestra medición de los indicios faciales de estos sujetos y aún no ha habido tiempo de publicar los resultados, pero parecerían ser los más prometedores en la identificación de las mentiras. Y entre todos los indicios faciales, el más eficaz era un signo sutil de movimiento muscular inserto dentro de una aparente sonrisa de contento, que evidenciaba un fuerte disgusto o desdén.

Tal vez estemos midiendo una información de la que la gente no tiene noticia alguna o *bien* no puede observar: lo sabremos el año próximo, cuando entrenemos a un grupo de personas diciéndoles qué es lo que tienen que mirar antes de pasarles las cintas de video. Si sus juicios continúan siendo equivocados, habremos averiguado que estos indicios conductuales del engaño necesitan ser vistos a cámara lenta y en repetidas ocasiones, y una medición más precisa. Mi apuesta es que se obtendrá un buen grado de exactitud como consecuencia de ese adiestramiento, pero no tan alto como el que puede dar una medición exacta.

En un estudio como el de Raskin y Kircher, sería importante comparar la exactitud de los juicios efectuados a partir del diagrama del polígrafo con las mediciones de indicios conductuales del engaño y con los juicios de observadores adiestrados, y no ignorantes del asunto. Mi suposición es que, al menos para algunos sospechosos, la medición de los indicios conductuales añadida a los juicios basados en el polígrafo aumentará la exactitud de la detección. Los indicios conductuales pueden comunicar cuál es la emoción sentida: ¿qué es lo que produce los signos de activación emocional visibles en el gráfico: el temor, la ira, la sorpresa, la desazón, la excitación?

También sería posible extraer esa información específica sobre las emociones experimentadas de los propios registros poligráficos. Recordemos nuestros hallazgos (expuestos al final del capítulo 4) sobre la posibilidad de que a cada emoción le corresponda una pauta diferente de actividad del SNA. Nadie, hasta ahora, ha aplicado este enfoque a la interpretación de los diagramas del polígrafo para detectar mentiras. La información sobre emociones específicas (derivada tanto de los indicios conductuales como del diagrama del polígrafo) podría contribuir a reducir la gravitación de los errores de incredulidad y de credulidad. Otro importante asunto que debe investigarse es hasta qué punto pueden discernirse las medidas contrarrestantes para eludir la detección si se combinan los indicios conductuales con la interpretación del diagrama para cada emoción específica.

El polígrafo solo puede emplearse con sujetos que consientan y cooperen con la prueba; en cambio, los indicios conductuales pueden leerse en cualquier momento sin pedir permiso ni dar aviso previo, sin que el sospechoso sepa siquiera que se sospecha de él. Algunas aplicaciones del polígrafo podrían prohibirse por ley, en tanto que jamás podrá prohibirse la indagación de los indicios conductuales del engaño. Aunque no se legalice el test del polígrafo para capturar a los funcionarios delatores, los cazadores de mentiras seguirán investigando la conducta de aquellos a quienes consideran sospechosos.

En muchas circunstancias en las que se presume que ha habido un engaño (ya sea conyugal, comercial o diplomático), está excluida por completo la posibilidad de administrar una prueba con el polígrafo. No solo no hay confianza entre las partes, sino que tampoco hay cabida para formular una serie de preguntas sucesivas. Y aun cuando existe confianza, como entre marido y mujer, o entre padre e hijo, el hecho de hacer una serie de preguntas dirigidas a algún fin, por más que no se emplee el polígrafo, puede deteriorar la relación. Ni siquiera un progenitor que tiene sobre su hijo más autoridad que la mayoría de los cazadores de mentiras sobre los sospechosos puede a veces afrontar el costo que le significará un interrogatorio de esta índole. El solo hecho de desestimar la declaración de inocencia del hijo puede socavar para siempre la relación entre ambos, aunque después el hijo se someta al interrogatorio —y no todos lo harán.

Algunos pensarán que es mejor, o más acorde a la moral, no tratar de hurgar en las mentiras, aceptar lo que dice la gente sin cuestionarlo, tomar la vida como viene y no hacer nada para reducir las probabilidades de que a uno le mientan. Se prefiere no correr el riesgo de acusar por error a alguien, aunque ello implique aumentar el riesgo de ser engañado. Cierto es que en ocasiones esa pueda ser la mejor opción; depende de lo que esté en juego, de quién sea el sospechoso, del grado de probabilidad de que mienta y de la actitud general que tiene el cazador de mentiras hacia la gente. Retomemos el ejemplo de la novela de Updike, *Marry Me*: ¿qué perdería Jerry si siguiera creyendo que su esposa, Ruth, le es fiel cuando en realidad le está ocultando una relación extraconyugal, y qué comparación puede establecerse entre eso y lo que Jerry perdería o ganaría si creyera que ella le miente? En algunos matrimonios, el daño causado por una falsa acusación podría ser mayor que el causado por un engaño que se deja pasar, hasta que las pruebas sean abrumadoras. Pero no siempre es así: depende de las características particulares de cada situación. Algunos no tendrán mucha opción: son harto suspicaces como para correr el riesgo de un error de credulidad, y preferirán correr el riesgo de una acusación falsa al riesgo de ser engañados.

Lo único que puede sugerirse respecto de lo que siempre tiene que tenerse en cuenta al decidir qué riesgo va a correrse es esto: *no adoptar ninguna conclusión definitiva sobre si un sospechoso miente o dice la verdad que se base exclusivamente en el polígrafo o en los indicios conductuales del engaño*. Ya en el capítulo 6 explicamos lo azaroso que es interpretar los indicios conductuales, y las precauciones que pueden adoptarse. En este capítulo quisimos poner en claro, asimismo, lo azaroso que es interpretar un diagrama del polígrafo como evidencia de mentira. El cazador de mentiras debe estimar siempre la *probabilidad* de que un gesto, expresión o signo poligráfico de activación emocional indique mentira o veracidad, rara vez tendrá *certeza absoluta*. En los casos, poco frecuentes, en que una emoción que contradice la mentira anterior se deja entrever en una expresión facial plena, o en que una parte de la información hasta entonces ocultada se revela en las palabras de una perorata enardecida, también el sospechoso lo advertirá y confesará. Más a menudo, advertir la presencia de indicios conductuales del engaño o de indicios de sinceridad, con o sin el polígrafo, solo servirá como base para decidir continuar o no la investigación.

El cazador de mentiras debe evaluar además una mentira determinada en función de la probabilidad de que se filtren errores. Algunos engaños son tan fáciles de llevar a cabo que la posibilidad de que salga a la superficie un indicio del engaño es remota; otros son tan difíciles de llevar a la práctica que probablemente se cometan muchos errores, y habrá numerosos indicios conductuales que analizar. En el próximo capítulo describiremos qué se debe tomar en cuenta al estimar si una mentira es fácilmente discernible o no.

8

VERIFICACIÓN DE LA MENTIRA

...

SI LA MAYORÍA DE LAS MENTIRAS LOGRAN su cometido es porque nadie se toma el trabajo de averiguar cómo se podrían desenmascarar. Por lo común, no importa demasiado hacerlo; pero cuando es mucho lo que está en juego —cuando la víctima sufriría un grave perjuicio en caso de ser engañada, o cuando el propio mentiroso se vería muy perjudicado si lo atrapasen y, por el contrario, muy beneficiado si por error se creyese en su veracidad—, hay razones para ello.

La verificación de la mentira no es una tarea simple y rápida. Muchos son los interrogantes que deben evaluarse para estimar si es probable que se cometa algún error, y en tal caso, qué tipo de error es previsible y cómo puede quedar reflejado en determinados indicios conductuales. Esos interrogantes versarán sobre la índole de la mentira en sí, sobre las características del mentiroso y sobre las del cazador de mentiras. Nadie puede tener la *certeza absoluta* de que un mentiroso incurrirá en un fallo que le traicione, o de que un veraz será siempre eximido de culpa: la verificación de las mentiras solo permite hacer una conjetura bien informada, una *estimación*, pero que reducirá tanto los errores de credulidad como los de incredulidad. En el peor de los casos, les hará tomar mayor conciencia al mentiroso y al cazador de mentiras por igual de lo complicado que resulta pronosticar si un mentiroso será descubierto.

La verificación de las mentiras hará que un individuo suspicaz pueda sopesar sus probabilidades de ratificar o rectificar sus sospechas. A veces, todo lo que averiguará es que no puede averiguar nada; pero... ¡si Otelo hubiese sabido esto! O bien averiguará cuáles son los errores probables, a qué debe prestar atención. También para un mentiroso puede ser útil la verificación de las mentiras; alguno se dará cuenta de que sus posibilidades son escasas, que más le valdría no mentir o no seguir mintiendo; otros se sentirán alentados por la facilidad con que pueden salir indemnes o aprenderán dónde concentrar sus empeños para evitar incurrir en los errores más probables. En el próximo capítulo explicaré los motivos por los cuales la información contenida en este y en otros ayudará más, por lo general, al cazador de mentiras que al mentiroso.

Para verificar una mentira en particular, se sugiere aquí responder a 38 preguntas (la lista completa aparece en el cuadro 4 del "Apéndice"). En su mayoría, ya han sido mencionadas en capítulos anteriores; acá se las ha reunido en una lista única de control, agregando unas pocas preguntas más que hasta ahora no ha habido motivos para describir. Analizaré algunas mentiras de diferente clase utilizando esta lista a fin de mostrar por qué algunas son fáciles de detectar por el cazador de mentiras y otras no.

Una mentira *fácil* para el mentiroso será aquella en la que sean pocos los errores que pueda cometer; por lo tanto, esa mentira será *difícil* para el cazador de mentiras; a la inversa, una mentira *fácil* para el cazador de mentiras será una *difícil* para el mentiroso. Una mentira será fácil si no requiere ocultar o falsear emociones, si ha habido oportunidad de practicarla, si el mentiroso es avezado en ella y si el destinatario (el cazador de mentiras potencial) no es suspicaz. Varias de estas mentiras fáciles fueron analizadas en un artículo periodístico relativamente reciente, titulado "Cómo merodean los cazadores de cabezas en torno de los ejecutivos en la jungla de las grandes empresas".[1]

En Estados Unidos se ha dado en llamar *cazadores de cabezas* [headhunters] a los reclutadores de personal que consiguen atraer a los ejecutivos de una gran empresa para llenar un cargo en otra empresa rival. Como ninguna compañía quiere perder a sus empleados más valiosos en beneficio de la competencia, los cazadores de cabezas no pueden adoptar un enfoque franco y directo cuando quieren averiguar datos sobre sus posibles "blancos". Sara Jones, cazadora de cabezas de una firma neoyorquina, refiere así su modo de obtener información presentándose como investigadora de relaciones industriales: "'Estamos llevando a cabo un estudio que permita correlacionar el nivel de educación con la carrera profesional. ¿Podría hacerle un par de preguntas? No me interesa saber su nombre, solo algunos datos estadísticos sobre su educación y carrera'. Y a continuación —sigue diciendo— le pregunto al sujeto todo lo que puedo sobre él: cuánto gana, si está casado, la edad, la cantidad de hijos. [...] La tarea de un cazador de cabezas consiste en manipular a los demás de modo de que nos den información. Se trata simplemente de una trampa".[2] Otro cazador de cabezas describía su tarea de este modo: "Cuando en una fiesta la gente me pregunta a qué me dedico, contesto que me gano la vida mintiendo, engañando y robando".[3]

Estas son mentiras fáciles. En cambio, la entrevista del psiquiatra con la paciente Mary, que mencioné en el primer capítulo, nos suministra un ejemplo de una mentira muy difícil:

Médico: Bien, Mary, veamos... ¿cómo se siente hoy?
Mary: Me siento bien, doctor. Espero poder pasar el fin de semana... este... con mi familia, usted ya sabe, hace cinco semanas que estoy en el hospital.
Médico: ¿Ya no se siente deprimida, Mary? ¿Está segura de que ya no tiene esas ideas de suicidio?
Mary: Estoy realmente avergonzada por eso, yo no... seguro que yo no me siento así ahora. Solo quisiera salir, estar en casa con mi marido.

Tanto Mary como Sara tuvieron éxito con sus respectivas mentiras. Ninguna de las dos fue atrapada, pero en el caso de Mary eso habría sido posible. En todo sentido, las probabilidades eran adversas para Mary y favorables para Sara. La *mentira* de Mary, para empezar, era más difícil de instrumentar; por otra parte, ella era menos experta como *mentirosa* y su médico tenía una serie de puntos a su favor como *cazador de mentiras*. Veamos en primer término cómo diferían las mentiras de Mary y de Sara, independientemente de las características de los respectivos mentirosos y cazadores de mentiras.

Mary tiene que mentir sobre sus sentimientos, Sara no. Mary está ocultando la angustia que motiva sus planes de suicidarse; esa angustia puede filtrársele en algún momento, o el solo peso de ocultarla puede traicionar sus pretendidos sentimientos positivos. Pero además de tener que mentir sobre sus sentimientos, Mary, a diferencia de Sara, tiene intensos sentimientos, que también debe ocultar, sobre el propio hecho de mentir. Como la mentira de Sara está autorizada socialmente (es parte de su trabajo), ella no siente ninguna culpa al respecto; por el contrario, la mentira desautorizada de Mary le genera culpa: se supone que un paciente tiene que ser sincero con el médico que procura ayudarlo a curarse, y por otro lado Mary simpatizaba con su médico. Le avergüenza mentir y tener planes para quitarse la vida. *Las mentiras más difíciles son las relativas a emociones que se experimentan en ese momento; la mentira será tanto más difícil cuanto más intensas sean dichas emociones y cuanto mayor sea el número de emociones distintas que deben ocultarse.*

Hasta ahora hemos visto por qué, además de su angustia, Mary sentiría culpa y vergüenza. Al pasar a considerar la índole del mentiroso, veremos cómo en su caso se añadía una cuarta emoción que era menester ocultar.

Mary tiene menos práctica y pericia que Sara para mentir. En el pasado, no debió ocultar nunca su angustia y sus planes de suicidarse, y carece de experiencia en lo tocante a mentirle a un psiquiatra. Esta falta de práctica le infunde temor a ser descubierta, y por supuesto ese temor se añade a la suma de emociones que debe disimular. Su enfermedad psiquiátrica, además, la vuelve particularmente vulnerable al temor, la culpa y la vergüenza, y no es probable que sepa esconder todos estos sentimientos.

Mary no prevé las preguntas que puede hacerle el médico y debe inventar su estrategia sobre la marcha. Sara está en el extremo opuesto: tiene práctica en ese tipo particular de mentiras, las ha dicho muchas veces, confía en su habilidad a raíz del éxito que ha tenido en el pasado y cuenta con una estrategia bien pensada y ensayada. Tiene asimismo la ventaja de que ya ha representado ese papel y sabe cómo desempeñar diestramente ciertos roles, convenciéndose a sí misma inclusive.

El médico tenía en este caso tres ventajas sobre el ejecutivo como cazador de mentiras: 1) esta no era su primera entrevista con Mary, y el conocimiento previo que tenía acerca de ella volvía más probable que pudiera evitar el riesgo de Brokaw por no tener en cuenta las diferencias individuales; 2) si bien no todos los psiquiatras están lo bastante entrenados como para discernir los signos de una emoción oculta, este médico poseía dicha habilidad; 3) a diferencia del ejecutivo, el médico estaba precavido y alerta a la posibilidad de ser engañado, ya que sabía que los pacientes suicidas, después de haber pasado tres semanas en el hospital, pueden esconder sus verdaderos sentimientos a fin de salir del hospital y matarse.

Los errores de Mary se pusieron en evidencia en su voz, su manera de hablar, su cuerpo y las expresiones de su rostro. Poco acostumbrada a mentir, su discurso no era regular y parejo, y ofrecía indicios de su engaño en la elección de las palabras y su tono de voz, en sus pausas, en sus circunloquios e incongruencias. Además, las intensas emociones negativas que sentía contribuían a generar esos errores y elevaban su tono de voz. Otros indicios de sus emociones ocultas (angustia, temor, culpa y vergüenza) podían deducirse de sus emblemas, como el leve encogimiento de hombros, sus manipulaciones, la menor cantidad de ilustraciones y las microexpresiones faciales reveladoras de esas cuatro emociones, todas las cuales se reflejaban en sus músculos faciales fidedignos a despecho del intento de Mary por disimularlas. La familiaridad del médico con Mary lo situaba en mejores condiciones para interpretar sus ilustraciones y manipulaciones, que de otro modo quizás entendiera equivocadamente, en un primer encuentro, por las diferencias con otros sujetos. Lo cierto es que el médico no supo aprovechar estos indicios, aunque presumo que si hubiese estado alerta por todo lo que he explicado, él y la mayoría de los demás habrían detectado el engaño de Mary.

Sara, en cambio, se hallaba en una situación casi ideal para cualquier mentiroso: sin emociones que ocultar, con mucha práctica en ese tipo particular de mentira, con tiempo para ensayar su papel, con confianza en sí misma a causa de sus éxitos anteriores, dotada de habilidades naturales y adquiridas en las que podía apoyarse en su actuación, autorizada a mentir, y con una víctima que nada sospechaba, que incurriría en errores de evaluación por ser ese su primer encuentro con Sara, y que carecía de un talento especial para juzgar a los demás. Desde luego, en el caso de Sara, al contrario de lo que ocurrió con Mary, no pude examinar una película o cinta de video para buscar los indicios del engaño, ya que solo me baso en una crónica periodística. Mi predicción, empero, es que ni yo ni nadie hallaría indicio alguno. El engaño era muy fácil, no había motivos para que Sara se equivocase.

La única ventaja adicional que Sara podría haber tenido era contar con una víctima cómplice, una víctima que colaborase activamente en su engaño por motivos personales. No la hubo, ni en el caso de Sara ni en el de Mary; en cambio, Ruth, en la ya citada novela de Updike, *Marry Me*, contaba con ese punto a su favor para disimular su amorío. Su engaño era difícil de llevar a cabo, Ruth habría cometido innumerables errores, pero su víctima cómplice no los hubiera detectado. Recordemos que Jerry, el esposo de Ruth, la oye hablar por teléfono con el amante de ella, y al advertir algo diferente en su tono de voz le pregunta con quién había hablado. Atrapada de improviso, Ruth responde que la habían llamado de la escuela dominical; a Jerry esto no le convence, le parece ilógico, pero no lleva su interrogatorio más allá. El autor no nos dice, pero nos insinúa, que Jerry no descubre el engaño de su mujer ya que tenía sus motivos para evitar una pelea en torno de la infidelidad conyugal: él también le escondía un amorío... ¡y después nos enteramos que era con la esposa del amante de Ruth!

Comparemos la mentira muy difícil de Ruth que sin embargo pasa inadvertida, con otra mentira, muy fácil, que también pasa inadvertida por motivos muy diferentes. La he tomado de un reciente análisis de las técnicas empleadas por los artistas de la estafa:

En su "juego del espejo" [...] el artista de la estafa confronta a su víctima con un pensamiento oculto, desarmándolo al anticiparse a la confrontación que realmente la víctima había previsto. John Hamrak, uno de los más geniales estafadores de los primeros años de este siglo en Hungría, junto con un cómplice suyo disfrazado de técnico, entraron en el despacho de un concejal del Municipio [con el objetivo de robarle un reloj de pared valioso]. Hamrak anunció que venían a buscar el reloj que necesitaba reparación. El concejal, probablemente a raíz del valor de la pieza, se negaba a entregárselo. En lugar de darle garantías sobre su persona, Hamrak le hizo reparar en el extraordinario valor del reloj y le dijo que justamente por ese motivo había querido venir a buscarlo él en persona. Los artistas de la estafa ansían encaminar la atención de sus víctimas hacia la cuestión más sensible, convalidando su propio rol con lo que aparenta ser un dato que perjudica su causa.[4]

Lo primero que debe tenerse en cuenta al estimar si hay o no indicios de engaño es si la mentira implica o no emociones simultáneas al mentir mismo. Como expliqué en el capítulo 3 e ilustré con mi análisis de Mary, las mentiras más arduas son aquellas que envuelven emociones que se experimentan en ese mismo momento. Por cierto, las emociones no lo son todo; hay que formularse otros interrogantes, aunque solo sea para evaluar si podrá ocultárselas fácilmente. Pero preguntarse por las emociones es un buen comienzo.

El ocultamiento de las emociones puede constituir la finalidad principal de la mentira (así ocurría en el caso de Mary, aunque no en el de Ruth). Pero aunque no sea así, aunque la mentira no se refiera a los sentimientos del que miente, este siempre puede tener sentimientos sobre el mentir. Ruth podría sentir, por muchas razones, miedo de ser descubierta y culpa por engañar. A todas luces, temería las consecuencias de que se descubriese su infidelidad. No es solo que en caso de fallar su engaño no podrá seguir recibiendo los beneficios de su amorío: también podría resultar castigada. Si Jerry la descubre, podría abandonarla, y en caso de plantearse un divorcio, el testimonio sobre su adulterio la privaría de cláusulas económicas favorables (la novela de Updike fue escrita antes de la época de los divorcios sin declaración de culpa). Incluso en los Estados norteamericanos que adhirieron al divorcio sin declaración de culpa, el adulterio puede afectar adversamente la custodia de los hijos. Y si el matrimonio de Ruth continuase, al menos durante un tiempo, podría resultar perjudicado.

No todo mentiroso es castigado cuando su mentira queda al descubierto; ni la cazadora de cabezas Sara ni la paciente psiquiátrica Mary padecerían ningún castigo en caso de fallarles sus mentiras. En el caso del estafador Hamrak, él sí sería castigado, como Ruth, pero otros elementos obraban para que fuese escaso su recelo a ser detectado. Hamrak tenía mucha práctica en ese tipo preciso de engaños y sabía que contaba con un talento especial para ello. Si bien es cierto que Ruth había podido engañar hasta entonces a su esposo, carecía de práctica en lo que su engaño requería exactamente en ese momento: disimular una llamada telefónica a su amante. Y no tenía confianza alguna en su talento de mentirosa.

Saber que podría terminar castigada si su mentira fallaba era solo uno de los motivos por los cuales Ruth temía ser descubierta; además, temía ser castigada por el acto mismo de mentir. Si Jerry se daba cuenta de que ella estaba dispuesta a engañarlo y era capaz de hacerlo, su desconfianza originaría problemas, amén de los que le creaba la infidelidad. Muchos esposos engañados afirman que lo que no pueden perdonarle al cónyuge no es la infidelidad misma, sino la pérdida de la confianza en él. Reparemos, nuevamente, en que no todo mentiroso es castigado por el propio hecho de mentir; ello solo sucede cuando él y su víctima comparten un plan futuro que podría ser puesto en peligro por la desconfianza. Si a la cazadora de cabezas Sara la descubriesen mintiendo, lo único que perdería sería la posibilidad de obtener información de ese "blanco" particular. Hamrak, a su vez, solo sería castigado por robo o intento de robo, pero no por fraguarse una falsa personalidad. Ni siquiera Mary sería castigada por el solo hecho de mentir, aunque su médico obraría con más cautela si la supiese capaz de ello. La confianza en que la otra persona es confiable no es algo que se dé por sentado o se requiera en toda relación duradera, ni aun en el matrimonio.

El miedo de Ruth a ser descubierta sería mayor si conociera las sospechas de Jerry. La víctima de Hamrak, el concejal, también sospechará de cualquiera que pretenda sacarle el reloj de la oficina. La belleza del "juego del espejo" reside en que se reduce una sospecha privada abordándola francamente y volviéndola pública. La víctima cree que ningún ladrón será tan audaz como para admitir precisamente lo que ella teme. Esta lógica puede llevar a un cazador de mentiras a desestimar la autodelación, porque le parece imposible que un mentiroso cometa ese error. En su análisis de los engaños militares, Donald Daniel y Katherine Herbig señalaron que "... cuanto mayor es la autodelación, tanto más difícil es que el destinatario la crea: le parece demasiado bueno para ser cierto. [...] [En varios casos, los estrategas militares desestimaron las delaciones de sus enemigos]... por considerarlas harto flagrantes como para ser otra cosa que tretas".[5]

Ruth, como Mary, tiene valores en común con su víctima y podría tener sentimiento de culpa por engañar; lo que no resulta tan claro es si se siente autorizada a ocultar su amorío. Ni siquiera los que condenan el adulterio coinciden, necesariamente, en que los esposos infieles deben confesar su infidelidad. Con Hamrak hay menos dudas: al igual que la cazadora de cabezas Sara, no siente culpa alguna: mentir forma parte de su forma de ganarse la vida. Es probable, por lo demás, que Hamrak fuese un mentiroso natural o un psicópata, en cuyo caso serían menores todavía las probabilidades de que sintiese culpa. Entre los de su oficio, mentirle a los "blancos" está autorizado.

Las mentiras de Ruth y de Hamrak ilustran otros dos puntos. Como Ruth no había previsto en qué momento iba a necesitar mentir, no se inventó una estrategia ni la ensayó, lo cual tiene que haber aumentado su temor a ser descubierta dado que sabía que no podía descansar en una serie de respuestas preparadas de antemano. Aunque Hamrak fuese descubierto en una situación similar (lo cual no sucede a menudo con un mentiroso profesional), disponía de un talento para improvisar que Ruth no tenía. En cambio, Ruth contaba con una gran ventaja sobre Hamrak, ya mencionada al presentar este ejemplo: tenía una víctima cómplice, que por razones propias no quería desenmascararla. A veces, una víctima así ni siquiera se da cuenta de que entra en connivencia con la otra persona para mantener el engaño. Updike le deja al lector la incógnita de si Jerry estaba al tanto o no de su connivencia, y de si Ruth se percataba de lo que estaba sucediendo. Las víctimas cómplices facilitan la tarea del mentiroso en dos sentidos, al saber que son ciegas a sus errores, tendrá menos miedo de ser atrapado, y también menos culpa por engañarlas, ya que pueden autoconvencerse de que en el fondo hacen lo que sus víctimas quieren.

Hasta ahora hemos analizado cuatro engaños, y hemos explicado por qué en el caso de Mary y de Ruth habría indicios del engaño, y no los habría en el caso de Sara y de Hamrak. Veamos ahora un ejemplo en que una persona veraz fue considerada mentirosa, para ver cómo podría haber evitado este error la verificación de la mentira.

Gerald Anderson fue acusado de violar y asesinar a Nancy Johnson, esposa de su vecino. El marido de Nancy volvió a su casa del trabajo en medio de la noche y encontró su cuerpo sin vida, corrió adonde los Anderson, les dijo que su esposa estaba muerta y no podía encontrar a su hijo, y le pidió al señor Anderson que llamase a la policía.

Varios incidentes hicieron recaer las sospechas sobre Anderson. El día posterior al asesinato no fue a trabajar, bebió mucho en un bar de las inmediaciones, habló con los allí presentes sobre el asesinato y, cuando volvió a su casa, se le oyó decirle llorando a su mujer: "No quería hacerlo, pero no tuve más remedio". Más tarde declaró que no estaba refiriéndose al asesinato sino a su borrachera, pero no le creyeron. Cuando la policía le interrogó sobre una mancha en el tapizado de su coche, Anderson sostuvo que ya estaba allí cuando él compró el vehículo, pero más tarde, en el interrogatorio, admitió que había mentido, que le había dado vergüenza confesar que en una riña con su esposa la había abofeteado y le había hecho sangrar de la nariz. Los policías que lo interrogaban le insistieron en que esto probaba que él era una persona violenta, capaz de matar, y un mentiroso capaz de negarlo. Durante el interrogatorio, Anderson admitió que cuando tenía doce años se había visto envuelto en un ataque sexual contra una niña que no la dañó ni tuvo mayores consecuencias, y que no volvió a repetirse. Posteriormente se comprobó que no tenía doce sino quince años a la sazón. Sus interrogadores le reiteraron que esto demostraba que era un mentiroso y probaba que tenía problemas sexuales, y por ende podría ser perfectamente el sujeto que violó y después mató a su vecina Nancy.

Joe Townsend, un poligrafista profesional, fue incorporado al interrogatorio y presentado a Anderson como alguien que jamás había fallado en descubrir a un mentiroso.

> Inicialmente, Townsend le hizo dos largas series de pruebas y obtuvo algunos datos contradictorios y desconcertantes. Al preguntarle sobre el crimen en sí, Anderson presentó señales detectables en las cintas que indicaban que, al negar su culpabilidad, mentía; pero al preguntarle sobre el arma y sobre el modo y lugar en que la había utilizado, la cinta aparecía "limpia". Dicho en forma sintética, Anderson era "culpable" del asesinato de Nancy pero "inocente" con respecto al arma con la que Nancy fue horriblemente acuchillada. Cuando se le preguntó dónde había conseguido la navaja con que se cometió el crimen, qué clase de navaja era y dónde la había tirado, Anderson contestó en todos los casos "No lo sé", y no hubo señales detectables en la cinta. [...] Townsend le formuló a Anderson tres veces las preguntas vinculadas con el arma y obtuvo los mismos resultados. Al terminar, le dijo a Anderson que había fallado en la prueba de detección de mentiras.[6]

El juicio del poligrafista concordaba con la suposición de los interrogadores de que ya habían dado con "el hombre". Interrogaron a Anderson durante seis días seguidos. Las cintas magnetofónicas del interrogatorio revelan hasta qué punto Anderson estaba agotado y finalmente confesó un crimen que no había cometido. Casi hasta el final, sin embargo, sostuvo que era inocente y aseguró que no podía haber hecho algo de lo que no guardaba ningún recuerdo; sus interrogadores le replicaron que un asesino bien puede tener un vacío total de la memoria. Su imposibilidad de recordar el asesinato, alegaron, no probaba que no lo hubiese cometido. Anderson firmó su confesión después de que los interrogadores le dijeran que su esposa había manifestado que ella sabía que había matado a Nancy —declaración que, luego, la esposa de Anderson negó haber hecho jamás—. Pocos días después Anderson rechazó todos los cargos contra él, y siete meses más tarde, el verdadero asesino, acusado de otra violación y asesinato, confesaba haber matado a Nancy Johnson.

Mi análisis indica que las reacciones emocionales de Anderson ante las preguntas durante la prueba del polígrafo podrían obedecer a otros factores, además de su posible mentira. Recuérdese que el polígrafo *no* es un detector de mentiras: lo único que detecta es la activación emocional. La cuestión es si *solo* en caso de haber matado a Nancy Anderson podría haber tenido reacciones emocionales al ser interrogado sobre el crimen. ¿No podría haber otras razones? En tal caso, la prueba del polígrafo habría sido inexacta con él.

Es tanto lo que hay en juego en una circunstancia como esta, es tan grande el castigo que puede sufrirse, que la *mayoría** de los sospechosos que fueran culpables de un crimen de esta especie tendrían temor; ¡pero también muchos inocentes! Los poligrafistas tratan de reducir el temor del inocente a que no le crean, y de magnificar el temor del culpable a ser descubierto, diciendo que la máquina no falla nunca. Uno de los motivos por los cuales Anderson habría tenido temor de que no le creyesen fue la índole del interrogatorio previo. Los expertos policiales[7] diferencian una "entrevista", que se realiza con el fin de obtener información, de un "interrogatorio", en el que se presume la culpabilidad del interrogado y se emplea un tono acusador, a fin de imponer una confesión. Con frecuencia, como sucedió en el caso de Anderson, los interrogadores apelan a la fuerza de su propia convicción, francamente reconocida, sobre la culpabilidad del sospechoso para hacerlo renunciar a su pretensión de ser inocente. Si bien esto puede intimidar a un culpable y llevarlo a confesar, hay que pagar el precio de asustar a un inocente, quien advierte que sus interrogadores no son ecuánimes con él. Después de veinticuatro horas seguidas de un interrogatorio de este tipo, Anderson fue sometido a la prueba del polígrafo.

---

* Digo que la *mayoría* de los culpables tendrían temor porque no todos los individuos que cometen un asesinato temen ser atrapados; ni un asesino profesional ni un psicópata sentirían ese temor.

Las reacciones de Anderson ante las preguntas sobre el asesinato registradas por el polígrafo podrían haber sido generadas, no solo por su temor a que no le creyeran, sino también por su vergüenza y su culpa. Aunque era inocente de ese crimen, estaba avergonzado por otras dos faltas. Sus interrogadores sabían que estaba avergonzado de haber pegado a su mujer hasta hacerla sangrar y de haber asaltado a una chica cuando era un adolescente. Por otra parte, sentía culpa por haber pretendido ocultar o falsear estos incidentes. En repetidas oportunidades, los interrogadores se apoyaron en ellos para persuadirlo de que era el tipo de individuo capaz de matar y de violar, pero con esto no hicieron sino magnificar probablemente sus sentimientos de culpa y de vergüenza, ligándolos al crimen que se le imputaba.

La verificación de la mentira explica por qué motivo cualquier signo de temor, vergüenza o culpa (ya sea en las expresiones faciales de Anderson, o en su voz, su manera de hablar, sus ademanes, o la actividad de su SNA medida por el polígrafo) resultaría ambiguo como indicador del engaño: estas emociones tenían tanta probabilidad de aparecer en la superficie si Anderson era culpable como si era inocente. Un episodio que los interrogadores no conocían en ese momento les impedía saber si las reacciones de Anderson delataban o no que mentía. Cuando ya había salido de la cárcel, James Phelan, el periodista cuya crónica del caso contribuyó a que lograra la libertad, le preguntó qué pudo haberlo hecho fallar en el test del polígrafo. Anderson reveló entonces otro origen de sus reacciones emocionales ante el crimen no cometido. Esa noche, cuando acompañó a los policías a la casa de su vecina, miró un par de veces el cuerpo desnudo de ella tirado en el suelo. Pensó que era horrible que hubiese hecho esto; de acuerdo con su mentalidad, por cierto que había cometido un crimen... aunque muy diferente del asesinato, pero que de todas maneras lo hizo sentirse culpable y avergonzado. Además, ocultó a sus interrogadores y al poligrafista esas miradas suyas, a su juicio horribles, y por supuesto también se sentía culpable por haberles mentido.

Los interrogadores de Anderson cometieron el error de Otelo. Al igual que Otelo, reconocieron correctamente la excitación emocional del sospechoso; su error fue atribuirla a una causa equivocada, sin advertir que esas emociones, correctamente identificadas por ellos, podía experimentarlas tanto un culpable como un inocente. Así como la congoja de Desdémona no obedecía a la pérdida de su amante, así tampoco la vergüenza, culpa y temor de Anderson no obedecían a que fuera el asesino sino a sus otros "delitos". Como Otelo, los policías que lo interrogaron fueron víctimas de sus propios prejuicios sobre él, y de su incapacidad de tolerar la incertidumbre acerca de si les mentía o no. Dicho sea de paso, ellos disponían de información relativa al arma utilizada que solo un culpable hubiese conocido. El hecho de que en el test del polígrafo Anderson no reaccionara ante las preguntas sobre el arma mortífera debería haberles hecho pensar que era inocente. En vez de repetir la prueba tres veces, el poligrafista tendría que haber preparado un test basado en la técnica de lo que conoce el culpable.

Hamrak, el estafador, y Anderson, el acusado de asesinato, ejemplifican los dos tipos extremos de errores de que están plagados los intentos de descubrir a criminales mentirosos. En un interrogatorio o durante una prueba con el polígrafo, Hamrak probablemente no habría tenido ninguna reacción emocional, presentándose como ajeno a toda falta. La verificación de la mentira puso en evidencia por qué un mentiroso natural como él, profesional y experto, o un psicópata, rara vez cometen errores al mentir. Hamrak es un ejemplo del tipo de persona cuya mentira va a ser creída. Anderson representa el polo opuesto: un inocente que, por todas las razones que hemos visto, fue juzgado culpable —debido a un error de incredulidad.

Mi propósito al examinar estos dos casos no es proponer que se prohíba el uso del polígrafo o de los indicios conductuales del engaño al interrogar a los sospechosos de un crimen. Por más que uno quisiera, no habría forma de vedar a la gente el uso de los indicios conductuales. La impresión que cada cual se forma de los otros se basa, en parte, en su conducta expresiva. Y esa conducta transmite muchas otras impresiones, aparte de las vinculadas con la sinceridad: permite saber si alguien es amistoso, sociable, dominante, atractivo o atraído, inteligente, si le interesa lo que uno dice o no, si lo comprende o no, etc. Por lo común uno se forja esas impresiones sin proponérselo, sin percatarse del indicio conductual particular que toma en cuenta. Ya he explicado, en el capítulo 6, por qué pienso que es menos probable que se cometan errores si tales juicios se explicitan. Si uno tiene conciencia de la fuente de sus impresiones, si conoce las reglas a las que se atiene al interpretar determinadas conductas, es más posible que enmiende sus errores. Los propios juicios podrán además ser cuestionados por otras personas, por los colegas o por el propio sujeto sobre quien se formulan, y se podrá aprender merced a la experiencia cuáles resultan acertados y cuáles no.

No es posible, pues, abolir el uso de los indicios conductuales del engaño en los interrogatorios criminales, y no sé si en caso de hacerlo la justicia se vería beneficiada. En los engaños mortales, cuando puede mandarse a la cárcel o a la silla eléctrica a un inocente o liberar a un mentiroso asesino, debería apelarse a todos los recursos legales para descubrir la verdad. Mi propuesta, en cambio, es volver más explícito el proceso de interpretación de tales indicios, más meditado y cauteloso. He puesto de relieve la posibilidad de incurrir en errores, y de qué manera el cazador de mentiras, considerando cada una de las preguntas de mi lista para la verificación de la mentira (cuadro 4 del "Apéndice"), puede evaluar su posibilidad de descubrir la mentira o de reconocer la verdad. Creo que el adiestramiento en la discriminación de los indicios del engaño, el conocimiento de todos los peligros y precauciones, y la verificación de la mentira, volvería más precisos a los detectives, reduciendo el número de errores de credulidad y de incredulidad. Pero para comprobar si estoy en lo cierto es menester llevar a cabo estudios de campo sobre los interrogadores policiales y los sospechosos de cometer delitos. Esa labor ya se ha iniciado, y los resultados parecían prometedores, pero desgraciadamente no se ha completado.[8]

Cuando en el curso de una crisis internacional se reúnen los dirigentes políticos de los bandos en pugna, el engaño puede ser mucho más mortal que durante la tarea policial, y detectarlo, mucho más peligroso y difícil. Lo que está en juego en caso de cometer un error (de credulidad o de incredulidad) es mucho más que en el más alevoso de los engaños delictivos. Solo unos pocos politicólogos han escrito acerca de la importancia del mentir y de la detección del engaño en los encuentros personales de los jefes de Estado o de funcionarios de alto rango. Alexander Groth dice: "Para cualquier evaluación de una política, es decisivo poder adivinar la actitud, las intenciones y la sinceridad del otro bando".[9] Quizás a un dirigente de un país no le guste ganarse la fama de mentiroso desfachatado, pero este precio puede compensarse, dice Robert Jervis: "... si un engaño con éxito es capaz de alterar las relaciones de poder en el plano internacional. Si el uso de una mentira puede contribuir a que su país adquiera una posición dominante en el mundo, tal vez no le importe mucho tener fama de mentiroso".[10]

Henry Kissinger parece no estar de acuerdo con esto, ya que subraya que las mentiras y triquiñuelas no constituyen costumbres recomendables: "Solo los románticos creen que pueden prevalecer en las negociaciones mediante embustes. [...] El embuste no es, para un diplomático, el camino de la sabiduría sino de la catástrofe. Como uno debe tratar repetidas veces con la misma persona, a lo sumo podrá aprovecharse de ella en una ocasión, y aun así a costa de un deterioro [permanente] de la relación".[11] Quizás un diplomático solo pueda reconocer la importancia que tuvieron sus engaños al final de su carrera, y no es en modo alguno seguro que la carrera de Kissinger haya llegado a su fin. De todas maneras, el relato de sus empeños diplomáticos está lleno de ejemplos de lo que yo he llamado mentiras por ocultamiento y semi-ocultamiento, así como muchos otros en los que él mismo se preguntaba si sus rivales no le estaban ocultando o falseando cosas.

Stalin lo dice con toda franqueza: "Las palabras de un diplomático no deben tener ninguna relación con sus acciones, de lo contrario ¿qué clase de diplomático es? [...] Buenas palabras permiten ocultar malos hechos. Ejercer la diplomacia en forma sincera es tan poco posible como tener agua seca o madera de hierro".[12] Evidentemente, esta es una exageración. A veces los diplomáticos dicen lo que piensan, aunque no siempre, y rara vez si la sinceridad podría dañar gravemente los intereses de su nación. Cuando se tiene el convencimiento de que solo hay una política capaz de promover los intereses de una nación, y otras naciones saben qué pueden esperar de aquella, mentir estará fuera de lugar y probablemente nadie lo intente, porque la falsedad resultará obvia. Pero a menudo las cosas son más ambiguas. Un país puede creer que otro piensa sacar provecho de actos secretos, trampas o proclamas engañosas, aunque sus actos deshonestos se conozcan más tarde. No bastará entonces con evaluar cuál es su interés nacional, ni tampoco los discursos o acciones públicas de los funcionarios de ese país del que se desconfía. Una nación de cuyo engaño se sospecha pretenderá ser tan sincera como una nación auténticamente sincera. Jervis apunta, respecto de la prohibición de las pruebas con armas nucleares: "Ya sea que los rusos tuvieran o no la intención de engañar, de todos modos tratarían de crear la impresión de que eran honestos. Si a un hombre sincero y a un mentiroso se les pregunta si dirán la verdad, ambos responderán afirmativamente".[13]

No es de sorprender, entonces, que los gobiernos busquen detectar las posibles mentiras de sus adversarios. Los engaños internacionales pueden darse en diversos contextos y estar al servicio de distintos objetivos de cada país. Una de esas circunstancias, ya mencionada, es cuando los altos funcionarios a máximos dirigentes de varios países se reúnen con el propósito de zanjar una crisis internacional. Cada bando quizá pretenda engañar a los demás, hacer propuestas meramente provisionales como si fueran definitivas, y no dejar traslucir sus verdaderas intenciones. A la vez, cada uno querrá asegurarse a veces de que sus adversarios perciben correctamente las amenazas reales y no fingidas, las propuestas que sí son definitivas, las intenciones auténticas.

La habilidad para mentir o para descubrir al mentiroso también puede ser importante cuando se quiere ocultar o descubrir por anticipado un ataque por sorpresa que el enemigo prevé hacer. El politicólogo Michael Hander describió un ejemplo reciente: "Para el día 2 de junio [de 1967], el gobierno israelí ya tenía en claro que la guerra era ineludible. El problema consistía en lanzar un ataque por sorpresa que tuviera éxito, siendo que *ambos* bandos ya estaban movilizados y alerta. Como parte de un plan simulado cuyo propósito era ocultar la intención de Israel de entrar en guerra, Dayán [primer ministro israelí] le dijo a un periodista británico ese día que para Israel todavía era demasiado pronto como para entrar en guerra, pero a la vez ya era demasiado tarde. Y repitió esa misma declaración durante una conferencia de prensa el 3 de junio".[14] Si bien no fue este el único artilugio usado por Israel para engañar a sus rivales, la hábil mentira de Dayán contribuyó a asegurar el éxito del ataque por sorpresa que lanzó el 5 de junio.

Otra forma de engaño militar consiste en desorientar al contrincante respecto de la capacidad militar del propio bando. En su análisis del rearme alemán entre 1919 y 1939, Barton Whaley suministra numerosos ejemplos de la destreza con que lo llevaron a cabo los alemanes.

> En agosto de 1938, cuando por la presión de Hitler la crisis checoslovaca se estaba poniendo enardecida, Hermana Góring [mariscal de la fuerza aérea alemana] invitó a los jefes de la Armada Aérea de Francia a una gira de inspección de la *Lüftwaffe* [aviación alemana]. El general Joseph Vuillemin, jefe del Estado Mayor General de la Fuerza Aérea, aceptó de inmediato. [...] El propio [general alemán Ernst Udet] lo llevó de recorrida en el aeroplano que usaba para su correo personal. [...] Udet llevó el avión en vuelo rasante, casi deteniendo la marcha del motor, hasta que llegó el momento que había planeado tan cuidadosamente [...] en favor de su visitante. De repente, un Heinkel He-100 se adelantó a ellos a toda máquina, una aparición borrosa y fugaz como un silbido. Luego los dos aviones aterrizaron y los alemanes llevaron a sus asombrados visitantes franceses a que lo inspeccionaran. [...] "Dígame, Udet" —le preguntó [el general alemán] Milch con fingida espontaneidad—, "¿hasta dónde ha avanzado nuestra producción en masa?". Esta fue la señal que Udet esperaba para responder: "Oh, bueno, la segunda tanda de la producción ya está lista y la tercera lo estará dentro de dos semanas". Vuillemin, cabizbajo, le manifestó a Milch que estaba "hecho añicos". [...] La delegación francesa volvió a París con la creencia derrotista de que la *Lüftwaffe* era invencible.[15]

El aparato He-100 que había visto Vuillemin no tenía la velocidad real que, gracias a esa treta, él pensó que tenía; además, era solo uno de los tres de su tipo que se construyeron jamás. Esta clase de engaños, la de simular un poder aéreo invencible, "... se convirtieron en uno de los ingredientes importantes de las negociaciones diplomáticas de Hitler que dieron origen a su brillante serie de triunfos; la política de 'apaciguamiento' se fundó en parte en el temor a la *Lüftwaffe*".[16]

Cierto es que los engaños internacionales no siempre requieren un contacto personal directo entre el mentiroso y su destinatario (se pueden llevar a cabo mediante camuflaje, falsos comunicados, etc.), pero estos ejemplos ilustran ocasiones en que la mentira es cara a cara y donde es imposible emplear un polígrafo o cualquier otro artefacto que exija la cooperación del otro para medir su veracidad. De ahí que en los últimos diez años el interés se haya volcado en la averiguación de si es posible aplicar la investigación científica a los indicios conductuales del engaño. Ya expliqué en la "Introducción" de este volumen que en mis reuniones con funcionarios del gobierno norteamericano y de otros gobiernos, mis advertencias sobre los posibles riesgos no parecieron impresionarlos. Uno de los motivos que me llevaron a escribir este libro es volver a reiterar mis advertencias, de una manera más cabal y cuidadosa, y ponerlas en conocimiento de otras personas, aparte de los pocos funcionarios que me consultaron. Como ocurre con los engaños criminales, las opciones no son simples. A veces, los indicios conductuales del engaño pueden contribuir a discernir si el dirigente de otro país, o un portavoz que lo representa, está mintiendo. El problema es saber cuándo será posible discernirlo y cuándo no, y saber igualmente en qué ocasiones se puede desorientar a los dirigentes mediante la evaluación que harán de dichos indicios ellos o sus asesores.

Volvamos al ejemplo que cité en la página 17 de este libro, sobre el primer encuentro entre Chamberlain y Hitler en Berchtesgaden, el 15 de septiembre de 1938, quince días antes de la Conferencia de Munich.* Hitler quería convencer a Chamberlain

---

* Con respecto a la información sobre Chamberlain y Hitler, estoy en deuda con el libro *Munich*, de Telford Taylor (véanse las notas bibliográficas), a quien

de que no estaba en sus planes hacer la guerra contra el resto de Europa, de que solo deseaba resolver el problema de los alemanes de la región de los Sudetes, en Checoslovaquia. Si Gran Bretaña accediera a su proyecto —realizar un plebiscito en aquellas zonas de Checoslovaquia en que la mayoría de la población era sudetana, y en caso de obtener un voto favorable, anexionar esas zonas a Alemania—, no iniciaría la guerra. Pero en secreto, Hitler ya había resuelto iniciarla; su ejército estaba movilizado y dispuesto a atacar Checoslovaquia el 1 de octubre, y sus planes de conquista militar no acababan allí. Recuérdese mi cita de la carta que Chamberlain le escribió a su hermana después de esa primera reunión con Hitler: "... es un hombre en el que puede confiarse cuando ha dado su palabra".[17] Como respuesta a las críticas de los dirigentes del Partido Laborista, opositor, Chamberlain describía a Hitler como "un ser extraordinario", un hombre "que haría cualquier cosa por respetar la palabra dada".[18]

Una semana más tarde, Chamberlain se encontró con él por segunda vez en Godesberg y en esta ocasión las exigencias de Hitler fueron mayores: tropas alemanas debían ocupar de inmediato las zonas en que vivían los alemanes sudetanos, el plebiscito se llevaría a cabo después y no antes de la ocupación militar alemana, y los territorios que reclamaba Alemania eran más extensos que antes. Al tratar de persuadir a su gabinete de que aceptara estas exigencias, Chamberlain manifestó que: "para comprender las acciones de las personas era preciso apreciar sus motivaciones y ver cómo funcionaba su mente. [...] El señor Hitler tenía una mente estrecha y albergaba fuertes prejuicios sobre ciertos temas, pero no engañaría deliberadamente a un hombre a quien respetaba y con quien había estado negociando; y él estaba seguro de que el señor Hitler sentía ahora cierto respeto por él. Si le anunció que su intención era tal, por cierto que esa era su intención".[19] Tras esta cita, el historiador Telford Taylor se pregunta: "¿Acaso Hitler había engañado a tal punto a Chamberlain, o era que este estaba engañando a sus colegas para conseguir que las demandas de Hitler fuesen aceptadas?".[20] Supongamos,

---

asimismo quiero manifestar mi gratitud por haber verificado la exactitud de mi interpretación y aplicación de este material.

como hace Taylor, que Chamberlain realmente creyó en Hitler, al menos en su primer encuentro en Berchtesgaden.*

Lo mucho que estaba en juego puede haberle hecho sentir a Hitler recelo a ser detectado, pero probablemente no fue así, porque contaba con una víctima cómplice. Sabía que si Chamberlain descubría que él le estaba mintiendo, se daría cuenta de que su política de apaciguamiento había fracasado por completo. En ese momento, dicha política no provocaba vergüenza sino admiración; ese sentimiento cambió pocas semanas más tarde, cuando Hitler lanzó su ataque por sorpresa demostrando con ello que Chamberlain había sido engañado. Hitler estaba decidido a tomar Europa por la fuerza. Si hubiera sido un individuo confiable, si hubiera respetado los acuerdos, Chamberlain habría gozado de los parabienes de toda Europa por haberla salvado de la guerra. Chamberlain quería creerle a Hitler, y este lo sabía.

Otro factor que reducía el temor de Hitler a ser atrapado era que él conocía exactamente el momento en que iba a tener que mentir y lo que debía decir, de modo tal que podía prepararse y ensayar su papel. No tenía motivos para sentir culpa o vergüenza: engañar a un británico era para él un acto honroso, según su percepción de la historia, que su rol en esta le exigía cumplir. Pero no solo un líder despechado como Hitler carecerá de culpa o de vergüenza por mentirles a sus adversarios. A juicio de muchos analistas políticos, las mentiras son previsibles en la diplomacia internacional, y solo son cuestionables cuando no benefician el interés nacional. La única emoción de Hitler que podría haberse dejado entrever era su deleite por embaucar. Se cuenta que su habilidad para desorientar a los ingleses era para él un motivo de regocijo, y la presencia en la entrevista de otros alemanes, que podían asistir a su exitoso engaño, bien puede haber agrandado aún más su entusiasmo y placer al respecto.

---

* Casi todas las crónicas de los contemporáneos formulan este juicio, con una excepción: en el informe que presentó Joseph Kennedy a las autoridades sobre su reunión con Chamberlain, afirma que "Chamberlain salió del encuentro con Hitler sintiendo un inmenso desagrado [y dijo que] era una persona cruel, arrogante de aspecto duro [...] que sería totalmente inflexible en la persecución de sus propósitos y en sus métodos". (Taylor, *Munich*, p. 752).

Pero Hitler era un mentiroso muy diestro y aparentemente evitó que se le escaparan algunos de estos sentimientos.

Cuando el mentiroso y su destinatario provienen de culturas diferentes y no tienen un idioma común, la detección del engaño se vuelve más difícil, por diversas razones.* Aun cuando Hitler hubiera cometido errores y Chamberlain no hubiera sido una víctima cómplice, este habría tenido dificultades para advertirlos. La conversación entre ambos se llevaba a cabo a través de intérpretes. Esto da dos ventajas al mentiroso, respecto del diálogo directo: en primer lugar, si comete algún error (desliz verbales, pausas excesivas, errores en el habla), el traductor puede disimularlo; en segundo lugar, la interpretación simultánea le da a cada hablante tiempo para pensar (mientras se traduce su frase anterior) cómo formulará la frase siguiente de su mentira. Y aunque el interlocutor entienda el idioma del mentiroso, si no es su lengua natal probablemente se le escapen sutilezas de la enunciación que podrían ser indicios del engaño.

También las diferencias de nacionalidad y cultura pueden oscurecer la interpretación de los indicios vocales, faciales y corporales del engaño, aunque en forma más intrincada. Cada cultura tiene un estilo discursivo que rige, hasta cierto punto, el ritmo y volumen del habla y el tono de la voz, así como el uso de las manos y del rostro para añadir gestos ilustrativos. Por otro lado, los signos faciales y vocales de las emociones están gobernados por lo que he llamado, en el capítulo 5, *reglas de exhibición,* las que determinan cómo se maneja la expresión de las emociones; y también estas reglas varían con la cultura. Si el cazador de mentiras no conoce estas diferencias y no las toma en cuenta expresamente, está más expuesto a interpretar mal todas esas conductas y a cometer errores de credulidad y de incredulidad.

Un agente de espionaje podría preguntarme, a esta altura, cuánto de lo que ahora sé, por mi análisis, sobre las entrevistas

---

* Groth advirtió este problema, aunque no explicó cuáles serían sus efectos o motivos: "... las impresiones personales [de los dirigentes] serán tanto más engañosas cuanto mayor sea la brecha política, ideológica, social y cultural entre los participantes". ("Intelligence Aspects", p. 848, véanse las notas bibliográficas).

entre Hitler y Chamberlain podría haberse conocido entonces. Si la verificación de la mentira solo puede efectuarse mucho tiempo después, cuando se conocen hechos no disponibles en ese momento, carecería de utilidad práctica para los actores principales de estos sucesos o sus asesores cuando necesitan dicha ayuda. Según mi lectura de las crónicas de la época, muchos de los juicios que aquí formulo ya eran obvios, al menos para unos cuantos, en 1938. Era tan grande el anhelo de Chamberlain de creer en la verdad de lo que Hitler le decía que, si no él, alguien tendría que haberse dado cuenta de su necesidad de proceder con cautela al juzgar la sinceridad de Hitler. Se cuenta que Chamberlain se sentía superior a sus colegas políticos, mostraba una actitud condescendiente hacia ellos,[21] y es probable que no hubiese aceptado esa recomendación de ser cauteloso.

También el deseo de Hitler de engañar a Inglaterra era un hecho bien establecido en la época de la reunión del Berchtesgaden. Chamberlain ni siquiera necesitaba haber leído para ello lo que escribió Hitler en *Mein Kampf*: los ejemplos sobraban, como sus ocultas transgresiones al pacto naval anglo-alemán, o sus mentiras sobre su intención de adueñarse de Austria. Antes de reunirse con Hitler, el propio Chamberlain había manifestado sus sospechas de que él le estaba mintiendo en lo tocante a Checoslovaquia, y le ocultaba sus planes de invadir Europa.[22] Por lo demás, se sabía que Hitler era un hábil mentiroso, no solo en lo que atañe a las maniobras diplomáticas y militares sino en los encuentros cara a cara con sus víctimas. Era capaz de simular arrobamiento o furia y tenía una gran maestría para impresionar o intimidar a su interlocutor, para inhibir sus sentimientos o falsear sus planes.

Los especialistas en historia y ciencia política dedicados a analizar las relaciones anglo-germanas en 1938 podrán juzgar si estoy en lo cierto al sugerir que, a la sazón, se sabía lo bastante sobre Hitler y Chamberlain como para responder a las preguntas de mi lista de verificación de la mentira (véase el "Apéndice"). No creo que por medio de esta lista se hubiera podido predecir con certeza que Hitler iba a mentir, pero sí que, en caso de hacerlo, Chamberlain no lo habría advertido. El encuentro de estos dos dirigentes políticos nos permite extraer otras enseñanzas sobre el mentir, pero será mejor que las analicemos tras considerar otro ejemplo en el cual la mentira de un dirigente podría haber sido detectada mediante los indicios conductuales del engaño.

Durante la crisis de los misiles en Cuba, dos días antes de la reunión que iban a celebrar el presidente John F. Kennedy con el ministro soviético de relaciones exteriores, Andrei Gromyko,* el martes 14 de octubre de 1962, Kennedy fue informado por McGeorge Bundy de que un U-2, en vuelo rasante sobre Cuba, había permitido obtener información incontrovertible de que la Unión Soviética estaba instalando cohetes en Cuba. Anteriormente había habido varios rumores al respecto, y teniendo en vista las próximas elecciones de noviembre, Kruschev "le había asegurado al presidente Kennedy —nos dice el politicólogo Graham Allison—, a través de los canales más personales y directos, que entendía el problema interno que este enfrentaba y no haría nada para complicárselo. Concretamente, Kruschev le dio solemnes seguridades de que la Unión Soviética no instalaría nunca en Cuba armas que pudiesen constituir una afrenta para Estados Unidos".[23] Según Arthur Schlesinger, Kennedy se puso "furioso"[24] ante el empeño de Kruschev por engañarlo, y según Theodore Sorenson "tomó la noticia con calma, aunque con sorpresa".[25] En las palabras de Robert Kennedy, "... cuando esa mañana los representantes de la CIA nos explicaron qué significaban las fotografías del U-2 [...] nos dimos cuenta de que todo había sido mentira, una gigantesca trama de mentiras".[26] Ese mismo día comenzaron a reunirse los principales asesores del presidente para ver qué le convenía hacer al gobierno. El presidente decidió que "... no se revelaría al público el hecho de que estábamos al tanto de los cohetes cubanos hasta que se decidiera la actitud que había que adoptar y estuviéramos preparados. [...] Era esencial preservar la seguridad nacional, y el presidente puso en cla-

---

* Debo agradecer a Graham Allison que haya controlado la exactitud de mi interpretación de la reunión Kennedy-Gromyko; mi interpretación fue verificada, asimismo, por otra persona que integraba en ese momento el gobierno de Kennedy y mantenía contacto íntimo con los principales protagonistas de este episodio.

ro que estaba resuelto a que, por una vez en la historia de Washington, no hubiese ninguna filtración de información" (declaraciones de Roger Hilsman, que a la sazón integraba el Departamento de Estado).[27]

Dos días más tarde, el jueves 16 de octubre, mientras sus asesores todavía debatían qué medidas debería tomar Estados Unidos, Kennedy se reunió con Gromyko.

"Gromyko estaba en el país desde hacía más de una semana, aunque ningún funcionario norteamericano sabía exactamente para qué. [...] Había solicitado una audiencia a la Casa Blanca, solicitud que llegó casi al mismo tiempo que las fotografías [del U-2]. ¿Tal vez los rusos habían detectado al U-2? ¿Querían hablar con Kennedy para calibrar su reacción? ¿Tal vez pensaban transmitir a Washington en el curso de esa charla que Kruschev iba a dar a conocer públicamente la instalación de los cohetes, revelando así su golpe antes de que Estados Unidos pudiese reaccionar?"[28] Kennedy "... estaba ansioso a medida que se acercaba el momento de la reunión, pero se las ingenió para sonreír a Gromyko y a [Anatoly] Dobrynin [el embajador soviético], al hacerlos pasar a su despacho" (Sorenson).[29]

No listo aún para actuar, Kennedy consideró importante ocultarle a Gromyko su descubrimiento de los cohetes, para evitar darles a los soviéticos una ventaja más.*

La reunión se inició a las cinco de la tarde y se prolongó hasta las siete y cuarto. De un lado, observaban y escuchaban el secretario de Estado, Dean Rusk; el exembajador de Estados Unidos en la Unión Soviética, Llewellyn Thompson; y el director de la Oficina de Asuntos Alemanes, Martin Hildebrand; del otro lado estaban atentos Dobrynin; el viceministro de asuntos exteriores soviético, Vladimir Semenor; y un tercer funcionario ruso. También estaban presentes los intérpretes de ambas partes.

---

* En este punto, las diversas crónicas de la reunión difieren entre sí: Sorensen expresa que Kennedy no tenía duda alguna sobre la necesidad de engañar a Gromyko, mientras que Elie Abel (*The Missile Crisis*, p. 63; véanse las notas bibliográficas) dice que inmediatamente después de terminado el encuentro, Kennedy les preguntó a Rusk y a Thompson si acaso había cometido un error al no decirle a Gromyko la verdad.

"Kennedy se sentó en su mecedora frente a la chimenea, Gromyko a su derecha sobre uno de los sofás de color *beige*. Entraron los fotógrafos, sacaron sus fotos para la posteridad, luego se retiraron. El ruso se reclinó contra el almohadón a rayas y comenzó a hablar...".[30]

Sentados, de izquierda a derecha:
Anatoly Dobrynin, Andrei Gromyko, John F. Kennedy

Después de hablar un rato sobre el problema de Berlín, Gromyko se refirió finalmente a Cuba. Según Robert Kennedy, "dijo que quería apelar a Estados Unidos y al presidente Kennedy, en nombre del primer ministro Kruschev y de la Unión Soviética, para que disminuyesen las tensiones que existían respecto de Cuba. El presidente Kennedy le escuchaba atónito pero al mismo tiempo admirado de su temeridad. [...] [Kennedy] habló con firmeza pero con gran contención, si se tiene en cuenta la provocación que se le hacía...".³¹ He aquí el relato de Elie Abel: "El presidente le dio a Gromyko una clara oportunidad de poner las cosas en limpio remitiéndose a las repetidas seguridades dadas por Kruschev y Dobrynin en el sentido de que los misiles de Cuba no eran otra cosa que armas antiaéreas. [...] Gromyko le reiteró tenazmente las viejas garantías, que el presidente ahora sabía que eran falsas. Kennedy no lo enfrentó con los hechos reales",³² "se mantuvo impasible [...] no mostró signo alguno de tensión o de rabia" (Sorenson).³³

Al dejar la Casa Blanca, el talante de Gromyko era de una "desusada jovialidad" (Abel).³⁴ Cuando los cronistas le preguntaron qué había pasado en la reunión, "Gromyko les sonrió, evidentemente de buen humor, y dijo que la charla había sido 'útil, muy útil'".³⁵ Robert Kennedy comenta: "Yo llegué poco después de que Gromyko abandonase la Casa Blanca. Puede decirse que el presidente de Estados Unidos estaba disgustado con el portavoz de la Unión Soviética".³⁶ De acuerdo con el politicólogo David Detzer, Kennedy manifestó que "se moría de ganas de mostrarles nuestras pruebas".³⁷ Cuando Robert Lovett y McBundy pasaron a su despacho, Kennedy les comentó: "No hace más de diez minutos, en esta misma habitación, [...] Gromyko me ha dicho más mentiras desfachatadas que las que jamás he escuchado en tan poco tiempo. Allí mismo, mientras él lo negaba, [...] yo tenía en el cajón central de mi escritorio las fotos sacadas a baja altura, y enseñárselas era una enorme tentación".³⁸

Empecemos por el embajador Dobrynin. Probablemente fue el único en esa reunión que no mintió. Robert Kennedy suponía que los jerarcas soviéticos le habían mentido a él por no confiar en su habilidad como mentiroso, y que Dobrynin había sido veraz al negar, en sus encuentros anteriores con Robert Kennedy, que hubiera cohetes soviéticos en Cuba.* No habría sido raro que

---

* El debate en torno de Dobrynin no ha concluido: "De esta reunión data uno de los interrogantes permanentes sobre Dobrynin: ¿estaba al tanto de los misiles y decidió de hecho sumarse a su canciller en un intento de engañar al Presidente? George W. Ball, a la sazón subsecretario de Estado, afirma: 'Tiene que haberlo sabido. Tenía que mentir en favor de su país'. Por su parte, el exjuez de la Corte Suprema, Arthur J. Goldberg, sostiene: 'El Presidente y su hermano fueron engañados, hasta cierto punto, por Dobrynin. Es inconce-

un embajador fuese engañado así por su propio gobierno: el propio John F. Kennedy hizo lo mismo con Adlai Stevenson al no informarle acerca del plan de invasión a la Bahía de Cochinos, y, como puntualiza Allison, "análogamente, el embajador japonés no fue informado sobre Pearl Harbor ni el embajador alemán en Moscú fue informado sobre Barbarossa [el plan alemán para invadir Rusia en la Segunda Guerra Mundial]".[39]

En el período entre junio de 1962, cuando según se presume los soviéticos resolvieron instalar los cohetes cubanos, y esa reunión de mediados de octubre, usaron a Dobrynin y a Georgi Bolshakov, un funcionario de la embajada soviética dedicado a cuestiones de información pública, para reiterar en varias oportunidades a miembros del gobierno de Kennedy (Robert Kennedy, Chester Bowles y Sorenson) que no iban a instalarse en Cuba armas ofensivas. Bolshakov y Dobrynin no necesitaban saber la verdad, y es probable que no la supieran. Ni Kruschev, ni Gromyko, ni ningún otro de los que la conocían mantuvieron ninguna reunión directa con sus adversarios hasta el 14 de octubre, dos días antes del encuentro Gromyko-Kennedy. En esa fecha, Kruschev se reunió en Moscú con el embajador norteamericano Foy Kohler y negó que hubieran cohetes en Cuba. Solo en ese momento los soviéticos corrieron por primera vez el riesgo de que sus mentiras fuesen descubiertas si Kruschev (o, dos días más tarde, Gromyko) cometía un error.

En la reunión de la Casa Blanca, hubo dos mentiras, la de Kennedy y la de Gromyko. A algunos lectores les sonará raro que yo llame "mentiroso" a Kennedy, en lugar de emplear ese adjetivo solo para Gromyko. A la mayoría de las personas no les gusta calificar así a alguien a quien admiran, pues consideran a la mentira un pecado; yo no pienso lo mismo. La actuación de Kennedy

---

bible que él no supiera nada'. Otros no están tan seguros. El asesor de Kennedy en materia de seguridad nacional, McGeorge Bundy, supone que Dobrynin no sabía nada, y muchos otros especialistas norteamericanos concuerdan con él y explican que, en el sistema soviético, la información sobre cuestiones militares se maneja con tanta reserva que Dobrynin posiblemente no conociera con exactitud la naturaleza de las armas que los soviéticos habían instalado en Cuba". (Madelaine G. Kalb, "The Dobrynin Factor", *New York Times Magazine*, 13 de mayo de 1984, p. 63).

en ese encuentro se amolda a mi definición de mentira por ocultamiento. Ambos, Kennedy y Gromyko, se ocultaron mutuamente lo que sabían: que había cohetes en Cuba. Mi análisis sugiere que era más probable que Kennedy ofreciera un indicio de su engaño que Gromyko.

En tanto y en cuanto cada uno de ellos había preparado su plan de antemano (y ambos tuvieron oportunidad de hacerlo), no es previsible que tuviesen problemas en ocultarle al otro lo que sabían. Ambos pudieron sentir recelo a ser detectados, pues lo que estaba en juego era enorme; presumiblemente, eso era la ansiedad de Kennedy al recibir a Gromyko. Para él, había más en juego todavía: Estados Unidos todavía no había resuelto qué iba a hacer. Ni siquiera se disponía de información completa sobre la cantidad de misiles en Cuba o en qué grado de preparación estaban. Los asesores de Kennedy pensaron que él debía mantener en secreto su descubrimiento pues si Kruschev se hubiera enterado antes de que Estados Unidos tomase una represalia, temían que mediante evasiones y amenazas podría haber complicado la situación norteamericana y ganado una ventaja táctica. De acuerdo con McGeorge Bundy, "era fundamental (pensé entonces, y desde entonces lo creo) que se atrapara a los rusos simulando torpemente que no habían hecho lo que, como todo el mundo podría verlo con claridad, sí habían hecho".[40] Por otra parte, los soviéticos necesitaban tiempo para completar la construcción de sus bases de misiles, aunque a la sazón no les importaba demasiado que los norteamericanos lo supiesen. Sabían que sus aviones U-2 pronto descubrirían los cohetes, si es que no los habían descubierto ya.

Pero aunque se piense que para los dos países lo que estaba en juego era lo mismo, es probable que Kennedy tuviese más recelo a ser detectado que Gromyko por el hecho de que no se sentía tan confiado sobre su habilidad para mentir. Por cierto, tenía menos práctica. Además, Gromyko tal vez estaría más confiado si es que compartía la opinión que Kruschev se había formado de Kennedy en la reunión cumbre de Viena, un año atrás: no era muy difícil engañarlo.

Aparte de la posibilidad de que Kennedy sintiera mayor recelo a ser detectado que Gromyko, debía ocultar otras emociones, por lo que vimos. Las crónicas mencionadas lo presentan ansioso, atónito, admirativo y disgustado. Cualquiera de estas emociones que se le hubiera filtrado lo habría traicionado, pues en ese contexto habrían significado que conocía el engaño soviético. Por otro lado, Gromyko pudo haber sentido deleite por embaucar, lo cual sería coherente con el comentario de que al salir de la reunión rebosaba jovialidad.

Las probabilidades de autodelaciones o de dejar trasuntar pistas sobre el embuste no eran muy grandes, pues ambos eran hombres hábiles, con características personales que los volvían capaces de ocultar sus emociones. Pero Kennedy tenía que ocultar más cosas, era menos diestro y avezado en la mentira que Gromyko. Las diferencias culturales e idiomáticas tal vez encubrieran cualquier indicio del engaño, pero el embajador Dobrynin estaba en condiciones de detectarlos. Muy conocedor de la conducta norteamericana tras haber pasado muchos años en este país, y cómodo con el idioma inglés, Dobrynin contaba además con la ventaja de ser un observador y no un participante directo, que podía dedicarse a escrutar al sospechoso. En igual situación se hallaba el embajador Thompson para captar cualquier indicio conductual del engaño en Gromyko.

Si bien pude apoyarme en muchas crónicas de esta reunión procedentes de norteamericanos, no se dispone de ninguna información del lado soviético y no hay modo de conjeturar si Dobrynin sabía o no la verdad. Ciertos informes en el sentido de que se habría mostrado estupefacto y visiblemente conmocionado cuando, cuatro días más tarde, el secretario de Estado, Rusk, le informó sobre el descubrimiento de los misiles y el comienzo del bloqueo naval norteamericano han sido interpretados como prueba de que hasta entonces los soviéticos ignoraban dicho descubrimiento.[41] Si su propio gobierno había mantenido a Dobrynin ajeno a la instalación de los cohetes, esta habría sido para él la primera noticia del hecho. Pero aunque lo conociese, y aunque supiese que los norteamericanos lo habían descubierto, podría haber quedado estupefacto y conmovido de todas maneras por la decisión estadounidense de responder con la fuerza militar —respuesta que, según coinciden la mayoría de los analistas, los soviéticos no esperaban de Kennedy.

Lo importante no es determinar si el ocultamiento de Kennedy fue revelado sino explicar los motivos por los cuales pudo haberlo sido y demostrar que, aun en ese caso, el reconocimiento de los indicios del engaño no habría resultado sencillo. Se dice que Kennedy no identificó ningún error en las mentiras de Gromyko. Como ya sabía la verdad, no precisaba discernir ningún indicio del engaño. Armado con ese saber, podía admirar la habilidad de su contrincante.

Al analizar estos dos engaños internacionales dije que Hitler, Kennedy y Gromyko eran mentirosos naturales, sagaces en sus invenciones, parejos y convincentes en su discurso. Creo que todo político que llega al poder en parte gracias a su habilidad para la oratoria y el debate público, su destreza para manejar las preguntas en las conferencias de prensa, su rutilante imagen radiofónica o televisiva, posee un talento para la conversación personal como para ser un mentiroso natural. (Si bien Gromyko no llegó al poder por estas vías, sobrevivió durante un largo período cuando no lo lograron los demás, y en 1963 ya había reunido una gran experiencia en la diplomacia y en la política interna de la Unión Soviética). Estos individuos son convincentes, porque eso forma parte de su negocio; elijan o no mentir, cuentan con la habilidad requerida para ello. Desde luego, hay otras rutas hacia el poder político. Para dar un golpe de Estado no se precisa la capacidad necesaria para el engaño interpersonal. Tampoco necesita ser un mentiroso natural o un conversador de talento el dirigente que logra poder merced a su dominio de la burocracia, o por vía hereditaria, o venciendo a sus rivales internos con maniobras palaciegas.

La habilidad para la conversación —la capacidad de ocultar y falsear las palabras con expresiones y gestos adecuados a medida que se habla— no es indispensable si el mentiroso no tiene que dialogar con su destinatario o estar frente a él. Los destinatarios pueden ser engañados mediante escritos o a través de intermediarios, de comunicados de prensa, de maniobras militares, etc. Sin embargo, cualquier variante de mentira falla si el mentiroso no posee capacidad estratégica, si es incapaz de prever de antemano sus movimientos o los del adversario. Presumo que todos los líderes políticos deben ser astutos estrategas, aunque solo algunos cuenten con la habilidad para la conversación que les permite mentir al estar cara a cara con su presa, en el tipo de engaños que hemos examinado en este libro.

No todos son capaces de mentir o están dispuestos a hacerlo. Supongo que la mayoría de los dirigentes políticos sí están prestos a mentir, al menos a ciertos destinatarios y en ciertas circunstancias. Incluso Jimmy Carter, cuya campaña presidencial se basó en la promesa de que jamás le mentiría al pueblo norteamericano —y lo demostró admitiendo sus fantasías sexuales en una entrevista que concedió a la revista *Playboy*—, mintió luego cuando debió ocultar sus planes para rescatar a los rehenes de Irán. Los analistas especializados en engaños militares han procurado identificar cuáles son los líderes más y menos capaces de mentir. Una posibilidad mencionada es que los más idóneos en esto provienen de culturas que condonan el engaño,[42] pero no existen pruebas muy claras sobre la existencia de dichas culturas.* Otra idea no verificada es que los dirigentes más proclives a mentir son de países en los que dichos dirigentes cumplen un papel importante en las decisiones militares (sobre todo donde

---

* Se ha dicho que los soviéticos son a la vez más veraces y más dados a mantener secretos que los individuos de otras nacionalidades. El experto soviético Walter Hahn argumenta que la tendencia a guardar secretos tiene una larga historia y es una característica rusa, no soviética ("The Mainsprings of Soviet Secrecy", *Orbis*, 1964, pp. 719-47). Ronald Hingley sostiene que los rusos se prestan más con más prontitud a ofrecer información sobre los aspectos privados de su vida y tienen una mayor inclinación a hacer declaraciones cargadas de contenido emocional en presencia de extraños; pero esto no significa que sean más o menos veraces que otros pueblos: "Pueden mostrarse austeros, secos y reservados como los más taciturnos y remilgados anglosajones de las leyendas, ya que en Rusia, como en cualquier otra nación, hay grandes variedades dentro de la psicología de sus habitantes" (Hingley, *The Russian Mind*, Nueva York: Scribners, 1977, pp. 74). Sweetser cree que las culturas difieren entre sí, no porque en unas se engañe más que en otras, sino por el tipo de información sujeta a engaño ("The Definition of a Lie", Naomi Quinn y Dorothy Holland, eds., *Cultural Models in Language and Thought*, en prensa). Aunque no tengo motivos para expresar mi discrepancia con estos autores, creo que llegar a alguna conclusión sería todavía prematuro, dada la escasa cantidad de estudios existentes sobre las diferencias nacionales o culturales en relación con el mentir o con la detección de las mentiras.

existen dictaduras).[43] Se intentó, sin éxito, rastrear a partir de material histórico el tipo de personalidad característica de los dirigentes que fueron conocidos mentirosos, aunque no se dispone de información sobre este trabajo como para saber por qué motivo no tuvo éxito.[44]

No hay pruebas rigurosas, en uno u otro sentido, que permitan determinar si los líderes políticos son realmente mentirosos extraordinarios, más hábiles para mentir y propensos a ello que los ejecutivos de las grandes empresas, por ejemplo. En caso afirmativo, los engaños internacionales resultarían más arduos aún de detectar, y esto sugeriría que es importante para el cazador de mentiras identificar las excepciones, o sea, aquellos jefes de Estado que se singularizan por no poseer la capacidad para mentir habitual en sus colegas.

Veamos ahora el otro lado de la medalla: ¿son o no son los jefes de Estado más diestros que el resto como cazadores de mentiras? Las investigaciones indican que algunas personas son inusualmente diestras como cazadores de mentiras, sin que exista una correspondencia entre esta habilidad y la capacidad para mentir.[45] Por desgracia, esas investigaciones han tenido como sujetos a estudiantes universitarios. No hay ningún trabajo que haya examinado a personas que ocupan cargos de liderazgo en organizaciones de cualquier índole. Si al someter a prueba a dichas personas se comprobase que algunas son hábiles cazadores de mentiras, surgiría el interrogante de si es posible identificar a los cazadores de mentiras hábiles a la distancia, sin necesidad de someterlos a ninguna prueba. Si esto fuera posible y un cazador de mentiras diestro pudiera ser identificado partiendo del tipo de información sobre las figuras públicas de que se dispone normalmente, un dirigente político que planea mentir podría calibrar con mayor precisión hasta qué punto su adversario será capaz de detectar cualquier autodelación o pista sobre su embuste.

El politicólogo Groth ha aducido (a mi juicio convincentemente) que los jefes de Estado suelen ser muy *deficientes* como cazadores de mentiras, menos cautelosos que los diplomáticos profesionales en cuanto a su propia capacidad de evaluar el carácter y la veracidad de sus adversarios. "Los jefes de Estado —comenta Groth— y los primeros ministros con frecuencia carecen de la habilidad elemental para la negociación y la comunicación, o de la información básica, por ejemplo, que les permitiría formarse un juicio correcto sobre sus adversarios."[46] Jervis concuerda con él y apunta que un jefe de Estado puede sobrestimar su capacidad como cazador de mentiras si "su ascenso al poder se basó en parte en una aguda habilidad para juzgar a los demás".[47] Aunque un dirigente sepa que posee dotes inusuales como cazador de mentiras, y esté en lo cierto, quizá no tome en cuenta cuánto más difícil resulta detectar una mentira cuando el sospechoso proviene de otra cultura y habla otro idioma.

Antes manifesté mi opinión de que Chamberlain había sido una víctima cómplice del engaño de Hitler, porque estaba tan interesado en evitar la guerra si era posible, que deseaba desesperadamente creerle a Hitler y sobrestimó su capacidad de justipreciar el carácter de este. Pero Chamberlain no era ningún tonto, ni ignoraba la posibilidad de que Hitler le mintiese. Solo que tenía fuertes razones para querer creerle, ya que en caso contrario el estallido de la guerra sería inminente. Estos errores de apreciación de los jefes de Estado, esta evaluación equivocada de su propia habilidad como cazadores de mentiras, es, según Groth, bastante frecuente. Yo pienso que es particularmente probable cuando es mucho lo que está en juego. En tales circunstancias, cuando el perjuicio puede ser enorme, el líder político puede resultar muy propenso a convertirse en una víctima cómplice del engaño de su rival.

Consideremos ahora otro ejemplo de víctima cómplice. Para emparejar los tantos, esta vez he seleccionado, de los numerosos ejemplos suministrados por Groth, el del opositor de Chamberlain, Winston Churchill. Este decía que el hecho de que Stalin "hablase con igual frecuencia de 'Rusia' y de la 'Unión Soviética', e hiciese tantas alusiones a la Deidad",[48] lo llevó a pensar que conservaba ciertas creencias religiosas.* En otro episodio, al re-

---

* Jimmy Carter quedó análogamente impresionado por el presidente soviético Leónidas Breznev. Al describir su primera entrevista con este, menciona la forma en que inició la conversación el segundo día: "Ya ha habido un retraso excesivo para llevar a cabo esta reunión, pero ahora que finalmente

tornar de la conferencia de Yalta en 1945, Churchill defendió su fe en las promesas de Stalin de la siguiente manera: "Pienso que su palabra es un compromiso para él. No conozco otro gobierno que, contra su propio beneficio, respete sus obligaciones tan sólidamente como el gobierno ruso".[49] Uno de los biógrafos de Churchill comenta lo siguiente: "... pese a lo bien que conocía la historia soviética, Winston estaba preparado para conceder a Stalin el beneficio de la duda y confiar en que sus intenciones eran auténticas. Le resultaba difícil no creer en la probidad esencial de las personas que ocupaban altos cargos con las que él tenía trato".[50] Stalin no correspondió a este respecto. Milovan Djilas afirma que en 1944 manifestó: "Tal vez usted piense que por el hecho de ser aliados a los ingleses [...] nos hemos olvidado quiénes son y quién es Churchill. Para ellos nada hay con mayor aliciente que engañar a sus aliados. Churchill es la clase de persona que, si usted se descuida, le sacará un *kopeck* de su bolsillo".[51] La voluntad de Churchill de destruir a Hitler y su necesidad de contar para ello con la ayuda de Stalin tal vez le convirtieron en una víctima cómplice de los engaños de este último.

Si he otorgado más espacio a los engaños entre estadistas que a cualquiera de las demás formas de engaño que examinamos en este capítulo, no es porque este sea el campo más prometedor para detectar los indicios conductuales del engaño sino porque es el más arriesgado, aquel en el cual un juicio equivocado puede ser mortal. Pero como sucedía con la detección de los engaños entre delincuentes, de nada vale sostener que también aquí debería abolirse el examen de los indicios conductuales. En ningún país sería eso posible: es propio de la naturaleza humana reunir información, por lo menos de modo informal, respecto de tales indicios; y como ya he señalado al ocuparme de los riesgos de la detección de mentiras durante los interrogatorios, probablemen-

---

estamos juntos, debemos hacer los máximos progresos posibles. Ayer quedé realmente impresionado cuando el presidente Breznev me dijo: 'Si no tenemos éxito, ¡Dios no nos perdonará!'". El comentario de Carter, según el cual "Breznev pareció algo molesto" por esta observación suya, implica que Carter, como Churchill, tomaba en serio esa referencia a la divinidad (Carter, *Keeping the Faith*, Nueva York: Bantam Books, 1982, p. 248).

te sea más seguro que los partícipes y quienes los asesoran sean conscientes de su propia evaluación de los indicios expresivos del engaño, y no que esas impresiones permanezcan en el ámbito de las intuiciones.

Como ya señalé con relación a los engaños de criminales, por más que fuese posible abolir la interpretación de los indicios conductuales del engaño en las reuniones internacionales, no creo que eso fuese conveniente. Los registros históricos muestran bien a las claras que en los últimos tiempos se han producido engaños infames en este campo; ¿quién no querría que su país esté en mejores condiciones de discriminarlos? El problema es cómo hacerlo sin que aumenten las probabilidades de cometer errores. Me temo que la confianza exagerada de Chamberlain y de Churchill en su capacidad para captar el engaño de sus rivales y calibrar el carácter de estos empalidecería ante la arrogancia de un especialista en ciencias de la conducta que se gana la vida pretendiendo ser capaz de detectar los signos del engaño en los dirigentes políticos extranjeros.

He tratado de desafiar, aunque de forma indirecta, a los expertos en la conducta que trabajan como detectores de mentiras para cualquier país, volviéndolos más conscientes de la complejidad de su tarea e inculcando una mayor dosis de escepticismo en sus clientes (los asesorados por ellos). Este desafío debe ser indirecto porque tales expertos, en caso de existir, operan en secreto,* de igual modo que los que realizan investigaciones confidenciales sobre la manera de detectar el engaño entre los negociadores internacionales o los jefes de Estado. Confío en volver más prudentes a esos investigadores anónimos, y más exigentes y críticos sobre la utilidad de sus resultados a quienes les pagan.

No quiero que se me interprete mal. Me interesa que se lleven

---

* Si bien nadie confesará estar trabajando en torno de este problema, he mantenido correspondencia con algunos funcionarios del Departamento de Defensa y conversaciones telefónicas con funcionarios de la CIA que me han llevado a la conclusión de que en los servicios de contraespionaje y en la diplomacia hay gente estudiando los indicios del engaño. Solo he podido ver un estudio no confidencial que contó con financiación del Departamento de Defensa, pero era horrible y no reunía los requisitos científicos corrientes.

a cabo tales investigaciones, considero que es una tarea urgente y entiendo perfectamente que al menos algunas de ellas deban realizarse en secreto en cualquier país. Sospecho que los estudios que procuran identificar a los buenos y malos mentirosos y cazadores de mentiras entre los altos dirigentes de los países terminarán probando que ello es casi imposible, pero de todos modos hay que averiguarlo. De modo análogo, creo que los estudios sobre situaciones que simulan las reuniones cumbres o las negociaciones que tienen lugar durante crisis internacionales (donde los participantes son personas de alta capacidad procedentes de distintas naciones, y el estudio está dispuesto de tal modo que haya mucho en juego, no como ocurre con los habituales experimentos con estudiantes universitarios) darán magros resultados. Pero también esto debe ser comprobado, y en caso afirmativo, quitarles a esos resultados su carácter confidencial y compartirlos.

En este capítulo hemos mostrado que el éxito de un engaño no depende del campo de actividad en que se practique. No es que fracasen todos los esposos infieles, ni que triunfen todos los engaños criminales, empresariales o internacionales. El fracaso o el éxito depende de las características particulares de la mentira, el mentiroso y el cazador de mentiras. Por cierto que es más complicado un engaño en el plano internacional que entre padre e hijo, pero todo padre sabe que no siempre es sencillo dejar de cometer errores al tratar las mentiras de un hijo.

El cuadro 4 del "Apéndice" enumera 38 rubros de una lista de verificación de la mentira. Casi la mitad (18 preguntas) ayudan a determinar si el mentiroso tendrá que ocultar o falsear sus emociones, si tendrá que mentir sobre sus sentimientos o si tendrá sentimientos sobre su mentir.

El uso de esta lista no siempre brindará una estimación útil. Tal vez no se sepa lo suficiente como para responder a muchos de estos interrogantes, o las respuestas serán heterogéneas: algunas sugerirán que es fácil detectar la mentira y otras que es difícil. Pero conocer esto puede ser provechoso. Y aun cuando sea posible efectuar una evaluación precisa, quizás ella no permita predecir correctamente lo que ha de suceder, porque los mentirosos pueden ser traicionados no por su conducta sino por terceros, y también pueden pasarse por alto, por casualidad, los indicios más flagrantes. Sin embargo, tanto el mentiroso como el cazador de mentiras querrán estar al tanto de esa evaluación. ¿A quién de los dos ayudará más ese conocimiento? Ese es el primer punto que quiero examinar en el próximo y último capítulo.

DETECTAR MENTIRAS EN LA DÉCADA DE 1990

• • •

EMPEZABA ESTE LIBRO DESCRIBIENDO EL PRIMER ENCUENTRO, en 1938, entre Adolf Hitler, canciller de la Alemania nazi, y Neville Chamberlain, primer ministro británico. Elegí este acontecimiento porque fue uno de los engaños más grandes de la historia y porque contenía una importante lección sobre la razón de que las mentiras tengan éxito. Recordemos que Hitler ya había ordenado en secreto que el ejército alemán atacara Checoslovaquia. Sin embargo, hacían falta varias semanas para que el ejército nazi se movilizara plenamente para el ataque. Deseando la ventaja de un ataque por sorpresa, Hitler ocultó su decisión de atacar. En cambio, le dijo a Chamberlain que optaría por la paz si los checos consideraran su reivindicación de volver a trazar las fronteras entre sus países. Chamberlain se creyó la mentira de Hitler y trató de persuadir a los checos de que no movilizaran su ejército mientras hubiera alguna oportunidad para la paz.

En cierto sentido, Chamberlain deseaba ser engañado. De lo contrario, habría tenido que afrontar el fracaso de toda su política hacia Alemania y el hecho de haber puesto en peligro la seguridad de su país. La lección en cuanto a la mentira es que algunas víctimas contribuyen sin querer a que se las engañe. El juicio crítico queda en suspenso y la información contradictoria se pasa por alto porque, por lo menos a corto plazo, conocer la verdad es más doloroso que creer la mentira.

Aunque sigo creyendo que esta es una lección importante que se aplica a muchas otras mentiras y no solo a las que se dan entre jefes de estado, hoy en día, siete años después de haber escrito este libro, me preocupa que del encuentro entre Hitler y Chamberlain se puedan desprender dos lecciones erróneas sobre la mentira. Podría parecer que la mentira de Hitler no habría surtido efecto si Chamberlain no hubiera deseado que le engañaran. La investigación que hemos realizado desde la publicación original de *Cómo detectar mentiras* en 1985 indica que ni siquiera Winston Churchill, el rival de Chamberlain que había avisado del peligro de Hitler, podría haber sido capaz de detectar aquella mentira. Y si Chamberlain se hubiera acompañado de expertos en la detección de mentiras —de Scotland Yard o de los servicios de información británicos— es poco probable que estos hubieran salido mejor librados.

En este capítulo se exponen los nuevos datos de nuestra investigación que me han llevado a estas nuevas conclusiones. Describiré lo que hemos aprendido acerca de las personas que pueden detectar mentiras y algunos nuevos datos sobre la manera de detectarlas. También presentaré algunos consejos que he aprendido sobre la forma de aplicar nuestra investigación experimental a mentiras de la vida real, consejos basados en mi experiencia de enseñar, durante los últimos cinco años, a personas que tratan a diario con gente sospechosa de mentir.

Puesto que Hitler era un malvado, el ejemplo mencionado también puede dar a entender que siempre está mal que el dirigente de un país mienta. Esta conclusión es demasiado simple. En el siguiente capítulo se examinan argumentos para justificar la mentira en la vida pública estudiando varios casos famosos de la historia política reciente de Estados Unidos. Al considerar las falsas afirmaciones del expresidente Lyndon B. Johnson sobre los éxitos del ejército estadounidense en la guerra del Vietnam, así como la decisión de la National Aeronautics and Space Administration (NASA) de que la lanzadera espacial *Challenger* despegara aun habiendo un riesgo considerable de que pudiera estallar, plantearé la cuestión de si estos ejemplos fueron casos de autoengaño y, en caso de que así fuera, de si estas personas que se mintieron a sí mismas deben considerarse responsables de sus actos.

¿QUIÉN PUEDE PILLAR A UN MENTIROSO?

Cuando escribí *Cómo detectar mentiras* creía que la clase de mentiras que había estado estudiando —engaños hechos para ocultar las fuertes emociones experimentadas en el momento mismo de mentir— tenían poco que ver con las mentiras contadas por diplomáticos, políticos, delincuentes o espías. Temía que los profesionales de la detección de mentiras —policía, agentes de la Central Intelligence Agency (CIA), jueces y expertos psicológicos o psiquiátricos que trabajaran para el gobierno— pudieran ser demasiado optimistas sobre su capacidad para distinguir si alguien miente a partir de indicios conductuales. Deseaba avisar a las personas cuyo trabajo exige distinguir la mentira de la verdad de que desconfiaran de cualquier persona que afirmara ser capaz de detectar el engaño a partir de los indicios conductuales, lo que en el sistema jurídico se llama *actitud*. Quería avisarles de que no confiaran tanto en su capacidad de descubrir a un mentiroso.

Ahora hay pruebas claras de que tenía razón al avisar a los cazadores profesionales de mentiras de que la mayoría de ellos deberían ser más cautos al valorar su habilidad. Pero también he visto que quizá exageré un poco. Para mi sorpresa, he visto que algunos profesionales son muy buenos descubriendo mentiras a partir de indicios conductuales. He aprendido algo sobre quiénes son y por qué son buenos. Y ahora tengo razones para creer que lo que he descubierto sobre las mentiras acerca de las emociones se puede aplicar a algunas mentiras relacionadas con la delincuencia, la política o el contraespionaje.

Es probable que nunca lo hubiera llegado a saber si no hubiera escrito *Cómo detectar mentiras*. No es frecuente que un profesor de psicología que investiga la mentira y las emociones con experimentos de laboratorio conozca a personas que trabajan en el sistema jurídico o en el mundo del espionaje y el contraespionaje. Estos profesionales de la detección de mentiras no supieron de mí por mis publicaciones científicas, que han aparecido durante los últimos treinta años, sino por las informaciones sobre mi trabajo que aparecieron en los medios de comunicación coincidiendo con la publicación de *Cómo detectar mentiras*. Pronto fui invitado a impartir seminarios a jueces y fiscales, a policías locales, estatales y federales, y a personas encargadas de realizar pruebas con polígrafos para el Federal Bureau of Investigation (FBI), la CIA, la National Security Agency, la Drug Enforcement Agency, el servicio secreto de Estados Unidos y el Ejército de Tierra, la Marina y las Fuerzas Aéreas estadounidenses.

Para todas estas personas, la mentira no es una cuestión académica. Se toman muy en serio su trabajo y lo que yo les pueda decir. No son estudiantes que aceptan lo que dice un profesor porque les pone una nota y es la autoridad que ha escrito el libro. En todo caso, mis referencias académicas son una desventaja con estos grupos. Me piden ejemplos de la vida real, me piden que encare sus experiencias, que responda a sus retos y que les ofrezca algo que puedan usar al día siguiente. Podría explicarles lo difícil que es descubrir a un mentiroso, pero tienen que hacer juicios de esta clase mañana mismo y no pueden esperar a que se hagan más investigaciones. Quieren cualquier ayuda que les pueda dar más allá de la advertencia de que sean más cautelosos, y son muy escépticos y críticos.

Aunque parezca mentira, estas personas también son mucho más flexibles de lo que es habitual en el mundo académico. Estaban más dispuestas a plantearse la posibilidad de cambiar su forma de trabajar que la mayoría de las comisiones curriculares universitarias. Durante un descanso para almorzar, un juez me preguntó si debería redistribuir la sala del tribunal para poder ver la cara de los testigos en lugar de su nuca. Nunca me había planteado una idea tan sencilla. Desde entonces siempre hago esta propuesta cuando hablo con jueces y muchos de ellos han redistribuido sus salas.

Un agente del servicio secreto me explicó lo difícil que es saber si una persona que ha amenazado al presidente miente cuando dice que la amenaza no iba en serio, que solo la había hecho para impresionar a un amigo. Había una expresión sobrecogedora en la mirada de aquel hombre cuando me explicaba que habían decidido que Sarah Jane Moore era una "chiflada" y no una verdadera asesina, y que la habían soltado por error unas horas antes de que disparara contra el presidente Gerald Ford el 22 de septiembre de 1975. Le dije que el seminario que yo podía darles solo podría ofrecerles una mejora muy pequeña, que su nivel de precisión mejoraría, como mucho, en un 1%. "Perfecto —me dijo—, hagámoslo".

Mi colega Maureen O'Sullivan[1] y yo siempre empezamos nuestros seminarios con un breve test para medir la capacidad de cada participante para distinguir si alguien miente a partir de su actitud. Este test de la capacidad para detectar mentiras muestra a diez personas diferentes, las estudiantes de enfermería que formaban parte del experimento que se describe en el capítulo 3 (página 58). Cada una de estas personas dice que experimenta unas sensaciones agradables mientras ve una película con escenas de la naturaleza y animales jugueteando. Cinco de las diez mujeres dicen la verdad, pero las otras cinco mienten. En realidad, las que mienten están viendo unas imágenes médicas truculentas, pero tratan de ocultar su sensación de disgusto e intentan convencer al experimentador de que están viendo unas imágenes agradables.

Yo tenía dos razones para administrar esta prueba de la capacidad para detectar mentiras. No podía desaprovechar la oportunidad de saber hasta qué punto estas personas que se enfrentan a los engaños más peligrosos pueden detectar con precisión si alguien miente. También estaba convencido de que presentar esta prueba era una buena manera de empezar. Le mostraba directamente a mi auditorio lo difícil que es saber si alguien miente. Despertaba su interés diciendo: "Van a tener ustedes una oportunidad excepcional de calibrar su capacidad para detectar mentiras. Ustedes hacen juicios de esta clase constantemente, pero ¿hasta qué punto saben con toda seguridad si estos juicios son correctos o erróneos? Aquí tienen la oportunidad. ¡En solo quince minutos sabrán la respuesta!". Inmediatamente después de pasar la prueba les daba las respuestas correctas. Luego pedía que levantaran la mano quienes hubieran dado diez respuestas correctas, quienes hubieran dado nueve, etc. Apuntaba los resultados en una pizarra para que pudieran evaluar su actuación en comparación con el grupo. Aunque no era mi objetivo, este procedimiento también revelaba lo bien que lo había hecho cada asistente.

No esperaba que la mayoría de ellos rindieran muy bien en esta prueba. Hacer que aprendieran esta dura lección contribuía a mi misión de conseguir que valoraran con más cautela su capacidad para detectar si alguien miente. En los primeros seminarios me preocupaba que mis "alumnos" pusieran alguna objeción y no quisieran correr el riesgo de mostrar en público su posible incapacidad para cazar a un mentiroso. Cuando veían lo mal que la mayoría de ellos había hecho el test, esperaba que protestaran, que pusieran en duda la validez de la prueba diciendo que las mentiras que les había mostrado no tenían nada que ver con las mentiras a las que ellos se enfrentaban. Y eso nunca sucedió. Esas mujeres y esos hombres de los mundos de la justicia y de los servicios de información estaban dispuestos a revelar su aptitud para detectar mentiras ante sus compañeros. Eran más valientes que los colegas académicos a los que he dado la misma oportunidad de revelar su capacidad frente a sus alumnos y colegas.

Saber hasta qué punto se habían equivocado obligaba a esos cazadores profesionales de mentiras a abandonar las reglas generales en las que muchos de ellos se habían estado basando. Abordaban con mucha más prudencia la detección de mentiras a partir de la actitud. También les ponía sobre aviso de los muchos estereotipos que tiene la gente en relación con la forma de determinar si alguien miente, como la idea de que las personas que se muestran inquietas o que apartan la mirada cuando hablan siempre mienten.

Desde un punto de vista más positivo, les enseñaba a usar la lista para verificar mentiras que se describe en el capítulo 8 (página 247) con algunos ejemplos de la vida real. Y hacía mucho hincapié, como lo hago en los capítulos anteriores, sobre la forma en que las emociones pueden delatar una mentira y sobre la manera de detectar los indicios de esas emociones. Les mostraba decenas de expresiones faciales muy brevemente, durante una centésima de segundo, para que aprendieran a detectar microexpresiones faciales con facilidad. Usaba ejemplos grabados en video de diversas mentiras para que pudieran practicar las técnicas que acababan de aprender.

En septiembre de 1991 publicamos nuestras conclusiones acerca de estos profesionales de la detección de mentiras.[2] Resulta que solo hubo un grupo de profesionales que rindieron por encima del azar: los agentes del servicio secreto estadounidense. Algo más de la mitad de estas personas alcanzaron un nivel de precisión igual o superior al 70% y cerca de una tercera parte alcanzaron un nivel igual o superior al 80%. Aunque no sé con certeza por qué los agentes del servicio secreto rindieron tan por encima de los otros grupos, lo más probable es que se deba a que muchos de ellos habían trabajado en misiones de protección, es decir, observando grupos de personas en busca de indicios de que alguien pudiera amenazar a quien protegían. Esta clase de vigilancia debe ser una buena preparación para detectar los sutiles indicios conductuales del engaño.

Muchas personas se sorprenden al saber que el índice de acierto de los otros grupos profesionales que se ocupan de las mentiras —jueces, fiscales, policías, poligrafistas que trabajan para la CIA, el FBI o la NSA (National Security Agency), servicios del ejército y psiquiatras forenses— no fue superior al esperado al azar. Igualmente sorprendente es el hecho de que la mayoría de ellos no supieran que no podían detectar el engaño a partir de la actitud. Su respuesta a la pregunta que les hacíamos antes de que pasaran nuestro test sobre cuál creían que sería su rendimiento no guardaba ninguna relación con lo bien o mal que hacían la prueba, y lo mismo ocurría con su respuesta a la misma pregunta inmediatamente después de haber realizado la prueba.

Me sorprendió que *alguno* de estos profesionales de la detección de mentiras pudiera detectar aquellas mentiras con gran precisión porque ninguno de ellos había tenido una experiencia previa con aquella situación concreta ni con las características de los mentirosos que aparecían. Había planificado la situación que se mostraba en el video para que se aproximara a la difícil situación del paciente de un hospital psiquiátrico que oculta su intención de quitarse la vida con el fin de librarse de la supervisión médica y poder suicidarse. Para ello debe ocultar su angustia y actuar de una manera convincente como si no estuviera deprimido (véase la discusión de las páginas 20 y siguientes y 57, 58). Las intensas emociones negativas experimentadas en ese momento estaban revestidas de un barniz positivo. Solo los psiquiatras y los psicólogos deberían haber tenido mucha experiencia con esa clase de situaciones pero, como grupo, su rendimiento no fue superior al azar. Entonces, ¿por qué el servicio secreto estadounidense supo detectar tan bien esta clase de engaño?*

Antes no me había dado cuenta, pero al reflexionar sobre nuestras conclusiones surgió una nueva idea sobre la posibilidad de detectar el engaño a partir de indicios conductuales. Quien intenta detectar una mentira no necesita saber tantas cosas del sospechoso ni de la situación si se suscitan unas emociones intensas. Cuando el aspecto o la manera de hablar de alguien indica temor, culpa o agitación y estas expresiones no encajan con las palabras que dice, es probable que esa persona esté mintiendo. Cuando hay muchas interrupciones en el habla (pausas, "Esto...", etc.), y no hay ninguna razón por la que el sospechoso no sepa qué decir y esta no sea su forma habitual de hablar, es probable que mienta. Estos indicios conductuales del engaño serán más escasos si no se suscitan emociones. Si el mentiroso no oculta unas emociones intensas, el éxito en la detección de la mentira exigirá que quien se encargue de esta detección conozca mejor los detalles concretos de la situación y las características del mentiroso.

Siempre que haya mucho en juego, habrá la oportunidad de que el temor del mentiroso a ser descubierto o el reto de superar al cazador de mentiras (lo que llamo *deleite por embaucar*, página 78) permita una detección más precisa de la mentira sin necesidad de que el cazador de mentiras conozca a fondo los detalles de la situación o del sospechoso. Pero —y se trata de un pero muy importante— el hecho de que haya mucho en juego no hace

---

* Puede que los grupos profesionales que estudiamos hubieran rendido mucho mejor si les hubiéramos hecho juzgar una mentira típica de las situaciones a las que normalmente se deben enfrentar. Puede que solo hayamos averiguado quiénes son buenos detectando mentiras con independencia de su familiaridad con la situación, no quiénes son buenos cuando actúan en su terreno habitual. No creo que ese sea el caso, pero esta posibilidad solo se puede descartar con más investigaciones.

que todos los mentirosos teman ser descubiertos. Los delincuentes que se han acostumbrado a salir bien librados no sentirán ese temor, como tampoco lo sentirá el mujeriego que ha tenido éxito en muchas ocasiones ocultando sus pasados devaneos o el negociador con mucha experiencia. Y las mentiras en las que hay mucho en juego pueden hacer que algunos sospechosos inocentes que temen no ser creídos parezcan mentir aunque no lo hagan (véase la discusión del error de Otelo en las páginas 175-177).

Si el mentiroso comparte valores con el destinatario de la mentira y le respeta, es posible que se sienta culpable por mentir y que los indicios de esa culpa delaten la mentira o motiven una confesión. Pero el cazador de mentiras debe evitar la tentación de sobrestimarse demasiado y dar por descontado un respeto que no le corresponde. La madre desconfiada e hipercrítica debe conocerse lo suficiente para darse cuenta de que posee estas características y, en consecuencia, no deberá presuponer que su hija se sentirá culpable si le miente. Si un empresario no es justo con sus empleados y estos lo saben, para detectar sus engaños no podrá basarse en indicios de culpa.

Nunca es aconsejable confiar en el propio juicio para determinar si alguien miente sin un conocimiento *mínimo* del sospechoso de la situación. Mi test de la capacidad para detectar mentiras no daba al cazador de mentiras la menor oportunidad de conocer a las personas a las que tenía que juzgar. Las decisiones sobre quién mentía y quién no se debían tomar tras ver a cada persona una sola vez y sin más información sobre ella. En estas condiciones solo acertaron muy pocos. No era imposible conseguirlo, pero era difícil en la mayoría de los casos (más adelante explicaré cómo pudieron hacer este juicio con tan poca información las personas que acertaron). Tenemos otra versión de nuestro test que muestra dos ejemplos de cada persona. Cuando los cazadores de mentiras pueden comparar la conducta de una persona en dos situaciones aciertan más, y aun así la mayoría de ellos solo rinden un poco por encima del azar.[3]

La lista para verificar mentiras descrita en el capítulo 8 debería ser útil para juzgar si en una mentira donde hay mucho en juego habrá indicios conductuales útiles, falsos o escasos. Debería ser útil para determinar si habrá temor a la detección, culpa por engañar o deleite por embaucar. El cazador de mentiras nunca debería limitarse a dar por sentado que siempre es posible detectar el engaño a partir de indicios conductuales. No debería ceder a la tentación de resolver las dudas sobre la veracidad de una persona sobrestimando su capacidad para detectar mentiras.

Aunque el servicio secreto fue el único grupo de profesionales cuyo rendimiento fue superior al azar, en todos los grupos hubo algunas personas que obtuvieron una buena puntuación. Sigo investigando para saber por qué algunas personas detectan el engaño con mucha precisión. ¿Cómo han aprendido a hacerlo? ¿Por qué no aprende todo el mundo a detectar mentiras con más precisión? ¿Es en realidad una aptitud que se aprende o es más bien una especie de don, algo que se tiene o no se tiene? Esta extraña idea se me ocurrió por primera vez cuando descubrí que el rendimiento en este test de mi hija de once años estaba prácticamente a la misma altura que los mejores resultados obtenidos por los servicios secretos. Mi hija no ha leído mis libros ni mis artículos. Y quizá no tenga nada de especial; puede que la mayoría de los niños detecten las mentiras mejor que los adultos. Estamos empezando a investigar en este sentido.

Una pista para responder a la pregunta de por qué algunas personas detectan mentiras con precisión se basa en lo que escribieron quienes pasaron nuestro test cuando les preguntamos qué indicios conductuales habían usado para determinar si una persona mentía o no. Al comparar las respuestas de los miembros de todos los grupos que habían detectado las mentiras con precisión con las respuestas de los miembros que no las habían detectado, vimos que los buenos cazadores de mentiras decían haber usado información de la cara, la voz y el cuerpo, mientras que los menos precisos solo mencionaban las palabras que se habían dicho. Naturalmente, estos resultados encajan muy bien con lo que digo en los primeros capítulos de *Cómo detectar mentiras,* pero ninguna de las personas a las que pasamos el test había leído el libro antes de la prueba. Algunas de ellas, las que detectaron correctamente las mentiras, sabían que es mucho más fácil disfrazar las palabras que disfrazar las expresiones, los movimientos del cuerpo o la voz. Esto no significa que las palabras carezcan de importancia —las contradicciones en lo que se dice casi siempre son muy reveladoras y puede que un análisis muy sutil y complejo del habla pueda revelar la mentira—[4] pero los contenidos del discurso no deberían ser el único objetivo. Aún nos queda por saber por qué no todo el mundo compara las palabras con la cara y con la voz.

NUEVOS DATOS SOBRE LOS INDICIOS CONDUCTUALES DE LA MENTIRA

Otra investigación que hemos realizado durante los dos últimos años confirma y amplía lo que se dice en *Cómo detectar mentiras* sobre la importancia de la cara y de la voz para detectar el engaño. Cuando medimos las expresiones faciales de las estudiantes de enfermería que aparecían en la grabación al mentir y al decir la verdad, encontramos diferencias en dos clases de sonrisas. Cuando de verdad se sentían bien, mostraban muchas más sonrisas auténticas (figura 5A, capítulo 5), y cuando mentían mostraban lo que llamamos sonrisa de disimulo (en una sonrisa de disimulo, además de la sonrisa en los labios hay indicios de tristeza [figura 3A], o de temor [figura 3B], enfado [figura 3C o figura 4] o disgusto).[5]

Las distinciones entre las clases de sonrisa se han visto apoyadas por estudios realizados con niños y con adultos en Estados Unidos y en otros países y en muchas circunstancias diferentes, no solo cuando la gente miente. Hemos hallado diferencias en lo que sucede en el cerebro y en lo que la gente dice que siente cuando muestra una sonrisa auténtica en comparación con otras clases de sonrisa. La mejor pista para saber si una sonrisa se debe realmente a que la persona experimenta placer es la acción de los músculos que circundan el ojo, no solo la sonrisa en los labios.[6] No es algo tan sencillo como limitarse a esperar que aparezcan arrugas como patas de gallo en las comisuras de los párpados porque esto no siempre da resultado. Las arrugas en pata de gallo son un buen indicio de una sonrisa auténtica si la sonrisa es leve, si el placer que se siente no es muy intenso. Cuando una sonrisa es muy amplia, los labios mismos crean estas arrugas y entonces deberemos fijarnos en las cejas. Si los músculos oculares intervienen porque la sonrisa es de verdadero placer, las cejas bajarán muy levemente. Aunque se trata de un indicio sutil, hemos visto que la gente lo puede detectar sin necesidad de un entrenamiento especial.[7]

También vimos que las estudiantes de enfermería elevaban el tono de voz cuando mentían acerca de lo que sentían. Este cambio en el tono de la voz marca un aumento de la intensidad emocional y en sí mismo no indica que se mienta. Cuando se supone que alguien está viendo una escena agradable y relajante, el tono de su voz no tendría por qué elevarse. No todas las mentirosas mostraban al mismo tiempo indicios faciales y vocales de su engaño. Al usar las dos fuentes de información se obtuvieron los mejores resultados, un índice de acierto del 86%. Pero esto también significa que hubo un 14% de errores; basándonos en las medidas faciales y vocales creíamos que una persona decía la verdad cuando mentía y que mentía cuando decía la verdad. Así pues, estas medidas dan buenos resultados en la gran mayoría de los casos, pero no en todos. No espero que lleguemos a obtener un conjunto de medidas conductuales que sirvan para todos los casos. Hay personas que saben actuar por naturaleza y a las que nunca van a pillar, y hay otras cuya idiosincrasia hace que lo que indica una mentira en otras personas no lo indique en ellas.

En el trabajo que estamos realizando ahora, el doctor Mark Frank y yo hemos hallado las primeras pruebas que apoyan mi idea de que algunas personas mienten muy bien y saben actuar de una manera natural, y que otras mienten muy mal y nunca tienen éxito cuando intentan engañar a los demás. El doctor Frank y yo hemos hecho que unas personas mientan o digan la verdad en dos escenarios de engaño. En uno de los escenarios podían "robar" 50 dólares de una maleta, una cantidad que se quedarían si convencían al interrogador de que estaban diciendo la verdad cuando afirmaban que no habían tomado el dinero. En el otro escenario podían mentir o decir la verdad acerca de su opinión sobre un tema polémico como el aborto o la pena de muerte. Frank encontró que quienes mentían con éxito en un escenario también lo hacían en el otro y que quienes eran fáciles de pillar cuando mentían sobre sus opiniones también eran fáciles de pillar cuando mentían sobre el robo.[8]

Esto podría parecer muy evidente, pero gran parte del razonamiento de los capítulos anteriores da a entender que lo que determina si una mentira concreta tendrá éxito o no son los detalles de la mentira y no la capacidad de la persona. Es probable que los dos factores sean importantes. Algunas personas son tan buenas o tan malas mintiendo que las circunstancias y los detalles de la mentira no tienen mucha importancia; se saldrán con la suya o fracasarán de una manera sistemática. La mayoría de las personas no llegan a estos extremos y lo que determina lo bien que pueden mentir es a quién mienten, sobre qué mienten y lo que hay en juego.

LA DIFICULTAD DE DETECTAR MENTIRAS EN LOS TRIBUNALES

Lo que he aprendido durante los últimos cinco años enseñando a policías, jueces y fiscales me ha hecho pensar en una broma que ahora cuento en mis talleres: el sistema judicial parece haber sido diseñado por alguien que quería que fuera imposible detectar el engaño a partir de la actitud. Al sospechoso que es culpable se le dan muchas oportunidades de preparar y ensayar sus respuestas antes de que un jurado o un juez evalúen si dice la verdad, con lo que su confianza aumenta y su temor a ser desenmascarado se reduce. Primer tanto en contra del juez y del jurado. Las preguntas y repreguntas directas se formulan meses o incluso años después de los hechos, con lo que las emociones asociadas al acto delictivo se atemperan. Segundo tanto en contra del juez y del jurado. Gracias al prolongado retraso del inicio del juicio, el sospechoso habrá repetido su falsa versión con tanta frecuencia que puede empezar a *creérsela*; cuando ocurre esto, en cierto sentido la persona no miente al testificar. Tercer tanto en contra del juez y del jurado. En general, cuando el acusado se enfrenta a las repreguntas ha sido preparado —por no decir aleccionado— por su abogado y las preguntas planteadas casi siempre admiten como respuesta un simple "sí" o "no". Cuarto tanto en contra del juez y del jurado. Y luego está el caso del acusado *inocente* que llega a juicio aterrado, temiendo que no se le crea. ¿Por qué van a creerle el jurado y el juez si durante las diligencias previas no le ha creído ni la policía, ni el fiscal, ni el juez? Las muestras del temor a no ser creído se pueden malinterpretar como señales del temor a ser descubierto. Quinto tanto en contra del juez y del jurado.

Aunque todo actúa en contra de que quienes intentan esclarecer los hechos —el juez y el jurado— puedan basarse en la actitud, no ocurre lo mismo con la persona que lleva a cabo la primera entrevista o el primer interrogatorio. Normalmente es la policía o, en el caso de maltratos a menores, un asistente social. Estas personas tienen más posibilidades de detectar si alguien miente a partir de los indicios conductuales. Normalmente, el mentiroso no ha tenido ocasión de ensayar y es más probable que tema que lo pillen o que se sienta culpable de lo que ha hecho. Aunque los policías y los asistentes sociales pueden tener muy buena intención, la mayoría de ellos carecen de la formación necesaria para plantear preguntas objetivas o que no insinúen la respuesta. No se les ha enseñado a evaluar los indicios conductuales de la verdad y de la mentira y no suelen adoptar una postura imparcial.[9] En el fondo creen que prácticamente todas las personas que ven son culpables, que todas mienten, y puede que en realidad sea así para la gran mayoría de las personas a las que interrogan. Cuando administré por primera vez mi test de la capacidad para detectar mentiras a unos policías, vi que muchos de ellos llegaban a la conclusión de que todas las personas que habían visto en la grabación habían mentido. "La gente no dice nunca la verdad", decían. Por suerte, los miembros de un jurado no se encuentran constantemente ante sospechosos de haber cometido delitos y, en consecuencia, no es tan probable que presupongan que todo sospechoso debe ser culpable.

LAS MARCAS DE EXPLORACIÓN DEL ALMIRANTE POINTDEXTER

En sí mismos, los indicios conductuales de la cara, el cuerpo, la voz y la forma de hablar no indican que se mienta. Pueden indicar emociones que no encajan con lo que se dice. También pueden indicar que el sospechoso piensa de antemano lo que va a decir. Son "marcas" que señalan áreas que se deben explorar más a fondo. Dicen al cazador de mentiras que ocurre algo que se debe averiguar planteando más preguntas, comprobando otros datos, etc. Veamos un ejemplo del uso de estas marcas.

El lector recordará que a mediados de 1986 Estados Unidos vendió armas a Irán esperando conseguir a cambio la liberación de unos rehenes estadounidenses retenidos en el Líbano por unos grupos dirigidos por el régimen iraní o afines a él. La administración Reagan dijo que no se trataba de un simple intercambio de armas por los rehenes, sino que aquello formaba parte de un intento de establecer mejores relaciones con la incipiente dirección islámica moderada que surgió en Irán tras el fallecimiento del ayatolá Jomeini. Pero se produjo un escándalo mayúsculo cuando se tuvo noticia de que algunos de los beneficios obtenidos por la venta de esas armas a Irán se usaron en secreto, y contraviniendo directamente las leyes del Congreso (las enmiendas Borland), para comprar armas destinadas a la Contra nicaragüense, los grupos rebeldes armados proestadounidenses que luchaban contra el nuevo régimen prosoviético sandinista de aquel país centroamericano. En una conferencia de prensa que dieron en 1986, el presidente Ronald Reagan y el fiscal general, Edwin Meese, revelaron este desvío de fondos a la Contra. Al mismo tiempo, manifestaron no haber tenido ninguna noticia de este asunto. Anunciaron que el vicealmirante John Pointdexter, el asesor para temas de seguridad nacional, había dimitido y que su compañero, el teniente coronel Oliver North, había sido relevado de sus funciones en el National Security Council. Las noticias sobre el escándalo Irán-Contra fueron ampliamente divulgadas y las encuestas realizadas en aquella época mostraban que la mayoría de los estadounidenses no creían en la afirmación del presidente Ronald Reagan de que no había sabido nada del desvío ilegal de aquellos beneficios a la Contra nicaragüense.

Ocho meses después, el teniente coronel Oliver North prestó declaración ante la comisión del Congreso que investigaba el caso Irán-Contra. North dijo que había hablado con frecuencia de todo este asunto con William Casey, director de la Central Intelligence Agency. Sin embargo, Casey había fallecido tres meses antes de que North prestara declaración. North dijo a la comisión que Casey le había advertido que (North) tendría que ser el chivo expiatorio y que Pointdexter también podría tener que asumir ese papel para proteger al presidente Reagan.

*El vicealmirante John Pointdexter,
exasesor para temas de seguridad nacional*

En su declaración ante la comisión de investigación, Pointdexter dijo que solo él había dado el visto bueno al plan del coronel North de desviar a la Contra los beneficios procedentes de la venta de las armas. "Dijo haber ejercido su autoridad sin haber dicho nada al presidente Reagan para protegerle de aquella "cuestión políticamente delicada" que más tarde les estallaría en las manos. 'La decisión fue mía' declaró Pointdexter con toda naturalidad y sin que su voz se alterara".[10]

En un momento de su declaración, cuando se le pregunta por un almuerzo con el fallecido director de la CIA, William Casey,

Pointdexter dice que no puede recordar lo que se dijo durante él: lo único que recuerda es que comieron unos bocadillos. El senador Sam Nunn critica con dureza la mala memoria de Pointdexter y durante los dos minutos siguientes Pointdexter manifiesta dos microexpresiones faciales muy rápidas de ira, eleva el tono de la voz, traga saliva cuatro veces y habla con muchas repeticiones y pausas. Este momento de la declaración de Pointdexter ilustra cuatro puntos importantes.

1. Cuando los cambios conductuales no se limitan a una sola modalidad (cambios de la cara y de la voz o cambios del sistema nervioso vegetativo indicados por el acto de tragar saliva) nos encontramos ante una marca significativa que indica que está ocurriendo algo importante que se debería explorar. Aunque no deberíamos hacer caso omiso de los indicios limitados a una sola clase de conducta porque puede que sean los únicos que tengamos a nuestra disposición, cuando los indicios abarcan distintos aspectos de la conducta es probable que sean más fiables y que las emociones que subyacen a esos cambios sean más intensas.

2. Es menos arriesgado interpretar *un cambio* de conducta que interpretar una característica conductual que la persona muestra repetidamente. Cuando hablaba, Pointdexter no solía titubear, ni hacer pausas, tragar saliva u otras cosas por el estilo. El cazador de mentiras siempre debe buscar cambios en la conducta debido a lo que yo llamo *riesgo de Brokaw* en el capítulo 4 (página 96). Si nos centramos en los cambios conductuales no nos dejaremos engañar por las características idiosincrásicas de una persona.

3. Cuando se presenta un cambio en la conducta relacionado con alguna cuestión o pregunta concreta, esto indica al cazador de mentiras que puede valer la pena profundizar en esta cuestión. Aunque el senador Nunn y otros miembros del Congreso habían presionado a Pointdexter en muchas cuestiones, este no mostró esas conductas hasta que el senador Nunn insistió en su almuerzo con Casey. La sospechosa pauta de conducta de Pointdexter desapareció cuando Nunn dejó de preguntarle por aquel almuerzo y pasó a tratar otros temas. Siempre que un grupo de cambios de conducta parecen darse en relación con un tema concreto, el

cazador de mentiras deberá tratar de comprobar que realmente existe esa relación. Una manera de hacerlo es pasar a otro tema, como hizo Nunn, y luego volver al tema anterior de improviso para ver si el grupo de conductas vuelve a aparecer.

El cazador de mentiras debe intentar encontrar otras explicaciones para los cambios de conducta observados además de considerar la posibilidad de que indiquen un engaño. Si Pointdexter hubiera mentido al responder sobre el almuerzo, es probable que el hecho de hacerlo le disgustara. Se sabía que era un hombre religioso: su esposa era diaconisa de su parroquia. Es probable que experimentara algún conflicto al mentir aunque creyera que el interés nacional justificaba que mintiera. Y también es probable que temiera que le pillaran. Pero hay otras alternativas que se deben tener en cuenta.

El exteniente coronel Oliver North

Pointdexter declaró durante muchos días. Supongamos que durante las pausas para almorzar aparte de hablar con sus abogados, siempre se tomara un bocadillo preparado por su mujer. Y supongamos que aquel día, cuando le preguntó a su mujer si le había hecho el bocadillo, ella se enfadara y le dijera: "¡John, no puedo prepararte un bocadillo todos los días, una semana tras otra! ¡Yo también tengo mis responsabilidades!". Y si su matrimonio era de esos donde el enfado se expresa en muy raras ocasiones, puede que Pointdexter estuviera disgustado por ese episodio. Así pues, más adelante, aquella mañana, cuando Nunn le preguntó por el almuerzo y él le dijo que comieron bocadillos, las emociones sin resolver suscitadas por la discusión con su esposa pudieron haber reaparecido y lo que vimos eran esos sentimientos, no su culpa por mentir sobre algún aspecto del escándalo Irán-Contra ni el temor a ser descubierto.

No tengo forma de saber si esta línea de especulación tiene alguna base. Y esto es lo que quiero destacar. El cazador de mentiras siempre debe intentar encontrar explicaciones alternativas aparte de la mentira y reunir información que pueda ayudarle a descartarlas. Lo que Pointdexter había revelado era que en su almuerzo con Casey había algo importante, pero no sabemos el qué y, en consecuencia, no deberíamos llegar sin más a la conclusión de que mentía sin haber descartado otras explicaciones.

LA CAPACIDAD PARA ACTUAR DE OLIVER NORTH

La declaración del teniente coronel Oliver North ante la comisión de investigación del escándalo Irán-Contra permite ilustrar otra proposición de *Cómo detectar mentiras*. North parece ser un buen ejemplo de lo que yo llamo un *actor natural*.[11] No estoy diciendo que North mintiera (aunque fue declarado culpable de mentir en su anterior declaración ante el Congreso), sino que, en caso de haber mentido, no lo podríamos descubrir a partir de su conducta. Si hubiera querido mentir, habría sido muy convincente. Desde este punto de vista, su actuación, en tanto que actuación, habría sido digna de aplauso.[12]

Los sondeos de la opinión pública realizados entonces indicaban que North despertaba la admiración de muchísimos estadounidenses. Hay muchas razones que lo pueden explicar. Puede que se le haya visto como un David contra el Goliat del poderoso gobierno, representado en este caso por la comisión de investigación del Congreso. Y, para algunas personas, su uniforme contribuía a esta imagen. Puede que también se le considerara un chivo expiatorio que cargaba injustamente con la culpa del presidente o del director de la CIA. Y parte de su atractivo residía en su porte, en su forma de comportarse. Uno de los distintivos de los actores naturales es que son dignos de contemplar: disfrutamos con su actuación. No hay razón para pensar que estas personas mientan más que otras (aunque puede que se vean más tentadas a hacerlo porque saben que pueden salirse con la suya), pero cuando mienten sus mentiras son perfectas.

La declaración de North también plantea cuestiones éticas y políticas en torno a si es aceptable que un alto cargo público mienta. En el capítulo siguiente examinaremos este y otros casos históricos.

10

LA MENTIRA EN LA VIDA PÚBLICA

...

EN EL CAPÍTULO ANTERIOR HE DESCRITO LAS conclusiones de algunas investigaciones recientes y de otras investigaciones en curso y también me he basado en mi experiencia como instructor de profesionales de la detección de mentiras. El presente capítulo no se basa en pruebas científicas, sino en evaluaciones personales fundadas en reflexiones sobre la naturaleza de la mentira y en intentos de aplicar mi investigación a la comprensión del contexto más amplio en el que vivo.

OLIVER NORTH Y SU JUSTIFICACIÓN DE LA MENTIRA

En un momento de su declaración, el teniente coronel Oliver North admitió que unos años antes había mentido al Congreso acerca del desvío de fondos iraníes a la Contra nicaragüense. "No tengo facilidad para mentir —dijo—. Pero teníamos que sopesar la diferencia entre mentir y salvar vidas". North citaba la justificación clásica de la mentira que la filosofía ha argumentado durante siglos. ¿Qué debemos decirle a un hombre que, con una pistola en la mano, nos pregunta: "¿Dónde está tu hermano? Lo voy a matar?" Este escenario no plantea ningún dilema para la mayoría de nosotros. No diremos dónde está nuestro hermano. Mentiremos, mencionaremos un lugar falso. Como dijo Oliver North, si lo que está en juego es la vida misma, tenemos que mentir. Podemos ver un ejemplo más prosaico en las instrucciones que los padres dan a sus hijos sobre lo que deben decir si un desconocido llama a la puerta cuando los niños están solos en casa. Les dicen que no digan que están solos, que mientan diciendo que su padre está durmiendo la siesta.

En su libro publicado cuatro años después de la investigación del Congreso, North describía sus sentimientos en relación con el Congreso y con la bondad de su causa. "Para mí, muchos senadores y congresistas, e incluso los miembros de su personal, eran personas privilegiadas que habían dejado abandonada sin ningún rubor a la resistencia nicaragüense, que habían hecho a la Contra vulnerable ante un enemigo poderoso y bien armado. ¡Y ahora me querían humillar a mí por hacer lo que *ellos* deberían haber hecho! (página 50) [...] Nunca creí que estuviera por encima de la ley y nunca tuve la intención de hacer nada ilegal. Siempre he creído, y todavía lo creo, que las enmiendas Boland no prohibían que el National Security Council apoyara a la Contra. Hasta la más estricta de las enmiendas tenía lagunas que usamos para garantizar que la resistencia nicaragüense no se viera abandonada".[1] North reconocía en su libro que engañó a los miembros del Congreso en 1980, cuando intentaron averiguar si él estaba ayudando directamente a la Contra.

Defender vidas, que era el motivo aducido por North para mentir, no estaba justificado porque, en primer lugar, no es seguro que la situación fuera tan clara. North decía que la Contra sucumbiría a causa de las enmiendas Boland, por las que el Congreso había prohibido que se le ofreciera más ayuda "mortífera". Pero los expertos no estaban de acuerdo en que eliminar esta ayuda significara la desaparición de la Contra. Se trataba de una consideración política en la que la mayoría de los demócratas y de los republicanos estaban claramente enfrentados. Esto tiene muy poco que ver con la certeza de que un asesino declarado que amenaza con matar acabará matando.

Otra objeción a la justificación de North de que mentía para salvar vidas está relacionada con el destinatario de sus mentiras. No mentía a la persona que proclamaba su intención de matar. Si se produjera alguna muerte la causaría el ejército nicaragüense, no los miembros del Congreso. Aunque quienes no estaban de acuerdo con las enmiendas Boland podrían decir que esta sería la consecuencia, no era esta la intención declarada de quienes votaron a favor de las enmiendas ni se podría decir que este fuera el objetivo de aquella ley aunque no se hubiera declarado expresamente.

Muchas personas sensatas y supuestamente dotadas de la misma altura moral discrepaban sobre las consecuencias de suspender la ayuda "mortífera" y sobre si las enmiendas Boland carecían de lagunas. Con gran celo, North no pudo ver, o si lo vio le dio igual, que en este asunto no había una única verdad que no pudiera negar ninguna persona racional. En su arrogancia, North dio más peso a su propia opinión que a la opinión de la mayoría del Congreso y creyó que esto justificaba que mintiera ante la comisión.

Mi tercera objeción al argumento de North de que había mentido para salvar vidas es que sus mentiras violaban un contrato que había suscrito y que le prohibía mentir al Congreso. Nadie está obligado a responder con la verdad a un asesino declarado. Los actos de ese asesino violan las leyes que tanto él como nosotros hemos suscrito. Nuestros hijos no están obligados a decir la verdad a un desconocido que llame a la puerta, aunque esta cuestión sería más confusa si el desconocido dijera hallarse en peligro. Sin embargo, todo el mundo está obligado a declarar la verdad ante una comisión del Congreso y si miente puede ser procesado. North aún tenía más razones para decir la verdad en virtud de su profesión. Como oficial del ejército, el teniente coronel Oliver North había jurado respetar y defender la Constitución. Al mentir ante el Congreso había violado la división de responsabilidades prevista en la Constitución entre los dos poderes del estado: concretamente, el control del presupuesto que la Constitución otorga al Congreso como contrapartida a la potestad del ejecutivo para actuar.[2] Y North no tenía las manos atadas si se creía obligado a aplicar políticas que, según su parecer, ponían en peligro a otras personas de un modo inmoral. Podía haber dimitido para luego manifestar públicamente su opinión en contra de las enmiendas Boland.

Esta polémica sigue hoy en día, ya que se está procesando a ciertos agentes de la CIA que, presuntamente, mintieron ante el Congreso. Una cuestión que hace poco se ha debatido en la prensa es si hay un conjunto especial de normas para los agentes de la CIA que, a causa de la naturaleza secreta de su trabajo, podrían no estar obligados a decir la verdad al Congreso. Puesto que North recibía órdenes de Casey, el director de la CIA, sus actos se podrían justificar alegando que seguía las normas de los empleados de esta agencia. David Whipple, que es el director de la asociación de exagentes de la CIA, dijo: "En mi opinión, el hecho de que revelen al Congreso el mínimo necesario, si así pueden salir bien librados, no tiene nada de malo. Incluso a mí me cuesta culpar de nada a esos muchachos".[3] Ray Cline, otro agente retirado de la CIA, dijo: "En la antigua tradición de la CIA creíamos que a los agentes de alto rango se les debía proteger para que no fueran descubiertos".[4] Según Stansfield Turner, que fue director de la CIA entre 1977 y 1981, durante el mandato del presidente Carter, un presidente no debe autorizar a la CIA para que mienta al Congreso y se debe dejar claro a los empleados de la agencia que, en caso de mentir, no recibirán protección.[5]

Los procesos a North, Pointdexter y, más recientemente, a los agentes de la CIA Alan Fiers y Clair George por mentir ante el Congreso podrían transmitir este mensaje. George es el cargo más importante de la CIA que ha sido encausado por mentir a la comisión del Congreso que investigó el escándalo Irán-Contra en 1987. Puesto que en general se cree que Casey, el director de la CIA, no se atuvo a estas normas, se podría aducir que es injusto castigar a personas a las que se hizo creer que estaban haciendo lo que quería el presidente y que se les daría protección si llegaran a ser descubiertas.

EL PRESIDENTE RICHARD NIXON Y EL ESCÁNDALO DEL WATERGATE

Es probable que el expresidente Richard Nixon sea el alto cargo que ha sido más condenado por mentir. Fue el primer presidente de Estados Unidos que dimitió de su cargo, pero ello no se debió únicamente a que hubiera mentido. Tampoco se vio obligado a dimitir porque se descubriera a personas que trabajaban para la Casa Blanca en el complejo de viviendas y oficinas Watergate en junio de 1972 mientras intentaban forzar la sede central del Partido Demócrata. Tuvo que dimitir por el encubrimiento que ideó y por las mentiras que contó para apoyarlo. En las grabaciones de unas conversaciones mantenidas en la Casa Blanca que se hicieron públicas más tarde, Nixon aparecía diciendo: "Me importa una mierda lo que pueda pasar, quiero que contesten con evasivas, que se acojan a la quinta enmienda, lo que haga falta para que se salve el plan".

Aquella maniobra de encubrimiento tuvo éxito durante casi un año, hasta que uno de los hombres condenados por el allanamiento del Watergate, James McCord, contó al juez que aquella acción formaba parte de una conspiración de más alcance. Luego se supo que Nixon había grabado todas las conversaciones mantenidas en el despacho Oval. A pesar de los intentos del presidente de borrar la información más perjudicial de aquellas cintas, había pruebas suficientes para que la House Judiciary Committee iniciara un proceso por prevaricación (*impeachment*). Nixon dimitió el 9 de agosto de 1974, cuando el tribunal supremo le ordenó que entregara las cintas al jurado de acusación.

En mi opinión, el problema no fue que Nixon mintiera, porque creo que los altos dirigentes deben hacerlo en ocasiones, sino aquello sobre lo que mintió, su motivación para mentir y las personas a las que mintió. No fue un intento de engañar a otro gobierno: el destinatario de la mentira de Nixon fue el pueblo estadounidense. No había ninguna justificación posible basada en la necesidad de alcanzar un objetivo en política exterior. Nixon ocultó un delito que conocía: el intento de robar documentos de la sede del Partido Demócrata en los edificios Watergate. Su motivo era seguir en el cargo, no arriesgarse a perder votantes si se descubriera que sabía que quienes trabajaban para él habían infringido la ley para colocarle en una situación de ventaja de cara a las siguientes elecciones. En el primer artículo del *impeachment* contra Nixon se le acusaba de obstrucción a la justicia, en el segundo se le acusaba de abusar del poder de su cargo y de no asegurar el fiel cumplimiento de la ley, y en el tercero se le acusaba de desobedecer deliberadamente la orden de la comisión jurídica de que entregara las cintas con las grabaciones y otros documentos. No deberíamos condenarle únicamente por ser un mentiroso, aunque de ello le acusaran con alborozo quienes le detestaban. Los altos dirigentes no podrían hacer su trabajo si se les prohibiera mentir bajo ninguna circunstancia.

LA MENTIRA JUSTIFICADA DEL PRESIDENTE JIMMY CARTER

El mandato del expresidente estadounidense Jimmy Carter nos ofrece un buen ejemplo de unas circunstancias donde está justificado que un alto cargo pueda mentir. En 1976, el exgobernador de Georgia, Jimmy Carter, fue elegido presidente de Estados Unidos tras derrotar a Gerald Ford, que había llegado a la presidencia tras la dimisión de Nixon. Durante la campaña electoral, Carter había prometido limpiar la imagen de la Casa Blanca tras los años duros y escandalosos del caso Watergate. El sello distintivo de su campaña era mirar a las cámaras de televisión y decir, de una manera bastante simplista, que nunca mentiría ante el pueblo estadounidense. Sin embargo, tres años después mintió muchas veces para ocultar sus planes para rescatar a unos rehenes estadounidenses secuestrados en Irán.

Durante los primeros años de la presidencia de Carter, el sha de Irán fue derrocado por una revolución islámica integrista. El sha siempre había recibido apoyo de Estados Unidos y, cuando huyó al exilio, Carter permitió que entrara en el país para que recibiera tratamiento médico. Enfurecida, la milicia iraní irrumpió en la embajada de Estados Unidos en Teherán y capturó sesenta rehenes. Las negociaciones diplomáticas para acabar con aquella crisis se prolongaron sin resultado durante meses. Mientras, cada noche, los presentadores de los noticiarios de televisión contaban los días, y luego los meses, que los rehenes llevaban secuestrados.

Muy poco después de la captura de los rehenes, Carter ordenó en secreto a los militares que empezaran a preparar una operación de rescate. Esta preparación no solo se ocultó, sino que los representantes de la administración hicieron repetidamente manifestaciones falsas con el fin de diluir cualquier sospecha sobre lo que estaban tramando. Durante meses, el Pentágono, el departamento de estado y la Casa Blanca afirmaron una y otra vez que una misión para liberar a los rehenes era imposible desde un punto de vista logístico. El 8 de enero de 1980, el presidente Carter mintió en una conferencia de prensa diciendo que una operación militar de rescate "acabaría en un fracaso y en la muerte de los rehenes casi con toda seguridad". Mientras lo decía, la fuerza militar Delta estaba ensayando en secreto la operación de rescate en el desierto del sudoeste de Estados Unidos.

Carter mintió al pueblo estadounidense porque sabía que los iraníes escuchaban lo que decía y deseaba que los milicianos que tenían secuestrados a los rehenes se confiaran. Hizo que su secretaria de prensa, Jody Powell, negara que el gobierno pensara rescatar a los rehenes en el mismo momento en que la misión de rescate se puso en marcha. Y más tarde escribió en sus memorias: "Cualquier sospecha que hubieran tenido los milicianos de un intento de rescate habría condenado la misión al fracaso... El éxito dependía totalmente del elemento sorpresa".[6] Recordemos que Hitler también había mentido para sorprender al adversario. Pero no condenamos a Hitler porque mintiera, sino por sus objetivos y sus actos. El hecho de que el dirigente de un país mienta para estar en una posición de ventaja ante un enemigo no es censurable en sí mismo.

El principal destinatario de las mentiras de Carter eran los iraníes que habían violado las leyes internacionales secuestrando al personal de la embajada estadounidense. No había forma de engañarles sin engañar al pueblo y al Congreso de Estados Unidos. El motivo era proteger a las fuerzas militares estadounidenses. Y la duración de la mentira iba a ser breve. Aunque algunos miembros del Congreso plantearon la cuestión de si Carter tenía derecho a actuar sin notificárselo de antemano, tal como estipula la War Powers Resolution, él adujo que el rescate había sido un acto de socorro, no un acto de guerra. Carter fue condenado porque la misión de rescate fracasó, no porque hubiera roto su promesa de no mentir.

Cuando Stansfield Turner, director de la CIA durante el mandato de Carter, escribió sobre el escándalo Irán-Contra y la necesidad de que los agentes de la CIA dijeran la verdad ante el Congreso, se planteó qué habría hecho él si el Congreso le hubiera preguntado si la CIA estaba preparando una misión de rescate: "Me habría costado mucho saber cómo responder. Supongo que habría dicho algo parecido a: 'No creo aconsejable hablar de ningún plan para solucionar el problema de los rehenes para evitar que se hagan inferencias erróneas que se puedan filtrar a los iraníes'. Luego habría consultado al presidente si debería volver para responder con toda franqueza a las preguntas".[7] Turner no dice qué habría hecho si el presidente Carter le hubiera ordenado que volviera al Congreso y negara la existencia del plan de rescate.

LAS MENTIRAS DE LYNDON JOHNSON SOBRE LA GUERRA DEL VIETNAM

Más peligroso fue que el expresidente Lyndon B. Johnson ocultara a la opinión pública estadounidense informaciones adversas sobre el desarrollo de la guerra del Vietnam. Johnson había llegado a la presidencia tras el asesinato de John F. Kennedy en 1963, pero se presentó a las elecciones presidenciales de 1964. Durante la campaña, el candidato republicano, el senador por Arizona Barry Goldwater, dijo que estaría dispuesto a usar armamento nuclear para ganar la guerra. Johnson adoptó la postura contraria. "No vamos a enviar a nuestros muchachos a quince mil kilómetros de casa para que hagan lo que deberían hacer por su cuenta los propios asiáticos". Una vez elegido, y convencido de que la guerra se podría ganar enviando más tropas, Johnson envió a medio millón de muchachos estadounidenses al Vietnam durante los años siguientes. Estados Unidos acabó soltando en Vietnam más bombas de las que se habían usado en toda la Segunda Guerra Mundial.

Johnson pensaba que solo se encontraría en una buena posición para negociar un final adecuado de la guerra si los norvietnamitas creían que tenían todo el apoyo de la opinión pública estadounidense. En consecuencia, seleccionaba lo que daba a conocer al pueblo estadounidense sobre el desarrollo de la guerra. Los jefes militares que actuaban en Vietnam sabían que Johnson quería dar la mejor imagen posible de los éxitos estadounidenses y de los fracasos norvietnamitas y del Vietcong, y poco después esta fue la única información que Johnson recibió de ellos. Pero la farsa se vino abajo en enero de 1968, cuando una ofensiva devastadora del Vietcong y de los norvietnamitas durante la celebración del Tet (Año Nuevo) puso en evidencia ante los estadounidenses y ante el mundo lo lejos que estaba Estados Unidos de ganar aquella guerra. La ofensiva del Tet se produjo en plena campaña electoral a la presidencia de Estados Unidos. El senador Robert Kennedy, que se enfrentaba a Johnson para ser proclamado candidato del Partido Demócrata, dijo que la ofensiva del Tet había "hecho añicos la máscara de ilusión oficial con la que hemos estado ocultando, incluso a nuestros propios ojos, las verdaderas circunstancias". Pocos meses después, Johnson anunció su decisión de no presentarse a la reelección.

En una democracia no es fácil engañar a otro país sin engañar al propio pueblo y esto hace del engaño una política muy peligrosa cuando se practica durante mucho tiempo. El engaño de Johnson sobre el desarrollo de la guerra no fue cuestión de días, semanas o meses. Al crear la ilusión de una victoria inminente, Johnson privó al electorado de una información necesaria para fundamentar su opción política. Una democracia no puede sobrevivir si un partido político controla la información que recibe el electorado sobre una cuestión esencial para su voto.

Como observó el senador Robert Kennedy, sospecho que otro costo de aquel engaño fue que Johnson, y por lo menos algunos de sus asesores, casi llegaron a creerse sus propias mentiras. Pero en esta trampa no solo pueden caer los altos cargos de un gobierno. Creo que cuantas más veces se repite una mentira, más fácil resulta decirla. Y cada vez que la decimos, pensamos menos en si engañar está bien o mal. Tras muchas repeticiones, el mentiroso puede llegar a sentirse tan cómodo con la mentira que ya no se da cuenta de que miente. Sin embargo, si se le incita o se le contradice, recordará que está mintiendo. Aunque Johnson quería creer en sus falsas afirmaciones sobre el desarrollo de la guerra, y puede que en ocasiones pensara que eran verdaderas, dudo que realmente llegara a engañarse a sí mismo por completo.

EL AUTOENGAÑO Y EL DESASTRE DE LA LANZADERA ESPACIAL *CHALLENGER*

Decir que una persona se ha engañado a sí misma es algo totalmente diferente. En el autoengaño, la persona no se da cuenta de que se miente a sí misma. Y no conoce los motivos que la impulsan a engañarse. Creo que el autoengaño es mucho menos frecuente de lo que dicen los culpables para excusarse después de los hechos. Los actos que desembocaron en el desastre de la lanzadera espacial *Challenger* plantean la duda de si quienes tomaron la decisión de que despegara a pesar de las firmes advertencias sobre los posibles peligros habían sido víctimas del autoengaño. ¿Cómo explicar si no que quienes conocían los riesgos tomaran la decisión de seguir adelante con el lanzamiento?

El despegue de la lanzadera el 28 de enero de 1986 fue visto por millones de telespectadores. El lanzamiento había recibido mucha publicidad porque una maestra de escuela, Christa McAuliffe, formaba parte de la tripulación. Entre los telespectadores había muchos escolares, incluidos los alumnos de la maestra, que tenía que dar una clase desde el espacio. Pero setenta y tres segundos después del despegue la lanzadera estalló, causando la muerte de las siete personas que iban a bordo.

La noche anterior al lanzamiento, los ingenieros de Morton Thiokol, la empresa que había fabricado los cohetes propulsores, recomendaron oficialmente que se aplazara el despegue porque el frío anunciado en la previsión meteorológica podría reducir peligrosamente la elasticidad de unas juntas circulares de goma. Y si eso ocurría, la consiguiente pérdida de combustible podría hacer que los cohetes propulsores estallaran. Los ingenieros de Thiokol llamaron a la National Aeronautic and Space Administration (NASA) instándola unánimemente a que aplazara el lanzamiento previsto para la mañana siguiente.

La fecha de lanzamiento ya se había aplazado tres veces, rompiendo la promesa de la NASA de que las lanzaderas espaciales seguirían un programa de despegue rutinario y previsible. Lawrence Mulloy, el director de propulsión de la NASA, discutió con los ingenieros de Thiokol diciendo que no había pruebas suficientes de que el frío pudiera dañar las juntas de goma. Mulloy habló aquella noche con el director de Thiokol, Bob Lund, quien más tarde prestó declaración ante la comisión presidencial creada para investigar el desastre. Lund declaró que Mulloy le había dicho aquella noche que pensara como director en lugar de pensar como ingeniero. Al parecer, Lund así lo hizo: dejó de oponerse al lanzamiento y anuló la decisión de sus propios ingenieros. Mulloy también se puso en contacto con Joe Kilminister, uno de los vicepresidentes de Thiokol, pidiéndole que firmara el visto bueno para el lanzamiento. Lo hizo a las 23:45, enviando un fax a la NASA recomendando el despegue. Allan McDonald, que era el director de propulsión de Thiokol, se negó a firmar la autorización oficial. Dos meses después, McDonald abandonó su puesto en Thiokol.

La tripulación de la nave Challenger

Más adelante, la comisión presidencial descubrió que a cuatro de los altos ejecutivos de la NASA responsables de autorizar cada lanzamiento no se les había dicho nada de las discrepancias entre los ingenieros de Thiokol y el equipo de cohetes de la NASA la noche que se tomó la decisión de realizar el lanzamiento. Robert Sieck, jefe de lanzaderas del Kennedy Space Center; Gene Thomas, director de lanzamiento del *Challenger* del mismo centro; Arnold Aldrich, director de sistemas de transporte espacial del Johson Space Center de Houston; y el director de lanzaderas Moore, declararon que nadie les había dicho que los ingenieros de Thiokol se oponían a la decisión de efectuar el lanzamiento.

¿Cómo pudo Mulloy seguir con el despegue sabiendo que la lanzadera podría estallar? Una explicación es que, al hallarse bajo una gran presión, cayó víctima del autoengaño y acabó convenciéndose de que los ingenieros exageraban un riesgo que en realidad era insignificante. Si es verdad que Mulloy fue víctima del autoengaño, ¿realmente podemos hacerle responsable de su decisión? Supongamos que otra persona hubiera mentido a Mulloy diciéndole que no había ningún riesgo. Es evidente que entonces no le culparíamos por haber tomado aquella decisión. ¿Es esto diferente de que se hubiera engañado a sí mismo? Yo creo que probablemente no, siempre que Mulloy realmente hubiera caído en el autoengaño. La cuestión es, ¿se trató de un autoengaño o fue una decisión razonada pero errónea?

Para saberlo, compararé lo que sabemos de Mulloy con uno de los ejemplos claros de autoengaño que citan los expertos en este campo.[8] Un enfermo de cáncer en fase terminal que cree que se va a curar aunque haya muchos signos de que sufre un tumor incurable que se desarrolla con rapidez, abriga una creencia falsa. Mulloy también abrigaba una creencia falsa: que la lanzadera podía despegar sin peligro (creo que se debe descartar la alternativa de que Mulloy supiera con certeza que estallaría). El enfermo de cáncer cree que se curará a pesar de las sólidas pruebas en contra. Ve que se está debilitando, que el dolor va en aumento, pero insiste en que se trata de contratiempos temporales. Mulloy también insistía en su falsa creencia a pesar de las pruebas en contra. Sabía que los ingenieros creían que el frío dañaría las juntas y que si se producía una fuga de combustible los cohetes podrían explotar, pero rechazó sus afirmaciones por considerarlas exageradas.

Lo que he dicho hasta ahora no nos dice si Mulloy o el enfermo de cáncer mienten deliberadamente o son víctimas del autoengaño. El requisito esencial para el autoengaño es que la víctima no sea consciente de sus motivos para abrigar una creencia falsa.* El enfermo de cáncer no es consciente de que su engaño está motivado por su incapacidad de afrontar el temor a la inminencia de su propia muerte. Este elemento —no ser consciente de la motivación para el autoengaño— no está presente en el caso de Mulloy. Cuando este le dijo a Lund que pensara como director, demostró que era consciente de lo que necesitaba hacer para mantener la creencia de que el lanzamiento debía realizarse.

Richard Feynman, el premio Nobel de física que fue nombrado para formar parte de la comisión presidencial que investigó el desastre del *Challenger*, escribió lo siguiente sobre la mentalidad gestora que influyó en Mulloy: "[C]uando el proyecto lunar llegó a su fin, la NASA [...] [tuvo que] convencer al Congreso de que existía un proyecto que solo la NASA podía llevar a cabo. Para conseguirlo era necesario —por lo menos *parecía* necesario en este caso— exagerar: exagerar lo económica que sería la lanzadera, exagerar la frecuencia con la que podría despegar, exagerar lo segura que sería, exagerar los grandes avances científicos que podría impulsar".[9] La revista *Newsweek* dijo: "En cierto sentido, la agencia parecía haber sido víctima de su propia propaganda, comportándose como si, en el fondo, los vuelos espaciales fueran tan rutinarios como los viajes en autocar".

---

* Podría parecer que el autoengaño no es más que otra forma de designar el concepto freudiano de represión. Pero por lo menos hay dos diferencias. En la represión, la información que la persona se oculta a sí misma surge de una necesidad profundamente arraigada en la estructura de la personalidad, algo que normalmente no sucede en el caso del autoengaño. Y hay quien afirma que presentar la verdad a quien se engaña a sí mismo puede romper el engaño mientras que, en la represión, presentar la verdad no hará que esta se admita. Véase una discusión de estas cuestiones en *Self-Deception*, de Lockard y Paulhus.

Mulloy no era más que una de las muchas personas de la NASA que mantenían esas exageraciones. Puede que temiera la reacción del Congreso si el lanzamiento se hubiera aplazado por cuarta vez. Una publicidad negativa que contradijera las exageradas afirmaciones de la NASA sobre la lanzadera podría afectar las futuras asignaciones. La publicidad negativa que supondría otro aplazamiento podía parecer una certeza y el riesgo que suponían las condiciones climatológicas no era una certeza, sino solo una posibilidad. Ni los ingenieros que se oponían al lanzamiento estaban totalmente seguros de que se produciría una explosión. Algunos dijeron más adelante que solo unos segundos antes de la explosión pensaban que podría no producirse.

Deberíamos condenar a Mulloy por su mal criterio, su decisión de dar más importancia a los intereses de la dirección que a las inquietudes de los ingenieros. Hank Shuey, un experto en seguridad de cohetes que estudió las pruebas a petición de la NASA, dijo: "No ha sido un error de diseño. Ha sido un error de juicio". No deberíamos explicar ni justificar los errores de juicio con la excusa del autoengaño. También deberíamos condenar a Mulloy por no haber puesto en conocimiento de sus superiores, que tenían la última palabra sobre el despegue, lo que estaba haciendo y por qué lo estaba haciendo. Feynman ofrece una explicación convincente de por qué Mulloy asumió personalmente la responsabilidad. "[L]os que intentan que el Congreso dé el visto bueno a sus proyectos no quieren oír hablar de estas cosas [problemas, riesgos, etc.]. Es mejor que no las sepan porque así pueden ser más "honrados": ¡no quieren hallarse en la posición de tener que mentir al Congreso! Así que, muy pronto, las actitudes empiezan a cambiar: la información que viene de abajo y que es desagradable —"Tenemos un problema con las juntas; deberíamos solucionarlo antes de volver a hacer un lanzamiento"— es suprimida por los peces gordos y los mandos intermedios, que dicen: "Si me hablas de los problemas de las juntas tendremos que anular el despegue y arreglarlas". O, "No, no, sigan con el lanzamiento o, de lo contrario, quedaré muy mal", o, "A mí no me lo digan; no quiero saber nada de esto". Puede que no digan, "no me lo digan", de una manera explícita, pero desalientan la comunicación, que viene a ser lo mismo".[10]

La decisión de Mulloy de no poner en conocimiento de sus superiores las grandes discrepancias sobre el lanzamiento del *Challenger* se podría considerar una mentira por omisión. Recordemos que mi definición de mentir (capítulo 2, página 27) es que una persona engaña a otra deliberadamente, por propia elección, sin notificarle de ningún modo que se producirá el engaño. No importa que la mentira se base en decir algo falso o en omitir una información esencial. Son simples diferencias de técnica, pero el efecto es el mismo.

La notificación es un aspecto esencial. Los actores no son mentirosos porque el público sabe que representan un papel, pero los impostores sí lo son. Una partida de póquer es un caso un poco más ambiguo porque las reglas autorizan ciertas formas de engaño como los faroles, y lo mismo se puede decir de la venta de inmuebles, donde nadie espera que los vendedores revelen con franqueza y desde el principio el verdadero precio de venta. Si Feynman está en lo cierto, si los peces gordos de la NASA habían desalentado la comunicación diciendo, en el fondo, "no nos digan nada", esto podría ser una especie de notificación. Mulloy, y es de suponer que otras personas de la NASA, sabían que las malas noticias o las decisiones difíciles no debían llegar hasta arriba. De ser así, no deberíamos considerar a Mulloy un mentiroso por no haber informado a sus superiores, ya que estos habían autorizado el engaño y sabían que no se les diría nada. En mi opinión, los superiores a los que no se les dijo nada comparten con Mulloy alguna medida de responsabilidad por el desastre. Son responsables en última instancia no solo de la decisión de efectuar un despegue, sino también de crear la atmósfera que hizo que Mulloy no les dijera nada. Contribuyeron a crear las condiciones que le condujeron a su error y a su determinación de no hacerles partícipes de la decisión.

Feynman observa las similitudes existentes entre la situación en la NASA y la postura de los mandos intermedios en el escándalo Irán-Contra acerca de decirle al presidente Reagan lo que estaban haciendo, como en el caso de Pointdexter. Crear una atmósfera donde los subordinados creen que a quienes tienen la autoridad final no se les debe hablar de temas por los que podrían ser culpados y ofrecer así una vía de escape a un presidente, destruye el gobierno. El expresidente Harry Truman dijo con toda la razón: "La responsabilidad es mía". El presidente debe supervisar, evaluar, decidir y ser responsable de las decisiones. Sugerir lo contrario quizá sea provechoso a corto plazo, pero pone en peligro cualquier organización jerárquica porque fomenta el descontrol y un entorno que admite el engaño.

EL JUEZ CLARENCE THOMAS Y LA PROFESORA ANITA HILL

Las contradictorias declaraciones del juez candidato al Tribunal Supremo, Clarence Thomas, y la profesora de Derecho, Anita Hill, en otoño de 1991, nos ofrecen varias lecciones sobre la mentira. El dramático careo televisado empezó justo unos días antes de que el Senado debiera confirmar el nombramiento del juez Thomas para el Tribunal Supremo. La profesora Hill declaró ante la Comision Judicial del Senado que, entre 1981 y 1983, mientras era ayudante de Clarence Thomas —primero en la Office of Civil Rights del Ministerio de Educación y luego cuando Thomas pasó a dirigir la Equal Employment Opportunity Comission— el juez la había acosado sexualmente. "Me hablaba de actos que había visto en películas pornográficas, de mujeres que mantenían relaciones sexuales con animales, de sexo en grupo o escenas de violaciones [...] Me hablaba de material pornográfico con personas de penes y pechos enormes realizando diversos actos sexuales. En varias ocasiones, Thomas me explicó de una manera muy gráfica sus propias proezas sexuales [...] Me dijo que si alguna vez le contaba algo de su conducta a alguien, acabaría con su carrera". Hill hablaba con toda calma, de una manera coherente y, para muchos observadores, muy convincente.

Inmediatamente después de estas declaraciones, el juez Thomas negó rotundamente las acusaciones: "No he dicho ni hecho nada de lo alegado por la señorita Hill". Tras la declaración de Hill, Thomas dijo: "Deseo empezar negando categóricamente y con la mayor claridad todas y cada una de las acusaciones que hoy se han hecho contra mí". Manifestando con un tono moralizador su enfado ante la comisión por perjudicar su reputación,

Thomas dijo ser víctima de un ataque por motivos racistas. Luego añadió: "No puedo librarme de estas acusaciones porque utilizan los peores estereotipos de este país sobre los hombres de raza negra". Quejándose del suplicio al que le sometía el Senado, Thomas declaró: "Hubiera preferido la bala de un asesino que no esta especie de infierno en vida". Dijo que aquella vista era "un linchamiento moderno para negros con humos".

El titular de portada de la revista *Time* de aquella semana decía: "Ante la mirada de todo el país, dos testigos creíbles y que saben expresarse presentan unas versiones irreconciliables de lo que ocurrió hace casi diez años". La columnista Nancy Gibbs escribió en *Time*: "Aun después de haber oído estas declaraciones tan angustiosas, ¿quién podría decir con certeza que realmente sabe lo que sucedió? ¿Cuál de los dos es un mentiroso de proporciones colosales?".

Clarence Thomas

Yo me centraré únicamente en la conducta de Hill y de Thomas cuando declararon, no en la declaración de Thomas ante la comisión antes del asunto de Anita Hill, ni en la historia previa de ninguno de los dos, ni en la declaración de otros testigos sobre cada uno de ellos. Al observar su actitud no encontré ninguna información nueva o especial. Solo pude observar lo que era evidente para la prensa: que los dos hablaban y se comportaban de una manera muy convincente. Con todo, de este enfrentamiento podemos sacar algunas lecciones sobre la mentira y la actitud.

No habría sido fácil para ninguno de los dos mentir a sabiendas ante todo el país. Era muchísimo lo que había en juego para ambos. Pensemos en cuál podría haber sido el resultado si alguno de los dos hubiera actuado de tal forma que, con razón o sin ella, se hubiera creído que mentía a los medios de comunicación y al pueblo estadounidense. Pero esto no sucedió: los dos parecían hablar en serio.

Anita Hill

Supongamos que Hill decía la verdad y que Thomas había decidido mentir adrede. Si Thomas hubiera consultado el segundo capítulo de *Cómo detectar mentiras* habría encontrado mi consejo de que la mejor manera de disimular el temor a ser descubierto es revestirlo con otra emoción. Usando el ejemplo del libro de

John Updike, *Marry Me*, que decía que Ruth, la esposa infiel, podía engañar a su marido pasando al ataque y haciéndose la ofendida porque él desconfiaba de ella, con lo que lograba que el hombre se pusiera a la defensiva. Y eso es, precisamente, lo que hizo Clarence Thomas. Su enorme indignación no iba dirigida a Anita Hill, sino al Senado. Además, gozaba de la ventaja de ganarse la simpatía de las personas que desconfiaban de los políticos y de aparecer como un David luchando contra un poderoso Goliat.

De la misma manera que Thomas habría perdido apoyos si hubiera atacado a Hill, los senadores también los hubieran perdido si hubieran atacado a Thomas, un hombre de raza negra que se quejaba de que lo linchaban para bajarle los humos. Si Thomas hubiera decidido mentir, también tendría sentido que no viera la declaración de Anita Hill para que los senadores no pudieran preguntarle por ella.

Aunque este razonamiento habría complicado a quienes se oponían al nombramiento de Thomas antes de la vista, no demuestra que mintiera. También podría haber atacado a la comisión del Senado si hubiera dicho la verdad. Si la mentirosa hubiera sido Hill, Thomas habría tenido todo el derecho a estar furioso con el Senado por haber escuchado el relato que Hill había sacado a la luz en el último instante, en público, precisamente cuando parecía que sus oponentes políticos habían fracasado en su intento de impedir su nombramiento. Si Hill hubiera mentido, Thomas habría estado tan disgustado y furioso que quizá no habría soportado ver su declaración en televisión.

¿Pudo haber mentido Anita Hill? No lo creo probable porque, en caso de haberlo hecho, habría tenido miedo de que no se la creyera y no mostró ninguna señal de temor. Declaró con calma y sangre fría, con circunspección y pocas muestras de emoción. Pero la ausencia de indicios conductuales del engaño no significa que se diga la verdad. Anita Hill tuvo tiempo para preparar y ensayar su relato. Y es posible que pudiera hacerlo parecer convincente, pero no es probable.

Aunque es más probable que quien mintiera fuera Thomas y no Anita Hill, hay otra posibilidad que, en mi opinión, es la más certera. Puede que ninguno de los dos dijera la verdad pero que ninguno de los dos mintiera. Supongamos que ocurrió algo, no tanto como dijo la profesora Hill pero más de lo que admitió el juez Thomas. Si la exageración de ella y el desmentido de él se hubieran repetido muchas veces, en el momento de prestar declaración habría pocas posibilidades de que alguno de los dos recordara que lo que decían no era totalmente cierto.

Puede que Thomas olvidara lo que hizo o que recordara una versión más "descafeinada". En este caso, su enfado por las acusaciones de Hill estaría totalmente justificado. Él no mentía: tal como lo veía y lo recordaba, él era quien decía la verdad. Y si había alguna razón para que Hill se sintiera ofendida por Thomas, quizá por algún desaire o alguna afrenta real o imaginaria o por alguna otra razón, con el tiempo podría haber ido adornando, enriqueciendo y exagerando lo que ocurrió en realidad. También ella estaría diciendo la verdad tal como la recordaba. Esto se parece al autoengaño, pero la diferencia esencial es que, en este caso, la creencia falsa se desarrolla lentamente con el paso del tiempo, mediante una serie de repeticiones donde los hechos se van transformando. Para algunos autores que escriben sobre el autoengaño puede que esta diferencia no importe demasiado.

No hay manera de discernir a partir de la actitud cuál de las dos versiones era cierta: ¿Mentía él? ¿Mentía ella? ¿Ninguno de los dos decía toda la verdad? Sin embargo, cuando la gente tiene unas opiniones muy firmes —sobre el acoso sexual, sobre quién debe formar parte del Tribunal Supremo, sobre los senadores, sobre los hombres, etc.— se hace difícil soportar el hecho de no saber a qué conclusión llegar. La mayoría de las personas resuelven esta ambigüedad convenciéndose con firmeza de que pueden deducir quién dice la verdad a partir de la actitud. Y casi siempre suele ser la persona con la que más simpatizan.

No es que los indicios conductuales del engaño no sirvan para nada, pero deberíamos saber cuándo son útiles y cuándo no y aceptar que hay casos donde no podemos saber si alguien miente o dice la verdad. Por ley, las acusaciones de acoso sexual prescriben a los noventa días. Una de las buenas razones de que se haya establecido este plazo es que los hechos están más frescos y que los indicios conductuales del engaño se pueden detectar mejor. Si hubiéramos podido ver declarar a Hill y a Thomas unas semanas después del presunto acoso, habríamos tenido muchas más posibilidades de deducir a partir de su conducta cuál de los dos decía la verdad y puede que las acusaciones y los desmentidos hubieran sido diferentes.

UN PAÍS DE MENTIRAS

Hace unos años pensaba que Estados Unidos se había convertido en un país de mentiras: desde las mentiras de Lyndon B. Johnson sobre la guerra del Vietnam, las de Nixon y el escándalo del Watergate, las de Reagan y el escándalo Irán-Contra y el misterio aún sin resolver del papel del senador Edward Kennedy en la muerte de una amiga suya en Chapaquiddick, hasta el plagio del senador Biden y la mentira del exsenador Gary Hart sobre sus devaneos extramatrimoniales durante la campaña presidencial de 1984. Y no es solo la política; la mentira también ha pasado a un primer plano en el mundo de los negocios, como en los escándalos de Wall Street y de las cajas de ahorros, y hasta ha invadido el mundo del deporte, como en el caso de la estrella del béisbol Pete Rose, que ocultó sus apuestas, o el del atleta olímpico Ben Johnson, que mintió sobre su dopaje. Luego, en mayo de 1990, me pasé cinco semanas dando clases y conferencias en Rusia.

Ya había estado anteriormente en Rusia, en 1979, como profesor Fullbright, pero en esta ocasión me quedé asombrado al ver que la gente era mucho más franca. Ya no tenían miedo de hablar con un estadounidense ni de criticar a su propio gobierno. "Ha venido usted al país más adecuado —me dijeron muchos—. ¡Este es un país de mentiras! ¡Setenta años de mentiras!". Una y otra vez los rusos me decían que siempre habían sabido lo mucho que su gobierno les mentía. Pero en las cinco semanas que estuve allí pude ver su sorpresa al tener noticia de nuevas mentiras cuya existencia ni siquiera habían sospechado. Un ejemplo muy doloroso fue cuando se supo la verdad sobre el sufrimiento que padecieron los habitantes de Leningrado durante la Segunda Guerra Mundial.

Muy poco después de que la Alemania nazi invadiera Rusia en 1941, las tropas nazis cercaron Leningrado (hoy San Petersburgo). El asedio duró 900 días. Se dice que en Leningrado murieron un millón y medio de personas, la mayoría de ellas de inanición. Casi todos los adultos que conocí dijeron haber perdido algún familiar durante el asedio. Pero mientras me encontraba allí el gobierno anunció que las cifras de civiles que habían muerto durante el asedio se habían exagerado. El día de mayo en que todo el país conmemoraba la victoria sobre los nazis, el gobierno soviético dijo que el número de bajas durante la guerra había sido tan elevado porque no había habido oficiales suficientes para comandar las tropas soviéticas. Según el gobierno, Stalin, el dirigente soviético, había asesinado a muchos de sus oficiales en una purga antes de que empezara la guerra.

Y no solo salían a la luz mentiras insospechadas del pasado: también había nuevas mentiras. Justo un año después de que Mijail Gorbachov llegara al poder se produjo un catastrófico accidente nuclear en Chernóbil. Una nube radiactiva se extendió por varias zonas de Europa oriental y occidental, pero al principio el gobierno soviético no dijo nada. Unos científicos escandinavos hallaron unos niveles muy altos de radiación en la atmósfera. Tres días después, los dirigentes soviéticos admitieron que se había producido un grave accidente en el que habían muerto treinta y dos personas. Gorbachov no habló en público del accidente hasta que hubieron pasado varias semanas y básicamente se dedicó a criticar la reacción de Occidente. El gobierno nunca ha admitido que no se evacuó con suficiente rapidez a los habitantes de la zona haciendo que muchos de ellos sufrieran enfermedades causadas por la radiación. Los científicos rusos calculan hoy que el accidente de Chernóbil quizá cause la muerte a unas 10 000 personas.

Esta información me la comunicó un médico ucraniano que viajaba conmigo en el tren nocturno de Kiev. Los dirigentes del partido comunista habían evacuado a sus familiares, me dijo, mientras que a todos los demás se les dijo que podían quedarse, que no había peligro. El médico estaba tratando adolescentes con cáncer de ovarios, una enfermedad que no suele darse en personas tan jóvenes. En la sala destinada al cuidado de los niños enfermos por la radiación, los cuerpos de los pequeños relucían en la oscuridad. A causa de las dificultades con el idioma, no pude saber con certeza si hablaba de una forma literal o metafórica. "Gorbachov nos miente igual que todos los demás —dijo—. Sabe lo que ha pasado y sabe que sabemos que miente".

También conocí a un psicólogo que se encargaba de entrevistar a quienes vivían en las cercanías de Chernóbil para evaluar cómo sobrellevaban la situación tres años después del accidente. Creía que la difícil situación de estas personas se podría aliviar en parte si no se sintieran tan abandonadas por el gobierno. Su recomendación oficial fue que Gorbachov hablara al país y dijera: "Hemos cometido un tremendo error infravalorando la gravedad de la radiación. Deberíamos haber evacuado a muchos más de ustedes y con mucha más rapidez, pero no teníamos a dónde llevarlos. Y cuando nos dimos cuenta de nuestro error debimos haberles dicho la verdad y no lo hicimos. Ahora queremos que conozcan la verdad y que sepan que el país sufre por nosotros. Les daremos toda la asistencia médica que necesiten junto con nuestras esperanzas para su futuro". Su recomendación no obtuvo respuesta.

La indignación por las mentiras de Chernóbil aún sigue viva. A principios de diciembre de 1991, más de cinco años después del accidente, el parlamento ucraniano exigió que se procesara a Mijail Gorbachov y a otros diecisiete dirigentes soviéticos y ucranianos. Volodimir Yarovski, presidente de la comisión parlamentaria ucraniana que investigaba el accidente, dijo: "Toda la administración, desde Gorbachov hasta quienes descifraban los telegramas codificados, conocían el nivel de contaminación radiactiva". Los dirigentes ucranianos dijeron que el presidente Gorbachov, "había ocultado personalmente el alcance de la fuga radiactiva".

Durante decenios, los soviéticos tenían claro que para conseguir algo tenían que saltarse las reglas. La Unión Soviética se convirtió en un país donde mentir y engañar era algo normal, donde todo el mundo sabía que el sistema estaba corrompido, que las reglas eran injustas y que sobrevivir exigía derrotarlo. Las instituciones sociales no pueden funcionar si todo el mundo cree que las reglas se deben contravenir o eludir. No estoy convencido de que un cambio de gobierno pueda cambiar estas actitudes con mucha rapidez. Hoy en día, nadie se cree lo que pueda decir cualquier miembro del gobierno sobre cualquier tema. Pocos de los rusos que conocí creían en Gorbachov, y eso era un año antes del fallido golpe de estado de 1991. Un país no puede sobrevivir si nadie cree en lo que dice ningún líder. Puede que esto sea lo que hace que una población esté dispuesta, y hasta puede que deseosa, de ofrecer su lealtad a cualquier líder fuerte cuyas afirmaciones y acciones sean lo bastante audaces y enérgicas para devolverles la confianza.

Los estadounidenses hacen chistes sobre los políticos que mienten: "¿Cuándo sabes que un político miente? ¡Cuando mueve los labios!". Mi visita a Rusia me convenció de que, en comparación con aquel país, aún esperamos que nuestros líderes digan la verdad aunque sospechemos que no lo hacen. Las leyes funcionan cuando la mayoría de la gente cree que son justas, cuando es una minoría y no una mayoría la que cree que está bien violar cualquier ley. En una democracia, el gobierno solo funciona si la mayoría de la gente cree que se le dice la verdad la mayoría de las veces y que tiene cierto derecho a la imparcialidad y a la justicia.

Ninguna relación importante puede sobrevivir cuando la confianza se pierde por completo. Si sabemos que un amigo nos ha traicionado, nos ha mentido reiteradamente para sacar provecho, esa amistad no puede seguir. Y los matrimonios suelen acabar mal si uno de los cónyuges se entera de que el otro le ha engañado no una, sino muchas veces. Dudo que ninguna forma de gobierno pueda sobrevivir mucho tiempo salvo por el uso de la fuerza contra su propio pueblo si ese pueblo cree que sus dirigentes siempre mienten.

No creo que en Estados Unidos hayamos llegado a tanto. El hecho de que un alto cargo mienta sigue teniendo un interés periodístico: se considera algo digno de condena, no de admiración. La mentira y la corrupción forman parte de nuestra historia. No son nada nuevo, pero se siguen viendo como una anomalía, no como la norma. Aún creemos que podemos echar a los granujas.

Aunque podemos considerar que escándalos como el caso Watergate o el caso Irán-Contra indican el fracaso del sistema estadounidense, también podemos pensar que indican lo contrario. Nixon tuvo que dimitir. Cuando Warren Burger, presidente del tribunal supremo de Estados Unidos, le tomó juramento a Gerald Ford al subir a la presidencia para sustituir a Nixon, le dijo a uno de los senadores presentes: "Gracias a Dios, [el sistema] ha funcionado".[11] North, Pointdexter y, actualmente, otras personas, están procesadas por mentir al Congreso. Durante las sesiones del Congreso dedicadas al escándalo Irán-Contra, el congresista Lee Hamilton reprendió a Oliver North con una cita de Thomas Jefferson: "Todo el arte de gobernar consiste en el arte de ser honrado".

NUEVOS DESCUBRIMIENTOS Y NUEVAS IDEAS SOBRE LA MENTIRA Y SU DETECCIÓN

• • •

HE ESCRITO ESTE CAPÍTULO CON OCASIÓN DE la publicación de la tercera edición de *Cómo detectar mentiras* para incluir en él un material nuevo que no aparece en la última edición estadounidense de 1992. En primer lugar, presentaré nuevas distinciones entre la mentira y otras formas de desinformación. A continuación examinaré los motivos que conducen a una persona a mentir. Por último, examinaré las muchas razones que podrían explicar por qué la gente no sale muy bien librada cuando intenta cazar a un mentiroso. En el presente apartado presentaré dos nuevos descubrimientos: ahora podemos identificar mentiras a partir de la expresión facial mucho mejor de lo que decía en los capítulos anteriores; y hemos encontrado otros grupos de profesionales que detectan la mentira a partir de la actitud con tanta precisión como el servicio secreto estadounidense.*

---

* Doy las gracias a Helena Cronin, de la London School of Economics, por preguntarme por qué la evolución no nos ha preparado para detectar mejor las mentiras, y también doy las gracias a Mark Frank, de la Universidad Rutgers, y a Richard Schuster, de la Universidad de Haifa, por sus útiles comentarios sobre este manuscrito.

NUEVAS DISTINCIONES

Bok[1] define el *secreto* como ocultación deliberada. Creo que esto confunde las cosas porque la notificación es la clave para distinguir el secreto de las mentiras por ocultación. Yo reservo el término secreto para aquellas situaciones donde se *notifica* la intención de no revelar información. Cuando decimos que algo es un secreto afirmamos nuestro derecho a no revelarlo, a mantener la reserva. Los secretos pueden limitarse a una sola persona o a dos o más personas que deseen ocultar una información a los otros. Si le pregunto a mi hija si tiene novio, puede decirme, con toda la razón, que "eso es un secreto". Si de verdad tiene novio, entonces me lo ha ocultado, pero al haberlo reconocido se considera un secreto. Supongamos que no le he preguntado al respecto pero que ella conoce mi interés por conversaciones anteriores. Si tiene novio pero no me lo dice lo está ocultando, pero no es un secreto porque no ha afirmado su derecho a ocultar la verdad y no es una mentira porque no reconoce que tenga la obligación de ponerme al tanto de sus relaciones amorosas.

Una *promesa rota* no es una mentira. Una semana antes de que el presidente Clinton tomara posesión del cargo, un periodista informó que había roto su promesa de campaña sobre la inmigración de haitianos porque estaba adoptando la postura del anterior presidente Bush, una política que Clinton había criticado durante la campaña electoral. Con cierto tono de enfado, Clinton se defendió aduciendo que el pueblo estadounidense le tendría por tonto si no cambiara de política cuando cambiaran las circunstancias. En función de mi marco de referencia, Clinton solo habría mentido si cuando criticaba a Bush hubiera sabido que seguiría la misma política. Consideremos ahora la acusación de que cuando el presidente Bush elevó los impuestos hacia el final de su presidencia se le debería haber calificado de mentiroso. Está claro que antes, durante su campaña, había prometido que no subiría los impuestos, pero solo se le podría tildar de mentiroso si se demostrara que cuando hizo esta promesa sabía que la acabaría rompiendo.

Los *fallos de la memoria* no son mentiras aunque es frecuente que los mentirosos, una vez descubiertos, traten de justificar sus mentiras aduciendo estos fallos. No es raro que olvidemos actos de los que nos arrepentimos, pero si el olvido es genuino no debemos considerarlo una mentira, porque no interviene la voluntad. En general no es posible determinar si se ha producido un fallo de la memoria o si el hecho de aducirlo es en sí mismo una mentira.

Si alguien presenta una descripción falsa de lo que ha ocurrido en realidad, ello no significa necesariamente que esa persona intente engañar, y si no existe un intento deliberado de engañar, una afirmación falsa no se debe considerar una mentira. ¿Qué importancia puede tener lo que llamamos falsa afirmación? No es una simple cuestión de semántica o de definición. Si la persona no miente, si la persona no cree que está engañando en el momento de hacerlo, espero que su actitud sea la de una persona que dice la verdad. No debería haber indicios conductuales de que una afirmación es falsa si la persona que la hace no cree que esté mintiendo en el momento de hacerla. Aunque no tengo pruebas directas de esta predicción, es coherente con mi teoría general sobre la actitud que delata la mentira, y hay otras pruebas[2] que apoyan esta explicación. Las personas pueden ofrecer de muchas maneras una información falsa que creen verdadera.

Es indudable que la gente interpreta mal los sucesos, sobre todo el significado de los actos de otras personas y los motivos que las llevan a actuar de una manera o de otra. El hecho de que alguien interprete las cosas de una forma que la deje en buen lugar y le permita hacer algo que encuentre apetecible, no significa necesariamente que esté mintiendo en lugar de interpretar las cosas mal. Yo no consideraría que un caso así supusiera necesariamente un autoengaño. No todos los malentendidos ni todos los errores de interpretación son autoengaños.

Consideremos el caso de un presunto violador que dice que su víctima deseaba mantener relaciones sexuales con él. Aunque los violadores que saben que sus víctimas no querían mantener relaciones suelen hacer esta afirmación y mienten para evitar el castigo, esta afirmación en sí misma no tiene por qué ser falsa. Aunque es improbable, cabe la posibilidad de que sea cierta. Supongamos que se trate de una violación durante una cita y que la víctima sintió vergüenza o mucho miedo, que protestó una sola vez y de una forma no muy enérgica, y que luego no ofreció resistencia. Un violador podría interpretar mal la protesta y ver como consentimiento la posterior pasividad y falta de protesta. ¿Sería este violador víctima del autoengaño? Yo creo que no, a menos que fuera cierto que su mala interpretación de la conducta de su víctima estuviera motivada por el deseo de satisfacer sus propias necesidades. ¿Se habría producido una violación? Creo que la respuesta debe ser que sí aunque el violador pueda pensar que no lo ha hecho y pueda estar contando su propia verdad al decir que su víctima dio su consentimiento de una manera implícita. Y una de las razones por las que alguien que dice algo así podría parecer creíble por su actitud es que crea en lo que dice y no crea que está mintiendo. (Véase en Cross y Saxe[3] un análisis de este problema en el contexto de su crítica del uso del polígrafo en casos de abusos sexuales a menores).

Naturalmente, esta no es la única razón por la que alguien puede parecer totalmente creíble. Los actores naturales tienen la capacidad de transformarse en el personaje que representan, de creer temporalmente y de una manera casi instantánea en lo que dicen y, puesto que creen estar diciendo la verdad, su actitud es totalmente creíble.

Los errores de interpretación no son la única manera por la que alguien puede creer que su falsa explicación es verdadera. Al principio, una persona puede saber que miente, pero con el tiempo puede llegar a creer en su mentira. Cuando acaba creyendo que su mentira es una descripción fidedigna de lo que ha ocurrido, puede parecer que dice la verdad. Consideremos el caso de alguien que ha abusado de un niño y que cuando se le acusa de ello por primera vez dice que solo le estaba haciendo arrumacos, que no le hacía nada que estuviera mal, nada que el niño no quisiera o que no le gustara. Aunque al principio sabe que miente al decir esto, creo que el abusador, con el tiempo, y tras muchas repeticiones de esta mentira, puede llegar a creer que su falso relato es verdadero. Cabe la posibilidad de que pueda mantener en la conciencia tanto el recuerdo del verdadero suceso —que abusó del niño por la fuerza— como la creencia construida de que se mostraba cariñoso con la aquiescencia del niño. También puede ocurrir que, con el tiempo, el verdadero recuerdo se haga menos accesible que la creencia construida e incluso que llegue a ser totalmente inaccesible.

Consideremos el caso de un niño que miente diciendo que un enseñante ha abusado sexualmente de él y sabiendo que esto no ha sucedido. Supongamos que el niño miente movido por el deseo de castigar al enseñante por haberle humillado en clase al no haber hecho bien un examen. Si el niño se siente con derecho a vengarse, puede pensar que esta es la clase de enseñante que podría abusar sexualmente de él, que probablemente querría abusar de él, que seguramente ha abusado de otros niños, etc. Creo que no podemos descartar la posibilidad de que, con el tiempo, tras muchas repeticiones y elaboraciones, este niño pueda acabar creyendo que ha sido objeto de abusos sexuales.

Estos ejemplos son problemáticos porque no sabemos con qué frecuencia pueden darse. Tampoco sabemos si los niños son más propensos que los adultos a considerar verdadero lo que en realidad es falso, como tampoco sabemos si hay unos rasgos concretos de la personalidad asociados a este fenómeno. Por ahora no tenemos ninguna manera de determinar con seguridad si un recuerdo es verdadero o está construido en parte o en su totalidad. Pero sí que existen métodos, que describiré más adelante, de saber si una descripción es falsa, aunque solo si la persona que la hace sabe que lo que dice es falso.

MOTIVOS PARA MENTIR

Mis entrevistas con niños[4] y los datos que he obtenido de personas adultas mediante cuestionarios indican que hay nueve motivos diferentes para mentir.

1. Evitar el castigo. Este es el motivo más mencionado por los niños y los adultos. El castigo puede deberse a una mala acción o a un error involuntario.
2. Para obtener, una recompensa que no sería fácil conseguir de otra forma. Este es el segundo motivo que tanto los niños como los adultos mencionan con más frecuencia.

3. Para proteger de un castigo a otra persona.
4. Para protegerse uno mismo de la amenaza de un daño físico. Esto es diferente del castigo, porque la amenaza de daño físico no se debe a una mala acción. Un ejemplo sería el niño que se encuentra solo en casa y que le dice a un desconocido que llama a la puerta que vuelva después porque su padre está descansando.
5. Para ganarse la admiración de los demás.
6. Para librarse de una situación social incómoda. Algunos ejemplos son decir que la cuidadora de los niños tiene un problema, para poder escapar de una fiesta aburrida o terminar una conversación telefónica diciendo que llaman a la puerta.
7. Para evitar la vergüenza. Un ejemplo es el niño que dice que su asiento está mojado porque se le ha caído el agua y no porque se haya orinado encima, siempre que lo diga por vergüenza, no por temor a un castigo.
8. Para mantener la intimidad, sin dar a conocer la intención de guardar en secreto cierta información.
9. Para tener poder sobre otras personas controlando la información que les llega.

No estoy seguro de que todas las mentiras respondan necesariamente a uno de estos nueve motivos, pero son los que más han aparecido en los datos que he recogido en mis entrevistas. Existen varias formas de engaño triviales, mentiras debidas a la cortesía y al tacto que no encajan con facilidad en estos nueve motivos. Según mi definición, estos casos no son mentiras porque las normas de cortesía implican notificación. Un caso más difícil es la mentira necesaria para mantener una fiesta sorpresa de cumpleaños. Quizá debiera incluirse en el motivo de mantener la intimidad.

NUEVOS RESULTADOS

A lo largo de todo el libro he recalcado lo difícil que es detectar mentiras a partir de la actitud. Nuestros resultados actuales apoyan y contradicen al mismo tiempo esta noción. En los estudios de las mentiras acerca de coger dinero que no es de uno, de las opiniones, podemos distinguir a quienes mienten de quienes dicen la verdad en más de un 80% de los casos solo a partir de medidas faciales. Espero que cuando añadamos medidas de los movimientos corporales, de la voz y del habla podamos distinguir correctamente más del 90% de los casos. Debemos tener presente que para tomar estas medidas hacen falta muchas horas. Como comentaré más adelante, aún vemos que la mayoría de las personas que ven las grabaciones una sola vez tienen un índice de aciertos ligeramente superior al azar cuando intentan determinar si alguien miente o dice la verdad.

Hemos[5] encontrado pruebas de la existencia de una capacidad general para distinguir si alguien miente o dice la verdad. El acierto en detectar la mentira acerca de coger el dinero que no es de uno estaba correlacionado con el acierto en detectar la mentira acerca de la opinión. Creo que esto se debe a que, cuando hay mucho en juego, los indicios conductuales son parecidos con independencia del tema de la mentira. Naturalmente, las mentiras también variarán en cuanto a la frecuencia de ciertas clases de indicios. Por ejemplo, en las mentiras sobre la opinión hay muchos más indicios en el contenido del discurso que en las mentiras sobre cuestiones de dinero. Pero, en general, cuantas más palabras decía una persona en cualquiera de las dos clases de mentira, más probabilidades había de que la mentira se detectara. El buen entrevistador sabe que su tarea principal es dejar que el entrevistado hable: cuanto más hable, mejor; y hemos visto que así es. Y no solo es mejor porque hay más indicios en las palabras, sino también porque, cuando una persona habla, aparecen más indicios en la cara, en el cuerpo y en la voz.

También hemos hallado pruebas (Frank y Ekman, datos inéditos) de que la capacidad para mentir es independiente de la clase de mentira que se cuente. El éxito en mentir acerca de la opinión estaba correlacionado con el éxito en mentir acerca de coger dinero que no es de uno.

Hemos[6] identificado otros tres grupos profesionales que, en su conjunto, presentan un rendimiento superior al azar al distinguir quiénes mienten y quiénes dicen la verdad en relación con sus opiniones. Un grupo estaba formado por miembros de distintas agencias federales que se habían presentado como voluntarios para asistir a un cursillo de un día de duración que les ofrecí sobre la detección de mentiras a partir de la actitud. Nadie estaba obligado a asistir a este cursillo: quienes vinieron lo hicieron por propia voluntad. Antes del cursillo se les pasó el test para determinar su capacidad para detectar mentiras al igual que a los otros grupos descritos a continuación. Estos agentes federales fueron mucho más precisos que los jueces federales o los grupos pertenecientes a cuerpos de seguridad.

El segundo grupo que mostró más aciertos estaba formado por miembros de diversos departamentos de policía que se presentaron como voluntarios para seguir un curso de dos semanas de duración sobre la manera de enseñar a otros policías cómo realizar entrevistas. En la mayoría de los casos eran policías con fama de buenos entrevistadores. Estos policías fueron mucho más precisos que los miembros de distintos cuerpos de seguridad. El tercer grupo que mostró más acierto estaba formado por psicólogos clínicos dedicados a la práctica privada que habían optado por renunciar a dos días de trabajo con el fin de seguir un cursillo sobre el engaño y la actitud. Estos psicólogos fueron mucho más precisos que un grupo de comparación formado por psicólogos clínicos que optaron por no seguir este cursillo y otro grupo formado por psicólogos académicos.

En nuestros cuatro grupos con más acierto —servicio secreto estadounidense (comentado en el capítulo 9), agentes federales, sheriffs de Los Ángeles y psicólogos clínicos— prácticamente nadie rindió al nivel del azar o por debajo de él, y más de una tercera parte de sus miembros obtuvieron una puntuación igual o superior al 80%. En los otros grupos, menos de un 10% rindieron a este nivel mientras que muchos rindieron al nivel del azar y algunos rindieron por debajo de él.

Al examinar el conjunto de las personas que estudiamos —psiquiatras, jueces, abogados, policías, agentes federales y psicólogos— vimos que la edad, el sexo y la experiencia laboral no tenían relación con la capacidad para detectar mentiras. Quienes eran más precisos confiaban más que los demás en su capacidad, pero, en general, la confianza solo presentaba una relación débil con la precisión. La capacidad para detectar microexpresiones faciales estaba relacionada con la capacidad para distinguir la mentira de la verdad en la descripción de las emociones experimentadas, en el caso del dinero y en el de las opiniones sobre cuestiones sociales.

Los grupos más precisos rindieron mucho mejor que los demás en la detección de mentiras; pero su rendimiento al determinar la veracidad no fue muy distinto del de los otros grupos. Esto subraya la necesidad de enseñar a identificar a las personas de las que se sospecha que mienten pero dicen la verdad.

POR QUÉ NO PODEMOS PILLAR A LOS MENTIROSOS

Consideremos ahora lo que sabemos sobre la medida en que la gente puede detectar mentiras a partir de la actitud. Las pruebas de que la mayoría de las personas no pueden detectar mentiras proceden de la siguiente clase de experimentos. Se reclutan estudiantes para que mientan o digan la verdad sobre algo que, en general, no les importa mucho y no tiene nada que ver con su pasado ni con el futuro que esperan. A veces, en un intento débil (en mi opinión) de motivarles, se les dice que ser capaz de mentir es importante o que la gente lista y que tiene éxito realiza bien esta tarea. Luego se muestran grabaciones de su conducta a otros estudiantes a los que se pide que identifiquen a los que mienten y a los que dicen la verdad. Normalmente, la mayoría de quienes intentan descubrir a los mentirosos rinden al nivel del azar o muy poco por encima de él. Nuestras investigaciones se diferencian de estos estudios en varios aspectos.

Hemos procurado que las mentiras guardaran relación con la vida de los sujetos y que el éxito y el fracaso en detectarlas tuviera la mayor importancia posible. Lo hemos hecho así por dos razones. Es probable que las emociones asociadas a mentir (temor, culpa, entusiasmo o lo que he llamado deleite por embaucar) solo aparezcan y delaten la mentira cuando hay mucho en juego. Estas fuertes emociones, además de ofrecer indicios conductuales del engaño cuando se manifiestan, también pueden alterar los procesos cognitivos de quien miente y dar origen a unas explicaciones poco convincentes, con evasivas y balbuceos. Otra razón para estudiar mentiras donde hay mucho en juego es que estas son las mentiras que más preocupan a la sociedad.

En uno de nuestros experimentos, que se describe en el capítulo 2, examinamos hasta qué punto podían ocultar unas enfermeras las *emociones* negativas que sentían al ver unas películas en las que aparecían amputaciones y quemaduras. Su motivación para mentir con éxito era elevada porque creían que el experimento les daba la oportunidad de desarrollar una aptitud que les sería necesaria para enfrentarse a casos de esta índole en su futuro trabajo. En otro de nuestros experimentos, los sujetos tenían la oportunidad de tomar 50 dólares y quedárselos si podían convencer al interrogador de que no habían tomado el *dinero*. Los sujetos que no lo habían hecho podían ganar 10 dólares si el interrogador les creía cuando decían que no lo habían tomado. En nuestro último experimento, primero identificamos los temas sociales que los sujetos creían más importantes y luego les pedimos que describieran con franqueza su verdadera *opinión* (con un premio de 10 dólares si se les creía) o que dijeran tener la opinión contraria (con un premio de 50 dólares si se les creía).

En nuestro estudio más reciente, dimos a algunos de nuestros sujetos la opción de mentir o de decir la verdad, como ocurre en la vida real. Hay muchas razones por las que algunas personas eligen no mentir y una de ellas es que saben que casi siempre que han mentido las han pillado. Incluir en la muestra de mentirosos a personas que mienten muy mal —que no eligen mentir a menos que el experimentador les obligue a hacerlo— podría elevar el porcentaje de aciertos. Prácticamente en todos los estudios anteriores, bien sobre el engaño interpersonal, bien sobre la detección de mentiras por medio del polígrafo, los sujetos no podían elegir entre mentir o decir la verdad. Una excepción es el estudio con polígrafo que se describe en el capítulo 7 realizado por Ginton, Daie, Elaad y Ben-Shakhar, en el que sabían qué policías habían hecho trampas en una prueba para aspirar a un ascenso;

de modo parecido, Stiff, Corman, Krizek y Snider[7] sabían qué estudiantes habían hecho trampa en una prueba. Bradley[8] también dejó que los sujetos eligieran entre mentir o decir la verdad en un estudio con polígrafo.

Otra característica especial de nuestros experimentos recientes es que dijimos a los sujetos que serían castigados —con un castigo importante— si el investigador consideraba que mentían. Tanto las personas que dijeran la verdad pero se creyera que mentían como las que mintieran y fueran pilladas recibirían el mismo castigo. Por lo tanto, y por primera vez en la investigación de la mentira, tanto quienes decían la verdad como quienes mentían podían temer que no se les creyera si decían la verdad o que se les pillara si mentían. Cuando las únicas personas que pueden temer que se las acuse de mentir son las que mienten, el cazador de mentiras lo tiene demasiado fácil y, en términos generales, la situación tiene muy poco que ver con la vida real. Y si ni quienes dicen la verdad ni quienes mienten temen recibir un castigo, la situación tiene poco que ver con las mentiras que se dan en el mundo de la justicia o de la seguridad nacional, por no mencionar las peleas matrimoniales, los conflictos entre padres e hijos, etcétera.

Aunque podemos decir que nuestros experimentos recientes tienen más validez ecológica que nuestros anteriores estudios o que la mayoría de la bibliografía sobre el engaño interpersonal o la detección de mentiras con el polígrafo, los resultados sobre la capacidad para detectar mentiras no han sido muy diferentes. La mayoría de las personas que vieron las grabaciones y emitieron un juicio rindieron al nivel del azar o muy poco por encima de él. Ahora hemos administrado el test a miles de personas y, con solo cuatro excepciones, quienes trabajan en el sistema judicial (policías, abogados, jueces), en los servicios secretos y en psicoterapia presentan un rendimiento ligeramente superior al azar. Una excepción es un grupo de policías seleccionados por sus cuerpos como expertos en interrogatorios y que habían seguido un cursillo de una semana de duración sobre los indicios conductuales del engaño. Rindieron muy bien en la detección de las mentiras sobre las opiniones.

Antes de seguir para examinar por qué la gente detecta tan mal las mentiras, consideraremos algunas limitaciones de nuestra investigación que pueden habernos llevado a subestimar la capacidad de detectar mentiras a partir de la actitud. En general, los observadores que juzgaban quién mentía y quién decía la verdad no tenían ningún interés especial para juzgar con acierto. No recibían más dinero si acertaban más. Y pillar mentirosos no era algo intrínsecamente gratificante para ellos porque la mayoría de ellos no se ganaban la vida detectando mentiras. Abordamos esta limitación en nuestros estudios[9] y lo mismo han hecho otros tantos investigadores[10] que han estudiado a profesionales de la detección de mentiras. Y hemos hallado que el rendimiento de investigadores del Federal Bureau of Investigation, la Central Intelligence Agency, el Bureau of Alcohol, Tobacco, and Firearms y la Drug Enforcement Agency, así como psiquiatras forenses, agentes de aduanas, policías, abogados y jueces, no es muy superior al azar.

Quizá la precisión habría sido mejor si quienes juzgaban hubieran podido hacer preguntas en lugar de limitarse a observar pasivamente. No lo puedo descartar, aunque dudo que sea así. Puede que el hecho de hacer preguntas reduzca la capacidad de procesar la información que ofrece la persona a la que se juzga. Es por esto que en muchos interrogatorios hay una persona que pregunta y otra que se sienta en silencio observando las respuestas del interrogado. Sería interesante que unos interrogadores profesionales hicieran preguntas en nuestros experimentos para luego determinar si quienes ven las grabaciones aciertan más de lo que hemos visto hasta ahora.

Nuestros observadores no conocían a las personas que juzgaban y es posible que la familiaridad pueda mejorar la precisión. Naturalmente, hay muchas situaciones donde una persona intenta averiguar si otra, a la que no conoce de nada, miente, y nuestros experimentos se corresponden con estos casos. Pero dudo que la familiaridad siempre mejore la detección de mentiras. Aunque debería ofrecer una base para descartar las conductas idiosincrásicas, puede que tenga alguna contrapartida. Tendemos a comprometernos con nuestras amistades y nuestras relaciones profesionales y el deseo de conservarlas puede cegarnos a las conductas que las puedan echar a perder. La confianza nos hace vulnerables al engaño porque los niveles normales de cautela se reducen y se ofrece el beneficio de la duda de una forma rutinaria. El compromiso con una relación también puede generar confianza en nuestra capacidad para detectar el engaño y esta misma confianza puede hacernos más vulnerables. La familiaridad solo debería ser una verdadera ventaja cuando se aplique a una persona conocida de la que tenemos motivos fundados para desconfiar.

En nuestros experimentos, los observadores solo veían unos cuantos minutos de cada entrevista antes de que se les pidiera que dieran su opinión. Pero unas muestras más largas no tienen por qué mejorar necesariamente la detección de mentiras. Realizamos un estudio donde las muestras eran el doble de largas y la precisión no mejoró. Además, por las medidas conductuales que hemos realizado sabemos que en las muestras más breves aparecen indicios de engaño. Con todo, no podemos descartar esta limitación. Si a los sujetos se les dieran a juzgar unas muestras mucho más largas —de una hora o dos de duración— la precisión podría mejorar.

Un crítico también podría preguntarse si la precisión era tan mala porque había pocos indicios del engaño, pero como acabo de decir no ocurría así en nuestros experimentos. Las medidas que nosotros y nuestros colaboradores hemos hecho de los movimientos faciales, la voz y el habla muestran que son posibles unos niveles elevados de precisión: más del 80% de aciertos al determinar quién miente y quién dice la verdad. Aunque estas medidas exigían repeticiones a cámara lenta, también sabemos que se pueden hacer estas distinciones viendo las grabaciones a la velocidad normal de reproducción. Un pequeño porcentaje de las personas que hemos estudiado han mostrado una precisión igual o superior al 80% y, puesto que lo han conseguido en más de un escenario, es improbable que esta precisión fuera fruto de la casualidad. Y hemos encontrado unos cuantos grupos profesionales que, en su conjunto, eran muy precisos. Los miembros del servicio secreto estadounidense fueron muy precisos en la mentira sobre las emociones; ninguno de ellos rindió al nivel del azar o por debajo de él y una tercera parte acertaron en más del 80% de los casos. Los interrogadores especialmente seleccionados por sus aptitudes y que habían recibido una semana de formación mostraron unos índices de acierto similares en las mentiras sobre las opiniones.

Aunque en las mentiras que estudiamos había mucho más en juego que en otras investigaciones sobre la mentira, es evidente que no había tantas cosas en juego como en muchos casos criminales o de seguridad nacional. Es posible que la precisión fuera mucho mayor si hubiera muchas más cosas en juego, porque en las grabaciones habría más indicios claros del engaño. No veo razones en contra de esta posibilidad, aunque como acabo de decir hubo algunos grupos profesionales que juzgaron con precisión nuestras grabaciones. Con todo, el hecho es que aún no sabemos por qué los otros grupos rindieron tan mal.

La información está ahí, y aunque algunas personas la pueden detectar la mayoría es incapaz de hacerlo. Antes de examinar por qué la gran mayoría de la gente rinde tan mal, consideremos una característica más de nuestros experimentos que puede haber aumentado la precisión y puede haber hecho que la hayamos sobrevalorado. En todos nuestros estudios recientes les hemos dicho a los observadores que entre el 40 y el 60% de las personas que iban a ver estaban mintiendo. Al principio no dábamos esta información y vimos que un grupo de policías creían que todas las personas que veían en la grabación mentían porque pensaban que todo el mundo miente, sobre todo a la policía. Conocer de antemano el porcentaje de mentiras es una ventaja que no siempre se tiene y debería mejorar la precisión. Más adelante diré más cosas al respecto.

Aun admitiendo que nuestros datos no son concluyentes, lo cierto es que nuestras grabaciones contienen indicios conductuales del engaño que algunas personas pueden ver con precisión pero que pasan desapercibidos para la mayoría de la gente. Para los fines de esta discusión supongamos que estos datos indican que en la vida de cada día la mayoría de las personas —la inmensa mayoría— no detectan mentiras donde hay mucho en juego a partir de la actitud. La pregunta que planteo es: ¿Por qué no?

¿Por qué no podemos hacerlo mejor? Y no es que no nos importe. Las encuestas de opinión pública demuestran una y otra vez que la sinceridad se encuentra entre las cinco características principales que la gente desea encontrar en un líder, un amigo o un amante. Y el mundo del espectáculo abunda en historias, películas y canciones que describen las trágicas consecuencias de la traición.

Mi primera explicación de por qué somos tan malos detectando mentiras es que nuestra historia evolutiva no nos ha preparado ni para ser buenos cazadores de mentiras ni para ser buenos mentirosos. Sospecho que en el entorno de nuestros antepasados no había muchas oportunidades de mentir y salir bien librado y que las consecuencias de ser pillado mintiendo debían ser bastante graves. Si esta sospecha es correcta, la selección no habría favorecido a las personas que tuvieran unas aptitudes extraordinarias para detectar mentiras o para mentir. El registro fósil no nos dice mucho sobre la vida social, por lo que debemos especular sobre las condiciones de vida de los cazadores-recolectores. Añado a esto mi experiencia de cuando trabajé hace treinta años en lo que entonces era una cultura de la edad de piedra en la actual Papúa-Nueva Guinea.

No había habitaciones con puertas; la intimidad era muy escasa en aquel pequeño poblado donde todo el mundo conocía y veía a todos los demás, día tras día. En general, las mentiras eran descubiertas por los destinatarios de las mismas, pero también por otras personas que vieran algo que las contradijera o por medio de otras pruebas físicas. En el poblado donde vivía, el adulterio era una actividad que se intentaba ocultar mediante la mentira. Pero estas mentiras no se descubrían observando la actitud de quien mentía al proclamar su fidelidad, sino al tropezar con él (o ella) en pleno monte.

Puede que en un entorno como este la detección de mentiras acerca de creencias, emociones y planes haya sido más fácil de evitar. Pero, tarde o temprano, alguna de estas mentiras conduciría a una u otra forma de acción, en cuyo caso se aplicaría mi argumento sobre lo difícil que es ocultar o falsear acciones en un entorno sin intimidad.

En una sociedad donde la supervivencia de un individuo dependía de la cooperación con el resto del poblado, la mala reputación resultante de ser pillado en una mentira importante podría llegar a ser mortal. Es posible que nadie cooperara con alguien conocido por haber mentido sobre algo importante. A estas personas no les sería fácil cambiar de pareja, de trabajo o de poblado.

En su capítulo sobre el engaño entre animales, Cheney y Seyfarth hacen unos comentarios muy similares. Una limitación muy importante para la mentira:

> [...] surge de la estructura social de una especie. Los animales que viven en grupos sociales estables se enfrentan a unos problemas especiales ante cualquier intento de comunicar un engaño [...] Es probable que, entre los animales sociales, las señales falsas deban ser más sutiles y darse con menos frecuencia para que el engaño no se detecte. Igualmente importante es el hecho de que si los animales viven en grupos sociales donde es esencial alguna medida de cooperación para sobrevivir, la necesidad de esta cooperación reduzca la frecuencia con que se emiten señales poco fidedignas.[11]

En estas circunstancias, el hecho de poseer una aptitud especial para detectar mentiras (o para mentir) no habría tenido un gran valor adaptativo. Es probable que no se dieran mentiras graves e importantes con mucha frecuencia a causa de las pocas oportunidades para mentir o de los grandes costos que ello supondría. Cuando alguien barruntaba o descubría una mentira no es probable que lo hiciera a partir de la actitud. (Nota: solo me he centrado en mentiras intragrupo; es evidente que podían darse mentiras entre grupos y que su detección y sus consecuencias podían ser totalmente diferentes).

Aunque hay mentiras de carácter altruista, mi discusión se ha centrado en mentiras menos gratas, en mentiras que se producen cuando una persona obtiene algún beneficio, casi siempre a costa del destinatario de la mentira. Cuando este beneficio se obtiene contraviniendo una expectativa o una regla, nos hallamos ante una forma de engaño a la que llamamos hacer trampa. A veces es necesario mentir para hacer trampa, pero para ocultar que se ha hecho trampa siempre es necesario mentir. Las personas así engañadas no suelen apreciar que se las engañe y están motivadas para descubrir cualquier mentira implicada. Pero no es probable que esta clase de engaño se haya dado en el entorno de nuestros ancestros con la frecuencia suficiente para dar una ventaja apreciable a quienes fueran especialmente hábiles para detectarlo. Y, como decía antes, probablemente había tan poca intimidad que los tramposos no eran descubiertos observando su actitud, sino por otros medios. Como escribió el biólogo Alan Grafen:

> La incidencia del engaño debe ser lo bastante baja para que, en general, las señales sean verídicas. Para que los emisores de señales maximicen su aptitud, las ocasiones donde engañar sea provechoso deben ser limitadas. Puede que los emisores de señales para los que engañar sea provechoso sean muy pocos, o puede que solo les compense engañar en muy pocas ocasiones [...] El engaño es algo que se espera en los sistemas de señales evolutivamente estables, pero un sistema solo puede ser estable si existe alguna razón por la que engañar no valga la pena en la mayoría de los casos. El engaño impone una especie de gravamen en el significado de la señal. La característica fundamental de los sistemas de señales estables es la sinceridad, y la degradación del significado de la señal mediante el engaño se debe limitar para que la estabilidad se mantenga.[12] (pp. 553).

Según este razonamiento, las señales de los tramposos, a las que yo llamaría mentiras, deberían tener muy poca incidencia. Los estudios de Cosmides y Tooby[13] indican que hemos desarrollado una sensibilidad a la infracción de las normas y que no recompensamos a los tramposos, cosa que podría explicar por qué esta clase de engaño no es muy frecuente. Sin embargo, nuestros resultados indican que no tendemos a pillar a los tramposos detectando sus engaños a partir de su actitud, sino por otros medios.

Para resumir mi argumentación diré que el entorno de nuestros ancestros no nos ha preparado para que seamos muy hábiles cazando mentiras. Quienes pudieran haber sido más hábiles para descubrir a un mentiroso a partir de su actitud habrían tenido una ventaja mínima en las circunstancias en las que probablemente vivían nuestros antepasados. Es probable que las mentiras importantes no fueran muy frecuentes porque la falta de intimidad haría que las probabilidades de detectarlas fueran muy altas. Esta falta de intimidad también podría haber hecho que las mentiras se descubrieran más por observación directa o por otras pruebas físicas que mediante juicios basados en la actitud. Por último, en una sociedad pequeña, cerrada y basada en la cooperación, la mala reputación resultante de ser pillado mintiendo tendría unas consecuencias graves e ineludibles.

En las sociedades industriales modernas la situación es prácticamente la contraria. Las oportunidades para mentir abundan; es fácil tener intimidad y hay muchas puertas cerradas. Cuando un mentiroso es pillado, las consecuencias sociales no tienen por qué ser desastrosas ya que puede cambiar de pareja, de trabajo o de ciudad y puede dejar atrás su mala reputación. Según este razonamiento, ahora vivimos en unas circunstancias que en lugar de desalentar la mentira la fomentan; las actividades y las pruebas se pueden ocultar con más facilidad y la necesidad de juzgar en función de la actitud es mayor. Y nuestra historia evolutiva no nos ha preparado para que seamos sensibles a los indicios conductuales relacionados con la mentira.

Si admitimos que nuestra historia evolutiva no nos ha preparado para detectar mentiras a partir de la actitud, ¿por qué no aprendemos a hacerlo cuando crecemos? Una posibilidad, y esta es mi segunda explicación, es que nuestros padres nos enseñan a *no* reconocer sus mentiras. Puede que su intimidad requiera que engañen con frecuencia a sus hijos acerca de lo que hacen, cuándo lo hacen y por qué lo hacen. Aunque la actividad sexual es un foco evidente de estas mentiras, puede haber otras actividades que los padres quieran ocultar a sus hijos.

Otra explicación es que por regla general preferimos no pillar a los mentirosos porque, a pesar de los posibles costos, una actitud de confianza enriquece más la vida que una actitud suspicaz. Dudar permanentemente, hacer falsas acusaciones, no solo es desagradable para quien duda sino que también reduce mucho las oportunidades de tener intimidad con la pareja, con los amigos, con los compañeros de trabajo. No podemos permitirnos desconfiar de un amigo, de un hijo o de nuestro cónyuge cuando nos dicen la verdad y es por ello que tendemos a creer a quien nos miente. La confianza en los demás no solo es necesaria: también hace que la vida sea más fácil. Solo los paranoicos renuncian a esta tranquilidad, igual que aquellos cuya vida se encuentra en peligro si no están en constante alerta contra la traición. De acuerdo con esta formulación, hemos obtenido (Bugental, Shennum, Frank y Ekman)[14] unos datos preliminares que indican que los niños que han sido objeto de malos tratos y que viven en un entorno institucional detectan las mentiras a partir de la actitud mejor que otros niños.

Hasta ahora he presentado tres razones para explicar por qué nos cuesta pillar a un mentiroso: nuestra historia evolutiva no nos ha preparado para ello; nuestros padres no nos enseñan a detectar mentiras; y preferimos la confianza a la suspicacia. Mi cuarta explicación es que a veces queremos que nos engañen, que colaboramos involuntariamente en la mentira porque no nos interesa saber la verdad. Veamos dos ejemplos relacionados con las relaciones conyugales. Puede que a una madre con varios hijos pequeños no le convenga pillar a su marido mintiendo para ocultar su infidelidad, sobre todo si tiene una aventura en la que no invierte recursos en principio destinados a ella y a sus hijos. El donjuán tampoco quiere que le pillen, por lo que a los dos les conviene que la mentira no se descubra. Veremos que actúa una lógica similar en el siguiente ejemplo de connivencia en torno a una mentira más altruista. Una mujer le pregunta a su esposo: "¿Había en la fiesta otra mujer que te pareciera más atractiva que yo?". Su esposo miente diciendo que la más atractiva era ella aunque no era así. No quiere darle celos porque es difícil tratar con ella cuando se pone celosa, y quizá ella desee creer que era la más atractiva.

En algunos casos de connivencia en torno a una mentira puede que el destinatario de la mentira, que desea creer al mentiroso, no saque ningún beneficio de la mentira o que solo obtenga un beneficio a corto plazo. Volvamos a examinar el que quizá sea el ejemplo más infausto del siglo pasado donde el destinatario de una mentira creyó en un mentiroso que le quería perjudicar. Me refiero al encuentro del que ya he hablado al principio de este libro entre Neville Chamberlain, primer ministro británico, y Adolf Hitler, canciller de Alemania, el 15 de septiembre de 1938. ¿Por qué Chamberlain creyó a Hitler? No todo el mundo le creyó; muchas personas, entre ellas varios miembros de la oposición británica, sabían que Hitler no era un hombre de palabra. Creo que, sin darse cuenta, Chamberlain colaboró con la mentira de Hitler porque necesitaba creerle. Si Chamberlain hubiera reconocido la mentira de Hitler, habría tenido que hacer frente al hecho de que su política contemporizadora había puesto en grave peligro a su país. Puesto que tuvo que afrontar este hecho unas semanas después nos podríamos preguntar por qué motivo no lo hizo durante su encuentro con Hitler. La respuesta tiene que ver más con lo psicológico que con lo racional. La mayoría de nosotros actuamos siguiendo el principio no escrito de aplazar el hecho de tener que enfrentarnos a algo desagradable y en ocasiones lo hacemos siendo conniventes con un mentiroso.

El caso de Chamberlain no tiene nada de excepcional. Los destinatarios de las mentiras desean creer en el mentiroso, casi siempre sin darse cuenta. El mismo motivo —no querer reconocer el desastre inminente— explica por qué el empresario que ha contratado por error a un desfalcador pasa por alto los indicios de desfalco. Desde un punto de vista racional, cuanto antes descubra el desfalco, mejor; pero desde un punto de vista psicológico este descubrimiento significará que no solo deberá afrontar las pérdidas de su empresa, sino también el error de haber contratado a un granuja. De modo similar, el cónyuge cornudo suele ser el último en saber lo que todo el mundo sabe. El preadolescente que consume drogas puede estar totalmente convencido de que sus padres saben lo que hace, y estos, inconscientemente, procuran no detectar las mentiras que les obligarían a enfrentarse a la posibilidad de haber fracasado como padres y de verse inmersos en una situación terrible. Si colaboramos con la mentira casi siempre salimos mejor parados a corto plazo aunque las consecuencias a largo plazo puedan ser mucho peores.

Los motivos que hacen que el destinatario de una mentira no pille al mentiroso quedaron muy claros en el caso de Aldrich Ames, un empleado de la CIA arrestado por espionaje en 1994. Durante los nueve años anteriores, Ames había estado pasando información al KGB sobre todos los rusos que habían colaborado con la CIA y varios de ellos fueron ejecutados. Ames era muy poco discreto; se había estado gastando a espuertas el dinero que los soviéticos le habían entregado para comprarse una casa y un automóvil cuyo valor superaba de largo lo que podía pagar con su sueldo. Sandy Grimes, una agente de contraespionaje de la CIA que al final acabó descubriendo a Ames, describió así su trabajo: "Tus mayores proezas, tus victorias más brillantes, son tus peores derrotas [...] El hecho de que descubras a un espía significa, lógicamente, que tu agencia tenía un problema; ¡tendrías que haberlo atrapado antes!".

Otra explicación, la quinta, se basa en los escritos de Eving Goffman.[15] Se nos educa para que seamos corteses en nuestras interacciones, para que no "robemos" información que no se nos ofrece. Un ejemplo bastante sorprendente de esto es que, inconscientemente, apartamos la mirada cuando alguien con quien hablamos se escarba la oreja o se hurga la nariz. Goffman también diría que, desde el punto de vista social, hay veces que un mensaje falso puede ser más importante que la verdad. Es la información que se reconoce, la información cuya responsabilidad está dispuesta a asumir la persona que la ofrece. Cuando una secretaria que está con el ánimo por los suelos por haberse peleado con su esposo la noche anterior responde, "muy bien", cuando su jefe le pregunta, "¿qué tal estás hoy?", puede que este mensaje falso sea el más pertinente a sus interacciones con el jefe. Le dice que va a hacer su trabajo. Puede que al jefe le traiga sin cuidado el mensaje verdadero —que la secretaria está muy abatida— siempre que su trabajo no se resienta.

Ninguna de las explicaciones que he ofrecido hasta ahora puede aclarar por qué la mayoría de los miembros de los organismos de la justicia y de los servicios de información no son capaces de detectar a los mentirosos a partir de su actitud. Los interrogadores de la policía y de los servicios de contraespionaje no adoptan una postura de confianza hacia los sospechosos, no son conniventes con el engaño y están dispuestos a "robar" información que no se les ofrece. Entonces, ¿por qué no identifican mejor a un mentiroso a partir de su actitud? Creo que su labor se ve dificultada por un nivel de base muy elevado y por una retroalimentación insuficiente. Es probable que la gran mayoría de las personas con las que tratan digan mentiras. Algunos con los que he hablado calculan que el nivel básico de mentirosos es superior al 75%. Un nivel básico tan elevado no es óptimo para aprender a prestar atención a los indicios conductuales más sutiles del engaño. Con mucha frecuencia, el objetivo de estas personas no es descubrir al mentiroso sino obtener pruebas para inculparlo. Y cuando alguien ha sido castigado injustamente porque se han equivocado, esta retroalimentación les llega demasiado tarde para que el error cometido pueda tener una función correctora.

Esto indica que si exponemos a alguien a un nivel básico de mentiras más bajo, cercano al 50%, y le damos una retroalimentación correctora después de cada dictamen, puede que aprenda a detectar con precisión las mentiras a partir de la actitud. En estos momentos estamos diseñando un experimento para comprobarlo. No espero que la precisión llegue al cien por cien y por esta razón no creo que los juicios sobre si alguien miente o dice la verdad se puedan aceptar como pruebas ante un tribunal. Sin embargo, estos juicios sí que pueden ofrecer una base más sólida para decidir, por lo menos al principio, a quién se debe investigar más a fondo y cuándo se deben plantear más preguntas para aclarar las razones de un cambio inusitado de actitud.*

---

* Gran parte de la primera sección procede de un capítulo que escribí para el libro *Memory for Everyday and Emotional Events*, de N. L. Stein, P. A. Ornstein, B. Tversky y C. Brainerd (Comps.), Hillsdale, New Jersey: Lawrence Erlbaum Associates, 1996. La última sección se publicó en la revista *Social Research*, n° 63 (3), otoño de 1996, pp. 801-817.

EPÍLOGO

...

LO QUE HE ESCRITO TIENE QUE AYUDAR más a los cazadores de mentiras que a los mentirosos. Pienso que es más sencillo mejorar la propia capacidad de detectar engaños que de perpetrarlos, porque es más aprendible lo que debe conocerse. Para comprender mis ideas sobre la diferencia entre los distintos tipos de mentiras no se requiere un talento especial. Cualquiera que tenga la voluntad de hacerlo puede recurrir a la lista de verificación del "Apéndice" para estimar si es probable o no que un determinado mentiroso cometa errores. Ser más capaz de discernir los indicios del engaño exige algo más que comprender lo que he explicado: hay que desarrollar esa habilidad a través de la práctica. Pero cualquiera que dedique un cierto tiempo a observar y escuchar atentamente, vigilando los indicios descritos en el capítulo 4 y 5, puede perfeccionarse. Nosotros y otras personas hemos adiestrado a sujetos para que aprendiesen a mirar y escuchar con más cuidado y precisión, y la mayoría de ellos resultaron beneficiados. Aun sin ese aprendizaje formal, uno mismo puede practicar para mejorar su discriminación de los indicios del engaño.

Si bien podría crearse una "escuela para cazadores de mentiras", no tendría sentido crear una "escuela para mentirosos". Los mentirosos naturales no la necesitan, y el resto no tenemos el talento indispensable para sacar partido de ella. Los mentirosos naturales ya conocen y emplean casi todo aquello sobre lo cual he escrito, aunque a veces no se den cuenta que lo saben. Mentir bien requiere un talento especial, que no es fácil adquirir. Es preciso ser un actor natural, de modales convincentes y conquistadores. Los mentirosos naturales, sin pensarlo y sin necesidad de ayuda, saben cómo manejar sus propias expresiones para transmitir lo que desean.

Pero la mayoría necesitamos esa ayuda... aunque si carecemos de una capacidad natural para la actuación, nunca podremos mentir bien. Lo que he explicado acerca del modo en que se traiciona una mentira y cuándo parece creíble no contribuirá demasiado, y hasta puede empeorar las cosas. No se perfecciona el mentir sabiendo qué se debe hacer y qué no se debe hacer; y dudo seriamente que, en este caso, la práctica sea de mucho provecho. Un mentiroso consciente de cada uno de sus actos, que lo planease antes de ejecutarlo, sería como un esquiador que debiese pensar cada vez que mueve una pierna o un brazo al bajar a toda velocidad por la pendiente.

Sin embargo, hay dos excepciones, dos enseñanzas sobre el mentir que a todos pueden serles útiles. La primera es que un mentiroso debe poner cuidado en elaborar cabalmente y memorizar su falso plan. La mayoría de los mentirosos no prevén todas las preguntas que pueden formulárseles, todos los incidentes inesperados que pueden tener que enfrentar. Un mentiroso debe tener preparadas y ensayadas las respuestas ante un mayor número de contingencias de las que le gustaría afrontar. Inventar sobre la marcha, pronta y convincentemente, una respuesta coherente con lo dicho y que pueda sostenerse en el futuro requiere una aptitud mental y una frialdad ante las situaciones tensas que pocos individuos poseen. La otra enseñanza —que a esta altura todos los lectores tienen que haber aprendido— es lo difícil que resulta mentir sin cometer errores. Si la mayoría de los mentirosos evitan ser detectados es solo porque los destinatarios de sus engaños no se preocupan lo bastante para atraparlos. Es muy arduo impedir toda autodelación o toda pista sobre el embuste.

De hecho, jamás intenté adiestrar a nadie para que mintiera mejor. Mi opinión de que no sería muy útil se basa en el razonamiento y no en pruebas concretas; confío en estar en lo cierto, porque prefiero que mi investigación ayude al cazador de mentiras más que al mentiroso. Y no es que crea que mentir es intrínsecamente malo. Muchos filósofos han argumentado de forma convincente que algunas mentiras, al menos, están moralmente justificadas, y que a veces la sinceridad puede llegar a ser brutal y cruel. Pero sigo sintiendo más simpatía por el cazador de mentiras que por el mentiroso. Tal vez ello se deba a que mi labor científica está destinada a buscar indicios sobre lo que siente verdaderamente la gente. Me interesa aquello que encubre una emoción, pero el auténtico desafío es descubrirla, comprobar cómo difieren las expresiones genuinas de las falsas y que si bien estas se asemejan a las primeras, no son exactamente iguales. Es gratificante desenmascarar un ocultamiento imperfecto. Así concebido, el estudio del engaño se ocupa de muchas más cosas que del engaño en sí: brinda una oportunidad para asistir a la extraordinaria lucha interna entre las facetas voluntarias e involuntarias de nuestra vida y para aprender hasta qué punto podemos controlar deliberadamente los signos exteriores de nuestra vida interior.

Pese a mi simpatía por la caza de mentiras en comparación con el mentir, sé muy bien que no puede equipararse aquella con la virtud. Aquel que por amabilidad esconde su aburrimiento ante el amigo se ofendería con toda razón si fuese desenmascarado. El marido que simula divertirse cuando su esposa le cuenta torpemente un chiste, o la esposa que finge interés por su marido cuando este le describe paso a paso cómo ha logrado reparar un electrodoméstico, quizá se sientan injuriados si su simulación es cuestionada. Y por supuesto, ante un engaño militar, el interés nacional bien puede estar del lado del mentiroso y no del cazador de mentiras. En la Segunda Guerra Mundial, por ejemplo, ¿qué habitante de alguno de los países aliados no quería engañar a Hitler sobre la playa en que se haría el desembarco: Normandía o Calais?

Sin duda, Hitler tenía todo el derecho del mundo a tratar de descubrir el engaño de los aliados, pero no siempre la caza de mentiras está igualmente justificada. A veces hay que respetar la intención del otro, independientemente de lo que en verdad piense o sienta. A veces un individuo tiene derecho a que crean en su palabra. La caza de mentiras viola la privacidad, el derecho que cada cual tiene a conservar sus pensamientos y sentimientos para sí. Si bien hay situaciones que justifican la caza de mentiras (investigaciones de delitos, adquisición de un nuevo automóvil, negociación de un contrato internacional, etc.), en otros campos la gente presupone válido a mantener para sí, si lo desea, sus pensamientos y sentimientos, y a esperar que los demás acepten lo que elige manifestarles.

No solo el altruismo o el respeto por la privacidad deben llevar a hacer una pausa al implacable cazador de mentiras. En ocasiones, es preferible engañarse. El anfitrión se sentirá mejor si sabe que su huésped lo está pasando bien en su casa, aunque eso sea falso; la esposa que quiere divertir a su marido contándole un chiste puede seguir creyendo que lo hace bien... y todos tan felices. El falso mensaje del mentiroso no solo puede ser más aceptable en algunos casos que la verdad, sino más útil. Si al llegar a la obra, el carpintero contesta "Estoy bien" cuando el capataz le pregunta "¿Cómo estás?", esa información puede ser más pertinente que si contesta la verdad: "Anoche tuve una pelea con mi mujer y me siento como el diablo". Su mentira comunica sinceramente su propósito de cumplir con su trabajo a pesar del disgusto personal que ha sufrido. Por supuesto, aun en estos casos benévolos se paga un precio por ser engañado: el capataz podría administrar mejor las distintas tareas que deben realizarse en la obra si conociera el malestar del carpintero ese día, la esposa podría aprender a contar mejor los chistes o a no contarlos en absoluto si supiese que su marido no se ríe de veras. Pero creo importante señalar que *a veces* la caza de mentiras atenta contra una relación personal, traiciona la confianza depositada en el otro, se apropia de información que, por algún buen motivo, no fue comunicada. Al menos, el cazador de mentiras debe darse cuenta de que la detección de los indicios del engaño es una insolencia: toma algo sin permiso, contra el deseo del otro.

Cuando comencé a estudiar este tema, no había modo de saber con qué me iba a encontrar. Existían afirmaciones contradictorias.

Freud había dicho: "Quien tenga ojos para ver y oídos para oír puede convencerse a sí mismo de que ningún mortal es capaz de guardar un secreto. Lo que sus labios callan, lo dicen sus dedos; cada uno de sus poros lo traiciona".[2] No obstante, yo conocía muchos casos en que la mentira había tenido gran éxito, y mis primeros estudios comprobaron que en la detección del engaño la gente no tenía más éxito que si actuara al azar. Los psiquiatras y psicólogos no eran en esto mejores que los demás. La respuesta a la que llegué me complace: no somos, como mentirosos, perfectos ni imperfectos, y detectar el engaño no es ni tan fácil como decía Freud, ni imposible. La cuestión es más complicada y por ende más interesante. Nuestra imperfecta capacidad para mentir es fundamental en nuestra existencia, y quizá necesaria para que esta persista.

Piénsese en cómo sería la vida si todos supiesen mentir a la perfección o, por el contrario, si nadie pudiera hacerlo. He reflexionado sobre esto principalmente en relación con las mentiras vinculadas a las emociones, que son las más difíciles; por otra parte, son las que más me interesan. Si nunca pudiéramos saber cómo se sintió realmente alguien en cierta oportunidad, y si supiéramos que nunca lo sabríamos, la vida resultaría insulsa. Seguros de que toda muestra de emoción sería un mero despliegue destinado a agradar, manipular o desorientar al otro, los individuos estarían más a la ventura, los vínculos entre las personas serían menos firmes. Considérese por un momento el dilema que tendría que afrontar una madre o un padre si su bebé de un mes fuese capaz de ocultar y falsear sus emociones del mismo modo que lo hacen la mayoría de los adultos. Todo grito o llanto sería el de un "lobo". Vivimos en la certeza de que existe un núcleo de verdad emocional, de que en su mayoría la gente no quiere o no puede engañarnos sobre lo que siente. Si desvirtuar las propias emociones fuese tan sencillo como desvirtuar las propias ideas, si los gestos y ademanes pudieran disfrazarse y falsearse tanto como las palabras, nuestra vida emocional sería más pobre y más cohibida.

Pero si nunca pudiéramos mentir, si una sonrisa fuera el signo necesario y confiable de que se siente alegría o placer, y jamás estuviera presente sin estos sentimientos, la vida resultaría más difícil y mantener las relaciones, mucho más arduo. Se perdería la cortesía, el afán de suavizar las cosas, de ocultar aquellos sentimientos propios que uno no querría tener. No habría forma de pasar inadvertido, no habría cómo manifestar malhumor o lamer las propias heridas salvo estando a solas. Imaginemos que nuestro compañero de trabajo, amigo o amante fuera alguien que, en materia de control y encubrimiento de sus propias emociones, es como un bebé de tres meses, aunque en todos los restantes aspectos (inteligencia, aptitudes, etc.) es un adulto cabal. ¡Terrible perspectiva!

No somos ni transparentes como los bebés ni perfectamente disfrazables. Podemos mentir o ser veraces, discernir la mentira o no notarla, ser engañados o conocer la verdad. Podemos optar: esa es nuestra naturaleza.

APÉNDICE

• • •

LOS CUADROS 1 Y 2 SINTETIZAN LA información correspondiente a todos los indicios del engaño que se han descrito en los capítulos 4 y 5. El cuadro 1 está organizado para buscar, a partir de cada indicio conductual, la clase de información que él revela; el cuadro 2, a la inversa, está organizado para buscar, a partir de cada clase de información, el indicio de conducta que le corresponde.

Recuérdese que hay dos formas principales de mentir: el ocultamiento y el falseamiento. Tanto el cuadro 1 como el cuadro 2 se ocupan de las mentiras por ocultamiento. El cuadro 3 brinda los indicios conductuales del falseamiento. El cuadro 4 ofrece una lista completa de todos los tipos de mentiras.

CUADRO 1

Autodelación de una información oculta, según los indicios presentes en la conducta

Indicio del engaño	Información revelada
Deslices verbales	Pueden estar relacionados específicamente con una emoción; pueden delatar una información no relacionada con ninguna emoción.
Peroratas enardecidas	Pueden estar relacionados específicamente con una emoción; pueden delatar una información no relacionada con ninguna emoción.
Modo de hablar indirecto, circunloquios	Estrategia verbal no preparada de antemano, o bien presencia de emociones negativas, muy probablemente temor.
Pausas y errores en el habla	Estrategia verbal no preparada de antemano, o bien presencia de emociones negativas, muy probablemente temor.
Elevación del tono de voz	Emoción negativa, probablemente rabia y/o temor.
Disminución del tono de voz	Emoción negativa, probablemente tristeza.
Mayor volumen y velocidad del habla	Probablemente rabia, temor y/o excitación.
Menor volumen y velocidad del habla	Probablemente tristeza y/o aburrimiento.
Emblemas	Pueden estar relacionados específicamente con una emoción; pueden delatar una información no relacionada con ninguna emoción.
Disminución en la cantidad de ilustraciones	Aburrimiento, estrategia no preparada de antemano, o elección cuidadosa de cada palabra.
Aumento de la cantidad de manipulaciones	Emoción negativa.
Respiración acelerada o superficial	Emoción no específica.
Sudor	Emoción no específica.
Tragar saliva con frecuencia	Emoción no específica.
Microexpresiones	Cualquier emoción específica.
Expresiones abortadas	Emoción específica; o tal vez muestre que se frenó una emoción, pero sin indicar cuál.
Músculos faciales fidedignos	Temor o tristeza.
Aumento del parpadeo	Emoción no específica.
Dilatación de las pupilas	Emoción no específica.
Lágrimas	Tristeza, desazón, risa incontrolable.
Enrojecimiento del rostro	Turbación, vergüenza o rabia; puede haber también culpa.
Empalidecimiento del rostro	Temor o rabia.

CUADRO 2

Autodelación de una información oculta, según el tipo de información suministrada

Tipo de información	Indicio conductual
Estrategia verbal no preparada de antemano	Modo de hablar indirecto, circunloquios, pausas, errores en el habla. Disminución de las ilustraciones.
Información no relacionada con las emociones (por ejemplo, datos, planes, fantasías)	Deslices verbales, peroratas enardecidas, emblemas.*
Emociones (por ejemplo, sorpresa, desazón, alegría)	Deslices verbales, peroratas enardecidas, microexpresiones, expresiones abortadas.
Temor	Modo de hablar indirecto, circunloquios, pausas, errores en el habla, elevación del tono de voz, mayor volumen y velocidad del habla, músculos faciales fidedignos, empalidecimiento facial.
Rabia	Elevación del tono de voz, mayor volumen y velocidad del habla, enrojecimiento, empalidecimiento.
Tristeza (puede ser vergüenza y/o culpa)	Disminución del tono de voz, menor volumen y velocidad del habla, músculos faciales fidedignos, lágrimas, vista dirigida hacia abajo, rubor.
Turbación	Rubor, vista dirigida hacia abajo o hacia el costado.
Excitación	Aumento de la cantidad de ilustraciones, elevación del tono de voz, mayor volumen y velocidad del habla.
Aburrimiento	Disminución de la cantidad de ilustraciones, menor volumen y velocidad del habla.
Emoción negativa	Modo de hablar indirecto, circunloquios, pausas, errores en el habla, elevación o disminución del tono de voz, aumento de la cantidad de manipulaciones.
Activación de una emoción cualquiera	Alteración del ritmo respiratorio, sudor, tragar saliva, expresiones abortadas, aumento del parpadeo, dilatación de las pupilas.

* Los emblemas no pueden transmitir tantos mensajes como los deslices verbales o las peroratas enardecidas. En el caso de los estadounidenses, existen emblemas correspondientes a unos sesenta mensajes distintos.

CUADRO 3

Indicios de que una expresión es falsa

Emoción falsa	Indicio conductual
Temor	Ausencia de una expresión fidedigna en la frente.
Tristeza	Ausencia de una expresión fidedigna en la frente.
Alegría	No participan los músculos orbiculares de los párpados.
Entusiasmo o interés por lo que se está diciendo	No aumenta la cantidad de ilustraciones, o es incorrecta su secuencia temporal.
Emociones negativas	Ausencia de sudor, de alteraciones en el ritmo respiratorio, de aumento en la cantidad de manipulaciones.
Cualquier emoción	Expresiones asimétricas, aparición demasiado abrupta, desaparición demasiado abrupta o entrecortada, sincronización incorrecta.

CUADRO 4

Aspectos del mentir: Lista de control

	DIFÍCIL	FÁCIL
	PARA DETECTAR EL CAZADOR DE MENTIRAS	

Preguntas sobre la mentira:

1. ¿Puede prever con exactitud el mentiroso cuándo tendrá que mentir?	**SÍ: estrategia preparada y ensayada**	**NO: estrategia no preparada**
2. ¿La mentira solo exige ocultamiento sin necesidad de recurrir al falseamiento?	SÍ	NO
3. ¿La mentira implica la posibilidad de experimentar emociones circunstanciales?	NO	SÍ: será particularmente difícil si A) es preciso ocultar o falsear una emoción negativa, como la ira, el temor o la desazón. B) el mentiroso debe parecer insensible y no puede recurrir a otra emoción para enmascarar las que tiene que ocultar.
4. ¿Será perdonado el mentiroso si confiesa haber mentido?	NO: aumenta la motivación del mentiroso de tener éxito con su engaño.	SÍ: hay probabilidades de provocar una confesión.
5. Es mucho lo que está en juego, ya sea en materia de castigo o de recompensas?	Es difícil predecir qué pasará: cuando hay mucho en juego, puede aumentar el recelo a ser descubierto, pero también la motivación del mentiroso para tratar de tener éxito en su engaño.	
6. ¿Es severo el castigo que se impone a las personas a quienes se descubre mintiendo?	NO: escaso recelo a ser descubierto; pero esto mismo puede fomentar el descuido.	SÍ: aumenta el recelo a ser descubierto, pero también puede aumentar el temor del mentiroso a que no le crean, dando así origen a errores positivos falsos.

	DIFÍCIL	FÁCIL
	PARA DETECTAR EL CAZADOR DE MENTIRAS	
7. ¿Es severo el castigo que se impone por el solo hecho de haber mentido, aparte de los perjuicios causados por la falla del engaño?	NO	SÍ: aumenta el recelo a ser descubierto; la persona puede ser disuadida de mentir si sabe que el castigo por hacerlo será peor que lo que pueda perder si no miente.
8. El destinatario no sufre perjuicio alguno, o incluso se beneficia con la mentira? ¿La mentira es altruista y no beneficia al mentiroso?	SÍ: el sentimiento de culpa por engañar será menor si el mentiroso lo sabe.	NO: aumenta el sentimiento de culpa por engañar.
9. ¿La situación es tal que el destinatario probablemente confíe en el mentiroso, sin sospechar que puede ser engañado?	SÍ	NO
10. ¿El mentiroso ya ha tenido éxito anteriormente en un intento de engañar al destinatario?	SÍ: disminuye el recelo a ser descubierto, y si el destinatario está avergonzado o molesto por tener que reconocer que fue engañado antes, puede convertirse en una víctima cómplice.	NO
11. ¿El mentiroso y el destinatario tienen valores en común?	NO: disminuye el sentimiento de culpa por engañar.	SÍ: aumenta el sentimiento de culpa por engañar.
12. ¿La mentira está autorizada por el uso social?	NO: disminuye el sentimiento de culpa por engañar.	SÍ: aumenta el sentimiento de culpa por engañar.
13. ¿La mentira tiene un destinatario anónimo?	SÍ: disminuye el sentimiento de culpa por engañar.	NO
14. ¿Hay trato personal entre el mentiroso y el destinatario?	NO	SÍ: el cazador de mentiras será más capaz de evitar los errores derivados de las diferencias individuales.

	DIFÍCIL	FÁCIL
	PARA DETECTAR EL CAZADOR DE MENTIRAS	
15. ¿Debe el cazador de mentiras ocultarle al mentiroso las sospechas que tiene sobre él?	SÍ: el cazador de mentiras queda atrapado por su necesidad de ocultamiento y no puede estar atento a la conducta del mentiroso.	NO
16. ¿Dispone el cazador de mentiras de información que solo podría conocer una persona culpable pero no una inocente?	NO	SÍ: puede tratar de emplear la técnica de lo que conoce el culpable, si está en condiciones de interrogar al sospechoso.
17. ¿Hay otras personas que saben o sospechan que el destinatario es engañado?	NO	SÍ: puede aumentar el deleite por embaucar, el recelo a ser descubierto o el sentimiento de culpa por engañar.
18. ¿El mentiroso y el cazador de mentiras tienen el mismo idioma, nacionalidad y antecedentes culturales?	NO: habrá más errores al juzgar los indicios del engaño.	SÍ: mejores condiciones para interpretar los indicios del engaño.

PREGUNTAS SOBRE EL MENTIROSO:

19. ¿Tiene el mentiroso mucha experiencia previa en mentir?	SÍ: especialmente si tiene práctica en ese tipo particular de mentira.	NO
20. ¿Muestra sagacidad e inventiva el mentiroso en sus embustes?	SÍ	NO
21. ¿Tiene el mentiroso buena memoria?	SÍ	NO
22. ¿Habla el mentiroso de forma regular y uniforme, y es persuasivo?	SÍ	NO
23. ¿Emplea el mentiroso los músculos faciales fidedignos como enfatizadores de la conversación?	SÍ: será más capaz de ocultar o falsear las expresiones faciales.	NO

	DIFÍCIL	FÁCIL
	PARA DETECTAR EL CAZADOR DE MENTIRAS	
24. ¿Tiene el mentiroso habilidad teatral y es capaz de emplear el método de Stanislavski?	SÍ	NO
25. ¿Hay probabilidades de que el mentiroso esté autoconvencido de su mentira, a punto de creer que lo que dice es cierto?	SÍ	NO
26. ¿Es un "mentiroso natural" o un psicópata?	SÍ	NO
27. ¿Es el mentiroso vulnerable, por su personalidad, al temor, la culpa o el deleite por embaucar?	NO	SÍ
28. ¿Está avergonzado el mentiroso de lo que oculta su mentira?	Es difícil predecir qué pasará: por un lado, la vergüenza dificulta la confesión; por el otro, esa misma vergüenza puede autodelatar la mentira.	
29. ¿El sospechoso podría sentir temor, culpa o vergüenza aunque fuera inocente, o si estuviera mintiendo sobre alguna otra cosa?	SÍ: es posible interpretar los indicios emocionales.	NO: los signos de estas emociones indican el engaño.

PREGUNTAS SOBRE EL CAZADOR DE MENTIRAS

30. ¿Tiene fama el cazador de mentiras de ser difícil de engañar?	NO: especialmente si ya en alguna oportunidad el mentiroso logró engañarlo.	SÍ: aumenta el recelo a ser detectado; puede aumentar también el deleite por embaucar.
31. ¿Tiene fama el cazador de mentiras de ser desconfiado?	Es difícil predecir qué pasará: esa fama puede reducir el sentimiento de culpa por engañar, pero puede aumentar el recelo a ser descubierto.	
32. ¿Tiene fama el cazador de mentiras de ser ecuánime?	NO: es menos probable que el mentiroso sienta culpa por engañarlo.	SÍ: aumenta el sentimiento de culpa por engañar.

	DIFÍCIL	FÁCIL
	PARA DETECTAR EL CAZADOR DE MENTIRAS	
33. ¿Es el cazador de mentiras una de esas personas que niega la realidad, elude los problemas y tiende a suponer siempre lo mejor de los demás?	SÍ: probablemente pasará por alto los indicios del engaño y será vulnerable a errores negativos falsos.	NO
34. ¿Es el cazador de mentiras extraordinariamente hábil para interpretar con exactitud las conductas expresivas?	NO	SÍ
35. ¿Tiene el cazador de mentiras prejuicios que lo llevan a tener una opinión tendenciosa en contra del mentiroso?	NO	SÍ: aunque el cazador de mentiras esté alerta a los indicios del engaño, podrá incurrir en errores positivos falsos.
36. ¿Beneficia de algún modo al cazador de mentiras no detectar el engaño?	SÍ: pasará por alto, deliberadamente o no, los indicios del engaño.	NO
37. ¿Es incapaz el cazador de mentiras de tolerar la incertidumbre respecto de si es engañado o no?	Es difícil saber qué pasará: puede dar origen a errores falsos tanto positivos como negativos.	
38. ¿Se encuentra el cazador de mentiras en medio de un reguero de pólvora emocional?	NO	SÍ: atrapará a los mentirosos, pero interpretará que los inocentes mienten (error positivo falso).

NOTAS BIBLIOGRÁFICAS

•••

1 • INTRODUCCIÓN

[1] Debo agradecer gran parte de mis ideas sobre el engaño en las relaciones internacionales al libro de Robert Jervis, *The Logic of Images in International Relations* (Princeton, N. J.: Princeton University Press, 1970), que además me hizo reparar en los escritos de Alexander Groth. La cita aquí reproducida se analiza en el artículo de Groth, "On the Intelligence Aspects of Personal Diplomacy", *Orbis*, vol. 7, 1964, págs. 833-849. Pertenece a Keith Feiling, *The Life of Neville Chamberlain*, Londres: Macmillan, 1947, pág. 367.

[2] Discurso ante la Cámara de los Comunes, 28 de septiembre de 1938. Neville Chamberlain, *In Search of Peace*, Nueva York: Putnam and Sons, 1939, pág. 210, según es citado por Groth.

[3] Se dio cuenta del trabajo realizado sobre este tema en una serie de artículos de finales de la década de 1960, y en un libro cuya edición estuvo a mi cargo, titulado *Darwin and Facial Expression* (Nueva York: Academic Press, 1973).

[4] Informé de esta labor en mi primer artículo sobre el engaño: Paul Ekman y Wallace V. Friesen, "Nonverbal Leakage and Clues to Deception", *Psychiatry*, vol. 32, 1969, págs. 88-105.

[5] Roberta Wohlstetter, "Slow Pearl Harbors and the Pleasures of Deception", en Robert L. Pfaltzgraff (h.), Uri Ra'anan y Warren Milberg, comps., *Intelligence Policy and National Security*, Hamden, Conn.: Archon Books, 1981, págs. 23-34.

2 • MENTIRAS, AUTODELACIONES E INDICIOS DEL ENGAÑO

[1] *San Francisco Chronicle*, 28 de octubre de 1982, pág. 12.
[2] *The Compact Edition of the Oxford English Dictionary*, Nueva York: Oxford University Press, 1971, pág. 1616.
[3] Véase Paul F. Secord, "Facial Features and Inference Processes in Interpersonal Perception", en R. Taguiri y L. Petrullo, comps., *Person Perception and Interpersonal Behavior*, Stanford: Stanford University Press, 1958. Asimismo, Paul Ekman, "Facial Signs: Facts, Fantasies and Possibilities", en Thomas A. Sebeok, comp., *Sight, Sound and Sense*, Bloomington: Indiana University Press, 1978.
[4] Sigue debatiéndose si los animales pueden o no mentir en forma deliberada. Véase David Premack y Ann James Premack, *The Mind of an Ape*, Nueva York: W.W. Norton & Co., 1983. También Premack y Premack, "Communication as Evidence of Thinking", en D. R. Griffin, comp., *Animal Mind-Human Mind*, Nueva York: Springer-Verlag, 1982.
[5] Le estoy agradecido a Michael I. Handel por haber citado esto en su muy interesante artículo, "Intelligence and Deception", *Journal of Strategic Studies*, vol. 5, marzo de 1982, págs. 122-154. La cita pertenece a Denis Mack Smith, *Mussolini's Roman Empire*, pág. 170.
[6] La mayoría de los analistas del engaño establecen este distingo; véase Handel, "Intelligence...", *op. cit.*, y Barton Whaley, "Toward a General Theory of Deception", *Journal of Strategic Studies*, vol. 5, marzo de 1982, págs. 179-192, quienes examinan su utilidad para el análisis de los engaños militares.
[7] Sisela Bok reserva el término "mentira" [*lie*] para lo que yo llamo "falseamiento" [*falsification*] y utiliza "secreto" [*secrecy*] para lo que yo denomino "ocultamiento" [*concealment*]. Sostiene que la diferencia tiene importancia moral, ya que mentir "es *prima facie* una falta, contra la cual existe una presunción negativa, mientras que con el secreto no sucede forzosamente lo mismo" (Bok, *Secrets*, Nueva York: Pantheon, 1982, pág. XV).
[8] Eve Sweetser, "The Definition of a Lie", en Naomi Quinn y Dorothy Holland, comps., *Cultural Models in Language and Thought*, en prensa, pág. 40.
[9] David E. Rosenbaum, *New York Times*, 17 de diciembre de 1980.
[10] John Updike, *Marry Me*, Nueva York: Fawcett Crest, 1975, pág. 90.
[11] Ezer Weizman, *The Battle for Peace*, Nueva York: Bantam Books, 1981, pág. 182.

[12] Alan Bullock, *Hitler*, Nueva York: Harper & Row, 1964, ed. rev., pág. 528, según es citado por Robert Jervis, *The Logic of Images in International Relations*, Princeton, N. J.: Princeton University Press, 1970.
[13] Robert Daley, *The Prince of the City*, Nueva York: Berkley Books, 1981, pág. 101.
[14] Weizman, *op. cit.*, pág. 98.
[15] Jon Carrol, "Everyday Hypocrisy-A User's Guide", *San Francisco Chronicle*, 11 de abril de 1983, pág. 17.
[16] Updike, *op. cit.*, pág. 90.

3 • POR QUÉ FALLAN LAS MENTIRAS

[1] John J. Sirica, *To Set the Record Straight*, Nueva York: New American Library, 1980, pág. 142.
[2] James Phelan, *Scandals, Scamps and Scoundrels*, Nueva York: Random House, 1982, pág. 22.
[3] Terence Rattigan, *The Winslow Boy*, Nueva York: Dramatists Play Service Inc., Acting Edition, 1973, pág. 29.
[4] Este relato fue tomado del libro de David Lykken, A *Tremor in the Blood: Uses and Abuses of the Lie Detector*, Nueva York: McGraw-Hill, 1981.
[5] Phelan, *op. cit.*, pág. 110.
[6] Robert D. Hare, *Psychopathy: Theory and Research*, Nueva York: John Willey, 1970, pág. 5.
[7] Michael I. Handel, "Intelligence and Deception", *Journal of Strategic Studies*, vol. 5, marzo de 1982, pág. 136.
[8] *San Francisco Chronicle*, 9 de enero de 1982, pág. 1.
[9] *San Francisco Chronicle*, 21 de enero de 1982, pág. 43.
[10] William Hood, *Mole*, Nueva York; W.W. Norton & Co., 1982, pág. 11.
[11] Bruce Horowitz, "When Should an Executive Lie?", *Industry Week*, 16 de noviembre de 1981, pág. 81.
[12] Ibíd., pág. 83.
[13] Esta idea fue sugerida por Robert L. Wolk y Arthur Henley en su libro, *The Right to Lie*, Nueva York: Peter H. Wyden, Inc., 1970.
[14] Alan Dershowitz, *The Best Defense*, Nueva York: Random House, 1982, pág. 370.
[15] Shakespeare, Soneto 138.
[16] Roberta Wohlstetter, "Slow Pearl Harbors and the Pleasures of Deception", en Robert L. Pfaltzgraff (h.), Uri Ra'anan y Warren Milberg, comps., *Intelligence Policy and National Security*, Hamden, Conn. Archon Books, 1981.

4 • LA DETECCIÓN DEL ENGAÑO A PARTIR DE LAS PALABRAS, LA VOZ Y EL CUERPO

[1] En "Facial Sings: Facts, Fantasies and Possibilities", Thomas A. Sebeok, comp., *Sight, Sound and Sense*, Bloomington: Indiana University Press, 1978. Describo allí 18 mensajes diferentes transmitidos a través del rostro, uno de los cuales es la marca de la individualidad.

[2] Véase J. Sergent y D. Bindra, "Differential Hemispheric Processing of Faces: Methodological Consideration and Reinterpretation", *Psychological Bulletin*, vol. 89, 1981, págs. 554 y sigs.

[3] Se informa en parte sobre este trabajo de Paul Ekman, Wallace V. Frisen, Maureen O'Sullivan y Klaus Scherer, "Relative Importance of Face, Body and Speech in Judgments of Personality and Affect", *Journal of Personality and Social Psychology*, vol. 38, 1980, págs. 270-77.

[4] Bruce Horowitz, "When Should and Executive Lie?", *Industry Week*, 16 de noviembre de 1981, pág. 83.

[5] Sigmund Freud, "The Psychopathology of Everyday Life" (1901), en James Strachey, comp., *The Complete Psychological Works of Sigmund Freud*, vol. 6, W. W. Norton / Co., 1976, pág. 86.

[6] El Dr. Brill era norteamericano, y Freud cita este ejemplo en inglés (*Ibíd.*, págs. 89-90). En esa misma obra da muchos otros ejemplos interesantes y más escuetos de deslices verbales, pero no resultan tan convincentes como el que aquí he relacionado al ser traducido del alemán.

[7] S. Freud, "Parapraxes" (1916), en Strachey, *op. cit.*, vol. 15, pág. 66.

[8] John Weisman, "The Truth will Out", *TV Guide*, 3 de septiembre de 1977, pág. 13.

[9] Una serie de técnicas desarrolladas para medir la voz prometen importantes adelantos en los próximos años. Se encontrará una reseña de dichas técnicas en Klaus Scherer, "Methods of Research on Vocal Communication: Paradigms and Parameters", en Klaus Scherer y Paul Ekman, comps., *Handbook of Methods in Nonverbal Behavior Research*, Nueva York: Cambridge University Press, 1982.

[10] Se informa sobre estos resultados en Paul Ekman, Wallace V. Friesen y Klaus Scherer, "Body Movement and Voice Pitch in Deceptive Interaction", *Semiotica*, vol. 16, 1976, págs. 23-27. Estos hallazgos fueron reproducidos luego por Scherer y otros investigadores.

[11] John J. Sirica, *To Set the Record Straight*, Nueva York: New American Library, 1980, págs. 99-100.

[12] Richard Nixon, *The Memoirs of Richard Nixon*, vol. 2, Nueva York: Warner Books, 1979, pág. 440.

[13] Sirica, *op. cit.*, págs. 99-100.
[14] Ibíd.
[15] John Dean, *Blind Ambition*, Nueva York: Simon & Schuster, 1976, pág. 304.
[16] Ibíd., págs. 309-10.
[17] Se hallará una reseña crítica de estas técnicas de detección de las mentiras a través de diversas pautas de entonación verbales en David Lykken, *A Tremor in the Blood*, Nueva York: McGraw-Hill, 1981, cap. 13, y en Harry Hollien, "The Case against Stress Evaluators and Voice Lie Detection", inédito, Instituto para Estudios Avanzados sobre el Proceso de Comunicación, University of Florida, Gainesville.
[18] Puede encontrarse una descripción de nuestro método de análisis de los emblemas y los resultados correspondientes a Estados Unidos en Harold G. Johnson, Paul Ekman, y Wallace V. Friesen, "Communicative Body Movements: American Emblems", *Semiotica*, vol. 15, 1975, págs. 335-353. Para una comparación de los emblemas de diferentes culturas, véase Ekman, "Movements with Precise Meanings", *Journal of Communication*, vol. 26, 1976, págs. 14-26.
[19] El libro de Efron, *Gesture and Environment*, publicado en 1941, ha vuelto a imprimirse con el título *Gesture, Race and Culture*, La Haya: Mouton Press, 1972.
[20] Para un análisis de las manipulaciones, véase Paul Ekman y Wallace V. Friesen, "Nonverbal Behavior and Psychopathology", en R. J. Friedman y M. N. Katz, comps., *The Psychology of Depression: Contemporary Theory and Research*, Washington, D.C.: John Winston, 1974.
[21] Un exponente actual de este punto de vista es George Mandler, *Mind and Body: Psychology of Emotion and Stress*, Nueva York: W. W. Norton & Co., 1984.
[22] Paul Ekman, Robert W. Levenson y Wallace V. Friesen, "Autonomic Nervous System Activity Distinguishes between Emotions", *Science*, vol. 221, 1983, págs. 1208-1210.

5 • LOS INDICIOS FACIALES DEL ENGAÑO

[1] La descripción del deterioro de los sistemas voluntario e involuntario provocado por diferentes lesiones procede de la bibliografía clínica. Véase, por ejemplo, K. Tschiassny, "Eight Syndromes of Facial Paralysis and Their Significance in Locating the Lesion", *Annals of Otology, Rhinology and Laryngology*, vol. 62, 1953, págs. 677-691. La descripción sobre el posible éxito o fracaso de estos diferentes pacientes en su

intento de engañar es una extrapolación personal mía.

[2] Para una reseña de todas las pruebas científicas, véase Paul Ekman, *Darwin and Facial Expression: a Century of Research in Review*, Nueva York: Academic Press, 1973. Un estudio menos técnico, con fotografías que ilustran los elementos universales presentes en un pueblo aislado y analfabeto de Nueva Guinea, véase Ekman, *Face of Man: Expressions of Universal Emotions in a New Guinea Village*, Nueva York: Garland STMP Press, 1980.

[3] Ekman, *Face of Man*, Ibíd., págs. 133-136.

[4] La obra de enseñanza programada *The Facial Action Coding System*, de Paul Ekman y Wallace V. Friesen (Palo Alto: Consulting Psychologists Press, 1978), contiene un manual, fotografías y películas ilustrativas y programas para ordenador que enseñan a describir o medir cualquier expresión.

[5] Véase E. A. Haggard y K.S. Isaacs, "Micromomentary Facial Expressions", en L. A. Gottschalk y A.H. Auerbach, comps., *Methods of Research in Psychotherapy*, Nueva York: Appleton Century Crofts, 1966.

[6] La obra de Paul Ekman y Wallace V. Friesen, *Unmasking the Face* (Palo Alto: Consulting Psychologists Press, 1984), brinda figuras e instrucciones para adquirir esta capacidad.

[7] Friesen y yo creamos el Test de la Acción Facial Requerida, que permite determinar en qué grado alguien puede mover deliberadamente cada uno de sus músculos y también figurar alguna emoción. Véase Paul Ekman, Gowen Roper y Joseph C. Hager, "Deliberate Facial Movement", *Child Development*, vol. 51, 1980, págs. 886-891, donde se da cuenta de los resultados obtenidos con niños.

[8] Columna de William Safire, "Undetermined", en *San Francisco Chronicle*, 28 de junio de 1983.

[9] "Anwar Sadat —in his own words", *San Francisco Examiner*, 11 de octubre de 1981.

[10] Ezer Weizman, *The Battle for Peace*, Nueva York: Bantam, 1981, pág. 165.

[11] Margaret Mead, *Soviet Attitudes toward Authority*, Nueva York: McGraw-Hill, 1951, págs. 65-66, tal como es citada en Erving Goffman, *Strategic Interaction*, Filadelfia, University of Pennsylvania Press, 1969, pág. 21.

[12] *San Francisco Chronicle*, 11 de enero de 1982.

[13] Harold Sackeim, Ruben C. Gur y Marcel C. Saucy, "Emotions Are Expressed More Intensely on the Left Side of the Face", *Science*, vol. 202, 1978, pág. 434.

[14] Véase Paul Ekman, "Asymmetry in Facial Expression", así como la refutación posterior de Sackeim, en *Science,* vol. 209, 1980, págs. 833-836.

[15] Paul Ekman, Joseph C. Hager y Wallace V. Friesen, "The Symmetry of Emotional and Deliberate Facial Actions", *Psychophysiology*, vol. 18, nº 2, 1981, págs. 101-106.

[16] Joseph C. Hager y Paul Ekman, "Different Asymmetries of Facial Muscular Actions", *Psychophysiology*, en prensa.

[17] Estoy agradecido a la ayuda que me brindó Ronald van Gelder en relación con este estudio inédito.

[18] *San Francisco Chronicle*, 14 de junio de 1982.

[19] Véase Paul Ekman y Joseph C. Hager, "Long Distante Transmission of Facial Affect Signals", *Ethology and Sociobiology*, vol. 1, 1979, págs. 77-82.

[20] Paul Ekman, Wallace V. Friesen y Sonia Ancoli, "Facial Signs of Emotional Experience", *Journal of Personality and Social Psychology*, vol. 39, 1980, págs. 1125-1134.

6 • PELIGROS Y PRECAUCIONES

[1] David M. Rayano. "Communicative Competence among Poker Players", *Journal of Communication*, vol. 30, 1980, pág. 117.

[2] Ibíd., pág. 115.

[3] William Shakespeare, *Otelo*, acto 5, escena 2.

[4] Richards J. Heuer (h.), "Cognitive Factors in Deception and Counterdeception", en Donald C. Daniel y Katherine L. Herbig, comps., *Strategic Military Deception*, Nueva York: Pergamon Press, 1982, pág. 59.

[5] Ross Mullaney, *The Third Way-The Interview*, inédito.

[6] Schopenhauer, "Our Relation to Others", en Will Durant, comp., *The Works of Schopenhauer*, Garden City, N. J.: Garden City Publishing Company, 1933.

[7] En el libro de David Lykken, *Tremor in the Blood* (Nueva York: McGraw-Hill, 1981) se describe cabalmente el procedimiento de empleo de la técnica de lo que conoce el culpable para los exámenes con el polígrafo en los interrogatorios criminales.

[8] *Scientific Validity of Polygraph Testing: A Research Review and Evaluation —A Technical Memorandum*, Washington, D.C.: U.S. Congress, Office of Tecnology Assessment, OTA-TM-H-15, noviembre de 1983.

7 • EL POLÍGRAFO COMO CAZADOR DE MENTIRAS

1. Richard O. Arther, "How Many Robbers, Burglars, Sex Criminals Is Your Department Hiring This Year? (Hopefully, Just 10% of Those Employed!)", *Journal of Polygraph Studies*, vol. 6, mayo junio de 1972, s/p.
2. David T. Lykken, "Polygraphic Interrogation", *Nature*, 23 de febrero de 1984, págs. 681-684.
3. Leonard Saxe, comunicación personal.
4. La mayoría de las cifras sobre el uso del polígrafo que aquí presento proceden del informe de la OTA, *Scientific Validity of Polygraph Testing: A Research Review and Evaluation—A Technical Memorandum*, Washington, D.C.: U.S. Congress, Office of Technology Assessment, OTA-TM-H-15, noviembre de 1983. Este informe, en sus puntos esenciales, se publicó como artículo: Leonard Saxe, Denise Dougherty y Theodore Cross, "The Validity of Polygraph Testing", *American Psychologist*, enero de 1984.
5. David C. Raskin, "The Truth about Lie Detectors", *The Wharton Magazine*, 1980, pág. 29.
6. Informe de la OTA, pág. 31.
7. Benjamin Kleinmuntz y Julian J. Szucko, "On the Fallibility of Lie Detection", *Law and Society Review*, vol. 17, 1982, pág. 91.
8. Declaración de Richard K. Willard, viceprocurador general adjunto del Departamento de Justicia de Estados Unidos, ante la Comisión de Legislación y de Seguridad Nacional del Comité sobre Operaciones Oficiales de la Cámara de Representantes, 19 de octubre de 1983, mimeogr., pág. 22.
9. Informe de la OTA, pág. 29.
10. La OTA fue creada en el año 1972 con el fin de servir como instrumento analítico al Congreso. Puede obtenerse una copia del informe sobre el polígrafo escribiendo a Superintendent of Documents, U.S. Government Printing Office, Washington, D.C., 20402.
11. Marcia Garwood y Norman Ansley, *The Accuracy and Utility of Polygraph Testing*, Departamento de Defensa 1983, s/p.
12. David C. Raskin, "The Scientific Basis of Polygraph Techniques and Their Uses in the Judicial Process", en A. Trankell, comp., *Reconstructing the Past: The Role of Psychologists in Criminal Trials*, Estocolmo: Norstedt y Soners, 1982, pág. 325.
13. David Lykken, *Tremor in the Blood*, Nueva York: McGraw-Hill, 1981, pág. 118.
14. David Lykken, comunicación personal.

[15] Lykken, op. cit., pág. 251.
[16] Raskin, op. cit., pág. 341.
[17] Informe de la OTA, pág. 50.
[18] Raskin, op. cit., pág. 330.
[19] Avital Ginton, Netzer Daie, Eitan Elaad y Gershon Ben-Shakhar, "A Method for Evaluating the Use of the Polygraph in a Real-Life Situation", *Journal of Applied Psychology*, vol. 67, 1982, pág. 132.
[20] Informe de la OTA, pág. 132.
[21] Ginton *et al.*, *op. cit.*, pág. 136.
[22] Jack Anderson, *San Francisco Chronicle*, 21 de mayo de 1984.
[23] Informe de la OTA, pág. 102.
[24] Declaración de David C. Raskin en las audiencias sobre S. 1845 realizadas ante el Subcomité de la Constitución del Senado de Estados Unidos, 19 de setiembre de 1978, pág. 14.
[25] Informe de la OTA, págs. 75-76.
[26] Declaración citada de Raskin, pág. 17.
[27] David Lykken, op. *cit.*, cap. 15.
[28] Gordon H. Barland, "A Survey of the Effect of the Polygraph in Screening Utah Job Applicants: Preliminary Results", *Polygraph*, vol. 6, diciembre de 1977, pág. 321.
[29] Ibíd.
[30] Declaración citada de Raskin, pág. 21.
[31] Arther, *op. cit.*
[32] Ibíd.
[33] Garwood y Ansley, *op. cit.*
[34] Informe de la OTA, pág. 100.
[35] Daniel Rapoport, "To Tell the Truth", *The Washingtonian*, febrero de 1984, pág. 80.
[36] Willard, ibíd., pág. 36.
[37] Lykken, "Polygraphic Interrogation", *op. cit.*, pág. 3.
[38] Informe de la OTA, págs. 109-10.
[39] Informe de la OTA, pág. 99.
[40] Declaración citada de Willard, pág. 17.
[41] Ginton *et al.*, *op. cit.*; véase también John A. Podlesny y David C. Raskin, "Effectiveness of Techniques and Physiological Measures in the Detection of Deception", *Psychophysiology*, vol. 15, 1978, pág. 344-359, y Frank S. Horvath, "Verbal and Nonverbal Clues to Truth and Deception During Polygraph Examinations", *Journal of Police Science and Administration*, vol. 1, 1973, págs. 138-152.
[42] David C. Raskin y John C. Kircher, "Accuracy of Diagnosing Truth and Deception from Behavioral Observation and Polygraph Recordings", en preparación.

8 • VERIFICACIÓN DE LA MENTIRA

1. Randall Rothenberg, "Bagging the Big Shot", *San Francisco Chronicle*, 3 de enero de 1983, págs. 12-15.
2. Ibíd.
3. Ibíd.
4. Agness Hankiss, "Carnes Con Men Play: The Semiosis of Deceptive Interaction", *Journal of Communication*, vol. 3, 1980, págs. 104-112.
5. Donald C. Daniel y Katherine L. Herbig, "Propositions on Military Deception", en Daniel y Herbig, comps., *Strategic Military Deception*, Nueva York: Pergamon Press, 1982, pág. 17.
6. Estoy en deuda por este ejemplo con John Phelan y el fascinante relato incluido en el cap. 6 de su libro *Scandals, Scamps and Scoundrels*, Nueva York: Random House, 1982, pág. 114. Aquí solo transcribo una parte del relato. Todos los interesados en la detección de mentiras entre los sospechosos de haber cometido delitos deberían leer este capítulo, en el cual se da cuenta de otras fallas que pueden cometerse en el interrogatorio y la detección.
7. Mis conocimientos sobre los interrogatorios deben mucho a Rossiter C. Mullaney, un exagente del FBI entre 1948 y 1971, que más tarde coordinó, hasta 1981, los Programas de Investigación de la Academia Regional de Policía de la Zona Central Norte de Texas. Véase su artículo, "Wanted! Performance Standards for Interrogation and Interview", *The Police Chief*, junio de 1977, págs. 77-80.
8. Mullaney inició una prometedora serie de estudios en los que se adiestraba a los encargados de los interrogatorios sobre el modo de utilizar los indicios del engaño y se evaluaba la utilidad del adiestramiento; pero se jubiló antes de completar esa labor.
9. Alexander J. Groth, "On the Intelligence Aspects of Personal Diplomacy", *Orbis*, vol. 7, 1964, pág. 848.
10. Robert Jervis, *The Logic of Image in International Relations*, Princeton, N.J.: Princeton University Press, 1970, págs. 67-78.
11. Henry Kissinger, *Years of Upheaual*. Boston: Little, Brown and Co., 1982, págs. 214, 485.
12. Según es citado por Jervis, *op. cit.*, págs. 69-70.
13. Ibíd., págs. 67-68.
14. Michael I. Handel, "Intelligence and Deception", *Journal of Strategic Studies*, vol. 5, 1982, págs. 123-153.
15. Barton Whaley, "Covert Rearmament in Germany, 1919-1939: Deception and Mismanagement", *Journal or Strategic Studies*, vol. 5, 1982, págs. 26-27.

[16] Handel, *op. cit.*, pág. 129.
[17] Esta cita fue analizada por Groth, *op. cit.*
[18] Según es citado por Groth, *op. cit.*
[19] Telford Taylor, *Munich*, Nueva York: Vintage, 1980, pág. 752.
[20] Ibíd., pág. 821.
[21] Ibíd., pág. 552.
[22] Ibíd., pág. 629.
[23] Graham T. Allison, *Essence of Decision: Explaining the Cuban Missile Crisis*, Boston: Little, Brown and Co., 1971, pág. 193.
[24] Arthur M. Schlesinger (h.) A *Thousand Days: John F. Kennedy in the White House*, Nueva York: Fawcet Premier Books, 1965, pág. 734.
[25] Theodore C. Sorensen, *Kennedy*, Nueva York: Harper & Row, 1965, pág. 673.
[26] Robert F. Kennedy, *Thirteen Days: A Memoir of the Cuban Missile Crisis*, Nueva York: W.W. Norton & Co., 1971, pág. 5.
[27] Roger Hilsman, *To Move a Nation*, Garden City, N.Y.: Doubleday & Co., 1967, pág. 98.
[28] David Detzer, *The Brink*, Nueva York: Thomas Crowell, 1979.
[29] Sorensen, *op. cit.*, pág. 690.
[30] Detzer, *op. cit.*, pág. 142.
[31] Robert Kennedy, *op. cit.*, pág. 18.
[32] Elie Abel, *The Missile Crisis*, Nueva York: Bantam Books, 1966, pág. 63.
[33] Sorensen, *op. cit.*, pág. 690.
[34] Abel, *op. cit.*, pág. 63.
[35] Detzer, *op. cit.*, pág. 143.
[36] Kennedy, *op. cit.*, pág. 20.
[37] Detzer, *op. cit.*, pág. 143.
[38] Ibíd., pág. 144.
[39] Allison, *op. cit.*, pág. 135.
[40] Abel, *op. cit.*, pág. 64.
[41] Allison, *op. cit.*, pág. 134.
[42] Daniel y Herbig, *op. cit.*, pág. 13.
[43] Herbert Goldhamer, nota 24 en Daniel y Herbig, *op. cit.*
[44] Barton Whaley, nota 2 en *Ibíd*.
[45] Maureen O'Sullivan, "Measuring the Ability to recognize Facial Expression of Emotion", en Paul Ekman, comp., *Emotion in the Human Face*, Nueva York: Cambridge University Press, 1982.
[46] Groth, *op. cit.*, pág. 847.
[47] Jervis, *op. cit.*, pág. 33.

[48] Winston Churchill, *The Hinge of Fate*, Boston: Houghton Mifflin, 1950, págs. 481, 493, según es citado por Groth, Ibíd., pág. 841.
[49] Lewis Broad, *The War that Waged*, Londres: Hutchison and Company, 1960, págs. 356, según es citado por Groth, *op. cit.*, pág. 846.
[50] Broad, *op. cit.*, pág. 358, según es citado por Groth, *op. cit.*, pág. 846.
[51] Milovan Djilas, *Conversations with Stalin*, Nueva York: Harcourt, Brace, Jovanovich, 1962, pág. 73, según es citado por Groth, *op. cit.*, pág. 846.

9 • DETECTAR MENTIRAS EN LA DÉCADA DE 1990

[1] Mi colega y amiga Maureen O'Sullivan, de la Universidad de San Francisco, ha trabajado conmigo durante muchos años para desarrollar este test. Ha colaborado en la investigación sobre los profesionales de la detección de mentiras y también ha impartido algunos de los seminarios.
[2] "Who Can Catch a Liar", de Paul Ekman y Maureen O'Sullivan, apareció en el número de septiembre de 1991 de la revista *American Psychologist*.
[3] Estos resultados se comunicaron en "The Effect of Comparisons on Detecting Deceit", de M. O'Sullivan, P. Ekman y W. V. Friesen. *Journal of Nonverbal Behavior*, n° 12, 1988, págs. 203-215.
[4] En Alemania, Udo Undeutsch desarrolló un procedimiento llamado análisis de expresiones y varios investigadores estadounidenses están comprobando su validez para evaluar las declaraciones de niños.
[5] Estos resultados se comunican en "Face, Voice, and Body in Detecting Deceit", de Paul Ekman, Maureen O'Sullivan, Wallace V. Friesen y Klaus C. Scherer, *Journal of Nonverbal Behavior*, vol. 15, 1991, págs. 203-215.
[6] "The Duchenne Smile: Emotional Expression and Brain Physiology II", de P. Ekman, R. J. Davidson y W. V. Friesen. *Journal of Personality and Social Psychology*, n° 58, 1990.
[7] M. G. Frank, P. Ekman y W. V. Friesen, "Behavioral Markers and Recognizability of the Smile of Enjoyment", *Journal of Personality and Social Psychology*, n° 64, 1993, págs. 83-93.
[8] M. G. Frank y P. Ekman, "The Ability to Detect Deceit Generalizes across Different Types of High-Stake Lies", *Journal of Personality and Social Psychology*, n° 72, 1997, págs. 1.429-1.439.
[9] El profesor John Yuille, de la Universidad de la Columbia Británica, ha estado dirigiendo un programa de formación destinado a asistentes sociales para que mejoren sus técnicas de entrevistar a niños.

[10] Revista *Time*, 27 de julio de 1987, pág. 10.
[11] En capítulos anteriores he usado la expresión *mentiroso natural* que, según he podido ver, implica que estas personas pueden mentir con más frecuencia que otras, algo de lo que no tengo ninguna prueba. La expresión *actor natural* describe mejor lo que quiero decir: que, si mienten, lo hacen a la perfección.
[12] Puesto que nunca me he encontrado con North ni he tenido la oportunidad de interrogarle directamente, no puedo estar seguro de si mi dictamen es correcto. Sin embargo, su actuación en televisión encaja claramente con mi descripción.

10 · LA MENTIRA EN LA VIDA PÚBLICA

[1] Oliver L. North, *Under Fire*, Nueva York, HarperCollins, 1991, pág. 66.
[2] Véase una discusión más reciente de los aspectos constitucionales de este caso en un artículo de Edwin M. Yoder, Jr. titulado, "A Poor Substitute for an Impeachment Proceeding", *International Herald Tribune*, 23 de julio de 1991.
[3] Stansfield Turner, "Purge de CIA of KGB Types", *New York Times*, 2 de octubre de 1991, pág. 21.
[4] Ibíd.
[5] Ibíd.
[6] Jimmy Carter, *Keeping Faith: Memoirs of a President,* Nueva York, Bantam Books, 1982, pág. 511.
[7] Véase la nota 3.
[8] Véase una discusión reciente de los diversos puntos de vista sobre este tema en *Self-Deception: An Adaptive Mechanism?*, compilado por Joan S. Lockard y Delroy L. Paulhus, Englewood Cliffs, N. J., Prentice-Hall, 1988.
[9] Richard Feynman, *What Do You Care What Other People Think? Further Adventures of a Curious Character*, Nueva York, W. W. Norton, 1988.
[10] Ibíd., pág. 214.
[11] *Time*, 19 de agosto de 1974, pág. 9.

11 • NUEVOS DESCUBRIMIENTOS Y NUEVAS IDEAS SOBRE LA MENTIRA Y SU DETECCIÓN

[1] C. Bok, *Secrets*, Nueva York, Pantheon, 1982.
[2] P. Ekman, W. V. Friesen y M. O'Sullivan, "Smiles When Lying", *Journal of Personality and Social Psychology*, n° 54, 1988, págs. 414-420; P. Ekman, M. O'Sullivan, W. V. Friesen y K. R. Scherer, "Face, Voice, and Body in detecting Deception", *Journal of Nonverbal Behavior*, n° 15, 1991, págs. 125-135.
[3] T. P. Cross y L. Saxe, "A Critique of the Validity of Polygraph Testing in Child Sexual Abuse Cases", *Journal of Child Sexual Abuse*, n° 1, 1992, págs. 19-33.
[4] P. Ekman, *Why Kids Lie*, Nueva York, Charles Scribner's Sons, 1989.
[5] M. Frank y P. Ekman, "The Ability to Detect Deceit Generalizes across Deception Situations", *Journal of Personality and Social Psychology*, n° 72, 1997, págs. 1.429-1.439.
[6] P. Ekman, M. O'Sullivan y M. Frank, "A Few Can Catch a Liar", *Psychological Science*, n° 10, 1999, págs. 263-266.
[7] J. Stiff, S. Corman, B. Krizek y E. Snider, "Individual Differences and Changes in Nonverbal Behavior", *Communication Research*, n° 21, 1994, págs. 555-581.
[8] M. T. Bradley, "Choice and the Detection of Deception", *Perceptual and Motor Skills*, n° 66, 1988, págs. 43-48.
[9] P. Ekman y M. O'Sullivan, "Who Can Catch a Liar", *American Psychologist*, n° 46, 1991, págs. 913-920.
[10] R. F. Kraut y E. Poe, "On the Line: The Deception Judgments of Customs Inspectors and Laymen", *Journal of Personality and Social Psychology*, n° 39, 1980, págs. 784-798; B. M. Depaulo y R. L. Pheifer, "On-the-job Experience and Skill at Detecting Deception", *Journal of Applied Social Psychology*, n° 16, 1986, págs. 249-267; G. Kohnken, "Training Police Officers to Detect Deceptive Eye-witness Statements: Does It Work?", *Social Behavior*, n° 2, 1987, págs. 1-17.
[11] D. L. Cheney y R. M. Seyfarth, *How Monkeys See the World*, Chicago y Londres, University of Chicago Press, 1990, pág. 189.
[12] A. Grafen, "Biological Signals as Handicaps", *Journal of Theoretical Biology*, n° 144, 1990, págs. 517-546.
[13] L. Cosmides y J. Tooby, "Cognitive Adaptations for Social Exchange", en *The Adapted Mind*, J. Barkow, L. Cosmides y J. Tooby (comps.), Nueva York, Oxford University Press, 1992.

[14] D. B. Bugental, W. Shennum, M. Frank y P. Ekman, "True Lies: Children's Abuse History and Power Attributions as Influences on Deception Detection", manuscrito presentado.

[15] E. Goffman, *Frame Analysis*, Nueva York, Harper & Row, 1974.

EPÍLOGO

[1] Sobre las argumentaciones contrarias al falseamiento, véase Sisela Bok, *Lying: Moral Choice in Public and Private Life*, Nueva York: Pantheon, 1978. Una argumentación en favor del ocultamiento en la vida privada (aunque no en la pública) presenta la misma autora en *Secrets*, Nueva York: Pantheon, 1982. Para el punto de vista opuesto, que aboga por las virtudes propias del mentir, véase Robert L. Walk y Arthur Henley, *The Right to Lie: A Psychological Guide to the Uses of Deceit in Everyday Life*, Nueva York: Peter H. Wyden, 1970.

[2] Sigmund Freud, "Fragment of an analysis of a case of hysteria" (1905) [el caso Doral], en *The Collected Papers*, vol. 3, Nueva York: Basic Books, 1959, pág. 94.

ÍNDICE ANALÍTICO Y DE NOMBRES

• • •

Abscam, 71
aburrimiento, ilustraciones del, 128, 131-353
actores, 30, 54, 62, 124-5, 267, 302, 317, 332
– experimento con las emociones y los cambios en el SNA de los, 120-1-3-7
– técnica de Stanislavski, 124, 145, 146
ademanes, 18, 20, 42, 50, 85, 88, 106-7-9, 111
– emblemas y deslices emblemáticos, 109, 110-4
véase también ademanes con la(s) mano(s); ilustraciones; manipulaciones; movimientos corporales
ademanes con la(s) mano(s), 35, 42, 56, 88
– emblemas, 106-9
véase también ilustraciones; manipulaciones
Agencia Central de Inteligencia (CIA), 178, 200

Agencia Nacional de Seguridad de Estados Unidos (NSA), prueba del polígrafo en la, 200, 202, 231-2, 233
alegría, *véase* regocijo
alivio
– al embaucar, 80-1
– del culpable al confesar, 67
– del inocente al confesar, 55-7
– lágrimas de, 148
– sonrisa de, 155-6; ilustración, 157
Allen, Woody, 145
Allison, Graham, 268, 272
amigos
– críticas a los, 38
– mentiras entre, 23, 26, 173, 181
amoríos extraconyugales
– tomo engaño benévolo, 78
– mentiras sobre los, 173
véase también cónyuges
Anderson, Gerald, 254
angustia, *véase* desazón
Arthur, Richard, 229
autoengaño, 29, 284

Ball, George W., 271n
Barland, Gordon, 226, 227, 232
Beary, Dr. John, III, 233
Bolshakov, Georgi, 272
Bowles, Chester, 272
Brezhnev, Leonid, 278n
Brokaw, Tom, 95-6, 101
  véase también riesgo de Brokaw
Bundy, McGeorge, 268, 271, 272n, 273
Bundy, Ted, 61n
Buzhardt, Fred, 48

Carter, Jimmy, 276, 278n, 308
castigo, 57, 64-6, 256
  – perdón del, 57, 70
  – y sentimiento de culpa, 66, 68-9
  – y temor de ser atrapado, 53, 66, 68, 72, 217, 221
  véase también lo que está en juego, importancia de
cazador de mentiras
  – ante mentiras fáciles y difíciles, 246
  – en un reguero de pólvora emocional, 178-9, 193
  – fama del, 53-5, 58; *véase también* recelo a ser detectado
  – humillación del, 177
  – importancia de lo que está en juego, 177, 183
  – prejuicio, 176, 177, 179
  – su familiaridad con el sujeto, 173
  – su perdón del mentiroso, 57, 66
  – ventajas y desventajas del, 181, 193, 194
  – y la técnica de lo que conoce el culpable, 190-3, 211
  – y privacidad, 354

  véase destinatario; errores de credulidad; errores de incredulidad; interpretación de la mentira; polígrafo
cejas (como indicios conductuales)
  – como emblemas, 108, 133, 141, 142, 148, 149
  – como ilustraciones, 141
  – como señales de la conversación, 50, 141, 145
  – y emociones, 35, 52, 140, 152
  véase también sonrisas
Chamberlain, Neville, y Hitler, 17, 18, 21, 22, 23, 30, 43, 79, 144, 263, 278, 280, 283, 284, 248,
Chaplin, Charlie, 161
Churchill, Winston, 62, 278-280, 284
clientes, 26, 280
  – y vendedores, 26, 62, 317
cohibición, *véase* turbación
Collodi, Carlo, *véase* Pinocho
congoja, *véase* desazón
contento
  – expresión facial de, 155
  – sonrisa de, 157; ilustración, 158
cónyuges, mentiras entre, 20, 22
  – y acusaciones falsas, 170, 175, 179, 180, 181,
  – y matrimonio abierto, 31
  – y relaciones extraconyugales, 65, 71, 181, 191, 242,
  véase también Marry Me
crisis de los misiles cubanos, 268, 271, 273
culpa por engañar, *véase* sentimiento de culpa por engañar

Daie, Netzer, 218
Daley, Robert, y su obra *Prince of the City*, 40, 77
véase también Leuci, Robert
Daniel, Donald, 253
Darwin, Charles, 141
Dayán, Moshé 62, 262
Dean, John W., 33, 48, 100, 101-3
deleite por embaucar, 48, 69, 80, 98, 175-9, 188, 197, 218, 222
véase también estafadores
delincuentes, 56-7, 81, 279, 285, 291
- confesión por votos religiosos de los, 72
- deleite por embaucar y revelación del delito, 81
- en las empresas, 62, 196, 198,
- interrogatorio de, 21, 181, 259
- interrogatorio de, mediante el polígrafo, 205, 212, 213, 218
- no culpables, 72
Dershowitz, Alan, 77-8
desazón, 38, 184
- expresión facial de, 38, 127, 130, 140; ilustración, 161
- ilustradores, 115
lágrimas de, 148
- sonrisa de, 160
- y alteraciones del SNA, 121, 122
- y reguero de pólvora emocional, 178
- y tono de la voz, 98
desdén
- expresión facial de, 131, 149, 158n, 160, 164
- hacia la víctima, 81
- sonrisa de, 157, 158; ilustración, 157

- y tono de la voz, 98
desfalco, 52, 196, 348,
deslealtad, *véase* traición
deslices verbales, 93, 97, 108, 128, 173-4, 185, 185n, 266
destinatario
- anónimo, 75
- beneficios y perjuicios del, 18-20, 191-2
- cómplice, 79, 250, 253, 254, 265-6, 278-9
- confiado, 186, 188,
- credulidad del, 73-4, 78, 177
- descaminado deliberadamente, 24,
- desdén hacia la víctima 81,
- deseo de ser engañado del, 22
- difícil de engañar, 54, 83
- humillación del, al desenmascarar la mentira, 22, 26
- las excusas para alejar sospechas pueden poner sobre alerta al, 187
- más agraviado por un ocultamiento que por un falseamiento, 32
- protección del, 76
- suspicaz, 64, 187, 188
- tiene valores en común con el mentiroso, 217, 253
- y "juego del espejo", 251, 253,
- y lo que está en juego si el mentiroso es atrapado, 63-4
- y recelo a ser detectado del mentiroso, 53-5
- y sentimiento de culpa del mentiroso, 73-5, 188
- *véase también* cazador de mentiras detector eléctrico de mentiras, *véase* polígrafo
Detzer, David, 271

dientes, entrecerrar los, 35
diferencias culturales, 274
diferencias individuales, riesgo de no considerar las, *véase* error de Otelo; riesgo de Brokaw
diferencias nacionales, 266, 276,
diplomáticos y estadistas, 260, 277-9, 285,
– en la crisis cubana de los misiles, 268, 271, 271n, 273,
– *véase también* Hitler, Adolf; engaños militares; y los nombres de los dirigentes
disgusto, *véase* repulsión
Djilas, Milovan, 279
Dobrynin, Anatoly, 269, 270, 271, 272, 274; ilustración, 270
Dougherty, Denise, 201n
drogas, consumo de, y prueba del polígrafo, 199n, 213, 231-2, 348

Efron, David, 111,
Ehrlichman, John, 32
emblemas y deslices emblemáticos, 109, 110, 114-5, 133, 149, 153, 240,
emociones
 – alteraciones en las, detectadas mediante el polígrafo, 121
 – casos en que deben desestimarse sus signos como indicios del engaño, 179, 180-2, 193
 – e ilustraciones, 113
 – enmascaramiento de las, 34-6, 37
 – expresiones faciales de las, 129-31
 – facilitamiento de la detección cuando la mentira involucra a las, 89
 – falseamiento de las, 30-4, 39, 44, 52, 86
 – fusión de, 122, 134, 159, 160, 164,
 – intensidad de las, y acciones improcedentes, 51, 121, 124, 294,
 – ocultamiento de las, 30, 37, 58, 63, 149, 251,
 – producidas por la técnica de Stanislavski, 124, 145, 146, 149, 170
 – reglas de exhibición de las, 131-2, 266
 – su atribución a una causa que no es la real, como modo de mentir, 31, 34
 – vivencia de las, 51
 – y alteraciones en el SNA, 120-6, 148
 – y la voz, 42, 47, 52, 85-7
 – y las diferencias individuales en las reacciones, *véase* error de Otelo; riesgo de Brokaw
 – y sentimiento de culpa por engañar, 188, 197, 217, 253
 – y sentimientos que provoca el mentir, 50-2
 – *véase también* cada una de las emociones por separado
empalidecimiento (como indicio
conductual), 168, 170, 184, 193, 203
empresas
 – aplicación de la prueba del polígrafo en las, 195-200, 226-34
 – aspirantes a ingresar en las, 43, 181, 195, 226-234
 – aspirantes a realizar tareas policiales en las, 195-6,

- controles en el lugar de trabajo, 234
- delitos internos en las, 198
- desfalcos en las, 52, 196, 348,
- hurtos en las, 196
- ventas de las, 63

encogimiento de hombros, 106-8, 110, 135, 240

engaños militares, 62, 253, 262, 353
- *véase también* espionaje y seguridad nacional; Hitler, Adolf

enojo *véase* rabia

enrojecimiento (como indicio conductual), 148-9

error de Otelo, 175-7
- definición, 99, 138, 142,
- deslices emblemáticos, 109, 115
- ilustraciones, 115
- manipulaciones, 115
- microexpresiones o expresiones abortadas, 138
- y músculos faciales fidedignos, 142
- y prueba del polígrafo, 204-5, 208, 211
- *véase también* errores de incredulidad

errores de credulidad, 168-72, 175, 177-9, 185-6, 188-9, 191-2, 197, 208, 211, 259, 260-6
- en la prueba del polígrafo, 197, 208, 211-3, 215, 222-3, 230-3, 241,

errores de escritura, 93

errores de incredulidad, 168-72, 175-79, 185-89, 197
- en la prueba del polígrafo, 56, 186, 191, 227, 231

errores de lectura, 93

espías, 20, 62, 66, 169, 170, 213, 223, 231, 285
- y prueba del polígrafo, 223, 231-4
- *véase también* espionaje y seguridad nacional

espionaje y seguridad nacional, 186, 199n, 285
- espías, 20, 66, 79, 169, 186, 199, 200, 223, 231, 234
- prueba del polígrafo, 195, 198-9, 200
- terroristas, 20, 71
- *véase también* Agencia Central de Inteligencia; Agencia de Seguridad Nacional

esposos, mentiras, entre, *véase* cónyuges

estadistas, *véase* diplomáticos y estadistas; políticos

estafadores, 30, 49, 50, 171
- y el "juego del espejo", 251
véase también Hamrak, John

estudiantes de enfermería, experimento sobre el ocultamiento de sus emociones, 59, 60, 63, 73, 75, 90-1, 99, 106, 109, 110, 114, 118, 132-3, 137, 155, 164, 240

estrategia del caballo de Troya, 187

excitación
- expresión facial de, 131
- ilustraciones, 110
- sonrisa de, 160
- y alteraciones en el SNA, 121-3
- y alteraciones en la voz y el habla, 90, 97-101, 126-7, 298-9

excitación sexual
- mentiras sobre la, 28-9n

– y engrosamiento de los labios, 28n
– *véase también* cónyuges
expresión de aprensión, 140; ilustración, 141
expresiones faciales, 35-8, 47, 51-2, 83-9, 120, 129, 164
– abortadas, 137-8, 147, 165
– asimetría de la, 161-3, 165
– autocontrol de las, 82-4, 86; *véase también* reglas de exhibición
– cejas, 35, 43, 50, 108, 110, 133, 140, 141-2, 145, 148-9
– como señales de la conversación, 43, 133, 141, 145, 148
– diferencias nacionales y culturales en las, 266
– duración y secuencia temporal de las, 148, 153, 157
– emblemas, 106-7, 133
– en los jugadores de póquer, 35-7, 64, 74, 82, 171-2
– errores de sincronización, 149, 154, 165
– importancia de las, 90
– involuntarias, 89, 129, 130, 150
– labios, 28n, 35, 108, 116, 133, 142; ilustración, 142
– manipulaciones, 115, 133
– microexpresiones, 19, 47, 135-8, 146-7, 165, 174-5, 204
– músculos faciales fidedignos, 138-9, 140, 143, 146, 185; ilustración, 142
– ojos, 146-7, 153, 156
– párpados, 35, 50, 108, 133, 13; ilustración 163
– rasgos y estereotipos, 28n
– reglas de exhibición de las, 131, 266
– unilaterales, 149
– voluntarias, 89, 129, 130, 150-1
– y alteraciones en la actividad del SNA, 122-3, 148, 153; *véase también* empalidecimiento; rubor; sudor
– y movimientos corporales, 85, 154
– *véase también* sonrisas; cada una de las emociones por separado
evasiva por inferencia incorrecta, 41, 45

falseamiento (como modalidad de mentira), 30, 32-4, 44
– más ocultamiento, 33
– sonrisas de, 38-9, 139, 142, 154-5, 163-5; ilustración, 157
– y alteraciones en el SNA, 122-7
– y expresiones faciales voluntarias, 89, 129, 130, 135, 139, 151
– *véase también* cada una de las emociones por separado
fantasías, 128
Federal Bureau of Investigation (FBI), 182
– prueba del polígrafo administrada por el, 199n, 221, 238
felicidad, *véase* regocijo
Ford, Gerald, 127, 286, 308, 327
fracaso de la mentira, motivos del, 47-84
– mentir sobre los propios sentimientos, 47, 283; *véase también* deleite por embaucar; recelo a ser detectado;

sentimiento de culpa por engañar
– sentimientos del mentiroso sobre el mentir, 50-2
Freud, Sigmund, y los deslices verbales, 93-5, 173, 174
funcionarios de la aduana, 25

Gioconda, la, *véase* Leonardo da Vinci
gobierno de Estados Unidos, pruebas con el polígrafo administradas por el, 199-203, 200-2, 236, 238
– *véase también* espionaje y seguridad nacional; Oficina de Evaluación Tecnológica, informe de la
goce
– lágrimas de, 148
– sonrisa de, 157, 160; ilustración, 157
Goffman, Erving, 12, 15, 30n, 349
Goldberg, Arthur J., 271n
Gromyko, Andrei, 268-9, 270-5; ilustración 270
Groth, Alexander, 260, 266n, 277-8,
Gruson, Lindsey, 72n
guiño como indicio conductual, 133, 149

habla, *véase* palabras y discurso
Hahn, Walter, 276n
Haig, Alexander, 32, 33
Haldeman, H. R., 32,
Hamrak, John, 251-4, 258,
Hander, Michael, 261
Hayano, David, 37n
Hearst, Patricia, 21

Herbig, Katherine, 253
Hildebrand, Martin, 269
Hilsman, Roger, 269
Hingley, Ronald, 276n
Hitler, Adolf, 17-8, 21, 22-4, 30, 39, 43, 169, 262-7, 275, 278-9, 283-4, 309, 348, 353
– como mentiroso natural, 39, 43, 62, 275, 283
– y Chamberlain, 17-8, 21-3, 30, 39, 43, 79, 144, 263-7, 278, 280, 283-4, 348
– y el desembarco de los aliados en Francia, 169
Hughes, Howard, falsa biografía de, *véase* Irving, Clifford
humillación (al desenmascarar la mentira)
– de la víctima, 26
– del cazador de mentiras, 177
– del mentiroso, 69-70
véase también vergüenza

ilustraciones como indicios del engaño, 29, 37, 111-2, 121-8, 138, 146, 173-5, 179
incesto, 66
indicios conductuales, 20, 24, 25, 37, 82, 128
– adiestramiento para discernir los, 241-9, 275
– de la información ocultada, lista de, *véase* los indicios conductuales específicos
– de la sinceridad, 184, 243
– de una emoción falsa, *véase* los indicios conductuales específicos
– del deleite por embaucar, 53, 69, 80-3, 98, 197, 218
– dificultades para discernir los, 21

- ilustraciones, 110-5, 127-8, 133, 174
- observación de los, agregada a la prueba del polígrafo, 242-3, 263
- precauciones para interpretar los, 192
- vuelven mas explícita la interpretación, 168-9
- *véase también* expresiones faciales; movimientos corporales; palabras y discurso

indicios del engaño, 42-5
- diferencias nacionales, culturales e idiomáticas en los, 274, 280-1
- *véase también* emblemas; expresiones faciales; indicios conductuales; movimientos corporales; palabras y discurso; sistema nervioso autónomo; voz
- interpretación de la mentira, 249, 259
- desestimación de las emociones
en la, 180-4, 193
- deslices emblemáticos, atención prestada a los, 109
- explicitación de la, 168
- juicios básicos sobre los cambios
en la conducta, 172, 180, 193-7
- la ausencia de pistas sobre el engaño no es prueba de verdad, 171, 175, 193
- peligros y precauciones en la, 167-94
- y manipulaciones, 115
- *véase también* error de Otelo;

riesgo de Brokaw
interpretación, errores de, *véase* errores de credulidad; errores de incredulidad
ira, *véase* rabia
Irving, Clifford, y su biografía falsa de H. Hughes, 49

jactanciosos, 83
- *véase también* deleite por embaucar
Jervis, Robert, 260-1, 278
Jones, Sara, 247-8, 250, 252-4,
Juan Pablo II, papa, 143
justificaciones de la mentira, 27n, 72-6
- altruismo, 73, 354
- autorización, 73, 217
- necesidad política, 18, 22, 28, 62
- protección del destinatario, 76
- razones sociales, 24, 26, 38, 72, 161
- *véase también* diplomáticos y estadistas; engaños militares

Kennedy, John F., 268-9, 270-5, 310; ilustración, 270
Kennedy, Joseph P., 265n
Kennedy, Robert F., 268, 270-2, 311,
Kircher, John C., 240-1
Kissinger, Henry, 260
Kohler, Foy, 272
Kruschev, Nikita, 268-9, 270-3

labios (como indicios conductuales), 35
- activación sexual de los, 28n
- como manipulaciones, 108, 133

- desdén, 149, 157n, 164
- rabia, 28n, 141; ilustración, 142
- temor, 152, 160, ilustración, 157
- *véase también* sonrisas

lágrimas/llanto como indicio conductual, 148-9, 285-9

Landers, Ann, 26

Lawrence, T. E., 62

Leonardo da Vinci, sonrisa de La Gioconda, 160, 161

Leuci, Robert, 40-1, 77-8

Lincoln, Abraham, 31

lo que está en juego, importancia de, 58, 63-8, 74, 177, 245, 281, 290

Lovett, Robert, 271

Lykken, David T., y la prueba del polígrafo, 190-1, 196, 201n, 203n, 206, 211, 213, 221n, 222-4, 224, 226, 234

maestros y alumnos, mentiras entre, 54, 61

malversación de fondos, *véase* desfalco

manipulaciones como indicios conductuales, 115-120, 127, 133, 184

Mary (paciente psiquiátrica), entrevista con, 18-9, 20-4, 30, 33, 40, 42, 58, 69, 135-6, 174, 247-9, 250-4

Marry Me (novela de Updike), 34, 43, 48, 51, 169, 191, 242, 250, 321

Marx, Harpo, 160

McDonald, cadena de negocios, 198

Mead, Margaret, 146-7

memoria, falla de la, como excusa, 32

mentira(s)
- crueles, 26
- definición, 26-7, 42
- difíciles, 250, 253, 256
- eufemismos para designar la, 28
- fácil, 250-1
- malas, 48, 110, 281
- necesidad de repetir y ampliar una, 69
- verificación de la, 224, 245-282
- *véase también* fracaso de la mentira; justificaciones de la mentira; modos de mentir

mentiras altruistas, 26, 67, 73

mentiras en las transacciones comerciales, 70-1

mentiras entre médico y paciente, 18-20, 23-4, 26, 69
- *véase también* Mary; placebos

mentiroso
- aliviado al confesar, 66
- anticipación y preparación del, 48, 113-4
- autoengaño del, 29
- confianza exagerada del, 187
- deleite por embaucar del, 53, 69, 98, 175, 197, 218
- diferencias culturales, nacionales e idiomáticas, 274, 276n
- habilidad y éxito del, 52, 55, 88-9; *véase también* anticipación y preparación del mentiroso; mentirosos naturales; psicópatas
- humillación del, cuando la mentira es desenmascarada, 69, 70
- perdonado al confesar, 50, 57, 66

- puede ser instigado por la víctima, 186
- su desdén por la víctima, 81
- su habilidad para engañar, 167
- su relación con la víctima en el pasado, 182
- valores en común entre el mentiroso y el destinatario 217, 253
- vergüenza del, 61, 69-71, 75
- y verificación de la mentira, 245-82 *véase también* indicios conductuales; recelo a ser detectado; sentimiento de culpa por engañar

mentirosos naturales, 60-1, 92, 138, 143, 170, 258
- *véase también* Hitler, Adolf

método de la acción física, *véase* Stanislavski, técnica de

microexpresiones, *véase* expresiones faciales

mirada, dirección de la, 147

modos de mentir
- decir falsamente la verdad, 40-2, 44
- despistar sobre la causa real, 37, 42, 44
- evasiva por inferencia incorrecta, 41, 45
- falseamiento, 30, 32-4, 39, 44
- ocultamiento, 28, 30, 31-3, 39, 44
- ocultamiento a medias, 44
- *véase también* falseamiento; ocultamiento

Mohammed el-Gamasy, 36-7

movimientos corporales, 47, 83-4, 86, 89, 104-20
- ademanes, 18, 42, 50, 88
- autocontrolados, 88

- diferencias nacionales y culturales en los, 274
- emblemas y deslices emblemáticos, 109, 110, 114-5, 128, 135, 173-4, 185
- ilustraciones, 110-4, 127-8, 174
- manipulaciones, 115-20, 127, 133, 184
- postura, 120
- y expresión facial, 88, 155
- y registro de las emociones, 82
- y sistema nervioso autónomo, 120, 147, 203n
- *véase también* ademanes con la(s) mano(s); expresiones faciales

Mullaney, Ross, 187

músculo orbicular de los párpados, *véase* ojo, zona del

Mussolini, Benito, 29, 111, 144

negociaciones internacionales, 21, 36, 74

niños
- maltrato de, 66
- relación de los, con sus maestros, 54
- *véase también* padres e hijos, mentiras entre

Nixon, Richard, 27-8, 32-3, 48, 62, 76, 100-1, 103, 127, 306-8, 323, 327
- y el escándalo de Watergate, 28, 32, 48, 100, 306-8, 323, 327

ocultamiento, 28, 30, 44
- a medias, 39, 44
- expresión facial involuntaria, 89, 129-30, 150
- más falseamiento, 30

- que no miente, 28-9
- y alteraciones en el SNA, 124-7

Oficina de Evaluación Tecnológica (OTA), informe sobre la prueba del polígrafo, 191, 201-2, 215, 222n, 224-5, 233, 237

ojo, zona del (como indicio conductual), 146-7, 153, 204
- dilatación de la pupila, 147-8, 165
- dirección de la mirada, 147
- guiño, 133, 149
- lágrimas/llanto, 148, 160
- parpadeo, 147-8, 165
- *véase también* sonrisas

O'Sullivan, Maureen, 92*n*

Otelo (Shakespeare), 176-7,

padres e hijos, mentiras entre, 25, 54-5, 57, 60, 70, 167, 179, 242, 281
véase también The Winslow Boy
palabras y discurso, 62, 84, 85-92, 126-8, 131
- autocontroladas, 86
- como señales de la conversación, 141
- errores de escritura, 93
- errores de lectura, 93
- indirectas o evasivas, 95-7, 128
- la voz informa menos que las, 88
- pausas, 47, 50, 95, 128
- repeticiones, 97
- tortuosidad de las, 94, 97, 126-7
- y diferencias idiomáticas, 274
- y expresiones faciales, 149, 153, 164-5

- y palabras parciales, 97
- y registro de las emociones, 85
- y sonidos que no son palabras, 97
- *véase también* deslices verbales; ilustraciones; peroratas enardecidas; respiración; voz

parpadeo (como indicio conductual), 147-8, 165

párpados (como indicios conductuales)
- como emblemas, 106, 133
- como ilustraciones, 110
- y emociones, 34-6, 44, 50, 139, 140; ilustración 142
- *véase también* sonrisas

peroratas enardecidas, 95, 128, 173-5, 243

persona inocente
- falsa confesión y alivio de la, 67, 227
- indicios conductuales de la, 185, 245
- prueba del polígrafo, 56, 185, 191, 193, 204, 207, 209-5, 218-9, 224, 226, 231-5, 258
- sospechosa de una falta que no cometió, 175-82
- temor de que no le crean, 52, 55, 58, 99, 167, 175, 191
- y alteraciones en la voz y el habla, 90
- *véase también* error de Otelo; errores de incredulidad

pesar, expresión facial de, 138; ilustración, 141
- *véase también* tristeza

Phelan, James, 49, 257

Pinocho (Collodi), 85

placebos, uso de, 72-3

plagiarios, 52-3
policía, 187, 195
- entrevistas de la, 256
- estrategia del Caballo de Troya, 187
- interrogatorios con el polígrafo, 21, 198
- interrogatorios de la, 21, 23, 35, 181, 259
- prueba del polígrafo aplicada a los aspirantes a ingresar en la, 197, 230
- y los sospechosos, 31, 33
- *véase también* delincuentes; sistema jurídico

poligrafista, 198, 201, 224, 229, 239, 255, 257
- su adiestramiento para reconocer los indicios conductuales, 259
- técnica de la pregunta del, 205-13

polígrafo, 55-7, 195-243
- aplicado a psicópatas, 213, 223
- como disuasivo del mentir, 198, 238-9
- derecho a negarse a ser sometido a la prueba del, 214, 220, 229
- error de Otelo en el, 99, 205, 208, 211
- indicios conductuales añadidos al, 240-3, 245, 263
- informe de la OTA sobre el, 201-2, 213, 215, 221n, 224-5, 232-3, 237
- ilegalidad del empleo del, 198, 202, 238, 242
- medidas contrarrestantes, 223, 232-3, 241
- modo de asignar los puntajes en el, 198, 203
- modo de funcionamiento del, 121, 183, 204, 243
- personas inocentes y errores de incredulidad con el, 55, 180, 185, 188, 190, 191, 193, 225, 258
- procedimientos de formulación de preguntas con el, 205, 239; *véase también* técnica de la pregunta de control; técnica de lo que conoce el culpable
- técnica de la pregunta de control, 205-13, 219, 220-3
- técnica de lo que conoce el culpable, 191-3, 206, 211, 221-3
- usos del, 198, 224-38; *véase también* empresas y selección de personal; espionaje y seguridad nacional; policía
- y proporción normal de mentirosos; ilustración, 226-9, 237-8

polígrafo, exactitud del, 213, 217-8, 224-5, 227-30, 234
- estudios de campo, analógicos e híbridos, 214-23
- errores de credulidad, 169, 197, 213, 215, 222, 230-1, 232-3, 241
- verdad básica, 197, 213, 214-6, 218, 222, 224, 225

políticos, 21
- justificación de las mentiras de los, 27n, 48
- *véase también* diplomáticos y estadistas; Nixon, Richard

póquer, juego de, 35, 37, 64, 74, 82

- "cara de jugador de póquer", 35
- "dato falso", 171
- "datos" de los contrincantes, 172

Powell, Jody, 27n, 309
preocupación, expresión de, 139; ilustración, 140
problemas idiomáticos, 266, 278
- *véase también* palabras y discurso procedimientos para interrogar a los sospechosos, véase policía,
polígrafo
- psicópatas, 61-3, 71, 92, 143, 258
- y la prueba del polígrafo, 214, 224

Psicosis (película cinematográfica), 123

rabia, 140, 142, 184
- cambios en la voz y en el habla causado por la, 97-101, 126-8
- expresión facial de la, 21, 48, 135, 137, 151; ilustración, 141
- sonrisas de, 159-60
- y alteraciones del SNA, 121-3, 127
- y reguero de pólvora emocional, 178

Raskin, David C., y la prueba del polígrafo, 201n, 203n, 205-6, 207n, 212, 215-6, 218n, 222, 223-7, 240-1

Rattigan, Terence, *véase The Winslow Boy*

recelo a ser detectado, 53-8, 183, 187-8, 190, 197, 217-8
- alteraciones de la voz por el, 90, 98
- su relación con lo que está en juego y con el castigo, 57, 64, 66, 216-7
- y fama y carácter del cazador de mentiras, 54, 63
- y personalidad del mentiroso, 58, 60-1
- y sentimiento de culpa, 71-5

reglas de exhibición de las emociones, 131, 266
regocijo, expresión facial de, 129-30
reguero de pólvora emocional, 178-9, 193
relaciones extraconyugales, *véase* amoríos
relaciones sociales, 26, 31
- mitos sobre las, 26
- sonrisas en las, 160-3
- y evasiva por inferencia incorrecta, 41
- y reglas de etiqueta, 78

repulsión
- expresión facial de la, 130, 164
- falseamiento de la, 34
- y reguero de pólvora emocional, 178
- y tono de la voz, 98

respiración (como indicio conductual), 47, 55, 123, 127-8, 147, 203

Ressler, Robert, 61n

riesgo de Brokaw, 170, 172, 175, 193, 197
- definición, 96, 137
- e ilustraciones, 112
- y alteraciones en la voz y el habla, 98
- y deslices emblemáticos, 109-10, 114, 185
- y manipulación, 117

— y músculos faciales fidedignos, 138
risa, lágrimas como signo de, 148
rubor, *véase* enrojecimiento
Rule, Ann, 61n
Rusk, Dean, 269, 274,
Ruth (personaje), *véase* Marry Me

sacerdotes, ocultamiento de la confesión por parte de los, 73
Sackeim, Harold, 150-2
Sadat, Anwar, 36, 144,
Safire, William, 143
salivación como indicio conductual, 121, 127-8, 147
satisfacción, *véase* contento
Saxe, Leonard, 201n, 332,
Schlesinger, Arthur, 268
Schopenhauer, Arthur, 187
Semenor, Vladimir, 269
sentimiento de culpa por engañar, 53, 66-76, 79, 183-4, 188, 197
 — cuando se acusa de una falta no cometida, 180
 — diferencia con el sentimiento de culpa por el contenido de la mentira, 69
 — es aminorado por la confesión, 69, 70, 76
 — es mayor cuando se comparten valores con el destinatario, 217
 — es problemático para el mentiroso, 24
 — expresión facial del, 138; ilustración, 141
 — falta de, 71; *véase también* espías; mentirosos naturales; psicópatas
 — menor con el ocultamiento que con el falseamiento, 30
 — menor cuando la mentira está justificada, 72
 — y alteraciones en el SNA, 121-8
 — y alteraciones en la voz, 90, 126-8
 — y enrojecimiento, 148
 — y temor de ser atrapado, 72
 — y vergüenza, 61, 69-71, 75
señales de la conversación, 133, 141, 144
Shakespeare, William
 — *Otelo,* 176
 — Soneto, 143, 76-7
sinceridad, *véase* persona inocente
Sirica, John J., 48, 100-2
sistema jurídico
 — abogados, 26, 31, 40, 62, 77, 196, 199
 — jurados, 25
 — legalidad de la prueba del polígrafo, 202, 238, 242
 — testigos, 26, 32
 — *véase también* delincuentes; Federal Bureau of Investigation; policía
sistema nervioso autónomo (SNA), 120-7, 148, 203
 — drogas para suprimir la acción del, 213
 — medición de los cambios en el, *véase* polígrafo
 — véase *también* dilatación de las pupilas; empalidecimiento; enrojecimiento; ojos; respiración; rubor; salivación; sudor; tragar saliva
sonrisa, 38, 130, 154-65

- amortiguada, 158-9; ilustración, 158
- asimétrica, 151, 161-3
- auténtica, 151, 156, 158, 160, 162-3; ilustración, 163
- conquistadora, 160
- coordinación de la, 162
- de alivio, 157; ilustración, 157
- de desazón, 148
- de desdén, 157; ilustración, 157-8, 160, 245
- de desdicha, 155-9, 162; ilustración, 157
- de interlocutor, 162
- de rabia, 159-60
- de satisfacción, 155; ilustración, 157
- de temor, 157, 159-60; ilustración, 157
- de turbación, 160
- falsa, 38, 139, 142, 152, 156-7, 163-5; ilustración, 163
- gozosa, fusionada con rabia/desdén/excitación/ temor/ tristeza/sorpresa, 160
- mitigadora, 161
- y lesión cerebral, 130

sonrisa complaciente, 161-2
sonrisa conquistadora, 160
sonrisa de Chaplin, 161
sonrisa amortiguada, 158-60; ilustración, 158
sonrisa de La Gioconda, 160
Sorenson, Theodore, 268-9, 271-2
sorpresa
- expresión facial de, 131, 140, 153; ilustración, 141
- sonrisa de, 160

Stalin, 169, 170, 260, 278-9, 324
Stanislavski, técnica actoral de, 121-2, 145, 170
Stevenson, Adlai, 272
stress, véase tensión
sudor como indicio conductual, 56, 120-1, 123, 125-6, 147-8, 203
Sweetser, Eve, 32n, 276n

Taylor, Telford, 263n, 264
técnica de la pregunta de control, 212-3, 219, 220, 221-3
técnica de lo que conoce el culpable, 190, 211, 213, 219, 221
temor, 184
- alteraciones en la voz y el habla por el, 97-9, 113, 128
- dificultad para falsear el, 35
- expresión facial de, 35-8, 53, 140, 147, 152; ilustración, 157
- moderado, mantiene al mentiroso sobre alerta, 53
- sonrisas de, 157; ilustración, 157
- vivenciado sin opción, 47
- y alteraciones en el SNA, 121-2
- y reguero de pólvora emocional, 178

temor al descreimiento, *véase* errores de incredulidad; persona inocente
temor a ser atrapado, *véase* recelo a ser detectado
tensión
- en la voz, detectada mediante aparatos, 103
- ilustradores, 110
- errores en el habla, 109
terror, expresión de, 140; ilustración, 141
terrorismo, 20, 60, 71

The Winslow Boy (Rattigan), 54,
Thompson, Llewellyn, 269, 274,
Townsend, Joe, 255
tragar saliva como indicio conductual, 47, 120-1, 127-8
traición, 66
tristeza
- expresión facial de, 130, 135, 140; ilustración, 136
- ilustradores, 115
- lágrimas de, 148
- sonrisa de, 158
- y alteraciones en la voz y el habla, 98, 127
turbación
- sonrisa de, 160

vendedores y compradores, mentiras entre, 26, 63
veracidad, *véase* persona inocente
verdad dicha falsamente (exageración/burla/verdad parcial), 40-2
vergüenza
- y alteraciones en el SNA, 121
- y rubor, 148
- y sentimiento de culpa por engañar, 61, 69-70
- *véase también* humillación
víctima, *véase* destinatario voz, 97-101
- alteraciones emocionales en la, 90, 121
- aparatos que detectan la tensión de la, 103
- autocontrol de la, 86-7
- cadencia de la, 96, 126-7
- constreñida, 46
- imperturbable, 97-101
- informa menos que las palabras, 88
- tono de la, 42, 43, 98, 128
- volumen de la, 98, 128
- y el mentir sobre los propios sentimientos, 50
- y falseamiento de la emoción, 50, 126
- y riesgo de Brokaw, 96, 100-2
- y temor de ser atrapado, 99
- *véase también* palabras y discurso

Watergate, 28, 32, 48, 100, 306-8, 327
Weems, Mason Locke, 65
Weinberg, Mel, 71
Weizman, Ezer, 36, 144
Whaley, Barton, 262
Willard, Richard K., 199, 234, 238
Wohlstetter, Roberta, 22, 79